As Cláusulas de Não Indenizar
no Direito Brasileiro

As Cláusulas de Não Indenizar no Direito Brasileiro

2016

Luiz Octávio Villela de Viana Bandeira

AS CLÁUSULAS DE NÃO INDENIZAR NO DIREITO BRASILEIRO
© ALMEDINA, 2016

AUTOR: LUIZ OCTÁVIO VILLELA DE VIANA BANDEIRA
DIAGRAMAÇÃO: ALMEDINA
DESIGN DE CAPA: FBA
ISBN: 978-858-49-3099-9

DADOS INTERNACIONAIS DE CATALOGAÇÃO NA PUBLICAÇÃO (CIP)
(CÂMARA BRASILEIRA DO LIVRO, SP, BRASIL)

BANDEIRA, LUIZ OCTÁVIO VILLELA DE VIANA
AS CLÁUSULAS DE NÃO INDENIZAR NO DIREITO
BRASILEIRO / LUIZ OCTÁVIO VILLELA DE VIANA
BANDEIRA. – SÃO PAULO : ALMEDINA, 2016.
BIBLIOGRAFIA.
ISBN 978-85-8493-099-9
1. CLÁUSULAS DE NÃO INDENIZAR 2. CONTRATOS
3. DEVER DE INDENIZAR 4. DIREITO CIVIL - BRASIL
5. LIMITAÇÃO 6. RESPONSABILIDADE CIVIL I. TÍTULO.
16-00193   CDU-347.51(81)

ÍNDICES PARA CATÁLOGO SISTEMÁTICO:
1. BRASIL : CLÁUSULAS DE NÃO INDENIZAR:
RESPONSABILIDADE CIVIL: DIREITO 347.51(81)

ESTE LIVRO SEGUE AS REGRAS DO NOVO ACORDO ORTOGRÁFICO DA LÍNGUA PORTUGUESA (1990).

TODOS OS DIREITOS RESERVADOS. NENHUMA PARTE DESTE LIVRO, PROTEGIDO POR COPYRIGHT, PODE SER REPRODUZIDA, ARMAZENADA OU TRANSMITIDA DE ALGUMA FORMA OU POR ALGUM MEIO, SEJA ELETRÔNICO OU MECÂNICO, INCLUSIVE FOTOCÓPIA, GRAVAÇÃO OU QUALQUER SISTEMA DE ARMAZENAGEM DE INFORMAÇÕES, SEM A PERMISSÃO EXPRESSA E POR ESCRITO DA EDITORA.

Janeiro, 2021

EDITORA: ALMEDINA BRASIL
RUA JOSÉ MARIA LISBOA, 860, CONJ.131 E 132, JARDIM PAULISTA | 01423-001 SÃO PAULO | BRASIL
EDITORA@ALMEDINA.COM.BR
WWW.ALMEDINA.COM.BR

Em memória de Luciana Vilela de Carvalho e Viana Bandeira

AGRADECIMENTOS

Agradeço ao Professor Renan Lotufo pelas sólidas lições durante o curso de mestrado na Pontifícia Universidade Católica de São Paulo – PUC/SP e por ser, para mim, a maior referência de integridade e honestidade acadêmica.

Agradeço ao Professor Giovanni Ettore Nanni pela orientação durante a elaboração da dissertação de mestrado que foi a base deste trabalho. Suas observações e comentários foram extremamente valiosos e muito engrandeceram o seu conteúdo final.

Agradeço ao Professor Silvio Luis Ferreira da Rocha por, desde a graduação, ter me proporcionado a honra em ser seu assistente nas aulas de Direito Civil da PUC/SP.

Agradeço ao Professor Cristiano de Sousa Zanetti pela atenta e rigorosa leitura da versão original deste trabalho.

Agradeço ao meu pai, Evandro Ferreira de Viana Bandeira, por me apoiar em todos os momentos, não só diretamente, com conselhos e conversas, mas também por meio de seus gestos de bondade e generosidade.

Agradeço aos meus irmãos, Guilherme e Ana Luíza, pela convivência intelectual e afetiva tão essenciais em todos os momentos da minha vida.

Agradeço aos amigos e familiares.

PREFÁCIO

Após mais de ano e meio afastado do ensino universitário, recebi o convite para fazer o presente prefácio na obra "As Cláusulas de não Indenizar no Direito Brasileiro" do promissor LUIZ OCTÁVIO VILLELA DE VIANA BANDEIRA.

Sinto-me honrado com tal pedido, pois desde o primeiro contato com Luiz Octávio senti sua inquietação intelectual e vontade de obter mais conhecimento.

Tivemos oportunidade de trabalhar juntos em créditos das cadeiras do mestrado, que eu lecionava e ele frequentava.

Sempre atento às aulas e buscando mais conhecimento, não se contentava em frequentar só as aulas regulares do mestrado, ia até a Faculdade de Direito do Largo de São Francisco assistir aulas de professores daquela casa.

Várias vezes vinha até meu escritório para discutir sobre seus trabalhos a serem escritos, pesquisas sobre temas e sobre a possibilidade de outros estudos pós-graduados.

Durante seu mestrado na London School of Economics and Political Science continuou mantendo contato e questionando sobre as diferenças dos sistemas da *common law* e do codificado.

Das minhas mágoas com o mundo acadêmico, uma das mais fortes foi não poder concluir a orientação de sua dissertação de mestrado.

Fiquei consolado, porém, com sua sequência, com GIOVANNI ETTORE NANNI, até a conquista do título.

Seu trabalho, que ora vem ao conhecimento público, é contribuição significativa sobre o tema das cláusulas de não indenizar, que haviam ficado na solitária obra de AGUIAR DIAS, até a presente década, com poucas obras, a maioria de teses acadêmicas, ainda não publicadas, mas que foram pesquisadas e citadas, por terem valor independentemente da maior publicidade.

Com toda sua inquietude fez um estudo com base em bibliografia de lastro internacional e nacional, superando a prática atual de trabalhos que ficam nos manuais e alguns artigos.

Não se limitou a um tipo de visão, confrontou o que entendeu passível de tanto, e se expôs com a hombridade dos que não têm medo de sofrer críticas.

Conseguiu superar a diversidade de posições da banca que o examinou, merecendo o elogio de todos, mesmo quando divergiu de posições dos eminentes examinadores, daí ter trazido um texto muito mais maduro e preciso nesta obra.

Não se trata da edição de uma mera dissertação de mestrado, mas de uma obra que vem contribuir para o estudo da responsabilidade civil brasileira e particularmente para o exame das cláusulas de não indenizar ou de atenuar a indenização.

Enfrentou como poucos a questão à luz do Código de Defesa do Consumidor, como desenvolveu pertinentemente sobre a questão do dolo no plano da validade e da eficácia, e aqui um dos seus grandes méritos, o conhecimento e a valorização da Teoria Geral do Direito.

Seu trabalho mantém o rigor nas questões terminológicas e conceituais, daí extremar a diferença entre limitação e exclusão do dever de indenizar.

O capítulo em que analisa a cláusula penal com a de não indenizar é de grande valia e traz a lume trabalhos de valor que ficaram só no âmbito de teses acadêmicas, infelizmente para o grande público.

Na esteira de outros trabalhos desenvolve com pertinência a distinção entre o seguro de danos e a cláusula de não indenizar. Segue tratando das figuras supostamente semelhantes e afins, utilizando-se do seu conhecimento de teoria geral e do exame específico no direito positivo.

Merece realce o estudo sobre a delimitação dos planos de saúde, em que se utiliza de seu conhecimento sobre o tema dos conceitos indeterminados, muito referido ultimamente, mas sem a devida prudência e conhecimento com que Luiz Octávio soube utilizar.

Suas conclusões são provocativas e de utilidade para os que não se limitam a ler, mas a refletir e analisar.

Fico feliz de ver um jovem promissor amadurecer e contribuir para as letras jurídicas com seus projetos futuros, além do presente.

São Paulo, 20 de agosto de 2015.
Renan Lotufo

SUMÁRIO

Introdução 17

PARTE I 23

1. Responsabilidade Civil 23
   1.1. Colocação do problema – a responsabilidade civil como um termo
      polissêmico 23
   1.2. Responsabilidade como nexo de imputação 25
   1.3. A responsabilidade como uma palavra que representa uma técnica
      de apresentação do direito. 32
   1.4. Responsabilidade civil e relação jurídica 39
2. Considerações sobre a Teoria Dualista das Obrigações 45
3. A culpa contratual dentro do nexo de imputação 54
   3.1. Os contornos da culpa como técnica de apresentação do direito. . . . 59
4. A complexidade da relação obrigacional 69
   4.1. A complexidade obrigacional sob o ponto de vista do positivismo
      jurídico 73
   4.2. Evolução da dogmática jurídica e o desafio da autonomia privada. . . 79
5. A evolução do direito e a busca por legitimidade 84
6. A influência de normas constitucionais no direito privado, o fenômeno
   da descentralização e os desafios interpretativos contemporâneos. 88
7. Observações sobre o inadimplemento, mora e violação positiva
   do contrato 102

AS CLÁUSULAS DE NÃO INDENIZAR NO DIREITO BRASILEIRO

PARTE II 113

8. A cláusula de não indenizar 113
   8.1. Noções preliminares terminológicas e conceituais 113
9. Princípio da reparação integral, autonomia privada e negócio jurídico
   – a posição da cláusula de não indenizar 116
10. Requisitos de validade da cláusula de não indenizar 127
   10.1. Ordem pública e normas cogentes 130
   10.1.1. A questão dos danos à integridade psicofísica do atleta desportivo . . 132
   10.1.2. As restrições relativas ao contrato de transporte 136
   10.2. A vedação no Código de Defesa do Consumidor 140
   10.3. Contratos por adesão e o art. 424 do Código Civil 144
   10.4. O equilíbrio contratual 152
   10.5. Inaplicabilidade ao dolo e culpa grave 157
   10.6. A questão das obrigações principais do contrato 165
11. Causa de não incidência de responsabilidade x cláusula
   de não indenizar 169
12. A questão da acessoriedade da cláusula de não indenizar 173
13. As principais consequências não alcançadas pela cláusula
   de não indenizar – execução específica, exceção do contrato
   não cumprido, direito de retenção e resolução do contrato 177
14. A responsabilidade extracontratual 191
15. Agravamento da responsabilidade civil 200

PARTE III 211

16. Diversas modalidades da cláusula de não indenizar 211
   16.1. Limitação do montante indenizatório 211
   16.1.1. A questão e efeitos da distinção entre "exclusão" e "limitação"
   do dever de indenizar 215
   16.2. Limitação da indenização a determinados tipos de danos 217
   16.3. Equiparação a caso fortuito ou força maior 220
   16.4. Limitação de garantia patrimonial 222
   16.5. Inversão do ônus da prova 224
   16.6. Limitação temporal 225
   16.7. Limitação em relação a atos de terceiros 226

SUMÁRIO

PARTE IV 233

17. Figuras e Institutos Afins 233
   17.1. Cláusula penal 233
   17.2. Seguro de responsabilidade civil 246
   17.3. Transação 259
   17.4. Renúncia 264
   17.5. Cláusula de arrependimento. 267
   17.6. Limitação do conteúdo obrigacional 269
   17.6.1. A experiência dos planos de saúde no tema da delimitação
       do conteúdo da obrigação – dificuldades na concreção de conceitos
       indeterminados 278

Conclusões. 289

Referências Bibliográficas. 303

INTRODUÇÃO

Os contratos podem ser enxergados como importantes instrumentos para autorregulação da atividade negocial, e tal perspectiva apresenta grande utilidade ao se tentar compreender o direito contratual[1]. Por meio de práticas e arranjos contratuais, as partes desenvolvem instrumentos tendentes a governar a relação obrigacional entre elas. Muito além de simplesmente prever os deveres e direitos primários, os contratos viabilizam ainda modos de regulação acerca das consequências advindas de contingências futuras que podem surgir durante o desenvolvimento da relação. Talvez as contingências mais relevantes que devam ser levadas em conta pelas partes contratantes são o inadimplemento ou a mora das prestações entabuladas, ou seja, de modo geral, o não cumprimento da obrigação nos exatos termos previstos no momento da formação do contrato. Tendo em vista que o inadimplemento frustra a expectativa inicialmente prevista pelas partes, torna-se necessário antever, em forma jurídica, o regramento a ser aplicável a diante desses acontecimentos.

É nesse contexto que surge a relevância do tema tratado neste trabalho: a cláusula de não indenizar. Tais cláusulas são uma nítida manifestação de como instrumentos contratuais podem ser utilizados para regular as consequências advindas de contingências na relação obrigacional. Notadamente, elas têm como efeito estabelecer que a parte devedora de uma prestação não irá arcar com a indenização devida, caso não cumpra a prestação por ela prometida. Do ponto de vista do domínio econômico, as cláusulas de não indenizar têm

---

[1] Cf. COLLINS, Hugh. *Regulating contracts*. Oxford: Oxford University Press, 1999, *passim*.

como efeito alocar os riscos do inadimplemento contratual entre as partes envolvidas na relação, passando-os, no todo em parte, do devedor para o credor. Afinal, é o credor quem irá suportar a carga econômica dos danos por ele experimentados diante do inadimplemento, sem que possa buscar no patrimônio do devedor o ressarcimento. Outros instrumentos contratuais buscam a alocação do risco do inadimplemento em terceiros, como é o caso da seguradora que aceita firmar contrato de seguro de responsabilidade civil, mediante remuneração. Todavia, a participação de um terceiro não é nota caracterizadora da cláusula de não indenizar. Muito pelo contrário. Um dos aspectos mais relevantes que a caracterizam é o fato de a distribuição dos riscos se dar na intimidade da relação obrigacional estabelecida entre as partes.

Os aspectos contingenciais e intrarrelacionais que são objetos de regulação pela cláusula de não indenizar levantam importantes questões a serem desenvolvidas e refletidas na esfera jurídica. Cabe à técnica normativa trabalhar tanto com a feição temporal (já que o eventual inadimplemento é futuro, se posto em perspectiva ao momento da formação do contrato) quanto com a relacional (efeitos do inadimplemento na relação obrigacional). Além de tais aspectos nitidamente estruturais, não se pode perder de vista que o ordenamento jurídico, em matéria de direito obrigacional, está fortemente marcado pela ideia de equilíbrio e proteção à parte lesada pela ocorrência de danos, o que convive com o reconhecimento, dentro do direito privado, de que os conteúdos dos vínculos estabelecidos entre particulares merecem proteção jurídica. A validade da cláusula de não indenizar se insere naquele espaço delimitado pelo ordenamento jurídico em que as partes podem manifestar sua vontade (que se torna relevante para a comunicação jurídica) de modo a modificar o regime geral preestabelecido, consistente na criação do dever de reparar caso o inadimplemento gere danos à parte contratante, mas que encontra seus limites dentro do próprio sistema estabelecido. Em termos mais diretos, a análise do tema passa pela constatação de que o princípio da reparação integral dos danos pode ser excetuado contratualmente, observados os limites legais.

O escopo deste trabalho é analisar os contornos jurídicos da cláusula de não indenizar conforme o ordenamento jurídico vigente. Buscaremos, nesse sentido, colaborar com os debates acerca de sua posição jurídica dentro do contexto da responsabilidade civil, sobre os requisitos de validade da cláusula, suas principais manifestações e sua relação com figuras afins. Inicialmente, é necessário afirmar que a matéria não encontra disciplina geral na codificação civil. O Código Civil de 2002 apresenta somente dispositivos esparsos que tratam do tema de modo tangente. O mesmo ocorre em legislações especiais. É somente no Código de Defesa do Consumidor que o tema é tratado de forma mais detalhada, mas ainda assim com o aspecto de abrangência restrito, tendo em vista o grau de especialidade das relações que pretende abarcar (as relações de consumo). O intérprete, portanto, na busca de um panorama geral sobre tema, deverá trabalhar com um material normativo que poucas vezes se apresenta de modo conclusivo. Entretanto, a elaboração dogmática – sobretudo pela construção da teoria do negócio jurídico – permitirá com que conclusões consistentes possam ser alcançadas, dentro do que é possível na ciência jurídica.

O ponto principal (e inicial) tratado neste trabalho, e que seguirá como critério nodal para a avaliação dos temas abordados, é a explicitação metodológica de como a cláusula de não indenizar deve ser enxergada dentro do contexto da responsabilidade civil. A fixação das bases terá como objetivo fornecer um modo de observação jurídica consistente e apta a fazer frente aos constantes desafios enfrentados para o estabelecimento da posição jurídica da cláusula de não indenizar. Ainda persiste no ambiente jurídico a impressão corriqueira de que a cláusula de não indenizar, em grande medida, representaria a negação do próprio vínculo obrigacional ou uma autorização para o não cumprimento da prestação, porquanto retiraria do titular do crédito o direito de buscar a indenização devida pelo inadimplemento do devedor. Mas é por meio da observação precisa do efetivo conteúdo jurídico da responsabilidade civil em nosso ordenamento que este trabalho tentará elucidar o alcance e o momento de eficácia da cláusula de não indenizar, apurando-se as contribuições doutrinárias que já versaram sobre o tema e afastando eventuais preconcepções que não encontram bases normativas. A metodologia se mostrará como instrumento necessário para se transitar com maior segurança em um cenário normativo em que a responsabilidade civil apresenta tratamento polissêmico, uma vez que o fato de alguém ser responsável juridicamente implica consequências que vão muito além do surgimento do dever de indenizar os danos decorrentes do inadimplemento. Dessa forma, desde já se tem o cuidado com a nomenclatura utilizada ao se fazer referência ao objeto de estudo como "cláusula de não indenizar", e não, por exemplo, "cláusula de não responsabilidade". Propõe-se neste trabalho, destarte, um enfoque calcado na observação de como o nexo de imputação é ordenado pelo sistema jurídico, e, concomitantemente, como uma cláusula de não indenizar validamente celebrada pode moldar sua feição em relações contratuais específicas.

Os desafios mais prementes da observação jurídica da cláusula de não indenizar estão mais ligados aos esforços em se estabelecer quais são, efetivamente, os requisitos de validade da avença, segundo o ordenamento jurídico vigente. A segunda parte da obra será dedicada a trabalhar criticamente o tema, que se encontra sujeito a controvérsias doutrinárias e jurisprudenciais causadas por interpretações extensivas de novos princípios contratuais e pela falta de parâmetros seguros para lidar com a convivência, no plano normativo, da codificação civil e da codificação consumerista, além de normas especiais. Alguns assuntos se mostram particularmente sensíveis, tais como a possibilidade de se convencionar a cláusula de não indenizar em contratos por adesão; a validade de se acordar a ausência do dever de indenizar em caso de inadimplemento da obrigação principal; e a necessidade de se oferecer reciprocamente a cláusula de não indenizar ou vantagem econômica nitidamente equivalente à contraparte, sendo que esta última hipótese serve como exemplo de uma das tentativas de concreção do princípio do equilíbrio contratual especificamente sobre a matéria.

Vive-se em um ambiente de proliferação de vedações *per se* às cláusulas de não indenizar na literatura que merece ser analisado criticamente pelo intérprete, que deverá abordar a matéria tendo em conta o modo pelo qual a força jurígena da manifestação de vontade encontra-se moldada pelo ordenamento jurídico positivado, o que, invariavelmente, conduzirá à análise da teoria do negócio jurídico. Embora o observador tenha de lidar com a ausência de um regramento jurídico abrangente sobre a cláusula de não indenizar, conforme dito acima, esse cenário por si só não representa uma autorização para que a interpretação legal vá além dos limites estabelecidos pelo sistema normativo. A utilização de métodos interpretativos que apresente critérios consistentes e verificáveis é essencial para o aprimoramento da atividade jurídica, e essa necessidade é sentida com especial preponderância no direito privado, que se descreve como um ramo do direito calcado na estabilidade das relações e

INTRODUÇÃO

na conservação das expectativas normativas criadas espontaneamente entre particulares.

Depois de avaliados os requisitos de validade da cláusula de não indenizar, a terceira parte deste trabalho irá se dedicar a informar as diversas modalidades pelas quais tal avença pode se manifestar. Tendo em vista autorização normativa para que os contratantes estabeleçam o conteúdo de suas relações jurídicas dentro dos limites traçados pelo ordenamento, a criatividade negocial pode ser desenvolvida por meio da cláusula de não indenizar, conforme forem os anseios na atividade de autorregulação. O norte a ser buscado será a melhor forma de distribuir os riscos do inadimplemento da prestação entre as partes envolvidas no negócio. Podem as partes limitar ou excluir totalmente o dever de indenizar; especificar quais os danos que serão indenizados ou não; especificar quais bens responderão pelo inadimplemento e quais serão excluídos; entre outras modalidades.

Por fim, a derradeira parte deste trabalho tratará da comparação da cláusula de não indenizar com institutos afins. Ou seja, se ao longo do trabalho procuraremos demonstrar o que é a cláusula de não indenizar, a parte final se dedicará a indicar o que ela não é. Embora a avença possa comumente guardar semelhanças com outros institutos, chegando inclusive a apresentar consequências práticas idênticas, o trabalho buscará demonstrar que ela possui posição jurídica própria, o que, em última análise, implica reconhecer um regramento jurídico particular. Os institutos que normalmente são colocados em comparação com a cláusula de não indenizar são aqueles que também são tendentes a regular o risco decorrente do inadimplemento contratual, mas cada um apresenta seu próprio modo de funcionamento e estrutura, com vantagens e desvantagens, a depender do interesse negocial das partes envolvidas no contrato. É o caso da cláusula penal, do seguro de responsabilidade civil, transação, direito de arrependimento e a possibilidade de delimitação do conteúdo da obrigação, que serão devidamente abordados.

PARTE I

1. Responsabilidade Civil

1.1. Colocação do problema – a responsabilidade civil como um termo polissêmico

É comum encontrar autores que, em uma tentativa de sintetização, definem a responsabilidade civil como um dever de reparar um dano[2]. Essa definição tem o mérito de dar uma explicação pretensamente clara e sinóptica para a figura jurídica e unir, em um só entendimento, a essência jurídica da responsabilidade civil contratual e extracontratual. Entretanto, essa simplificação do conteúdo normativo do termo responsabilidade não tem a capacidade de indicar a multiplicidade de consequências jurídicas que emanam da circunstância de uma pessoa ser considerada responsável conforme o ordenamento jurídico, e nas mais variadas formas em que pode ser.

A responsabilidade civil, ao mesmo tempo em que é um elemento central para todo o direito, em especial para o direito privado, torna-se, por vezes, de difícil apreensão para o cientista jurídico. Do ponto de vista do direito positivo vigente, é possível inclusive apontar que a responsabilidade civil sofre

---

[2] SAVATIER, René. *Traité de la responsabilité en droit français*. 2. ed. Paris: Librairie Generale de Droit, 1951, t. 1, p. 1; VINEY, Geneviève. Introcution à la responsabilité. In: GHESTIN, Jacques (Dir.). *Traité de droit civil*. 3. ed. Paris: Librairie Generale de Droit, 2008, p. 1; AZEVEDO, Álvaro Villaça. *Teoria geral das obrigações*: responsabilidade civil. São Paulo: Editora Atlas, 2004, p. 276; entre outros.

de uma polissemia em seu tratamento na legislação codificada[3], uma vez que não são raras as hipóteses em que o texto normativo a apresenta em diferentes acepções, cabendo ao intérprete saber identificá-las e diferenciá-las, de modo a tentar apreender seu conteúdo normativo de maneira coerente.

No intuito de levantar o problema, sem a pretensão de resolvê-lo neste momento, pode-se citar a pluralidade de consequências jurídicas que emanam da responsabilidade civil contratual – âmbito próprio, mas não único, do tema estudado no presente trabalho – que não se restringem somente ao surgimento do dever de indenizar. O inadimplemento de uma obrigação contratual, a depender da fisiologia da relação jurídica obrigacional criada, pode acarretar consequências jurídicas múltiplas, como a possibilidade de execução específica da obrigação, a resolução do contrato, ou a possibilidade de oposição de exceções, como a retenção ou a *exceptio non adimpleti contractus*.

Nesse cenário, em que o tratamento da responsabilidade civil não pode ser resumido a somente uma de suas consequências jurídicas, surge o problema da posição jurídica da cláusula de não indenizar. Inclusive, pela nomenclatura que escolhemos para identificar nosso objeto de estudo no momento de apresentação do trabalho já denota o cuidado que devemos ter ao avaliar juridicamente esse especial tipo de avença, que, verdadeiramente, não limita a "responsabilidade civil" em seu sentido global, por assim dizer, uma vez que ela não pode ser resumida a somente uma de suas consequências. É possível encontrar em inúmeras obras referentes ao tema[4], inclusive estrangei-

---

[3] Cf. MARINO, Francisco Paulo de Crescenzo. Responsabilidade contratual. Efeitos. In: LOTUFO, Renan; NANNI, Giovanni Ettore (Coord.). *Teoria geral dos contratos*. São Paulo: Atlas, 2011.

[4] PRATA, Ana. *Cláusulas de exclusão e limitação da responsabilidade contratual*. Coimbra: Almedina, 1985; MONTEIRO, António Pinto. *Cláusulas limitativas e de exclusão de responsabilidade civil*. Coimbra: Almedina, 1985; LATA, Natália Álvares. *Cláusulas restritivas de responsabilidade civil*. Granada: Editorial Comares, 1998; LAUTENSCHLEGER JR., Nilson. Limitação da responsabilidade na prática contratual brasileira: permite-se no Brasil a racionalização dos riscos do negócio empresarial. *Revista de Direito Mercantil*, São Paulo: Malheiros, n. 125, p. 7-11, abr./jun. 2002; AMARAL JÚNIOR, Alberto do. O Código de Defesa do Consumidor e as cláusulas de limitação de responsabilidade nos contratos de transporte aéreo nacional e internacional. *Revista dos Tribunais*, São Paulo, n. 759, p. 67-58, 1999; ROSAS, Roberto. Validade das cláusulas de não responsabilidade ou limitativas de responsabilidade. *Revista dos Tribunais*, São Paulo, n. 179, p. 11-14, 1975; SCAVONE JR., Luiz Antonio. Causas e cláusulas de

ras[5], nomenclaturas como "cláusula de não responsabilidade", "cláusula de irresponsabilidade" ou "cláusula de limitação ou exoneração de responsabilidade", que podem, em um primeiro momento, dar a equivocada impressão sobre a real amplitude jurídica de tal avença, porque, simplesmente, elas não têm o condão de afastar todas as consequências jurídicas da responsabilidade civil.

Todavia, antes de entrarmos de modo mais detalhado no tema, é necessário apontar qual será a metodologia de análise do fenômeno normativo que adotaremos neste estudo. A explanação das bases metodológicas a serem utilizadas, além de servir para aferição da coerência dos argumentos a serem deduzidos, também serve para que possamos retornar a um ponto seguro de raciocínio do qual possamos seguir.

Pode-se dizer que a proposta representa uma tentativa de fazer, em um primeiro momento, um aclaramento do raciocínio que deve guiar a análise jurídica da responsabilidade, de acordo com o método que se reputa próprio para o jurista, para depois se laborar a análise da cláusula de não indenizar, uma vez que as duas figuras estão intimamente conectadas. Uma análise que parte do material científico próprio do jurista, que é a norma jurídica, e seu modo específico de compreensão.

1.2. Responsabilidade como nexo de imputação

O sistema normativo jurídico tem a capacidade de escolher e avaliar as condutas humanas que se manifestam em sociedade e imputar-lhes determinadas consequências. O fato de alguém causar um dano patrimonial ou

---

exclusão da responsabilidade civil. *Revista de Direito Privado*, São Paulo: Revista dos Tribunais, v. 8, p. 53-119out./dez. 2002.

[5] ADRIANO, Germana Carlotta. *Clausole di esonero e di limitazione della responsabilità civile*. Roma: Aracne, 2009; AMIGO, Manuel Garcia. *Clausulas limitativas de la responsabilidad* contractual. Madrid: Editora Tecnos, 1965; BEAUDONNAT, Emile. *Des clauses de non-responsabilité et e l'assure dês fautes*. Paris: Librairie de Jurisprudence Ancienne et Moderne, 1927; COCO, Elvira Martinez. Las clausulas generales exonerativas o limitativas de responsabilidad. *Revista de Direito Civil, Imobiliário, Agrário e Empresarial*, São Paulo: Revista dos Tribunais, v. 70, p. 80-100, out./dez. 1994; GHESTIN, Jacques (Org.). *Les clauses limitatives ou exonératoires de responsabilité en Europe*. Paris: LGDJ, 1990; MENICHINO, Cristina. *Responsabilità oggetiva e clausole di esonero e di limitazione della responsabilità contrattuale*. Milano: CUEM, 2006; PONZANELLI, Giulio. *Le clausole di esonero dalla responsabilità civile, studio di diritto comparato*. Milano: Giuffrè, 1984.

extrapatrimonial a outra pessoa desencadeia uma gama de consequências jurídicas a serem imputadas a uma determinada pessoa – normalmente, mas nem sempre, àquela pessoa que diretamente causou o dano – de acordo com os padrões de atribuição escolhidos pelo sistema normativo vigente. Tais padrões também podem ser entendidos como os valores que dão fundamento axiológico a um ordenamento jurídico e fundamentam a escolha das soluções adotadas pelo direito positivo. É possível dizer que o direito vigente, ao atribuir consequências jurídicas a certas condutas humanas, é fortemente influenciado por alguns valores em particular. No campo das obrigações criadas pela manifestação de vontade qualificada juridicamente, um dos vetores é a correção do desequilíbrio que pode ser causado pela frustração na expectativa daquele que era credor, e – até do ponto de vista etimológico – acreditava no pontual e fiel cumprimento do que fora avençado com a outra parte. No campo das relações entre pessoas que não sejam pautadas por um prévio acordo, o valor que guia as escolhas legislativas é de que o dano experimentado por uma pessoa, em decorrência de um ato ou de uma atividade de outra, deve ser justamente suportado por aquele que não atuou de acordo com um padrão de conduta esperado, ou aquele que se beneficia de uma atividade. Karl Larenz entende, em síntese, que toda a responsabilidade civil é pautada pela ideia de que os danos aos bens jurídicos devem ser reparados[6], o que abarca tanto as situações de responsabilidade contratual como as de responsabilidade extracontratual.

Esses são os valores manifestos que permeiam a escolha das consequências jurídicas no campo da responsabilidade contratual e extracontratual, mas, neste momento, ainda não estamos tratando propriamente do efetivo material normativo de que dispomos em toda a sua riqueza de detalhes.

Em sua obra sobre o tema das "cláusulas de exclusão e limitação da responsabilidade contratual", a autora portuguesa Ana Prata também enxerga essa particularidade da estrutura do sistema normativo, bem como a função de "distribuição de custos" do desequilíbrio para a responsabilidade contratual, e a "distribuição de riscos" na responsabilidade extracontratual, como pode ser visto em suas linhas inaugurais:

---

[6] LARENZ, Karl. *Derecho justo*: Fundamentos de etica juridica. Trad. Luis Diéz-Picazo. Madrid: Editora Civitas, 1985, p. 114.

PARTE I

O não cumprimento espontâneo e pontual das obrigações contratuais desencadeia a atuação de um conjunto de mecanismos legais, variados na sua natureza, mas convergentes na sua função de distribuir os custos de um desequilíbrio patrimonial, resultante da frustração da previsão econômica do contrato. Se o não cumprimento deriva dos fatos, cuja ocorrência ou eficácia exorbita a capacidade (devida) de prevenção e contenção do devedor, trata-se então de distribuir o risco, associando a esse regulamento apenas aqueles instrumentos que são os indispensáveis a evitar o locupletamento de uma das partes à custa da outra, uns justificados, aliás, pela comum vontade contratual objetivada no sinalagma (redução proporcional ou exclusão da contraprestação nos contratos bilaterais), outros informados por aquela ideia de justiça/equivalência, que, sendo o pressuposto do contrato, não deve ser afetada pelas suas consequências, seja em que circunstância for[7].

Quando se fala em responsabilidade, temos que este termo jurídico necessariamente está descrevendo um nexo de imputação de consequências jurídicas a uma determinada pessoa, que, por sua vez, é identificada justamente como o centro de imputações jurídicas. Tal atributo presente no ordenamento se dá por meio da construção do conceito de personalidade civil[8], que possui feições próprias a depender do sistema normativo que se

---

[7] PRATA, Ana. *Cláusulas de exclusão e limitação da responsabilidade contratual*, cit., p. 9. Atualizamos a ortografia nas citações ao longo deste trabalho conforme as normas atualmente adotadas pelos países lusófonos.

[8] É importante notar que, para Hans Kelsen, a personalidade é uma construção da ciência do direito, que serve para auxiliar a sua exposição (KELSEN, Hans. *Teoria pura do direito*. Trad. João Baptista Machado. 6. ed. São Paulo: Martins Fontes, 2003, p. 211-212). Ela não é, portanto, um produto do direito, mas sim da ciência do direito, ainda que o legislador se utilize dele, como é o caso do Código Civil brasileiro. Dessa forma, a pessoa (com personalidade) significa em última análise a união de todos os nexos de imputação: "O resultado da análise precedente da pessoa jurídica é que esta, tal como a pessoa física, é uma construção da ciência jurídica. Como tal, ela é tampouco uma realidade social como o é – conforme, apesar de tudo, por vezes se admite – qualquer criação do Direito. Quando se diz que a ordem jurídica confere a um indivíduo personalidade jurídica, isso apenas significa que a ordem jurídica torna a conduta de um indivíduo conteúdo de deveres e direitos. É a ciência jurídica que exprime a unidade destes deveres e o direitos no conceito – diferente do conceito de homem – de pessoa física, conceito do qual nos podemos servir, como conceito auxiliar na descrição do Direito, mas do qual não temos necessariamente de nos servir, pois a situação criada pela

analisa[9], daí por que se diz que no sistema jurídico a personalidade adquire significação própria.

Quando dizemos que a responsabilidade descreve um processo de imputação, estamos nos referindo especificamente sobre o entendimento kelseniano sobre o tema, sendo essa a chave para compreender seu entendimento sobre as ciências normativas (dentro delas, a ciência jurídica), e como distingui-las das demais ciências naturais ou sociais. Um dos elementos principais do pensamento científico do autor é a sua compreensão sobre o princípio da imputação e o princípio da causalidade. Ademais, a perspectiva kelseniana também nos ajudará, em uma fase posterior, a compreender melhor o fenômeno da relação jurídica, termo que descreve a situação havida em uma obrigação.

Hans Kelsen, em sua obra "Teoria Pura do Direito", dedica um capítulo inteiro ao estabelecimento de seu entendimento sobre ciência no mundo jurídico[10]. Devemos ter em mente que o autor, na referida obra, apresenta como *Leitmotiv* a pretensão de fazer uma teoria pura em seu sentido metodológico, em busca da compreensão rigorosa sobre o objeto a ser estudado e seu funcionamento, e nunca eventualmente uma teoria do "direito puro". Aponta o autor que o objeto a ser levado em conta pela ciência jurídica é a norma jurídica, de modo que o comportamento humano só será estudado pelo direito quando ele for objeto de uma norma jurídica. Para tanto, um dos aspectos nodais da ciência do direito seria situá-la como uma ciência normativa, desvinculando-a das metodologias utilizadas por outras ciências, como a sociologia, psicologia, física, entre outras. Estes ramos do conhecimento podem ser identificados como ciências causais, uma vez que o objeto de estudo é pautado por uma "lei causal", enquanto as ciências normativas são explicadas por meio de "leis de imputação".

---

ordem jurídica também pode ser descrita sem recorrer a ele" (KELSEN, Hans. *Teoria pura do direito*, cit., p. 211-212).

[9] ROCHA, Silvio Luis Ferreira da. *Direito civil 1*: parte geral. São Paulo: Malheiros, 2010, p. 32: "Hoje há plena coincidência entre ser pessoa e ter personalidade. Na antiguidade não. Os escravos, por exemplo, eram pessoas, mas não se reconhecia a eles personalidade, isto é, não podiam ser sujeitos de direitos. Os escravos eram objetos de direitos, pois pertenciam a alguém como se fossem coisas. Esta plena coincidência entre ser pessoa e ter personalidade é fruto do princípio da igualdade entre todos, um dos direitos universais do homem".

[10] KELSEN, Hans. *Teoria pura do direito*, cit., p. 79 e s.

Para melhor demonstrar a separação entre os dois tipos de metodologia, podemos exemplificar pela própria compreensão do comportamento humano. O comportamento humano pode ser explicado por ciências causais, com base em critérios de causalidade, como é o caso da psicologia ou da sociologia. Um psicólogo poderia dizer que determinado comportamento humano se deu por força de determinados fatores (traumas de infância, rejeição amorosa, enfim), que foram a causa de determinada ação. Um biólogo ou um médico explicariam que determinada conduta humana se deu por conta de sinapses cerebrais que determinam a coordenação motora. Entre demais exemplos, tais ciências se pautam por um critério de causalidade, ou seja, uma ligação entre causa e efeito necessária. Entretanto, as ciências normativas são pautadas por critérios outros, ainda que também representem uma ligação entre dois elementos. Contudo, essa é uma ligação diferente da causalidade. Hans Kelsen denomina essa ligação jurídica como imputação.

A causalidade é uma ligação que ocorre independentemente de uma decisão humana ("lei causal", como a gravidade, por exemplo), enquanto a imputação é uma ligação estabelecida por uma norma, que sempre terá um caráter prescritivo no sentido de que, diante de determinados pressupostos, uma determinada consequência estabelecida pela norma deverá ocorrer (o que é diferente de dizer que determinada consequência, necessariamente, ocorrerá). Importante salientar que tal explicação é aplicável a qualquer ciência normativa, sendo que o direito não detém o "monopólio", ou título único de ciência normativa. Tanto a moral, ética e teologia são pautadas por normas, respectivamente, morais, éticas e teológicas, que do mesmo modo prescrevem comportamentos e consequências para o comportamento contrário à prescrição estabelecida. A diferença, no direito, insere-se, justamente, na organização social da coerção[11]. Diante disso, para não nos alongarmos desnecessariamente dentro do tema, uma vez que, para o momento, é suficiente somente apontar a diferença havida entre causalidade e imputação[12], tentaremos identificar qual é a visão que temos de ter da responsabilidade civil dentro dessa perspectiva.

---

[11] KELSEN, Hans. *O que é justiça?* Trad. Luis Carlos Borges. São Paulo: Martins Fontes, 2001, p. 230.

[12] É certo que a diferença entre causalidade e imputação não se esgotam nos exemplos acima citados, uma vez que ainda existem outros importantes aspectos que as diferenciam, como,

A responsabilidade civil constitui uma ligação operada entre uma conduta e uma eventual consequência, estabelecidas pelo ordenamento jurídico vigente. Conforme exemplos colhidos em nosso ordenamento jurídico, naqueles casos em que se atribuem a qualificação de responsabilidade subjetiva extracontratual, caso haja uma conduta, qualificada como culposa, e que gere dano a outrem, a consequência normativamente estabelecida é a de que o culpado deverá ressarcir o dano, a rigor do que dispõe o art. 186 do Código Civil. No mesmo sentido, aquele que celebrou um contrato de prestação de serviço, e, na qualidade de prestador, não executou culposamente o comportamento esperado por seu credor, ficará sujeito, conforme o caso, a ser demandado para a execução específica da prestação sob pena de multa (art. 536, §1º, do Código de Processo Civil de 2015, correspondente ao art. 461, §§ 4º e 5º, do Código de Processo Civil de 1973), ter de pagar o serviço elaborado por terceiro escolhido para prestar em seu lugar, se não o fizer (art. 249 do Código Civil), além de responder pelos danos causados (art. 248 do Código Civil).

Dessa forma, a palavra responsabilidade, dentro da ciência jurídica, pode ser entendida como uma forma específica de imputação, representando o nexo existente entre pressupostos condicionantes e consequências condicionadas. Nos exemplos acima citados, o ato culposo que gera dano e a não execução culposa do contrato figuram como pressupostos condicionantes. O surgimento do dever de ressarcir o dano – nas duas hipóteses – e a sujeição à execução específica, sob pena de multa ou o dever de ressarcir terceiro escolhido para executar a prestação em seu lugar – na segunda hipótese –, figuram como consequências jurídicas condicionadas.

A norma jurídica, como resultado de uma decisão humana, possui certo grau de flexibilidade em determinar quais serão e de quem serão os fatos condicionantes, e quais serão e quem sofrerá as consequências condicionadas, levando-se em conta os limites internos do próprio sistema. Segundo a posição kelseniana, entende-se que a ação humana nunca se separa de seu agente (quer ele seja um menor de idade, um índio, um preposto, etc.), mas as consequências jurídicas de seus atos podem muito bem recair sobre outra pessoa. Veja-se o esclarecedor trecho em que o autor versa sobre

por exemplo, a infinitude do processo causal, em contraposição à finitude do processo de imputação.

imputabilidade e o conceito por ele esboçado acerca da imputação, como noticiamos aqui:

> Se se designa como "imputação" a ligação de pressuposto e consequência expressa na proposição jurídica com a palavra "dever-ser", de modo algum se introduz, com isso, uma nova palavra numa disciplina que já de há muito opera com o conceito de "imputabilidade". Imputável é aquele que pode ser punido pela sua conduta, isto é, aquele que pode ser responsabilizado por ela, ao passo que inimputável é aquele que – porventura por ser menor ou doente mental – não pode ser punido pela mesma conduta, ou seja, não pode por ela ser responsabilizado. Diz-se, na verdade, que a um, e já não ao outro, lhe é imputada a sua ação ou omissão. Porém, a ação ou omissão em questão é precisamente imputada ou não é imputada pelo fato de, num dos casos, a conduta ser ligada a uma consequência do ilícito e, assim, ser qualificada como ilícito, enquanto que, no outro caso, tal já não acontece, pelo que um inimputável não pode cometer um ilícito. Isso, porém, significa que a imputação não consiste noutra coisa senão nesta conexão entre o ilícito e a consequência do ilícito. (...) Também a conduta de um inimputável é a sua conduta, a sua ação ou omissão, se bem que não seja um ilícito imputável. A imputação que se exprime no conceito de imputabilidade é a ligação de uma determinada conduta, a saber, de um ilícito, com uma consequência do ilícito. Por isso pode dizer-se: a consequência do ilícito é imputada ao ilícito, mas não é produzida pelo ilícito, como sua causa. É evidente que a ciência jurídica não visa uma explicação causal dos fenômenos jurídicos: ilícito e consequências do ilícito. Nas proposições jurídicas pelas quais ela descreve estes fenômenos ela não aplica o princípio da causalidade mas um princípio que – como mostra esta análise – se pode designar por imputação[13].

Assim, não seria equivocado afirmar que é justamente essa característica da imputação normativa – a de poder separar as consequências jurídicas dos atos de quem a praticou – que permite ao sistema jurídico trabalhar com

---

[13] KELSEN, Hans. *Teoria pura do direito*, cit., p. 91.

determinadas hipóteses, como, por exemplo, o caso de responsabilidade pelo fato de outrem. O exemplo mais claro relacionado a essa situação pode ser vislumbrado pela prescrição do art. 932, I, do Código Civil, que estabelece que os pais são responsáveis pela reparação civil de atos dos filhos menores que estiverem sob sua autoridade e em sua companhia. A conduta danosa do filho menor sempre será sua conduta, e não de outro, mas nesse caso a norma transfere para os pais, por meio da imputação, a consequência jurídica da conduta, qual seja, o surgimento do dever de reparar os danos causados. Tal característica do ordenamento jurídico permite inclusive, hipoteticamente, que existam casos de responsabilidade sem nexo de causalidade. Aliás, uma das valorosas lições que temos sobre a matéria de nexo de causalidade em nossa realidade é de que a norma pode por ora alargá-lo, ora diminuí-lo, conforme a decisão do legislador[14].

1.3. A responsabilidade como uma palavra que representa uma técnica de apresentação do direito

Um dos exemplos acima tratados mencionou o caso de um contrato de prestação de serviço, em que a pessoa que se coloca no polo passivo obrigacional de prestar o serviço fica sujeita a uma gama de consequências diante de seu inadimplemento culposo. Essa circunstância serve para demonstrar que "ser responsável", do ponto de vista contratual, não significa simplesmente estar sujeito ao pagamento de indenização por perdas e danos pelo inadimplemento. O próprio ordenamento jurídico confere à responsabilidade um significado que abarca mais de uma consequência.

Essa circunstância pode ser vislumbrada com bastante nitidez em outros exemplos colhidos em nossa legislação, como é o caso dos arts. 234 e 239 do Código Civil, tratados na seção que disciplina a obrigação de dar coisa certa, examinados por Francisco Marino[15]. Na hipótese do art. 234, se a coisa se perder antes da tradição por culpa do devedor, "responderá este pelo equivalente e mais perdas de danos", e o art. 239, que se refere especificamente à obrigação de restituir, segue no mesmo sentido, também determinando que, se a coisa se

---

[14] LOUREIRO, Francisco Eduardo. *Ato ilícito*. In: LOTUFO, Renan; NANNI, Giovanni Ettore (Coord.). *Teoria geral do direito civil*. São Paulo: Atlas, 2008, p. 728.

[15] MARINO, Francisco Paulo de Crescenzo. *Responsabilidade contratual. Efeitos*, cit., p. 413-415.

PARTE I

perder por culpa do devedor, "responderá este pelo equivalente, mais perdas e danos". O detalhe ao qual se deve prestar atenção em tais dispositivos é o termo "equivalente", que, somado à indenização de perdas e danos, forma o conteúdo sobre o que "responde" o devedor. Realmente, se a única consequência atribuível ao devedor que culposamente perde o bem a ser entregue ou restituído fosse o pagamento de perdas e danos, não haveria sentido em se utilizar o termo "equivalente". Por isso entende-se que "ao segregar a responsabilidade por perdas e danos da responsabilidade pelo 'equivalente' (isto é, equivalente pecuniário da coisa perdida) a lei, ao menos do ponto de vista literal, tratou as duas 'responsabilidades' como portadoras de naturezas distintas"[16].

A dualidade de consequências apresentada por esses dispositivos dá ensejo a discussões mais detidas sobre regramento que disciplina essas relações jurídicas, sobretudo em relação a eventual natureza indenizatória do "equivalente". Caso se afaste a equiparação (ou seja, caso não se considere que o equivalente seja efetivamente uma indenização), estaríamos diante de uma situação em que se vislumbra a perpetuação do vínculo obrigacional, que será adimplida pela prestação do equivalente em dinheiro, e não a mera resolução do vínculo obrigacional. Nesse sentido, Francisco Marino conclui o raciocínio, identificando opções ao credor, quais sejam, a de resolver o contrato ou optar pela manutenção do vínculo:

> Parece preferível, então, em se tratando de contratos sinalagmáticos, extrair dos referidos artigos [arts. 234 e 239 do Código Civil] uma opção conferida ao devedor: pleitear a *resolução* do contrato, cumulada com perdas e danos, ou pleitear a *manutenção* do contrato, cabendo-lhe, neste caso, o direito ao equivalente pecuniário da coisa perdida, acrescido de indenização pelo inadimplemento (perdas e danos). Trata-se, simplesmente, de aplicação específica da regra contida no art. 475 do Código Civil. [...]. Possuindo credor direito ao equivalente da coisa perdida, mais perdas e danos, parece claro que ele se encontra adstrito a efetuar contraprestação. A manutenção deste direito à contraprestação, por outro lado, torna incoerente sustentar que se trate de resolução contratual, como o faz certa doutrina.

[16] MARINO, Francisco Paulo de Crescenzo. *Responsabilidade contratual.* Efeitos, cit., p. 413.

AS CLÁUSULAS DE NÃO INDENIZAR NO DIREITO BRASILEIRO

Diante disso, fica claro que "responder" por algo, dentro da sistemática contratual em nosso ordenamento jurídico, pode significar muito além do que simplesmente ter de indenizar os danos sofridos. O papel do cientista, nessa matéria, é saber descortinar todas as significações do termo responsabilidade e como ele concentra em si diferentes modalidades de nexos de imputações. Para executar esse mister, conseguimos encontrar nas lições de Alf Ross importantes noções para compreender como o direito, mediante o uso da linguagem, consegue se estruturar para determinar variadas consequências às condutas humanas.

O autor dinamarquês entende que o direito contém inúmeras palavras que são consideradas por ele como "técnicas de apresentação", que visam, sobretudo, a ordenar um conjunto de consequentes e consequências em uma só palavra. O raciocínio pode ser encontrado em várias de suas obras, mas aqui ressaltamos o *Direito e justiça*[17] e a pequena obra *"Tû-tû"*[18], com título deliberadamente misterioso, em que ele se dedica especificamente a explicar com mais detalhes o que entende por técnica de apresentação do direito. O tema da responsabilidade é abordado com mais profundidade especificamente em sua obra *"On guilt, responsibilty and punishment"*[19].

No livro "Tû-tû", a ideia de Ross é apresentar, em primeiro lugar, uma fábula sobre uma tribo indígena e seus misteriosos tabus, e como o raciocínio empregado por seus membros e as dificuldades daí decorrentes poderiam muito bem ser transpostos para os debates jurídicos contemporâneos. A transposição do problema ajuda a aclarar alguns de nossos principais dilemas, sobretudo no que diz respeito aos direitos subjetivos, em que o crédito, dentro de nossa teoria das obrigações, mostra-se como elemento de destaque.

A tribo descrita por Ross era uma comunidade de características primitivas que vivia na completa superstição e apresentava uma grande gama de tabus que regiam o comportamento entre os indivíduos que lá viviam. O comportamento dos indivíduos era sancionado, em uma primeira vista, por poderes místicos que poderiam recair sobre aqueles que não observassem os ditames estatuídos por tais superstições. Toda vez que um tabu era infringido

---

[17] ROSS, Alf. *Direito e justiça*. Trad. Edson Bini. São Paulo: Edipro, 2006.
[18] ROSS, Alf. *Tû-tû*. Trad. Edson Bini. São Paulo: Quartier Latin, 2004.
[19] ROSS, Alf. *On guilt, responsibility and punishment*. Los Angeles: University of California Press, 1975.

PARTE I

por algum dos membros da comunidade (como matar um animal totêmico, ou encontrar-se com a sogra[20]), dizia-se que aquela pessoa "estava Tû-tû", e que, portanto, deveria ser submetido a uma cerimônia de purificação. A explicação específica sobre o que era Tû-tû para aquela tribo é uma tarefa muito dificultosa. O que talvez fosse mais aproximado dizer seria que se tratava de uma espécie de estigma místico que recairia sobre a comunidade, de modo a justificar a cerimônia de purificação posterior.

Do ponto de vista racional, seria possível afirmar que, afinal, a situação de Tû-tû não existia de fato, uma vez que os poderes e *status* místicos não existiam, e que qualquer discussão sobre sua essência seria uma tarefa ociosa por parte do investigador científico. Contudo, ainda que essencialmente a palavra nada significasse, ela tinha na tribo uma importante tarefa instrumental, que era ligar um determinado número de condicionantes (os tabus) a uma consequência socialmente atribuída (cerimônia de purificação). Diante disso, é possível concluir que o Tû-tû não possui referência semântica por si só, isto é, não descreve um estado de coisas, mas só a adquire se considerarmos os antecedentes e consequentes a que ele se refere. Para aclarar o raciocínio, é possível dizer que tal palavra poderia inclusive ser suprimida, sendo substituída somente por suas referências condicionantes e condicionadas. Veja-se o seguinte exemplo: "Se A se encontrou com a sogra, então A está Tû-tû; se A está Tû-tû, ele deverá ser submetido a uma cerimônia de purificação". A frase poderia ser reformulada, por meio de processos lógicos, simplesmente, assim: "Se A se encontrou com a sogra, ele deverá ser submetido a uma cerimônia de purificação". O Tû-tû não precisou ser usado para descrever o conteúdo do comando normativo. Temos, destarte, um enunciado prescritivo repleto de significado, e destituído de características místicas.

É possível concluir que a palavra Tû-tû só tem o sentido de expressar uma totalidade de condicionantes (todos os tabus) a uma consequência (processo de purificação), de modo que sua utilidade é meramente instrumental. Todavia, ainda que o exemplo do Tû-tû sirva para demonstrar a união de imputação de várias condicionantes a uma só consequência, nada impede logicamente que uma palavra seja usada instrumentalmente para ligar uma pluralidade

---

[20] ROSS, Alf. *Tû-tû*, cit., p. 13.

de condicionantes a uma pluralidade de consequências, e é exatamente isso o que ocorre com o direito contemporâneo, como Ross sustenta.

Realmente, a utilização de dessa técnica é extremamente vantajosa para dar a um ordenamento normativo um sentido de compreensão maior, e ao mesmo tempo facilitar a aplicação de seus comandos. Fica evidente que um sistema seria desnecessariamente complicado caso fosse formulado contendo exaustivamente com todas as ligações entre condicionantes e consequências. No entanto, se, por um lado, as palavras instrumentais têm essa característica benéfica de facilitar a aplicação da norma, por outro, elas, por vezes, induzem o intérprete a equivocadamente adentrar em debates sobre a essência da palavra. É o caso de se querer identificar o que é "de verdade estar Tû-tû", que, de fato, não é nada senão o conjunto das condicionantes e consequências.

Neste ponto já fica claro onde queremos chegar. O mesmo raciocínio empregado para "desmitificar" a palavra Tû-tû pode ser usado para "desmistificar" também alguns conceitos jurídicos muito usados por nós, mas que não são nada se não técnicas de apresentação. No livro em questão, Alf Ross cita expressamente alguns direitos subjetivos como crédito, débito e propriedade para mostrar a aplicação de suas ideias nos ordenamentos jurídicos atuais. A responsabilidade, igualmente, pode perfeitamente ser enquadrada neste raciocínio, uma vez que, como dissemos acima, ela representa um processo de imputação entre fatos condicionantes e consequências condicionadas. Mas é no livro *"On guilt, responsability and punishment"* que Ross designa expressamente a "responsabilidade" como um termo que tem a função de indicar um processo de imputação entre circunstâncias condicionantes e consequências condicionadas, ao dar um exemplo do direito dinamarquês, e sob uma perspectiva que nós designaríamos de responsabilidade subjetiva, por envolver culpa, da seguinte forma:

> É essa conexão entre fatos condicionantes e consequências jurídicas condicionadas que é expressa nas afirmações sobre responsabilidade. A conexão não é de um tipo "natural" (causal ou lógico), mas somente existe em virtude da função jurídica de que os fatos sejam julgados com base em normas jurídicas. Responsabilidade é uma expressão de um julgamento jurídico, e consiste em uma diretiva (normativa) que ocorre em conclusão de uma inferência: desde que se deem tais e

quais fatos (em suma, A é culpado), e desde que o direito objetivo seja tal e qual, é de se concluir que A é punível. Dessa forma, o fato de A ser responsável por *x* (de acordo com o direito dinamarquês) pode ser descrito alternativamente em termos de um (diretivo) mandamento de que ele seja punido por ser culpado, ou em uma afirmação sobre o efeito de que tal mandamento é a consequência da aplicação das regras do direito dinamarquês aos fatos existentes [...] Não deve ser difícil observar, então, que a razão de sua ambiguidade é que a responsabilidade representa aquilo que em outra oportunidade designamos sistematicamente de um "conceito tu-tû". O uso corrente da linguagem faz parecer com que a responsabilidade seja algo que surge como uma ligação entre fatos condicionantes e consequências condicionadas. Não existe, obviamente, tal ligação. Tudo o que há é uma ligação jurídica entre fatos e consequências. O fato de a "responsabilidade" não possuir referência semântica não significa que a sua utilização em assertivas seja vazia. Suas funções são de expressar a conexão entre culpabilidade e punição, fatos condicionantes e consequências condicionadas. Elas podem ser usadas de acordo com o contexto para chamar a atenção para os fatos condicionantes – culpa – ou as consequências condicionadas – a determinação de punição[21].

---

[21] Tradução livre do original: ROSS, Alf. *On guilt, responsibility and punishment*, cit., p. 22-23: "It is this connection between conditioning facts and conditioned legal consequences which is expressed in the statement about responsibility. The connection is not a "natural" (causal or logical) one, but exists only by virtue of the legal role in that the facts are judged on the basis of legal rules. Responsibility is an expression of a legal judgment, and the latter consists of a directive (normative) demand that occurs as the conclusion of an inference: since such and such facts obtain (in short: A's guilt), and since the law is such and such, it follows that *A* is punishable. Accordingly, A's being responsible for *x* (according to Danish law) can be described alternatively in terms of a (directive) *demand* that he be punished because he is guilty, or of a *statement* to the effect that such a demand is a consequence of applying the rules of Danish law to the existing facts.[...] It should not be hard to see, then, that the reason for this ambiguity is that responsibility is what I have elsewhere termed a systematically 'tû-tû' concept'. Our modes of speech make it look as though responsibility were something that comes into existence as a link between conditioning facts and conditioned consequence. There is of course no such link. All that exists is the legal connection between facts and consequence. The fact that 'responsibility' lacks semantic reference does not mean that sentences referring to responsibility are vacuous. Their function is to express the connection between guilt and punishment, conditioning facts and conditioned consequences. They can

Para demonstrar o funcionamento deste raciocínio dentro da responsabilidade civil em nosso ordenamento jurídico, podemos nos reportar novamente ao exemplo citado no início deste item, em um contrato de compra e venda de coisa determinada, conforme nosso direito positivo. Segundo o art. 234 do Código Civil, se a coisa a ser dada se perde, antes da tradição, por culpa do devedor, este é considerado responsável; assim, uma vez que ele é responsável, deverá pagar ao credor o equivalente, mais as perdas e danos. Novamente, como no exemplo do Tû-tû, a palavra "responsável" pode ser suprimida da narrativa do comando jurídico da seguinte forma: Se a coisa se perde, antes da tradição, por culpa do devedor, deverá ele pagar o equivalente, mais as perdas e danos. Por outro lado, a situação da inexistência de culpa na perda do objeto atrairia aplicação de outra consequência (representada por uma palavra), que também pode ser identificada como uma técnica de apresentação: a resolução.

Vamos ao novo exemplo: Se a coisa se perde sem culpa do devedor, a obrigação fica resolvida; se a obrigação fica resolvida, então não pode o credor exigir o equivalente mais perdas e danos, e o devedor fica sujeito a restituir o que eventualmente tinha recebido como remuneração. Retira-se a palavra resolução, sem perda de conteúdo da expressão do comando normativo, na seguinte reformulação: Se a coisa se perde por culpa do devedor, deverá ele devolver o que eventualmente tenha recebido como contraprestação, e o credor não poderá exigir o equivalente, mais perdas e danos.

Demonstra-se, portanto, como é possível empregar o raciocínio na matéria referente à responsabilidade, sobretudo a contratual, que apresenta maior complexidade tanto em suas circunstâncias condicionantes como, sobretudo, nas consequências condicionadas. É evidente que as palavras "responsabilidade" e "resolução" apresentam inúmeros problemas e detalhes em sua aplicação, sendo impossível fazer uma demonstração cabal de todos os fatos condicionantes e de todas as consequências condicionadas que elas implicam. Entretanto, devemos chamar a atenção para a circunstância de que, muito embora tal atividade seja dificultosa, ela representa o verdadeiro limite para a interpretação jurídica dessas palavras. A palavra responsabilidade tem uma

---

be used according to context to draw attention to the conditioning facts – guilt – or to the conditioned consequence – he demand for punishment".

PARTE I

clara função instrumental, mas seria ocioso identificar sua eventual referência semântica fora daqueles fatos condicionantes e consequências jurídicas condicionadas que ela implica.

No mesmo sentido, ao identificar que o conceito de responsabilidade contratual deve ser analisado sob uma perspectiva ampla acerca de todas as consequências jurídicas que a ele se refere, Francisco Marino assevera:

> Parece amplamente preferível, portanto, o conceito de responsabilidade contratual apto a enfeixar todas as posições jurídicas passivas a que o devedor da prestação inadimplida se encontra sujeito, isto é, não somente a obrigação de indenizar, mas também a sujeição à execução forçada e ao direito potestativo de resolução do contrato sinalagmático. Além da superioridade metodológica, este conceito amplo de responsabilidade contratual a reconcilia com o sentido de "responsabilidade" presente na teoria geral das obrigações, dirimindo uma inafastável incongruência presente na primeira orientação restritiva, acima apontada [que se refere à identificação da responsabilidade somente com o dever de indenizar][22].

1.4. Responsabilidade civil e relação jurídica

Após explanação sobre a metodologia de base a ser utilizada para análise da responsabilidade civil, torna-se relevante, em seguida, traçar considerações sobre o tema da relação jurídica, por sua relevância central, além de se destacar como uma das principais técnicas jurídicas utilizadas na tarefa de coordenar, dentro de certos limites, o comportamento humano[23]. Destaca-se sua característica de técnica justamente com o fim de apontar que as construções conceituais sobre as relações jurídicas existem para auxiliar a tarefa de aplicação de um regime jurídico a um dado comportamento humano, ou seja,

---

[22] MARINO, Francisco. *Responsabilidade contratual. Efeitos*, cit., p. 417.
[23] LOTUFO, Renan. *Curso avançado de direito civil*: parte geral. 2. ed. São Paulo: Revista dos Tribunais, 2003, p. 128: "Como verificamos no tocante às leis, estas preveem uma imputação comportamental, toda vez que um determinado fato ocorra e tenha sido escolhido como tipificador do enlaçamento, do relacionamento jurídico. Diz-se que, ocorrido o fato previsto na hipótese normativa, estabelece-se uma relação jurídica, pois dá-se início à imputação".

permitir a imputação de uma gama de consequências jurídicas a determinados condicionantes, na linha do que fora desenvolvido acima.

O ordenamento jurídico opera por meio de valorações de situações, que, por receberem a qualificação de "jurídicas", estarão aptas a se tornar objeto de atenção da comunicação do direito, impondo um determinado regramento àquela dada situação a partir disso. É por meio do instrumento da "situação jurídica" que o ordenamento jurídico opera a escolha dos fatos condicionantes que estarão sujeitos a posteriores imputações. Ademais, é pelo fato de o comportamento humano poder ser qualificado como uma situação jurídica que se diz, comumente, que uma pessoa passa a ser o núcleo de imputação de direitos e deveres, assunto que detalharemos a seguir.

Mas a técnica jurídica comporta refinamentos mais abstratos. Dizer que uma pessoa tem um direito em uma determinada relação jurídica, como se faz por razões de simplificação da linguagem, na verdade oculta que é por meio da titularidade – entendida como ligação entre sujeito e situação jurídica[24] – que se estabelece o direito atrelado a uma situação jurídica. Importa ainda apontar neste momento que, embora o conceito de relação jurídica seja, em última análise, lastreado em comportamentos humanos, a técnica que ela encarta representa um grau de abstração tal que o ordenamento jurídico chega a permitir com naturalidade que existam relações jurídicas que não se reportem especificamente a sujeitos[25], embora, indiretamente, a eles digam respeito. Essa observação é relevante para que se possa ter um panorama mais preciso sobre o significado do termo "relação jurídica". Aponta-se que a "situação jurídica" representa categoria necessária à compreensão do significado da expressão "relação jurídica", embora com ela não se confunda.

Como a alteridade é ínsita ao direito, e isso é verdade também para as percepções que enxergam o direito como discurso ou como comunicação, o comportamento humano, objeto de regulação jurídica, nunca existe por si só, pois não se concebe humanidade sem sociedade. Daí que a construção do conceitual teórico em volta das situações jurídicas milite, em última análise,

---

[24] BENACCHIO, Marcelo. Direito subjetivo – situação jurídica – relação jurídica. In: LOTUFO, Renan; NANNI, Giovanni Ettore (Coord.). *Teoria geral do direito civil*. São Paulo: Atlas, 2008, p. 204.

[25] NERY, Rosa Maria Barreto Borrielo de Andrade. *Introdução ao pensamento jurídico e à teoria geral do direito privado*. São Paulo: Revista dos Tribunais, 2008, p. 119.

PARTE I

para se estabelecer o regramento das relações jurídicas, pois não haveria como se atribuir uma qualificação a uma situação, sem que o próprio ato de valoração pressuponha relações e convenções tidas pela coexistência de diversos e inúmeros comportamentos humanos simultâneos. No entanto, como dito, essa construção pode se estabelecer em um nível abstrato, ou meramente discursivo ou comunicacional, distanciado das pessoas concretas, por assim dizer. Diz-se que, estruturalmente, a relação jurídica pode ser concebida como relação entre situações jurídica e não entre sujeitos. Do ponto de vista funcional, por seu turno, a relação jurídica irá ser concebida conforme os valores operantes em um determinado ordenamento, conforme dito antes, e aqui se encaixa a qualidade jurídica atribuída a cada situação jurídica que forma uma relação[26].

Isso posto, a responsabilidade, tema que interessa a este trabalho, pode ser enquadrada como uma espécie de relação jurídica, uma vez que encerra o vínculo havido entre duas situações jurídicas, que, por suas valorações conforme o ordenamento jurídico, imputarão consequências normativas aos respectivos titulares.

Do ponto de vista da teoria geral das obrigações, a responsabilidade civil consiste naquele vínculo havido entre situações jurídicas (que se situam nos polos da relação), de modo que o titular que se situa na posição ativa teria o *direito* de exigir, daquele que está situado na posição passiva, a *prestação*, ou seja, tem o *dever* de se comportar de uma determinada maneira. Não se nega, evidentemente, que essa conceituação se apresenta como uma forma propositadamente sintética e repleta de termos a serem devidamente trabalhados pelo cientista jurídico, para que não se caia no equívoco de desconsiderar a pluralidade de significados que ela abarca, e tampouco a evolução legislativa e doutrinária que visa, sobretudo, apontar para a dinâmica da relação obrigacional.

[26] Idem, ibidem, p. 214: "De todo o exposto vamos ter que a relação jurídica vai ser concebida, estruturalmente, como a relação entre situações jurídicas e não entre sujeitos. E do ponto de vista funcional, o regulamento dos interesses por meio do ordenamento do caso concreto, isto é, a disciplina dos opostos centros de interesse para que haja uma acomodação entre eles desde os valores do ordenamento jurídico aplicados no caso concreto, daí que a relação jurídica vai encerrar a aproximação e composição dos dois aspectos referidos – estrutural e funcional – a partir das situações jurídicas que passam a ser focadas pelos direitos, poderes e deveres que a compõe"

AS CLÁUSULAS DE NÃO INDENIZAR NO DIREITO BRASILEIRO

Quando falamos em *direito* do credor, *dever* do devedor e *prestação* a ser cumprida, estamos necessariamente nos reportando a termos que reúnem em si, em um só feixe, uma grande gama de imputações jurídicas. Todavia, como já afirmamos acima, esses termos apresentam uma simplificação da linguagem jurídica como manifestação de sua técnica, e assim devem ser compreendidos[27].

No estudo da estrutura da relação jurídica é muito comum a referência às "posições jurídicas" ativas e passivas, a depender do polo obrigacional ao qual se está a referir. Além de representar o lugar no contexto relacional em que cada titular se situa, a expressão também faz referência ao comportamento jurídico esperado de cada uma das partes[28], que se apresenta em uma forma dialética, uma vez que o *dever* de uma é encarado como o *direito* de outra, ou a *sujeição* de um é encarado como a *potestade* de outro[29]. Não iremos abordar profundamente cada uma das situações, mas, no ponto que nos importa, é necessário fazer uma análise mais acurada especificamente sobre o conteúdo do *dever* e do *direito* (em sentido subjetivo).

Quando se diz que determinada pessoa (*i.e.* titular), em uma posição jurídica ativa, tem o *direito* de exigir de outra determinada *prestação*, não estamos a nos referir a uma situação única, mas sim a um conjunto de consequências

---

[27] Alf Ross tece contundentes críticas à má percepção do conteúdo jurídico do termo "dever" decorrentes de cargas ideológicas a que o termo fica submetido. Entretanto, após concluir que ele não pode ser abolido totalmente da ciência jurídica, aponta a necessidade, ao menos, de que se tenha uma visão esclarecida de seu significado: "Tal dependência ideológica, por outro lado, faz com que o conceito de dever não seja muito adequado como instrumento da ciência do direito. Diferentemente da legislação, a doutrina não se propõe a exercer uma influência ideológica sobre os cidadãos, mas simplesmente descrever relações jurídicas que são esperadas em dadas circunstâncias, e o conceito de dever não se ajusta ao cumprimento dessa tarefa. [...] Devemos concluir que seria desejável que as exposições doutrinárias do direito vigente eliminassem o conceito de dever. Em lugar de operar com este termo inadequado, seria mais conveniente se ater simplesmente à conexão jurídico-funcional entre os fatos condicionantes e as reações condicionadas. [...] Visto que a linguagem do direito não pode prescindir de uma terminologia de deveres, faculdades, etc. e visto que tal terminologia não pode ser totalmente suprimida da ciência do direito, cabe-nos perguntar se não seria possível melhorar o seu uso. Talvez o importante não seja a terminologia em si mesma, mas a consciência das diversas relações relevadas por ela" (ROSS, Alf. *Direito e justiça*, cit., p. 191-192).

[28] Cf. LUMIA, Giuseppe. *Lineamenti di teoria e ideologia del diritto*. 3. ed. Milano: Giuffrè, 1981, p. 102-123. Trad. com adaptações e modificações por Alcides Tomasetti Jr., p. 7.

[29] Idem, ibidem, passim; ROSS, Alf. *Direito e justiça*, cit., p. 192-201.

PARTE I

jurídicas atribuídas pelo ordenamento jurídico que incidirão sobre aquele determinado vínculo. Tal percepção está intimamente vinculada àquilo que já foi dito, no sentido de que, se a responsabilidade representa um direito para o credor, esse eventual direito enfeixa um grande número de consequências, e não somente um (como o pagamento de perdas e danos). Cabe nesse ponto transcrever os ensinamentos de Giuseppe Lumia, que consegue resumir essa circunstância que se está a demonstrar:

> O direito (em sentido) subjetivo apresenta-se como um complexo unitário (e unificante) de posições jurídicas subjetivas elementares; indica um conjunto de faculdades, pretensões, poderes formativos e imunidades, que se acham em coligação habitual e constante, sob a titularidade de um determinado sujeito, relativamente a um determinado objeto. [...] a figura jurídica do direito (em sentido) subjetivo responde substancialmente a uma exigência de economia mental; não é mais que uma fórmula abreviada – estenográfica, por assim dizer – por intermédio da qual designa-se uma constelação de posições jurídicas subjetivas ativas elementares que se apresentam conjuntamente, sob uma mesma situação de titularidade, no comum das vezes. O direito subjetivo se identifica com a totalidade de posições jurídicas ativas elementares que constituem, e nelas se resolve sem nenhum resíduo[30].

Dessa passagem se extrai que o direito subjetivo deve verdadeiramente ser compreendido como o conjunto de elementos que fazem referência ao titular (sujeito ativo) da relação, e coaduna com o que dissemos sobre a importância instrumental para a ciência do direito da utilização de tais termos, que tem a aptidão de condensar em si amplos aspectos referentes à imputação normativa. A "constelação de posições jurídicas" à qual o autor se refere e que opera em favor do sujeito ativo, titular de pretensão, também representa, como o anverso da moeda[31], como a totalidade de elementos condensados na noção de *dever*

---

[30] LUMIA, Giuseppe. *Lineamenti di teoria e ideologia del diritto*, cit., p. 10.

[31] Cf. DANTAS, San Tiago. *Programa de direito civil*: parte geral. Rio de Janeiro: Ed. Rio, 1997, v. 1, p. 147: "Em toda relação jurídica encontra-se como seu elemento fundamental, como seu elemento básico, um dever que se chama dever jurídico. [...] De maneira que o direito, na relação jurídica, é uma decorrência do dever".

de comportamento a cargo daquele que está situado na posição passiva da relação. Adiante, continua Lumia:

> Correlativa à noção de pretensão é, como sabemos, a noção de dever de comportamento exigível (n.t. *obbligo*, no original), que conota, no polo passivo, aquela posição jurídica que, no lado ativo, se apresenta justamente, como pretensão. O dever comportamental é a necessidade jurídica de atuar uma conduta que outrem está legitimado a exigir de nós. Entende-se que pretensão e dever de comportamento são correlativos, de modo que um não pode subsistir sem o outro e ambos nascem do ordenamento jurídico, o qual, no atribuir uma pretensão a um sujeito, impõe a outro o dever (jurídico, e não apenas moral) de praticar um comportamento conforme a pretensão do primeiro. No caso de falta de um cumprimento do dever comportamental, ao titular da pretensão é reconhecida uma ação em sentido material que normalmente se resolve no poder de pôr em movimento o mecanismo jurisdicional dirigido a obter do devedor o comportamento pela execução forçada da prestação, ou, quando isto for impossível, o ressarcimento do dano[32].

Pode-se notar que a própria formatação da relação jurídica, dentro do estudo científico do direito, demonstra ser uma importante técnica para auxiliar a compreensão do nexo de imputação. Ela é, portanto, instrumento para a compreensão, e não resume em si todo o conteúdo normativo do vínculo jurídico que possa haver entre duas pessoas. Essa afirmação é importante para impedir juízos críticos antecipados, notadamente aqueles que imputam a tal explicação uma redução imprópria da complexidade existente na análise das relações jurídicas, principalmente da relação jurídica obrigacional. Como veremos a seguir, a análise da relação jurídica e a dinâmica obrigacional (ou complexidade obrigacional) possuem detalhes próprios que, diante do ordenamento jurídico vigente, não podem ser ignorados por quem pretende observar o sistema normativo. Em outras palavras, o direito positivo, ao escolher os comportamentos que irá regular e qual será o conteúdo normativo para tais situações, pode ampliar o suporte fático sobre o qual irão incidir as

---

[32] *Lineamenti di teoria e ideologia del diritto*, cit., p. 14.

PARTE I

normas jurídicas. Ou seja, a amplitude do regramento jurídico será determinada conforme forem as possibilidades de interpretações para o comportamento humano. Um comportamento que em um determinado momento não tinha a aptidão de desencadear efeitos jurídicos, pode, por uma mudança do ordenamento jurídico ou pela mudança de sua compreensão dogmática, passar a ser objeto de incidência. A observação é relevante, sobretudo, para aclarar o que ocorre com a incidência de princípios, como, por exemplo, o da boa-fé objetiva, a ser detalhado adiante neste trabalho. Todavia, o recurso à essência do comando normativo – qual seja, imputar consequências jurídicas a condutas humanas – é sempre necessário, sob pena de se descaracterizar a própria estrutura e função do direito, e perder-se em graus de abstrações desnecessários.

2. Considerações sobre a Teoria Dualista das Obrigações

É importante apontar que a concepção da obrigação como relação jurídica da qual tratamos acima não é incompatível com o que hoje se designa de concepção dualista da obrigação, pautada nas conclusões alcançadas por Alois von Brinz em seu estudo sobre a *obligatio* no direito romano. Para demonstrar que não há substancial antagonismo no ponto de vista do raciocínio jurídico empregado, deve-se ressaltar que o *dever/direito* na acepção acima demonstrada só será capaz de surtir seus efeitos – isto é, desencadear uma consequência jurídica diante de um dado comportamento humano – quando ocorrer o evento descrito no ordenamento jurídico com aptidão para tanto. Isto é, nas palavras do próprio Lumia, naquele "momento em o que um interesse [do titular do direito subjetivo] é julgado particularmente merecedor de proteção"[33].

---

[33] *Lineamenti di teoria e ideologia del diritto*, cit., p. 13: "O direito subjetivo é atribuído pelo ordenamento jurídico no momento em que um interesse deste último é julgado particularmente merecedor de proteção, e na medida em que possa ser satisfeito, no modo mais completo, deixando-se àquele titular uma esfera de liberdade dentro da qual lhe seja lícito agir (*agere licere*) conforme a sua livre determinação. A ligação entre interesse e direito subjetivo é tão estreita que se pode divisar, no primeiro, o substrato material daquele conjunto de pretensões, poderes formativos, faculdades e imunidades, que constituem o segundo".

Sobre a teoria dualista das obrigações, pode-se dizer que a divisão apresentada se refere às duas espécies de vínculos apresentados, em momentos diferentes, sendo o primeiro denominado relação débito-crédito e o segundo, relação de responsabilidade-garantia, ou, então, respectivamente *Schuld* e *Haftung*, conforme desenvolvido na doutrina alemã, e que encontra grande repercussão e estudo também na literatura elaborada por autores nacionais sobre o tema[34].

Em lições de Moreira Alves conseguimos identificar as principais notas dos estudos de Brinz sobre a obrigação no direito romano[35]. Para o autor alemão, a relação obrigacional era decomposta em dois elementos distintos, identificados como *debitum* – ou *Schuld* – e como *obligatio* (*Haftung* ou responsabilidade). Tais elementos surgiam em momentos diversos. O *debitum* surgia desde a formação da obrigação, enquanto a *obligatio* só a partir do momento em que o devedor não realizasse a prestação devida. Ademais, eles se diferenciavam também em sua substância, porquanto o momento do *debitum* era caracterizado como "não coativo", ou seja, o devedor ainda gozava de liberdade para agir conforme seu arbítrio, o que incluía a atitude de realizar a prestação naquele momento, enquanto a *obligatio* era "coativa", na medida em que surge para ele a responsabilização quando for inadimplente. Outra característica diz respeito ao fato de que os dois elementos poderiam ser atribuídos a pessoas diferentes, de modo que o *debitum* seria relacionado a uma pessoa, enquanto a consequência coativa da *obligatio* seria destinada a outra. Por fim, a *obligatio* poderia se relacionar tanto a uma coisa (*obligatio rei*) quanto a uma pessoa ou seu patrimônio (*obligatio personam*)[36], permitindo a conceituação única como "relação pela qual uma coisa ou uma pessoa é destinada a servir de satisfação ao credor por uma prestação"[37].

---

[34] NERY JUNIOR, Nelson; ANDRADE NERY, Rosa Maria de. *Código Civil comentado*. 7. ed. São Paulo: Revista dos Tribunais, 2009, p. 435; COMPARATO, Fábio Konder. *Essai d'analyse dualiste de l'obligation en droit privé*. Paris: Dalloz, 1964; LOPES, Miguel Maria de Serpa. *Curso de direito civil*: obrigações em geral. 3. ed. Rio de Janeiro: Freitas Bastos, 1961, p. 12 e s.; LOTUFO, Renan. *Comentários ao Código Civil*: obrigações. Parte geral (arts. 233 a 420). São Paulo: Saraiva, 2003, v. 2, p. 12.

[35] ALVES, José Carlos Moreira. *Direito romano*. 14. ed. Rio de Janeiro: Forense, 2010, p. 376.

[36] Considerando que a lei *Poetelia Papira*, em 326 a.C. deslocou a responsabilidade ao patrimônio da pessoa, vedando responsabilidade corporal.

[37] Alois von Brinz apud ALVES, José Carlos Moreira. Op. cit., p. 376.

PARTE I

Após analisar as características da obrigação no direito romano segundo Brinz, Moreira Alves conclui no seguinte sentido:

> De onde se verifica que, segundo Brinz, o elemento *responsabilidade patrimonial* ou *pessoal* não é eventual, nem é subordinado ao elemento *dever de prestação (debitum)* – como afirma a doutrina tradicional –, mas exatamente o oposto. Essa tese teve grande aceitação, e vários autores procuraram demonstrar que situação idêntica se verifica em outros direitos antigos (assim, por exemplo, no germânico, no assírio-babilônico, no longobardo) e no próprio direito moderno[38].

Realmente, não se pode negar que as características identificadas pelo autor alemão podem, em elevado grau, ser vislumbradas em nosso direito contemporâneo. Em nosso ordenamento jurídico vigente, por exemplo, a característica da não coatividade do *Schuld* está presente no fato de o devedor de dívida a prazo não poder ser demandado antes da ocorrência das hipóteses de vencimento estabelecidas contratualmente, salvo as exceções previstas no art. 333 do Código Civil. O fato de o *Schuld* e o *Haftung* poderem ser direcionados a pessoa diversas tampouco nos é estranho. Basta lembrar, na responsabilidade contratual, a celebração de um contrato de fiança sem benefício de ordem, ou, na responsabilidade extracontratual, o já citado caso dos pais que respondem pelos prejuízos causados pelos seus filhos menores que estiverem sob sua guarda e companhia (art. 932, I, do Código Civil), no caso de se entender pela existência de um dever geral de não causar dano.

Todavia, a efetiva percepção que Alois von Brinz teve do elemento *Haftung*, conforme a definição do autor acima indicada, deve ser analisada com cautela, para que não se dê uma dimensão maior do que ela efetivamente apresenta e não se incorra em equívoco ao identificar o fenômeno da responsabilidade. No decorrer de nossa explicação sobre o termo responsabilidade como uma técnica de apresentação da ciência do direito, vimos que ela tem a aptidão de reunir em um só enunciado um grande plexo de circunstâncias condicionantes e consequências condicionadas, sendo que a sua redução à mera consequência da formação de um dever de indenizar por perdas e danos é insuficiente

---

[38] Idem, ibidem, p. 376-377.

para cobrir seu total significado. Ela diz respeito ao complexo unitário de situações jurídicas passivas ao qual se submete o devedor. O termo *Haftung*, dessa forma, não pode ser perfeitamente traduzido como "responsabilidade", conforme ela é compreendida em nosso ordenamento jurídico, uma vez que ele apresenta amplitude menor, suficiente somente para abarcar o fato de uma pessoa ou coisa destinar-se a servir de satisfação do credor. Tal diferença que, em princípio, parece sutil, mas tem importantes reflexos na compreensão da matéria, é igualmente identificada por Francisco Marino, com base nos apontamentos de Comparato[39].

É importante deixar claro que a intenção de Brinz em seu estudo não era propriamente se tornar um teórico dualista, uma vez que sua pesquisa somente se destinava a descrever o funcionamento da obrigação dentro do direito romano. Assim, não é de se estranhar que os termos usados por ele para descrever o direito vigente naquela época não encontrem tradução perfeita para a situação analisada nos ordenamentos jurídicos contemporâneos[40]. Entretanto, esse fato também não apresenta obstáculo para que a teoria dualista da obrigação forneça relevantes percepções para que o cientista analise o fenômeno da responsabilidade civil.

A importância da divisão dualista da obrigação pode muito bem ser identificada no raciocínio empregado por Emilio Betti em relação à totalidade do processo obrigacional, sobre o qual trataremos brevemente abaixo.

---

[39] "Deve-se ter cautela ao diferenciar o segundo momento constitutivo da relação obrigacional, visto como um todo, que se poderia chamar 'relação de responsabilidade', da posição passiva correspondente ('responsabilidade'). Daí alguma reserva ao nomear o primeiro de *Haftung*, como sói acontecer, tendo em vista que *Haftunf* não designa a relação como um todo, mas sim o fato de uma pessoa ou coisa destinar-se a servir de satisfação ao credor (definição de BRINZ, apud COMPARATO, Fábio Konder. *Essai d'analyse dualiste de l'obligation en droit privé*, cit., p. 9). Ciente, aliás, desta distinção, Comparato emprega o termo *engament*, e não *responsabilité*, a fim de nomear o segundo momento da relação obrigacional (op. cit., p. 19)" (MARINO, Francisco. *Responsabilidade contratual. Efeitos*, cit., p. 417, em nota de rodapé).

[40] Emilio Betti, ao tratar sobre o tema, também aponta para a necessidade de se tomar o *Haftung* com cautela, porquanto ele não traduziria com total propriedade técnica o significado da responsabilidade para o direito italiano (BETTI, Emilio. *Teoria geral das obrigações*. Trad. Francisco José Galvão Bruno. Campinas: Bookseller, 2006, p. 246-521).

O autor italiano, que designa as duas fases de, simplesmente, "débito" e "responsabilidade", indica que elas podem, excluindo situações anômalas[41], ser diferenciadas pelo tipo de expectativa que apresentam: "expectativa de prestação" e "expectativa de satisfação"[42], respectivamente, em uma relação de síntese, ainda que tais elementos possam ser concebidos de modo independente[43].

O débito, que faz surgir a chamada expectativa de prestação, é identificado pelo autor como o dever jurídico de executar determinada prestação de valor econômico, ou seja, como um dever de efetuar uma prestação[44]. Prestação, aliás, conceituada nos seguintes termos por Betti, com destaque para a noção de cooperação a ela ínsita:

> A prestação, considerada em si, é uma cooperação idônea a satisfazer um interesse típico, socialmente apreciável, do credor; e, na proporção em que ela é de natureza tal a permitir seja abstraída a individualidade do sujeito prestante – ou seja, numa palavra, na proporção em que ela é fungível –, ela é algo de objetivo e separável da atividade daquela pessoa que a deve[45].

A expectativa de prestação surge "sempre que o evento que lhe constitui objeto 'pode' e 'deve' ser produzido pelo sujeito passivo da relação de obrigação (relação de débito)". Betti faz questão de deixar bem claro que é possível que existam situações em que há o débito, mas que, no entanto, não há a responsabilidade. São situações as quais ele denomina anômalas ou anormais, e que, pelo rigor de sua teoria, sequer poderiam ser identificadas como obrigações propriamente ditas, uma vez que para sua caracterização seria necessário que também houvesse responsabilidade. Ou seja, para que estejamos diante de uma verdadeira obrigação, a expectativa de prestação – trazida pelo débito – deve correr concomitantemente com a expectativa de

---

[41] O autor coloca entre as situações anômalas aquelas relações obrigacionais que não são resguardadas por uma ação, como acontece com a obrigação natural.

[42] BETTI, Emilio. *Teoria geral das obrigações*, cit., p. 238.

[43] Idem, ibidem, p. 278.

[44] BETTI, Emilio. *Teoria geral das obrigações*, cit., p. 269.

[45] Idem, ibidem, p. 292.

satisfação – só havida com a responsabilidade. O exemplo de anomalia fornecido é o da denominada "obrigação natural", que representa um interesse "protegido apenas retrospectivamente para a eventualidade contrária" e que "não possui uma concomitante expectativa de satisfação a ele organicamente ligada"[46]. A proteção retrospectiva existe naqueles ordenamentos jurídicos – como o nosso[47] – em que a obrigação natural cumprida espontaneamente não pode ser objeto de repetição.

Do ponto de vista cronológico, podemos dizer que o débito representa o momento em que surgem tanto a expectativa de prestação quanto a expectativa de satisfação (porquanto esta última, para existir, necessita que ocorra o inadimplemento). Isso se dá porque "toda relação de obrigação, em geral, cria 'desde o início', do lado ativo, uma expectativa de satisfação, sob a forma de garantia na pessoa ou no patrimônio do devedor; do lado passivo, uma responsabilidade"[48]. Ou seja, embora conceitualmente se deva distinguir a dívida da responsabilidade, esta segue aquela "como a sombra segue o corpo", conforme a elucidativa metáfora de Renan Lotufo[49]. No momento em que o devedor não cumpre espontaneamente a prestação – isto é, frustra a expectativa da prestação – passa a haver somente a expectativa de satisfação. Diante dessa exposição da ordem cronológica dos dois tipos de expectativas, seria possível questionar se a expectativa de satisfação chegou a existir em algum momento, em especial naquelas situações em que a prestação é adimplida espontaneamente pelo credor. Betti rebate a crítica dizendo que, muito embora seja claro que o inadimplemento seja uma circunstância secundária e eventual, mesmo assim não há motivo para se concluir que a expectativa de satisfação também não é imanente a todo o processo obrigacional, desde o surgimento do débito. "Que seria da obrigação se devesse contar 'exclusivamente' com a cooperação voluntária do obrigado?"[50], indaga-se o autor.

A responsabilidade se apresenta como um estado de potencial – "um estado de perigo para o responsável" ou um "estado de pendência" – uma

---

[46] Idem, ibidem, p. 277.

[47] Art. 814 do Código Civil.

[48] BETTI, Emilio. *Teoria geral das obrigações*, cit., p. 242.

[49] LOTUFO, Renan. *Curso avançado de direito civil*: parte geral. 2. ed. São Paulo: Revista dos Tribunais, 2003, v. 1, p. 294.

[50] BETTI, Emilio. *Teoria geral das obrigações*, p. 244.

PARTE I

vez que não é certo ainda se ela surtirá os efeitos emanados do ordenamento jurídico. Se o momento da dívida é marcado pela possibilidade de que o devedor aja para cumprir a prestação, o momento da responsabilidade se destaca pela irrelevância de qualquer atividade daquele que sofrerá os efeitos jurídicos. Essa circunstância fica bem clara se tomarmos o exemplo do fiador sem benefício de ordem, que responde pela dívida do afiançado. O fiador não faz parte da dívida, segundo a concepção bettiana estudada, mas somente da responsabilidade, cujos efeitos ele inexoravelmente irá sofrer, mesmo que atividade exigida primariamente dissesse respeito a um comportamento do afiançado.

Diante dessa circunstância potencial, Betti destaca a dupla função que, no seu entender, a responsabilidade cumpre. A primeira função – "preliminar ou preventiva" – serviria para "deixar o devedor em uma 'situação de coação': ou seja, exercer sobre a pessoa relutante uma pressão (coação) que, determinando um 'juízo de conveniência', a induza ao voluntário adimplemento do débito"[51]. A segunda função – "principal" – seria a de garantir propriamente a satisfação do credor "para o caso de falhar a coação psicológica no escopo e induzir o devedor ao adimplemento", sendo exercida "independente da vontade e da atividade do devedor (por sub-rogação)"[52].

Cabe, nesse ponto, transcrever o trecho em que o autor, sinteticamente, explica o processo obrigacional em sua totalidade:

> Considerada em seu primeiro momento (I), a obrigação, quando o evento aguardado está – como em regra – no poder e no dever do obrigado, apresenta-se pelo lado passivo (a) como "débito", como dever de prestar; pela parte ativa (b), como crédito, como expectativa de prestação. Considerada no segundo momento (II), a obrigação apresenta-se pelo lado passivo (a) como "responsabilidade" pelo adimplemento do débito; pelo lado ativo (b), como expectativa de satisfação, atribuição de uma "garantia" do crédito: ou seja, expectativa de realizar, em seu valor socioeconômico, a responsabilidade[53].

[51] Idem, ibidem, p. 286.
[52] Idem, ibidem, p. 287-288.
[53] BETTI, Emilio. *Teoria geral das obrigações*, cit., p. 281-282.

AS CLÁUSULAS DE NÃO INDENIZAR NO DIREITO BRASILEIRO

Se a responsabilidade é aquela especial posição em que uma pessoa, mesmo contra a sua vontade, sofrerá as consequências jurídicas por "não se verificar um evento esperado, ou de se verificar um evento temido"[54] (expressões essas que, em nosso entendimento, podem ser exemplificadas como o inadimplemento, ou ocorrência de um dano extracontratual, respectivamente), é necessário que fique claro que essa nova expectativa é distinta daquela sobre a qual a expectativa primária se reportava. Em outras palavras, o objeto da responsabilidade poderá ser diferente do objeto da dívida, a depender do regramento disponível no ordenamento jurídico que se esteja a analisar.

Ao aplicarmos a noção ao direito positivo brasileiro, é possível verificar como essa perspectiva se demonstra até corriqueira. Tomemos o caso de uma obrigação personalíssima que, por culpa do devedor, torna-se impossível de realizar. Embora o Código de Processo Civil de 2015, em passagens como as dos arts. 497 e seguintes, arts. 536 e seguintes e art. 814[55], admita que o magistrado imponha multas ao devedor como coerção para que ele cumpra a obrigação de fazer entabulada[56], ainda assim sua omissão poderá persistir, de modo que responsabilidade consubstanciará nas perdas e danos experimentados pelo credor, conforme art. 248 do Código Civil. Situações como essa refletem circunstâncias em que o objeto da prestação é diferente do objeto da responsabilidade. Em síntese, nesse caso, o bem – amplamente considerado – "pelo que" o devedor responde não é o mesmo "com que" o devedor responde. Na terminologia de Betti, a expectativa de prestação e expectativa de satisfação não foram coincidentes.

A percepção de que a satisfação do credor pela responsabilidade possa assumir diversas modalidades é trabalhada analiticamente por Emilio Betti, e suas conclusões são relevantes para a compreensão da matéria que ora estudamos. A satisfação do credor pode apresentar uma discordância absoluta entre as duas fases obrigacionais (como a obrigação de fazer personalíssima que é convertida em perdas e danos), como pode proporcionar uma discordância relativa (como a obrigação de restituir convertida no equivalente pecuniário),

---

[54] Idem, ibidem, p. 254.

[55] Correspondentes, *grosso modo*, ao art. 461 e arts. 632 e seguintes do Código de Processo Civil de 1973.

[56] Voltaremos ao tema da diferença da natureza jurídica das *astreintes* e da indenização por inadimplemento adiante neste trabalho.

PARTE I

ou, até, uma concordância entre os dois (como a obrigação de pagamento em dinheiro que é satisfeita pelo produto da alienação de um bem em um processo de execução, ou uma obrigação de fazer que é executada por terceiro, conforme o art. 249 do Código Civil).

É necessário afastar totalmente quaisquer conceituações restritas da responsabilidade civil, designadamente aquelas que enxergam somente o dever de indenizar dentre as suas consequências jurídicas. Ao contrário, a responsabilidade deve ser encarada como o conjunto de modalidades dispostas pelo ordenamento jurídico destinado à satisfação forçada da obrigação. Fábio Konder Comparato, também nesse sentido, conclui:

> A responsabilidade civil é, em primeiro lugar, como toda responsabilidade jurídica, um estado de sujeição. A pessoa civilmente responsável suporta, sem poder afastá-las, as consequências atribuídas pela regra privada à sua violação. [...] Podemos, assim, dar uma definição mais precisa de responsabilidade civil, dizendo que ela é a sujeição do devedor ao poder de constrição do credor; como sanção da inexecução de uma obrigação. Uma certa parte da doutrina, contudo, possui uma concepção bastante mais restritiva da responsabilidade civil. Para Ripert e Boulanger, por exemplo, o problema da responsabilidade civil está estreitamente ligado à questão do pagamento de perdas e danos. [...] Não vemos, todavia, nenhum argumento de peso que possa justificar semelhante estreitamento do domínio da responsabilidade civil. Em todos os casos nos quais uma obrigação não foi executada por culpa do devedor, este, ou outro em seu lugar, é *ipso facto* submetido ao poder de constrição do credor, por meio do mecanismo da execução forçada. Ora, esta sujeição constitui já a essência mesma da responsabilidade[57].

Nesse ponto nos encontramos com o que fora dito sobre a responsabilidade ser uma técnica de apresentação do direito, que condensa em um só termo uma variada gama de consequências jurídicas. Pode-se dizer que as conclusões

---

[57] COMPARATO, Fábio Konder. *Essai d'analyse dualiste de l'obligation en droit privé*, cit., p. 114-115. Tradução do trecho por Francisco Marino (MARINO, Francisco. *Responsabilidade contratual. Efeitos*, cit., p. 420).

alcançadas por meio da chamada teoria dualista das obrigações se apresentam como a sofisticação técnica da ciência do direito para a compreensão de como múltiplos nexos de imputação permeiam todo o processo obrigacional.

3. A culpa contratual dentro do nexo de imputação

Uma vez fixadas as principais premissas metodológicas que servirão para a análise do vínculo jurídico obrigacional, é importante neste ponto do trabalho tecer alguns comentários sobre a culpa contratual, de modo a tentar abarcar de modo mais satisfatório os contornos jurídicos que regem a responsabilidade civil[58]. Acima trouxemos alguns exemplos preliminares em que foi feita a alusão sobre como um comportamento culposo do agente, segundo o nosso ordenamento jurídico, leva à conclusão sobre a incidência de alguma determinada consequência jurídica, enquanto, por outro lado, o comportamento não culposo levou a outra solução pelo ordenamento. Veja-se o caso da obrigação de dar coisa certa: se a coisa se perde antes da tradição sem culpa do devedor, a obrigação fica resolvida; se a coisa se perde com culpa do devedor, responde ele pelo equivalente mais perdas e danos. Dessa forma, vimos que o ordenamento jurídico positivo consagra a culpa, em sua acepção jurídica, como um dos fatores que serão relevantes para se vislumbrar a incidência da norma jurídica, o que, por si só, demonstra a importância de sua análise.

Num primeiro momento, fica evidente que a culpa, em matéria de responsabilidade contratual, está situada dentro das circunstâncias condicionantes para uma consequência jurídica ou outra. Ela, portanto, representa uma dada situação que irá influenciar uma imputação jurídica. A culpa, destarte, é um claro fator de complexidade dentro do direito obrigacional, sendo que a "complexidade", aqui, é entendida como a multiplicação das possibilidades jurídicas dentro de uma relação. Contudo, é necessário ainda perguntar: seria a culpa, em si, também uma palavra que pode ser tomada como uma técnica

---

[58] O assunto fora abordado por nós em outra oportunidade ao tratarmos especificamente do tema da culpa dentro da responsabilidade contratual: BANDEIRA, Luiz Octávio Villela de Viana. Culpa na responsabilidade contratual? A análise da culpa dentro de um nexo de imputação. *Revista Brasileira de Direito Civil Constitucional e Relações de Consumo*, São Paulo, v. 4, n. 14, abr./jun. 2012.

de apresentação jurídica, isto é, sem referência semântica fora de um contexto de ligação entre condições e consequências? Seria a culpa, igualmente, um "Tû-tû", para usar o termo de Alf Ross por nós demonstrado acima? Estamos inclinados a responder afirmativamente à pergunta, o que implica dizer que a culpa também só pode ser entendida dentro de um horizonte mais amplo, como o próprio Ross asseverou em *"On guilt, responsibility and punishment"*[59]. Portanto, a culpa não faz referência a um determinado estado de coisas existente por si só, de modo que só adquire referência semântica dentro de um processo de imputação.

Diante do que fora acima exposto, podemos concluir provisoriamente que a culpa é, ao mesmo tempo, uma técnica de apresentação e um fato condicionante. Ela é uma técnica de apresentação na medida em que o investigador, na tentativa de descobrir seu significado, não deverá procurar qual é o estado de coisas que representa a culpa, mas sim quais são aquelas condições juridicamente relevantes para se concluir que alguém incorreu em culpa. Só assim a palavra culpa terá algum significado semântico para o cientista jurídico. Por outro lado, ela também é um fato condicionante, pois, uma vez estabelecida a ocorrência ou não da culpa, a constatação servirá de base (ou seja, será um fato condicionante) para a aplicação de uma consequência, oculta, por vezes, em alguma palavra que também seja uma técnica de apresentação (tal como a "responsabilidade" ou a "resolução da obrigação").

Podemos dizer que a culpa e a imputação, embora representem situações que podem estar intimamente conectadas, são, em verdade, noções diferentes. Se por imputação entende-se aquele nexo de ligação entre uma situação condicionante e uma consequência jurídica condicionada, a culpa, conforme prevista no ordenamento jurídico, será um dos elementos a serem configurados dentro das situações condicionantes, para que o nexo (imputação) possa

---

[59] ROSS, Alf. *On guilt, responsibility and punishment*, cit., p. 5. Na obra e página citadas, o autor diz: "People have recently become aware that many nouns, though apparently designating things that exist, that is, come into existence, undergo change, and then perish, really do not refer to anything that exists at all, either mentally or physically. They have meaning only in so far as certain sentences in which they occur have the function of expressing a certain normative system's demands in respect of a given or imagined situation. This is the case with many juridical concepts and presumably also with the concept of guilt. We cannot point to anything and say that it is what 'guilt' designates. But we can explain what we mean, for example. by uttering a sentence such as: 'by committing a murder this man has incurred guilt'".

haver. Para usarmos um termo mais corrente, a culpa é um dos elementos do "suporte fático" que será levado em consideração para a atribuição de uma determinada consequência jurídica estabelecida pelo sistema normativo. Sua verificação, portanto, é necessária para a configuração de uma situação jurídica.

Dentro do campo doutrinário civilista, a questão da culpa e da imputação também é grandemente debatida, e tal debate pode ser percebido com certa peculiaridade na dificuldade em se saber se a locução "fato ou ato imponível ao devedor", do art. 396 do Código Civil, pode ser identificada como uma manifestação no direito positivo da culpa. Ou seja, o assunto ganha relevo justamente na tentativa de se saber se a culpa é ou não um dos elementos necessários para a configuração da mora.

É célebre a interpretação de Agostinho Alvim sobre o art. 963 do Código Civil de 1916 (com redação idêntica ao atual art. 396 do Código Civil de 2002), segundo o qual a expressão "não havendo fato ou omissão imputável ao devedor, não incorre este em mora" representa a necessária análise de culpabilidade para a ocorrência da mora: "A culpa é elementar na mora do devedor, como seu elemento subjetivo. É da associação dos arts. 955[60] e 963[61] que resulta, em nosso direito o conceito de mora *solvendi*"[62]. Renan Lotufo, ao comentar o citado dispositivo do Código Civil, assevera no mesmo sentido: "neste artigo tem-se a exigência do elemento subjetivo, ou seja, a culpa"[63]. Além de tais ilustres autores, é possível identificar similar entendimento nas obras de Orlando Gomes[64] e Clóvis do Couto e Silva[65], entre outros[66].

Por outro lado, há também aqueles que, nesta matéria, efetivamente fazem uma distinção entre a culpa e a imputação. Conforme lista elaborada

---

[60] Atual art. 394 do Código Civil de 2002.

[61] Atual art. 396 do Código Civil de 2002.

[62] ALVIM, Agostinho. *Da inexecução das obrigações e suas consequências*. 4. ed. São Paulo: Saraiva, 1972, p. 14.

[63] LOTUFO, Renan. *Comentários ao Código Civil*: obrigações, cit., v. 2, p. 455.

[64] GOMES, Orlando. *Obrigações*. 16. ed. Rio de Janeiro: Forense, 2004, p. 170.

[65] COUTO E SILVA, Clóvis do. *A obrigação como processo*. Rio de Janeiro: FGV, 2007, p. 100.

[66] Sobre a indicação de alguns autores que adotam entendimento semelhante, ver elenco indicado por Judith Martins-Costa em: MARTINS-COSTA, Judith. *Comentários ao novo Código Civil*: do inadimplemento das obrigações. Coord. Sálvio de Figueiredo Teixeira. Rio de Janeiro: Forense, 2003, v. V, t. II (arts. 389-420), p. 84-85.

PARTE I

por Judith Martins-Costa[67], é possível indicar os ensinamentos de Pontes de Miranda[68], Araken de Assis[69] e o jurista português Mário Júlio de Almeida Costa[70]. A própria autora gaúcha se coloca entre aqueles que defendem esta segunda linha, e propõe, com o propósito de sistematizar a matéria de modo mais coerente, um critério que denomina "único e omnicompreensivo"[71]. Para tanto, divide a imputação em dois tipos: o primeiro, denominado imputação subjetiva, que é regido pelo princípio da inculpação, ou seja, requer o elemento culpa no suporte fático da responsabilização pelo não adimplemento. O segundo tipo seria a imputação objetiva, que não requer culpa, que seria o resultado daquelas normas que "atribuem a alguém a assunção de um risco ou de um dever de segurança, ou de garantia, ou a responsabilização legitimamente suscitada". A autora coloca ainda em destaque o ponto central de suas conclusões sobre o tema: "imputar não é inculpar, não é atribuir culpa, é atribuir responsabilidade. Responsabilizar é imputar, não é necessariamente culpar". Como conclusão de suas observações acerca da mora particularmente, assevera expressamente entender que a culpa não integra o seu conceito, bastando, portanto, que o não pagamento seja imputado ao devedor[72].

Ainda que, segundo nosso entendimento, seja possível fazer a distinção entre culpa e imputação, é necessário fazer a ressalva de que o problema deve ainda ser realocado em suas premissas, que são efetivamente turbadas pelo fato de a discussão normalmente partir da colocação de que a culpa é um

---

[67] Idem, ibidem. A lista de autores que entendem pela unidade conceitual entre imputabilidade e culpa ou a distinção entre ambas também é referida por outros autores, tais como STEINER, Renata Carlos. *Complexidade intraobrigacional e descumprimento de obrigação*: da violação positiva do contrato. Dissertação (Mestrado em Direito) – Faculdade de Direito, Universidade Federal do Paraná, Curitiba, 2009; BENACCHIO, Marcelo. Inadimplemento das obrigações. In: LOTUFO, Renan; NANNI, Giovanni Ettore (Coord.). *Obrigações*. São Paulo: Atlas, 2011.

[68] MIRANDA, Francisco Cavalcanti Pontes de. *Tratado de direito privado*: parte especial. Rio de Janeiro: Borsoi, 1958, t. XXIII.

[69] ASSIS, Araken de. *Resolução do contrato por inadimplemento*. 4. ed. São Paulo: Revista dos Tribunais, 2004.

[70] ALMEIDA COSTA, Mário Júlio de. *Direito das obrigações*. 9. ed. rev. e atual. Coimbra: Almedina, 2001. Apud MARTINS-COSTA, Judith. *Comentários ao novo Código Civil*: do inadimplemento das obrigações, cit., p. 85.

[71] MARTINS-COSTA, Judith. *Comentários ao novo Código Civil*: do inadimplemento das obrigações, cit., p. 88.

[72] MARTINS-COSTA, Judith. *Comentários ao novo Código Civil*: do inadimplemento das obrigações, cit., p. 232.

dos elementos da mora, ao discutir, por exemplo, a interpretação do art. 396 do Código Civil. É necessário afastar desde logo a ideia de que o conceito de imputação teria coincidência com a utilização do vocábulo tal como consta no referido dispositivo, quando, em verdade, trata-se de situações diferentes. Ou seja, assim como culpa e imputação (como nexo entre uma situação jurídica condicionante e uma consequência jurídica condicionada) são diferentes, o mesmo se dá entre imputação e "fato ou omissão imputável ao devedor".

Podemos dizer que o dispositivo em comento, ao se referir ao verbo "imputar", ele o faz em um sentido bem diferente do conceito de nexo de imputação a que aqui nos referimos. Essa situação fica evidente se considerarmos que temos um "ato ou fato" imputável para a caracterização da mora, e não de uma consequência jurídica imputável. O art. 396, ao utilizar a expressão "fato ou omissão não imputável", o faz para indicar situações que factualmente estavam fora do alcance do devedor, e por ele não poderiam ser contornadas. Importa desenvolver, pois, uma avaliação nos moldes do raciocínio lógico das ciências naturais – pautado, como dito acima, pelo critério da causalidade – para que se possa estabelecer suas premissas fáticas para a aplicação do raciocínio jurídico pautado pela imputação. Em outras palavras, mostra-se necessário todo um esforço no sentido de descobrir e constatar a ocorrência de um fato condicionante, sobre o qual irá incidir uma determinada gama de consequências jurídicas, no caso, as consequências jurídicas de se estar ou não em mora.

Neste ponto, entretanto, impõe-se uma observação, para afastar qualquer contradição. De acordo com o exposto a respeito da metodologia própria do cientista normativo, sobretudo com base nas lições de Kelsen, cabe ao investigador fazer suas observações sobre o sistema normativo conforme a ligação determinada normativamente, consideradas as características próprias dessa ligação assim determinada. Seria equivocado, do ponto de vista científico-jurídico, tentar ligar uma condição a uma consequência por métodos de causalidade. Aqui se encontra a dificultosa tarefa de saber quando se está diante de uma situação condicionante ou não, mister este que, por vezes, desafia complicados problemas de ordem linguística, sobretudo semântica. O texto normativo, por ser vertido em linguagem, carrega todos os seus problemas congênitos, sendo que a interpretação – sem qualquer grau de ingenuidade – não é passível de ser conduzida a um resultado certo. O direito apresenta dificuldades adicionais, uma vez que se utiliza das mais variadas técnicas para designar as situações em que o comando normativo deverá incidir. Podem ocorrer hipóteses em que o sistema normativo se refira a uma situação que só poderá ser verificada por uma determinada ciência natural para que então uma determinada consequência seja imputada (por exemplo, o "diagnóstico de morte encefálica" referido no art. 3º da Lei n. 9.434/1997), ou então faz referência a termos cunhados dentro da própria ciência jurídica, como o aqui estudado caso da culpa, que poderia ser acompanhada de tantos outros termos, que por vezes ficam em uma situação intermediária entre o que é "causal" e o que é pura construção jurídica, tais como "fato necessário" (art. 393, parágrafo único), "efeito direto e imediato" (art. 403), entre outros.

A situação da locução "fato ou omissão não imputável" não se coloca de modo diferente. Todavia, as confusões existentes podem ser justamente atribuídas ao fato de a "imputação", conforme a redação utilizada no referido artigo, não ser usada da forma mais apropriada, no sentido da ciência jurídica.

Diante disso, é possível dizer que a locução "fato ou omissão imputável ao devedor" representa aquelas situações que afetam o cumprimento da prestação no sentido de impedi-la, por fatos que se encontram fora do alcance do devedor. Em um sentido mais técnico, é possível dizer que o art. 396 confere a possibilidade de o intérprete (sobretudo o juiz) levar em conta tais situações para poder decidir que o não cumprimento daquela prestação conduzirá à consequência de sua extinção, e não de seu inadimplemento. É exatamente nesse sentido que a locução se interpõe por entre um nexo de imputação, alterando o resultado da operação, conforme se vislumbra ou não a situação. É ainda nesse sentido que autores como Judith Martins-Costa conjecturam hipóteses em que a prestação se tornou inútil, inclusive por fato relativo ao credor, o que tornaria a não possibilidade de prestação como não imputável ao devedor[73].

3.1. Os contornos da culpa como técnica de apresentação do direito

Com as observações feitas acima conseguimos demonstrar que os conceitos de imputação e culpa são distintos. Do mesmo modo, também é possível dizer

---

[73] MARTINS-COSTA, Judith. *Comentários ao novo Código Civil*: do inadimplemento das obrigações, cit., p. 268 e 269.

que para a ciência normativa há diferença entre imputação de consequências jurídicas, e imputação de atos e fatos a uma determinada pessoa. No entanto, de modo a traçar com mais propriedade o panorama da culpa jurídica em nosso sistema, é ainda necessário tentar identificar seus contornos, o que faremos a partir da ideia de que ela também pode ser encarada como uma técnica de apresentação do direito, como havíamos dito acima.

Sabe-se que tentar traçar os contornos normativos da culpa não é uma das tarefas mais fáceis para o juscivilista. Realmente, uma considerável quantidade de autores que tratam o tema já coloca, desde o início, a dificuldade encontrada para versar sobre o assunto, tanto na doutrina nacional[74] como na doutrina estrangeira[75]. A confusão pode ser atribuída ao fato de a culpa ser um termo comum a várias ciências normativas (moral, religião e direito), o que faz com que haja uma certa turbação de conceitos, isso quando não se pretende, com uma certa carga ideológica, ver culpa onde ela não existe e não a ver quando a norma expressamente a ela se refere. Ademais, não são raros os casos em que a conceituação da culpa resulta num trabalho sem muita utilidade prática, em que pese o grande conhecimento jurídico dos comentadores, sendo evidente a tautologia ou vagueza de algumas definições encontradas. Ainda que a perquirição de todas as correntes de pensamento que pretendem analisar a culpa seja algo que foge os limites deste trabalho, é possível, todavia, no universo de autores que se dedicam ao tema, identificar a prevalência de duas correntes principais: uma que vê na culpa o não cumprimento de um dever legal, e outra que a enxerga como um erro de conduta[76].

Sobre a primeira corrente, é possível dizer que visualizar a culpa como o não cumprimento de um dever legal tem como grande mérito possibilitar a unificação da culpa contratual e extracontratual. A culpa nas duas situações, portanto, teria o mesmo fundamento, pois o dever jurídico, genericamente, pode advir tanto de mandamentos de normas gerais e abstratas como daqueles

---

[74] LOUREIRO, Francisco Eduardo. Op. cit., p. 724; PEREIRA, Caio Mário da Silva. *Responsabilidade civil de acordo com a Constituição de 1988*. Rio de Janeiro: Forense, 1989, p. 77; CALIXTO, Marcelo Junqueira. *A culpa na responsabilidade civil*: estrutura e função. Rio de Janeiro: Renovar, 2008, p. 7.

[75] CORDEIRO, António Manuel da Rocha e Menezes. *Da boa fé no direito civil*. Coimbra: Almedina, 2011, p. 1225.

[76] A divisão entre duas principais correntes pode ser encontrada em CALIXTO, Marcelo Junqueira. Op. cit.

PARTE I

deveres criados pela própria manifestação de vontade das partes. Gianpietro Chironi[77] foi um dos grandes defensores dessa corrente, sendo que para ele ambos os tipos de violação, seja contratual, seja extracontratual, provocam a reação do sistema objetivo criado para a defesa do ofendido. Entretanto, a corrente não é imune a críticas, que são dirigidas, especialmente, à imprecisão e vagueza do conceito, diante da impossibilidade em se estabelecer exatamente qual seria o dever violado, sobretudo no âmbito extracontratual. Nesse ponto é comum a referência ao princípio *neminem laedere*, verificado no Digesto 1.1.10.1 (Ulpiano)[78], que teria o condão de criar um dever geral de não causar dano a outrem, além de, conforme Rogério Donnini[79], abarcar também o dever de prevenir tais danos. Contudo, a invocação de tal princípio não satisfaz alguns autores. Carlo Castronovo, por exemplo, por mais de uma vez[80] indaga-se se o *neminem laedere* não seria somente uma síntese verbal do dever de respeitar o direito alheio, ao invés de efetivamente impor deveres de cuidado, o que, a rigor, apresentaria um raciocínio tautológico. Alf Ross também critica duramente o conteúdo jurídico do princípio *neminem laedere* sob uma perspectiva lógica, por entender que ele não representa nada além de um mandamento genérico de que o direito deve ser observado, chegando a afirmar que "trata-se de pura ilusão que atinge a aparência de algo óbvio porque não diz, absolutamente, nada"[81].

---

[77] CHIRONI, Gianpietro. *La colpa nel diritto civile odierno*: colpa contrattuale. Torino: Fratelli Bocca, 1925.

[78] *Iuris praecepta sunt haec: honeste vivere, alterum non laedere, suum cuique tribuere.*

[79] DONNINI, Rogério. Prevenção dos danos e a extensão do princípio *neminem laedere*. In: DONNINI, Rogério; NERY, Rosa Maria de Andrade (Coord.). *Responsabilidade civil*: estudos em homenagem ao professor Rui Geraldo Camargo Viana. São Paulo: Revista dos Tribunais, 2009, p. 483-503.

[80] CASTRONOVO, Carlo. Liability between contract and tort. In: WILHELMSSON, Thomas (Coord.). *Perspectives of critical law*. Aldershot: Dartmouth, 1993, p. 275; CASTRONOVO, Carlo. *La nuova responsabilità civile*. 2. ed. Milano: Giuffrè, 1997, p. 182 e s.

[81] ROSS, Alf. *Direito e justiça*, cit., p. 321-322. "O que é 'causar dano'? Não é possível que signifique agir de tal maneira que prejudique os interesses ou frustre os desejos alheios. Neste sentido o credor 'causa dano' ao devedor ao exigir-lhe o pagamento de seu crédito, um comerciante 'causa dano' a outro quando compete com este e a comunidade 'causa dano' ao criminoso ao puni-lo. Não, o significado só pode ser que não devo interferir ilicitamente nos interesses alheios, ou que não devo violar seus direitos, e aqui, também, o raciocínio é claramente circular".

Tais críticas, direcionadas sobretudo a acusar a insatisfação de conceituar a culpa como a violação de um dever, propiciam o surgimento da segunda corrente acima indicada, que tem como principal pretensão avaliar a culpa como um erro de conduta. Porém, se aparentemente o problema da necessidade de se identificar o dever violado fica resolvido, ela tem claramente como ponto fraco a imprecisão de qual seria, afinal, o padrão de conduta a ser adotado por um sujeito para que não incorra em culpa. Realmente, a identificação da culpa como um erro de conduta não é uma abordagem propriamente recente, uma vez que ela já era vislumbrada no direito romano, no período justinianeu[82], sendo que a culpa contratual, na gradação da *culpa leuis*, era apreciada de acordo com o padrão de diligência do *bonus pater familias*[83], ou seja, o tipo médio do *pater familias*. Ademais, o grau de culpa do indivíduo diante do não cumprimento de uma obrigação contratualmente estabelecida podia ser apreciado *in abstrato* ou *in concreto*, sendo que, neste último caso, a comparação de condutas se dava de acordo com padrão que o próprio devedor tomava com relação às suas coisas ou aos seus interesses.

O recurso ao padrão do *bonus pater familias* dos romanos para a aferição de culpa surte efeitos ainda no direito positivo moderno. O Código Civil português de 1966, por exemplo, em seu art. 487°/2, faz referência à diligência de um bom pai de família, em face das circunstâncias de cada caso, como critério subsidiário de aferição de culpa, caso não haja outro critério legal específico. Segundo Menezes Cordeiro, é um padrão de típica feição latina presente na codificação portuguesa[84]. O nosso Código Civil, por seu turno, não faz referência a um padrão de conduta como o do *bunus pater familias*, mas sim aos tradicionais padrões de negligência, imprudência, ou imperícia, de modo que possa identificar a qualidade de culposo em determinado ato, como pode

---

[82] ALVES, José Carlos Moreira. Op. cit., p. 407. Na obra e página citadas, o autor afirma: "Com efeito, vários autores modernos defendem a tese de que, nos períodos pré-clássico e clássico, o devedor somente respondia por dolo ou por custódia, ocorrendo, nesta última hipótese, o que modernamente se denomina responsabilidade objetiva (isto é, a em que o devedor responde pela simples ocorrência de dano para o credor, independentemente de ter ele resultado de dolo ou de culpa em sentido restrito de sua parte). Apenas no direito justinianeu é que surgiu a noção de culpa em sentido restrito, com suas gradações".

[83] ALVES, José Carlos Moreira. Op. cit., p. 406.

[84] CORDEIRO, António Manuel da Rocha e Menezes. *Direito das obrigações*. Lisboa: Associação Acadêmica da Faculdade de Direito de Lisboa, 1980, t. II, p. 318.

PARTE I

ser visto no art. 186 do Código Civil. Entretanto, o raciocínio em torno da aplicação do padrão do *bonus pater familias* pode influenciar na interpretação da culpa em nosso ordenamento. É o caso de, por exemplo, entender que seria negligente aquela pessoa que não atuou no mesmo sentido de que um indivíduo com padrões médios de percepção e inteligência agiria na mesma circunstância, ou que seria imprudente aquela pessoa que tomou determinada atitude que, de acordo com o padrão médio, seria evitada por outra pessoa. Ainda que a técnica da legislação positivada seja diferente, as dificuldades em estabelecer a concreção de tais padrões permanecem quase idênticas.

Da mesma forma que no direito justineaneu, a análise do bom pai de família – ou do homem médio – também é dividida por alguns autores como "em concreto" e "em abstrato". Igualmente, as análises de negligência, imprudência e imperícia sujeitam-se à mesma categorização. Essa divisão é fundamentada na eventual irrealidade do bom pai de família "em abstrato", ou seja, na percepção de que alcançar sua concreção seria inviável, uma vez que tal padrão seria variado em razão do tempo e lugar. Por outro lado, a análise de do padrão "em concreto", levando-se em conta elementos mais subjetivos (conduta do próprio agente em situações e negócios anteriores, para o caso de responsabilidade contratual), ou ainda internos (como a intenção do agente na prática do ato), é saudada por alguns autores por estar mais próxima da realidade, conquanto se busque tentar estabelecer a reprovabilidade da conduta de um determinado indivíduo[85].

Em nosso entendimento, a dificuldade em identificar exatamente qual é o padrão de conduta que deve ser seguido, quer em abstrato, quer em concreto, tem a mesma origem da dificuldade encontrada por aqueles que entendem que a culpa deve ser entendida como uma violação de dever. Se na teoria que enxerga a culpa como violação de um dever, surge a dificuldade em se estabelecer qual foi, afinal, o dever violado, na corrente que defende que a culpa seria um erro de conduta, a dúvida surge no momento em se identificar o critério para qualificar uma conduta como "errada". De um modo ou de outro, não foi possível até o momento dar uma resposta segura a nenhuma das indagações.

Sobre o tema, podemos mesmo ir adiante e afirmar que os dois critérios, no fundo, se confundem numa tautologia: caso se possa afirmar que houve um

---

[85] CALIXTO, Marcelo Junqueira. Op. cit., p. 14-15.

erro de conduta, isso significa dizer que o agente tinha o dever de ter agido de outra forma (sem erro). Ou seja, a rigor, não haveria diferença, do ponto de vista lógico-jurídico, em dizer que alguém não cumpriu determinado dever, ou que determinada pessoa cometeu um erro de conduta. Isso porque o erro, dentro de uma perspectiva normativa, só pode ser entendido sob a óptica da existência de um dever de agir dessa ou daquela maneira, de modo que é possível, portanto, equiparar o erro de conduta à violação de um dever legal.

Diante desse cenário pouco conclusivo, surge a necessidade de se tentar, nos limites da ciência normativa, a depuração de um conceito de culpa que seja útil ao intérprete. Para tanto, não podemos deixar de rememorar que a imputação jurídica representa um nexo, uma ligação, entre um evento condicionante e um evento condicionado, conforme estabelecido pela norma jurídica. Também devemos ter em mente que o direito positivo contemporâneo goza de uma certa liberdade[86] para escolher as condutas humanas e lhes imputar sanções, de modo que pode, inclusive, afastar a consequência jurídica do ato de um determinado indivíduo, o que pode levar a que uma pessoa responda por atos ou fatos alheios à sua conduta. Aliás, tal fenômeno sequer é estranho às consciências jurídicas mais antigas, tendo em vista que a própria noção de individualidade era fugidia em épocas mais remotas, o que até certo ponto tornava natural que outras pessoas, ou até grupos inteiros, sofressem as consequências de atos que, de acordo com uma visão atual, poderíamos afirmar que não foram por eles praticados[87].

A norma jurídica, também dentro do seu ponto de vista estrutural, pode fazer referência a determinadas situações condicionantes que deverão ser

---

[86] Liberdade esta que, naturalmente, é limitada dentro do próprio sistema jurídico, uma vez que caso uma norma ultrapasse os limites estabelecidos pelo próprio sistema, ela fatalmente carecerá de fundamento de validade, devendo, portanto, ser considerada inválida.

[87] BEVILÁQUA, Clóvis. *Direito das obrigações*. São Paulo: Ed. Officina Dois Mundos, 1896, p. 31. Na obra e página citadas, o autor diz: "São, portanto, as obrigações de grupo a grupo, de corpo social a corpo social as que realmente iniciam a construção dos direitos obrigacionais. Não era, porém, necessário que todo o clã ou toda a tribo se abalasse para ir pactuar com outro grupo social equivalente. É possível que isso acontecesse alguma vez, mas, regularmente, eram os indivíduos, e nomeadamente os chefes, na sua qualidade de gestores de negócios comuns, ou os emissários por eles designados, que entravam em transações, obrigando solidariamente os seus coassociados. A autoridade do grupo inteiro sancionando os contratos assim celebrados, sua violação era um motivo de guerras devastadoras, que, mais tarde, foram substituídas por multas, que tinham a virtude de compor as cóleras legítimas do credor iludido".

PARTE I

observadas ao determinar uma relação de imputação. É nesse ponto que entra a figura da culpa em uma relação jurídica obrigacional. O intérprete, ao julgar pela ocorrência ou não de culpa em um caso – por exemplo, a do devedor em um contrato que tenha como prestação devida a entrega de coisa certa – decidirá se haverá responsabilidade ou resolução do contrato. Tais termos (*v.g.*, culpa, impossibilidade da prestação, responsabilidade, resolução), conforme vimos nas lições de Alf Ross, condensam um grande número de consequências jurídicas, que nos dão o panorama geral da imputação (ou imputações) gerada pela norma. Todavia, o próprio termo "culpa" condensa em si um padrão jurídico condicionante[88] e, ao mesmo tempo, condicionado, pois é o resultado da não observância de certos deveres de conduta.

O raciocínio acima descrito – de que a culpa é condicionante e condicionada – pode ser aclarado com o seguinte exemplo: se dizemos que uma pessoa, por não evitar o perecimento de um objeto que fora por ela prometido à venda, é culpada pela perda do objeto, e paramos por aí, sem dizer nada sobre as demais consequências, tal exercício não teria muito sentido do ponto de vista jurídico, uma vez que não houve propriamente a imputação de uma consequência. Nesse exemplo, a ocorrência da culpa foi condicionada pelo ato omissivo da pessoa em não evitar o perecimento do objeto, mas ela, em si, não foi condicionante de uma consequência, que omitimos. Por outro lado, na mesma situação, se dizemos que a pessoa não cuidou do bem como devia, e por isso é culpada, e, por ser culpada, deverá pagar o equivalente mais perdas e danos, aí sim temos uma situação completa de imputação, sendo a culpa condicionada pela conduta omissiva, e condicionante da responsabilidade contratual[89].

---

[88] ROSS, Alf. *Direito e justiça*, cit., p. 255.

[89] O raciocínio ainda comporta matizações dentro da responsabilidade contratual. Conforme Carlo Castronovo, a culpa seria propriamente um critério de extinção da obrigação, uma vez que atua no sentido de excluir a relevância da impossibilidade da prestação como limite da responsabilidade: "la colpa dunque non è criterio di imputazione della responsabilità contratuale, ma criterio di esclusione della rilevanza dell'impossibilità come limite della (oltre Il quale si escludela) responsabilità e, prima ancora, come causa di estinzione dell'obbligazione. Nelle obbligazione c.d. di comportamento, poi, la colpa come mancanza di diligenza, lungi dall'essere criterio di imputazione della responsabilità, integra di per sé l'inadimplemento che, come tale, sempre second l'art. 1218, è fondamento unico e unitario della responsabilità (...) Anche in questo caso, diversamente da quanto accade nella responsabilità aquiliana, la colpa non funge da criterio di imputazione del fato, essa è tutt'uno con quest'ultimo, che qualifica

AS CLÁUSULAS DE NÃO INDENIZAR NO DIREITO BRASILEIRO

Mas, então, como seria possível identificar quais seriam esses deveres que, caso não sejam observados, fariam com que uma pessoa seja considerada culpada? Do ponto de vista das obrigações estabelecidas contratualmente, além do exemplo trivial acima dado, vemos que o direito positivo faz inúmeras referências à culpa, nos mais variados contratos típicos presentes no corpo do Código Civil. Temos, por exemplo, logo nos primeiros dispositivos que tratam das obrigações em geral, inúmeras menções à culpa, demonstrando como ela é determinante para a ocorrência de uma ou outra consequência jurídica. O Código Civil ainda a elenca expressamente em dispositivos referentes a contratos específicos. Eis alguns exemplos: Contratos Aleatórios (arts. 458 e 459), Locação de Coisas (art. 567), Prestação de Serviço (art. 600), Empreitada (arts. 612, 613 e 625, I), Depósito (art. 640, parágrafo único), Mandato (arts. 667, §§ 2º e 4º, 676 e 678), Comissão (art. 697), Agência e Distribuição (art. 718), Transporte de Pessoa (art. 735), Seguro (art. 769, §1º), Gestão de Negócios (art. 866). Algumas vezes a culpa pode até aparecer de modo implícito: art. 419 (arras); art. 569, I (locação de coisas); art. 629 (depósito); art. 696 (comissão); art. 712 (agência); art. 723 (corretagem).

No entanto, se não é possível fazer um rol exaustivo de tais deveres, é possível pretender ao menos dar um tratamento uniforme ao método de lhes aferir. Ou seja, traçar uma noção comum às manifestações da culpa dentro da responsabilidade civil, e aqui tanto do ponto de vista extracontratual como contratual. Quando a norma faz referência à culpa, podemos entender que ela representa uma técnica específica de avaliação de conduta: trata-se de uma atribuição que leva em conta a conduta do sujeito que sofrerá as consequências jurídicas por aquele ato. Atribui-se a culpa (isto é, diz-se que determinada pessoa é culpada) caso se verifique que aquele determinado indivíduo – e nenhum outro – não agiu em conformidade com o padrão de conduta esperado de alguém que esteja na mesma situação jurídica. A noção de culpa deve ser vista como uma análise individual de conduta, o que, em si, não apresenta nenhuma novidade do ponto de vista doutrinário[90].

---

come inadempiemento, con riguardo al quale, in pari tempo, la stessa colpa esclude in radice la prova dell'impossibilità" (CASTRONOVO, Carlo. *La nuova responsabilità civile*, cit., p. 183).

[90] CORDEIRO, António Manuel da Rocha e Menezes. *Da boa fé no direito civil*, cit., p. 1225. Na obra e página citadas, o autor afirma: "A noção de culpa, dependente de opções que a transcendem, é discutida. Degladiam-se, no fundamental, orientações psicológicas e normativas,

PARTE I

No sentido de identificar deveres que dão corpo ao conceito de culpa, Renan Lotufo[91], com base em Karl Larenz, utiliza-se da noção de obrigação complexa, para demonstrar que, além de um núcleo definido, manifestado na prestação em si, existem ainda deveres obrigacionais anteriores ao adimplemento, bem como posteriores. Essa afirmação é feita no contexto da interpretação do art. 234 do Código Civil, já aqui referido algumas vezes, que claramente condiciona a consequência jurídica de responsabilidade do devedor no perecimento da coisa mediante a análise de culpa[92].

Diante disso, poder-se-ia alegar que tal noção de culpa ainda continua demasiado genérica, e não resolve a situação definitivamente. Contudo, entendemos que o estudo científico-jurídico sobre a culpa só nos permite chegar até este ponto, sendo que dar um passo adiante (decidindo que o padrão – conjunto de deveres – é definitivamente este ou aquele) iria extrapolar as fronteiras do que é conhecimento, tornando-se mera especulação ou uma imposição doutrinária arbitrária.

Efetivamente, do quanto foi exposto, é necessário apontar que o próprio fato de o direito positivo se reportar à culpa, em algumas situações, para estabelecer um nexo de imputação, é algo relevante, que, embora de certa obviedade, não pode ser de todo negligenciado. Autorizado pela norma jurídica, pode o intérprete levá-la em consideração para estabelecer a consequência jurídica para determinada situação. Essa variação entre os elementos da responsabilidade, por obra do legislador, é que faz com que o tema, segundo Aldolfo di Majo, não corresponda a um instituto monolítico[93].

Não se pode negar que, na evolução do direito, a culpa tem sido tratada, de um ponto de vista de política jurídica, como um elemento inconveniente

---

pelas quais a culpa traduziria, respectivamente, um anexo de imputação do acto ao agente e o desvalor ou reprovação que o Direito comina face a certos comportamentos, assacados aos seus autores. Eleita, como correta, esta última, é-se levando a, na culpa, distinguir o dolo de negligência, consoante a conduta vise a desrespeitar normas jurídicas reportadas ao bem em causa ou, tão só, deveres gerais de cuidado".

[91] LOTUFO, Renan. *Comentários ao Código Civil*: obrigações, cit., v. 2, p. 20.

[92] Idem, ibidem, p. 21.

[93] MAJO, Adolfo di. *La responsabilità contratuale*. Torino: Giappichelli, 1997, p. 55. Na obra e página citadas, o autor diz sobre a responsabilidade, no original: "quest'ultima non apparemai come uno istituto monolitico e unitario ma presenta facce diverse, a seconda ad esempio che la si esamini con riguardo al suo rapporto con la colpa, con il principio di buona fede, con la nozione di garanzia"

AS CLÁUSULAS DE NÃO INDENIZAR NO DIREITO BRASILEIRO

dentro da estrutura da responsabilidade civil, diante da sua suposta inadequação para atender aos anseios reparatórios hodiernos. Se, no século XIX, a culpa foi considerada por muitos como um dos grandes trunfos ideológicos da burguesia, de tal modo que, sob a égide do *Code Napoléon*, chegou-se a proclamar a ideia de que "não há responsabilidade sem culpa"[94] – e esse fato foi interpretado como avanço em termos de racionalidade no tratamento das questões relacionadas ao dever de reparação[95] –, o século XX pode ser entendido como o momento histórico em que a culpa enfrenta seu maior desgaste. O argumento central é que a proliferação de danos, e o modo massificado como eles ocorrem dentro da sociedade industrial e pós-industrial, fez com que as discussões sobre a culpa fossem deixadas de lado, dada a ideia de que a vítima deveria ser reparada independentemente dela[96], uma vez que sua única função, praticamente, seria a de favorecer os entes lesivos em desfavor das pessoas lesadas, porquanto a prova da culpa seria uma "prova diabólica".

Entretanto, ainda que, do ponto de vista sociológico, a afirmação possa ser verdadeira, não podemos ignorar que a culpa encontra-se presente em nosso direito positivo. O que se pode alegar, conforme Marcelo Benacchio[97], é uma diminuição do papel da culpa na responsabilidade civil, mas não há motivos jurídicos para declarar sua extirpação do sistema normativo. Diogo Machado também enxerga a manutenção da culpa como um dos elementos que podem existir na responsabilidade em dadas situações jurídicas, ressaltando que seus contornos devem ser coerentes com a função e com as premissas da responsabilização[98].

O intérprete, depois de dar este primeiro passo, consistente em identificar se a norma admite a culpa como um critério a ser levado em conta, deverá, em matéria de obrigações contratuais, analisar o tipo de prestação envolvida, justamente para identificar quais são os deveres de conduta que o

---

[94] GIMÉNEZ, Gema Diez-Picazo. *La mora y la responsabilidad contractual*. Madrid: Editora Civitas, 1996, p. 149.

[95] DE CUPIS, Adriano. *El daño*: teoría general de la responsabilidad civil. Trad. Ángel Martínez Sarrión. Barcelona: Bosch, 1975.

[96] LIMA, Alvino. *Culpa e risco*. São Paulo: Revista dos Tribunais, 1960, p. 117-118.

[97] BENACCHIO, Marcelo. Inadimplemento das obrigações, cit., p. 560-561.

[98] MELO, Diogo L. Machado de. *Interpretação da culpa extracontratual*. Tese (Doutorado em Direito) – Faculdade de Direito, Pontifícia Universidade Católica de São Paulo, São Paulo, 2011, p. 34-35.

PARTE I

sujeito deve observar em virtude do vínculo jurídico. A análise, efetivamente, dependerá das circunstâncias da contratação (e isso inclui as circunstâncias subjetivas) e do tipo contratual firmado. Este argumento se aproxima muito do que fora dito sobre a análise da culpa "em concreto", embora com as ressalvas já consignadas. Afinal, qual seria a semelhança entre um locatário culpado e um mandatário culpado, sendo que a prestação de cada um e os deveres consubstanciados em um padrão de conduta normativamente exigível são tão distintos? A análise concreta, de modo a estabelecer quais seriam esses deveres exigíveis, parece-nos indispensável.

4. A complexidade da relação obrigacional

A análise da relação obrigacional com enfoque nos específicos elementos que a formam, nomeadamente a atribuição de um direito subjetivo a alguém, e a outrem um dever jurídico[99] (que é indispensável para a análise da culpa), figura muito comumente como alvo de críticas, que a enxergam como desatualizada para o nosso contexto, ou então "tradicional", em nítida contraposição a uma visão que seria a "atual", que acabaria por superá-la[100]. Todavia, é importante que fique claro que essa percepção, evidentemente, tem a pretensão somente de demonstrar a característica externa da relação obrigacional, ou seja, descrever as normas particulares de imputação que permeiam o vínculo obrigacional. Judith Martins-Costa assevera que a visualização da obrigação em sua polaridade, em relação de crédito/débito, ou seja, calcada em um sujeito de direito como elemento abstrato de referência à aplicação de normas, constitui uma percepção obrigacional em seu "aspecto externo", ou "atomística"[101].

Ainda que a autora, ao atribuir tais designativos à analise polarizada da obrigação, apresente em primeira vista um nítido tom de crítica, ela acaba por

---

[99] Conceito de relação jurídica em sentido restrito ou técnico Cf. PINTO, Carlos Alberto da Mota. *Teoria geral do direito civil.* 4. ed. por António Pinto Monteiro e Paulo Mota Pinto. Coimbra: Coimbra Editora, 2005, p. 177.

[100] STEINER, Renata Carlos. Op. cit., p. 33.

[101] MARTINS-COSTA, Judith. *Comentários ao novo Código Civil:* do inadimplemento das obrigações, cit., p. 7; MARTINS-COSTA, Judith. *A boa-fé no direito privado (sistema e tópica no processo obrigacional).* São Paulo: Revista dos Tribunais,1999, p. 384.

reconhecer que as categorias abstratas e gerais não devem ser totalmente afastadas, pois são elas que tornam possível a consideração de situações concretas. A crítica, em verdade, volta-se para a falta de consideração da pluralidade de situações jurídicas que a análise externa pode deixar de se atentar[102]. Afinal, parece-nos que a eventual "falta de percepção" que olvida a rica variedade de situações que podem existir dentro da relação obrigacional não representa um problema intrínseco da visão "polarizada" em si, mas sim uma falha do eventual observador que, ao desconsiderar os comandos normativos, deixa de ver seus reflexos nas mais variadas circunstâncias que geram efeitos jurídicos dentro da própria relação. Trata-se, portanto, não de um defeito da visão externa, mas sim de um defeito daquele que se propõe a fazer a observação.

Em uma primeira consideração sobre o tema da complexidade na relação obrigacional, podemos afirmar que o ordenamento jurídico vigente faz com que entre credor e devedor não exista somente a prestação "única", ou "principal", mas um sim uma prestação que deve ser vista como um dever de cooperação entre as partes. A incidência de princípios jurídicos, sobretudo o da boa-fé objetiva[103], faz com que entre as partes surjam inúmeros deveres, que não se esgotam simplesmente em um comportamento único. Enxergar a obrigação como um "todo e como um processo", como faz Karl Larenz, auxilia a identificação da série de deveres de prestação e condutas compreendidas em uma relação obrigacional[104]. Porém, a existência de denominados deve-

[102] MARTINS-COSTA, Judith. *Comentários ao novo Código Civil*: do inadimplemento das obrigações, cit.: "não que a categoria de 'sujeitos de direito' deva ser afastada: pelo contrário, a existência de categorias abstratas e gerais é que torna possível a consideração de concretas espécies. Contudo, é preciso atentar para que não se esconda, atrás da noção abstrata, a rica variedade de situações existenciais, de posições jurídicas subjetivas concretamente detectáveis na prática social e merecedoras de tutela jurídica".

[103] Boa-fé objetiva que, junto com o equilíbrio contratual e a função social do contrato, foram os três "novos" princípios contratuais, segundo MELO, Diogo L. Machado de. *Cláusulas contratuais gerais, cláusulas abusivas e o Código Civil de 2002*. Dissertação (Mestrado em Direito) – Faculdade de Direito, Pontifícia Universidade Católica de São Paulo, São Paulo, 2006, p. 50; MELO, Diogo L. Machado de. Princípios do direito contratual: autonomia privada, relatividade, força obrigatória, consensualismo. In: LOTUFO, Renan; NANNI, Giovanni Ettore (Coord.). *Teoria geral dos contratos*. São Paulo: Atlas, 2011, p. 68.

[104] LARENZ, Karl. *Derecho de obligaciones*. Trad. Jaime Santos Briz. Madrid: Revista de Derecho Privado, 1958, v. 1, p. 37: "Hemos examinado los elementos esenciales de la relación de obligación: el deber de prestación y los deberes de conducta; el crédito como derecho a la prestación y la posibilidad de realizarlo por vía jurídica, así como la garantía del acreedor

PARTE I

res laterais[105], que existirão em determinadas circunstâncias no decorrer do vínculo obrigacional, em última análise, apresenta a mesma estrutura de um

a virtud de la responsabilidad patrimonial general del deudor normalmente conectada a la deuda. Pasaremos, pues, ahora a estudiar la relación de obligación como un todo. Bajo este concepto entendemos la 'relación de obligatión' no solo como lo hace en la ley (p. ej., en el § 362), es decir, como la relación de prestación aislada (crédito y deber de prestación), sino como la relación jurídica total (p. ej: relación de compraventa, de arrendamiento, de trabajo) fundamentada por um hecho determinado (p. ej.: ese contrato concreto de compraventa, de arrendamiento o de trabajo) y que se configura como uno relación jurídica especial entre las partes. En este sentido de relación de obligación comprenderá una serie de deberes de prestación y conducta, y además de ellos puedo contener para una u otra de las partes derechos de formación (p. ej., un derecho de denuncia o un derecho de opción) u otras 'situaciones jurídicas' (p. ej., competencia para recibir una denuncia). Es, pues, un conjunto no de hechos o de acontecimientos del mundo exterior perceptible por los sentidos, sino de 'consequencias jurídicas', es decir, de aquellas relaciones y situationes que corresponden al mundo de la validez objetiva del orden jurídico".

[105] A nomenclatura "deveres laterais" não é uniformemente empregada pela doutrina, de modo que há autores que utilizam "deveres secundários" ou "deveres anexos". Todavia, em nosso sentir, independentemente da designação, é importante apontar para as múltiplas características que os deveres existentes por conta da boa-fé objetiva podem apresentar. Em uma tentativa de análise ampla de tais deveres, juntamente com a prestação principal, ver as observações de Giovanni Ettore Nanni: "A relação obrigacional agrupa analiticamente uma realidade complexa, abrangendo: a) os deveres principais ou primários da prestação: que são os elementos determinantes da obrigação, atribuindo a sua individualidade. Constituem o núcleo central do objeto da prestação, em que se satisfazem diretamente os interesses das partes. É o caso, por exemplo, na compra e venda, da entrega da coisa vendida pelo vendedor e o pagamento do preço pelo comprado; b) os deveres secundários ou acidentais de prestação: correspondem a outras prestações, funcionalizadas em relação à prestação principal, que visam complementá-la. Permitem modalidades: deveres secundários meramente acessórios da prestação principal, destinados a preparar o cumprimento ou a assegurar a perfeita execução da prestação, como é o caso, na compra e venda, do dever de conservar a coisa vendida até a entrega ou o dever de embalá-la e transportá-la, e os deveres secundários substitutivos ou complementares da prestação principal, ou deveres secundários com prestação autônoma (prestações sucedâneas do dever principal de prestação), como o dever de indenizar as perdas e danos em decorrência do inadimplemento culposo do devedor, do direito a uma prestação por força da extinção do contrato em virtude de denúncia da outra parte, ou de deveres de prestações coexistentes com a prestação principal, sem a substituírem, com o direito à indenização em caso de mora ou comprimento defeituoso da prestação principal; c) os deveres acessórios ou laterais de conduta: que não integram direta nem secundariamente a prestação principal, mas são todavia essenciais ao correto processamento da relação obrigacional, ou seja, à exata satisfação dos interesses globais envolvidos na relação obrigacional complexa. Eles criam as condições para a consecução do objetivo da prestação, sem estorvo, do fim visado" (NANNI, Giovanni Ettore. O dever de cooperação nas relações obrigacionais

AS CLÁUSULAS DE NÃO INDENIZAR NO DIREITO BRASILEIRO

dever jurídico qualquer, ou seja, uma ligação entre uma circunstância condicionante e uma consequência condicionada.

Em outros termos, não é possível considerar a relação obrigacional sem levar em conta a descrição dos seus elementos feitos pela ciência do direito, pois isso representaria deixar de lado uma importante técnica para a verificação da capacidade nuclear do direito que é imputar consequências jurídicas a determinadas circunstâncias condicionantes. Parece-nos, contudo, que a crítica é motivada por outros aspectos, designadamente a notável dissonância entre o direito positivado no século XX e as demandas sociais voltadas para o direito das obrigações durante aquele período, circunstância especialmente notável no ambiente brasileiro. Isso levou a dogmática jurídica a construir a percepção da obrigação como processo, com grande aceitação na doutrina nacional e estrangeira[106]. O grande expoente de tal modo de enxergar a relação obrigacional, entre nós, foi Clóvis do Couto e Silva, em sua obra *A obrigação como processo*[107], fundada na noção dinâmica da totalidade da relação obrigacional, em que o adimplemento – e não mais a autonomia da vontade – desempenhava papel fundamental.

É possível discernir na obra de Couto e Silva dois grandes pilares que dão fundamento à percepção da obrigação como processo. O primeiro deles é a noção de totalidade da obrigação, que está intimamente ligado à crítica feita à análise polarizada acima descrita. Essa análise da totalidade da obrigação é justamente o fator que proporciona o alargamento do suporte fático que gerará inúmeros feixes de relações jurídicas na intimidade daquela específica obrigação. Ou seja, essa percepção fundamenta, entre outras coisas, a existência dos denominados deveres laterais – abalizados, sobretudo, na necessidade de

à luz do princípio da solidariedade. In: NANNI, Giovanni Ettore (Coord.). *Temas relevantes do direito civil contemporâneo*: reflexos sobre os 5 anos do Código Civil. Estudos em homenagem ao Professor Renan Lotufo. São Paulo: Atlas, 2008, p. 301-302).

[106] Sobre o tema, dentre outros, ver especialmente: MARTINS-COSTA, Judith. *A boa-fé no direito privado (sistema e tópica no processo obrigacional)*. São Paulo: Revista dos Tribunais, 1999; COUTO E SILVA, Clóvis do. *A obrigação como processo*, cit.; VARELA, João de Matos. *Das obrigações em geral*. 9. ed. Coimbra: Almedina, 1998, v. 1; FRADA, Manoel Antônio Carneiro. *Contratos e deveres de proteção*. Coimbra: Editora da Faculdade de Coimbra, 1994; COSTA, Mario Julio Almeida. *Direito das obrigações*. 6. ed. Coimbra: Almedina, 1994; FARIA, Jorge Leite Areias Ribeiro de. *Direito das obrigações*. Coimbra: Almedina, 1987, v. 1; MEDICUS, Dieter. *Tratado de las relaciones obligacionales*. Barcelona: Bosch, 1995, v. 1.

[107] COUTO E SILVA, Clóvis do. *A obrigação como processo*, cit.

cooperação entre as partes – que se desencadeiam em direção ao adimplemento da obrigação. "O adimplemento atrai e polariza a obrigação. É o seu fim", diz Couto e Silva já no início de sua obra[108]. Essa é a segunda noção basilar de sua concepção de obrigação, ou seja, o aspecto teleológico, que complementa a primeira. "O tratamento teleológico permeia toda a obra, e lhe dá unidade. A relação obrigacional tem sido visualizada, modernamente, sob o ângulo da totalidade. O exame do vínculo como um todo não se opõe, entretanto, à sua compreensão como processo, mas o complementa"[109].

4.1. A complexidade obrigacional sob o ponto de vista do positivismo jurídico

A obrigação como processo tem como pressuposto essencial a normatividade da boa-fé objetiva. Hoje, o princípio da boa-fé objetiva encontra-se devidamente positivado no Código Civil brasileiro nos arts. 113, 187 e 422, além do art. 4º, III, do Código de Defesa do Consumidor, ainda que em cada uma dessas manifestações normativas ele opere com singulares características. Essa circunstância, todavia, é bem diferente do panorama do direito positivo na época em que "Obrigação como Processo" foi escrito. Na década de 1960, o Código Civil de 1916 não apresentava disposição expressa a contemplar a boa-fé objetiva, e o art. 131, 1, do Código Comercial de 1850 se demonstrava insuficiente para dar amplitude normativa necessária para o tema. Couto e Silva teve como relevante desafio contornar a falta de positivação expressa da boa-fé objetiva para a sua argumentação[110]. Porém, a ausência de positivação do princípio da boa-fé objetiva no Código Civil de 1916, que tinha fundamentos históricos e sociológicos incompatíveis com a realidade do segundo quartel do século XX[111], fez com que a crítica fosse voltada não

---

[108] COUTO E SILVA, Clóvis do. *A obrigação como processo*, cit., p. 17.
[109] Idem, ibidem.
[110] Idem, ibidem, p. 33.
[111] GOMES, Orlando. *Raízes históricas e sociológicas do Código Civil brasileiro*. São Paulo: Martins Fontes, 2006, p. 1-47; LOTUFO, Renan. Evolução histórica do direito das obrigações. In: LOTUFO, Renan; NANNI, Giovanni Ettore (Coord.). *Obrigações*. São Paulo: Atlas, 2011, p. 1-15.

AS CLÁUSULAS DE NÃO INDENIZAR NO DIREITO BRASILEIRO

para a raiz do problema (que era o Código Civil de 1916), mas, sim, para o próprio positivismo[112].

Realmente, tanto Almiro do Couto e Silva[113], em prefácio da obra, como o próprio Clóvis[114] deixam transparecer em alguns comentários que o eventual responsável pelo não desenvolvimento da boa-fé objetiva em nossa cultura teria sido o positivismo jurídico, sem, contudo, demonstrar exatamente qual aspecto ou corrente do positivismo jurídico seria responsável por isso. Afinal, Norberto Bobbio nos lembra que o positivismo jurídico, como teoria do direito ou ideologia do direito, apresenta inúmeras acepções e mutações históricas, e que normalmente diferem entre si de modo substancial[115]. Ignorar inicialmente tal aspecto é a receita para uma crítica leviana ao positivismo, que pode culminar em assertivas vagas e sem precisão, que o identificaria como eventual "apego à lei", ou à sua "literalidade"[116]. Tampouco se poderia dizer que o Código Civil de 1916 "prestou homenagem ao positivismo jurídico", como se fosse possível que um diploma normativo já tivesse em si embutido uma concepção teórica desse tipo, que é destinada, designadamente, aos que pretendem compreendê-lo.

---

[112] Sobre a equivocada crítica ao positivismo na obra de Couto e Silva: BANDEIRA, Guilherme Villela de Viana. *Quem é o vilão? Um breve estudo sobre o possível culpado por nossa boa-fé objetiva incipiente*. Inédito.

[113] "Foram precisamente concepções ligadas ao positivismo jurídico, profundamente arraigadas em nossa história cultural, que retardam no Brasil (...) o reconhecimento da boa-fé objetiva como princípio eminente do nosso direito das obrigações. Certamente para esse atraso muito contribuiu o fato de o Código Civil de 1916 – neste ponto prestando também uma homenagem ao positivismo jurídico – não se haver referido à boa-fé na acepção objetiva" (COUTO E SILVA, Clóvis do. *A obrigação como processo*, cit., p. 9-10).

[114] "Em nossos dias, cresceu extraordinariamente em importância o [princípio] da boa-fé objetiva, em virtude da revisão por que passou a teoria geral das obrigações, sob influxos de novas tendências jurisprudenciais e doutrinárias, motivadas, em grande parte, por uma vigorosa reação a concepções do positivismo jurídico" (COUTO E SILVA, Clóvis do. *A obrigação como processo*, cit., p. 23); "A relevância recentemente dada ao princípio da boa-fé, no campo do direito das obrigações, expressa talvez a principal reação contra as ideias do sistema do positivismo jurídico, no plano da ciência do direito" (COUTO E SILVA, Clóvis do. *A obrigação como processo*, cit., p. 41).

[115] BOBBIO, Norberto. *O positivismo jurídico*: lições de filosofia do direito. Trad. Márcio Pugliesi. São Paulo: Ícone, 1999.

[116] MARTINS-COSTA, Judith; BRANCO, Gerson Luiz Carlos. *Diretrizes teóricas do novo Código Civil*. São Paulo: Saraiva, 2002, p. 190. No mesmo sentido de crítica ao positivismo: GIORGINANNI, Michele. O direito privado e as suas atuais fronteiras. *Revista dos Tribunais*, São Paulo, v. 747, p. 55, jan. 1998 "[A] reavaliação da autonomia privada constitui simplesmente uma manifestação de alinhamento à reação generalizada contra o positivismo normativista".

PARTE I

Entende-se que a crítica ao positivismo está mal colocada, porquanto a verdadeira crítica se dirigia à própria dogmática do direito das obrigações no período em que o princípio da boa-fé objetiva não estava expressamente previsto na norma geral e abstrata, o que, no entanto, não seria suficiente para impedir a sua manifestação normativa e o seu estudo. A percepção da obrigação em seu aspecto totalizante e teleológico fornece o instrumental dogmático para que a ciência do direito possa enxergar a ampliação do suporte fático que se faz presente da relação obrigacional. Couto e Silva, nesse sentido, afirma que a "inexistência, no Código Civil, de artigo semelhante ao § 242 do *Bürgerliches Gesetzbuch* (BGB) não impede que o princípio tenha vigência em nosso direito das obrigações, pois se trata de proposição jurídica, com significado de regra de conduta"[117]. Destarte, o conteúdo do vínculo obrigacional não fica adstrito somente ao elemento prestacional principal, porquanto "o mandamento de conduta" verificado pelo princípio da boa-fé "engloba todos os que participam do vínculo obrigacional e estabelece, entre eles, um elo de cooperação, em face do fim objetivo a que visam"[118].

Não se nega que a dogmática tenha que lidar com certas premissas preestabelecidas vinculantes para o desenvolvimento da análise jurídica[119], uma vez que seu critério de referência, sua centralidade, é a norma jurídica. Isso porque, segundo Tercio Sampaio Ferraz Jr., ancorado em Luhmann, o sistema jurídico se caracteriza por ter sua análise centrada na norma, de acordo com o princípio denominado "inegabilidade dos pontos de partida", ou ainda o "princípio da proibição da negação" da norma[120]. Todavia, a ciência do direito é articulada de acordo com um modelo teórico eminentemente hermenêutico, que tem como tarefas, entre outras, a de interpretar normas, verificar a existência de lacunas e afastar contradições normativas[121]. Sobre o tema, Maria Helena Diniz esclarece:

---

[117] COUTO E SILVA, Clóvis do. *A obrigação como processo*, cit., p. 33.

[118] Idem, ibidem.

[119] FERRAZ JR., Tercio Sampaio. *Introdução ao estudo do direito*: técnica, decisão, dominação. São Paulo: Atlas, 2003, p. 48.

[120] FERRAZ JR., Tercio Sampaio. *Função social da dogmática jurídica*. São Paulo: Max Limonad, 1998, p. 96.

[121] DINIZ, Maria Helena. *Lei de Introdução ao Código Civil brasileiro interpretada*. São Paulo: Saraiva, 1994, p. 134-140.

A ciência jurídica exerce funções relevantes não só para o estudo do direito, mas também para a aplicação jurídica, viabilizando-o como elemento de controle do comportamento humano ao permitir a flexibilidade interpretativa das normas, autorizada pelo art. 5º da Lei de Introdução, e ao propiciar, por suas criações teóricas, a adequação das normas no momento da sua aplicação. [...]. A função da dogmática jurídica está no dever de limitar as possibilidades de variação na aplicação do direito e de controlar a consistência das decisões, tendo por base outras decisões. Só a partir de um estudo científico-jurídico é que se pode dizer o que é juridicamente possível. O ideal dos juristas é descobrir o que está implícito no ordenamento jurídico, reformulando-o, apresentando-o como um todo coerente e adequando-o às valorações sociais vigentes[122].

A dogmática jurídica, destarte, está longe de limitar a atividade do cientista normativo a um mero reprodutor dos comandos que estão manifestamente expressos na literalidade das normas, tendo em vista a própria essência hermenêutica de tal atividade.

Vimos acima que Couto e Silva compara o direito vigente no Brasil àquele vigente na Alemanha, citando o § 242 do BGB, que encarta o princípio denominado *Treu und Glauben*[123], no qual reside o núcleo da boa-fé objetiva, como um mandamento e dever de conduta contratual ativo, baseado na lealdade e confiança[124]. Entretanto, ainda que o texto positivado seja o ponto de partida para análise do cientista, ele de modo algum se apresenta como barreira última na tarefa de descortinar o conteúdo normativo presente no sistema. Essa circunstância pode ser percebida na experiência alemã encartada no trabalho de Rudolf von Jhering ao traçar a *culpa in contrahendo* como fundamento para a indenização em contatos nulos ou não chegados à perfeição, muito antes da entrada em vigor do BGB[125].

---

[122] Idem, ibidem, p. 135-136.

[123] BARRETO, Wanderlei de Paula. O princípio da boa-fé da experiência alemã. *Revista Autônoma de Direito Privado*, Curitiba: Juruá, n. 2, p. 54, jan./mar. 2007.

[124] NEGREIROS, Teresa. *Fundamentos para uma interpretação constitucional do princípio da boa-fé*. Rio de Janeiro: Renovar, 1998, p. 15.

[125] A obra *"Culpa in contrahendo ou indenização em contratos nulos ou não chegados à perfeição"* teria sido escrita entre o verão de 1859 e maio de 1860, ainda que o período preciso seja objeto de controvérsia (JHERING, Rudolf von. *Culpa in contrahendo ou indenização em contratos nulos ou*

PARTE I

Em prefácio da obra traduzia para a língua portuguesa, Paulo Mota Pinto narra as resistências encontradas por Jhering no contexto em que escrevia o artigo, que envolvia desde críticas de seus pares quanto à utilização das fontes romanas para a solução do problema, até o obstáculo encartado na suficiência de bases positivas para tanto[126]. Jhering buscava a solução específica para o problema da falta de proteção daqueles destinatários de uma declaração tendente à conclusão de um contrato. Essa ausência de proteção ficava clara naqueles casos em que uma falta ou falha na vontade do declarante, mesmo causando uma expectativa contratual ao destinatário, ensejaria, pela teoria da vontade, a declaração de nulidade do contrato. Diante da nulidade, não haveria bases jurídicas para que o destinatário fosse acobertado pelos gastos causados por culpa do declarante. "A injustiça e o desconsolo, na prática, de um tal resultado são evidentes: a parte culpada sai livre, e a inocente é vítima da culpa alheia!", pontua Jhering nos parágrafos iniciais de sua obra[127]. Ele descarta que essa controvérsia poderia ser solucionada pela perspectiva da ação de dolo ou da *actio legis aquilae*, e, ao vislumbrar a noção de interesse contratual negativo em sua interpretação das fontes romanas, apontou que a solução para o caso se daria por meio da *culpa in contrahendo*, relacionada ao tráfico contratual, ainda que nulo o contrato. A nulidade contratual, destarte, ainda permitiria a emanação de efeitos jurídicos. Mota Pinto observa que "para Jhering, com efeito, a *culpa in contrahendo* não seria mais do que a culpa contratual numa vertente específica, sendo-lhe aplicáveis os mesmos princípios quanto ao grau de culpa que valem durante uma relação contratual"[128].

Jhering, em vez de fazer uma análise puramente dedutiva de conceitos abstratos para aplicação nos casos práticos que se lhe apresentavam, verificou

---

não chegados à perfeição. Trad. e nota introdutória de Paulo Mota Pinto. Coimbra: Almedina, 2008, p. VI, nota de rodapé).

[126] "O artigo de Jhering seria muito discutido na doutrina subsequente, variando as posições sobre ele, com juízos predominantemente críticos quanto à utilização que era feita das fontes romanas. Não pode deixar de reconhecer-se que a argumentação de Jhering parte logo de um resultado, que, aliás, anuncia a abrir a investigação à procura de fundamentá-lo ultrapassando para tal todos os obstáculos, desde a insuficiência de bases positivas até a (confessada) 'violentação' da noção de culpa, que Jhering 'colocou na máquina de cozer'" (JHERING, Rudolf von. Op. cit., p. XVI).

[127] JHERING, Rudolf von. Op. cit., p. 2.

[128] JHERING, Rudolf von. Op. cit., p. XIV.

uma insatisfação prática nas relações contratuais para, então, enxergar no instrumental conceitual a saída que se apresentava de modo adequado aos desafios impostos em sua época, em um verdadeiro trabalho de descoberta jurídica, mediante o preenchimento, por integração, de uma lacuna no direito vigente[129]. Ao analisar o regramento jurídico que incide sobre o comportamento daqueles que se dispõem a contratar, o autor afirma:

> Quem contrata, sai do círculo de deveres puramente negativo do tráfico extracontratual e entra no positivo da esfera contratual, sai do campo da mera *culpa in faciendo* para o da *culpa in non faciendo*, da *diligentia* positiva, e a primeira e mais geral obrigação que assim assume é a seguinte: aplicar a necessária *diligentia* logo no próprio contratar. Não são apenas as relações contratuais *formadas*, mas antes logo as que estão *em formação* que têm de estar sob a proteção das regras sobre a *culpa*, se não se quiser que o tráfico contratual seja neste aspecto obstaculizado de forma significativa, que cada contraente seja exposto ao perigo de se tornar vítima da negligência alheia. Mas para o proteger não é necessário exigir-lhe que obtenha expressamente garantias da ausência de *culpa* ou, em especial, da verificação dos requisitos do contrato. A lei pode e deve aligeirá-lo desse esforço, na medida em que reconhece no próprio contratar a assunção tácita de tal garantia[130].

Sobre a obra específica de Jhering, Menezes Cordeiro é preciso ao dizer que ele "procurou chamar a atenção da ciência do direito para uma necessidade de complementação juspositiva, através da área, pouco explorada, da formação dos contratos"[131]. Assevera, ainda, que "Jhering assegurou, para o

---

[129] CORDEIRO, António Manuel da Rocha e Menezes. *Da boa fé no direito civil*, cit., p. 527-545. "A *culpa in contrahendo* inscreve-se no desenvolvimento da terceira sistemática e da sua doutrina. Mas apresenta duas especificidades: assenta num estudo científico direto e não numa vivência juscultural prévia e foi objeto, ao longo de sua evolução, de um tratamento central, isto é, de uma análise como conceito, independente, até certo ponto, de suas aplicações. Apresenta, deste modo, uma compleição particular que documenta a impossibilidade de encerrar o Direito em esquemas simétricos rígidos" (p. 528).

[130] JHERING, Rudolf von. Op. cit., p. 32 (grifos no original).

[131] CORDEIRO, António Manuel da Rocha e Menezes. *Da boa fé no direito civil*, cit., p. 532.

PARTE I

problema, além duma nominação universal e persistente, um âmbito juscientífico no qual é sempre possível encontrar ideias novas"[132].

4.2. Evolução da dogmática jurídica e o desafio da autonomia privada

O incipiente desenvolvimento da boa-fé objetiva no século passado não pode ser atribuído propriamente à ausência de sua previsão expressa no Código Civil de 1916. Por outro lado, como verdadeiro obstáculo, é possível identificar a importância jurídica dispensada pelo referido diploma legal à autonomia da vontade, que não mais se coadunava com as inquietações sociais, econômicas e filosóficas da época seguinte, que passaram então a surtir reflexo na dogmática jurídica das obrigações, por meio também da ruptura causada pela influência normativa das Constituições nas relações privadas.

Em vez de afirmarmos que o Código Civil de 1916 prestava uma homenagem ao positivismo, seria mais preciso dizer que ele efetivamente prestava uma homenagem à autonomia da vontade[133]. O Código Beviláqua sem dúvida era tributário das correntes de pensamento jusnaturalistas e iluministas que enxergavam na vontade humana a fonte de quaisquer transformações operadas no mundo do direito[134]. Todavia, o caráter jurígeno da vontade humana sempre encontrou limites no ordenamento jurídico, uma vez que o voluntarismo puro seria impraticável. Mesmo no auge do liberalismo, via-se que a autonomia da vontade no Código Civil francês sofria limitações de ordem pública e de bons costumes[135]. Essa aptidão de a ordem jurídica consagrar e, ao mesmo tempo limitar a autonomia da vontade fez com que muitos indicassem uma transformação em "autonomia privada", que teria uma ideia um pouco mais restrita, sobretudo tendo em vista o desenvolvimento da teoria dos negócios

---

[132] Idem, ibidem.
[133] MICHELON JR., Cláudio. Direito restituitório: enriquecimento sem causa, pagamento indevido, gestão de negócios. In: *Coleção Biblioteca de direito civil*: estudos em homenagem ao professor Miguel Reale. São Paulo: Revista dos Tribunais, 2007, v. 8, p. 17: "os princípios subjacentes ao Código Beviláqua foram os mesmos princípios que orientaram a legislação civil comparada no século XIX. Entre esses princípios a posição central é ocupada pelo princípio da autonomia da vontade, segundo o qual a fonte essencial da obrigação é um ato voluntário".
[134] ROCHA, Silvio Luis Ferreira da. *A oferta no Código de Defesa do Consumidor*. 2. ed. Belo Horizonte: Fórum, 2010, p. 47.
[135] Idem, ibidem.

jurídicos. Voltaremos ao tema nos capítulos adiante, mas é interessante neste ponto contextualizar o papel normativo da autonomia da vontade em uma perspectiva histórica.

Ainda que submetida a limitações normativas, a autonomia da vontade encontrou grande prestígio nos Códigos Civis influenciados por essa corrente filosófica, e, de certa forma, dava a formatação jurídica necessária para o modo de produção capitalista. Ana Prata, em seu estudo denominado *A tutela constitucional da autonomia privada*[136], observa que o modo de produção capitalista necessita dos pressupostos do negócio jurídico (propriedade, sujeito de direito, capacidade, liberdade negocial e autonomia privada) para que haja circulação de bens e riquezas. Essa possibilidade de autodeterminação deve ser encarada como um antagonismo ao sistema feudal, baseado em *status* que definiam a estrutura da hierarquia social. A troca do *status* pelo contrato, por assim dizer, é o que dá impulso ao modo de produção capitalista. Nesse tipo de sistema, a preocupação principal do ordenamento jurídico sobre o regramento da manifestação de vontade é a coincidência entre a vontade do agente e a sua declaração, daí as clássicas figuras do erro, do dolo e da coação, justamente com eventuais erros procedimentais, a gerar a invalidade do negócio celebrado por nulidade ou anulabilidade, conforme o caso.

Sobre o Código Civil de 1916, após analisar com extrema competência a característica do tecido social e conflitos internos da sociedade brasileira da época, Orlando Gomes pontua:

> O Código Civil é obra de homens de classe média, que o elaboraram nesse estado de espírito, isto é, na preocupação de dar ao país um sistema de normas de direito privado que correspondesse às aspirações de uma sociedade em afirmar a excelência do regime capitalista de produção. Mas esse propósito encontrava obstáculos na estrutura agrária do país e não recebia estímulos de uma organização industrial a que se somasse o ímpeto libertário da burguesia mercantil. [...] Beviláqua assumia, de modo nítido e firme, uma posição categórica contra as inovações de fundo social que se infiltravam, desde então, na legislação dos povos mais adiantados. Estava convencido de que as

---

[136] PRATA, Ana. *A tutela constitucional da autonomia privada*. Coimbra: Almedina, 1982.

"novas formatações" não possuíam substantividade, não se devendo lhes injetar seiva, para que se não processasse uma intervenção funesta na economia da vida social. Conhecia, portanto, o movimento incipiente de revisão do direito privado, mas as condições sociais do país, o seu atraso econômico e a distribuição de sua riqueza não ensejavam a sua assimilação. Por mais esclarecido que fosse o seu pensamento de professor de legislação comparada, não seria possível superar as limitações do meio, até porque, se o fizesse, se colocaria numa posição falsa e perigosa[137].

Diante dessa análise, é possível verificar os motivos que levaram o Brasil a ter um regramento da autonomia privada nos moldes traçados pelo legislador de 1916. Além do ímpeto de desenvolvimento do modo de produção capitalista, as forças conservadoras existentes em nosso país não viam com bons olhos as inovações no direito privado que já eram experimentadas nos países europeus, por não haver no Brasil o desenvolvimento econômico que se reputada necessário para tanto.

Essa conjuntura de poderes presente na época foi determinante para que o regramento jurídico do direito privado no Brasil fosse grandemente centrado na autonomia privada como fonte de deveres e direitos. Diante disso, o direito das obrigações ficou preso à ideia da relação jurídica intersubjetiva polarizada, em sua acepção mais estrita, em que o sujeito de direito encontra-se em uma posição abstrata, porquanto a criação de deveres jurídicos estava calcada em sua fase inicial[138]. A boa-fé objetiva, por outro lado, tem um fundamento diferente na criação de deveres. Para que incidam os deveres decorrentes da boa-fé em uma determinada relação, não há a necessidade de que as partes manifestem a vontade expressamente nesse sentido. Eles

---

[137] GOMES, Orlando. *Raízes históricas e sociológicas do Código Civil brasileiro*, cit., p. 30-31 e 37.

[138] "Ao vigorar o Código de 1916, a racionalidade da circulação de produtos e serviços estava presa à ideia de relação jurídica intersubjetiva polarizada pela vontade humana como expressão da liberdade humana. Daí por que o contrato, no Código Beviláqua, será, antes de mais, uma categoria metafórica: a liberdade humana é primordialmente a liberdade de dispor sobre suas relações econômicas, isto é, de dispor, contratualmente, sobre os bens" (MARTINS-COSTA, Judith. O adimplemento e o inadimplemento das obrigações no novo Código Civil e o seu sentido ético e solidarista. In: *O novo Código Civil*: estudos em homenagem ao Professor Miguel Reale. São Paulo: LTr, 2003, p. 353).

incidem apesar da falta da manifestação de vontade e até contra ela. Seu fundamento é um imperativo ético que deve permear as relações negociais, no sentido de conduzir a relação obrigacional para o adimplemento e consequente liberação do devedor. Outro aspecto relevante sobre os deveres criados pela boa-fé objetiva é a impossibilidade de determinação específica e precisa de seu surgimento ou de seu conteúdo dentro de uma relação obrigacional. Se pelos deveres puramente criados pela autonomia privada as partes podem, com grande grau de precisão, estabelecer o termo inicial e seu conteúdo, os deveres laterais, como lembra Carlos Alberto da Mota Pinto[139], não são existentes *ab initio*, em *numerus clausus* ou com conteúdo fixo. Isso porque a concretização de tais deveres depende de pressupostos variáveis que adquirem eficácia à luz do fim do contrato, sendo que também o seu conteúdo interno, duração e intensidade dependem das circunstâncias em que se encontra o processo obrigacional.

Nesse ponto é possível notar que a autonomia da vontade e a boa-fé objetiva compartilham a mesma aptidão de constituição de deveres jurídicos entre as partes, mas diferem substancialmente quanto ao modo pelo qual os criam. Em um contexto jurídico-social em que a autonomia da vontade seja muito valorizada, a boa-fé objetiva pode acabar perdendo sua amplitude, uma vez que, fundamentalmente, ela cria deveres que não podem ser derrogados pelas partes contratantes, isto é, cria deveres que não podem ser rejeitados pela manifestação de vontade e igualmente não podem por ela ser afastados. Não pode uma das partes, por exemplo, optar por não cooperar com a outra, uma vez que o ordenamento jurídico prevê deveres que irão impulsionar a relação obrigacional em direção a um objetivo, designadamente o correto processamento em direção à liberação do devedor e a satisfação do credor.

Por outro lado, não se pode afirmar que autonomia da vontade e boa-fé objetiva sejam totalmente antagônicas, mas apenas modos diferentes de criação de deveres. Realmente, o direito obrigacional ancora-se grandemente na autonomia da vontade para impulsionar a formação de obrigações e até mesmo a sua extinção. É necessário que haja vontade tanto para contratar quanto para

---

[139] PINTO, Carlos Alberto da Mota. *Cessão da posição contratual*. Coimbra: Almedina, 2003, p. 346.

adimplir uma prestação. Contudo, como já dissemos acima, a autonomia da vontade encontra seu limite e formatação no próprio ordenamento jurídico, e a boa-fé objetiva é um instrumento da técnica jurídica utilizada para essa tarefa[140]. A visualização da obrigação como uma sucessão de atos desencadeados, com início, meio e fim, a atingir um objetivo, ajuda a identificar quando um determinado comportamento se adequou ou não à boa-fé objetiva, ou seja, facilita a percepção do suporte fático sobre o qual irá incidir a norma em questão. Um dos grandes exemplos que demonstram como a boa-fé objetiva tem a aptidão de formar balizas jurídicas que regulam os comportamentos dos indivíduos é a figura que ficou conhecida como "abuso de direito", positivada hoje no art. 187 do Código Civil. Tal dispositivo, presente na Parte Geral de nossa codificação, ao estabelecer que "também comete ato ilícito o titular de um direito que, ao exercê-lo, excede manifestamente o fim econômico, social, a boa-fé ou os bons costumes", condiciona o exercício de qualquer situação jurídica ao absoluto respeito a tais limites[141], e, por estar presente na Parte Geral, não restringe seus efeitos a uma específica situação jurídica, mas, antes, sujeita o exercício de todos os direitos[142]. É de se notar que a norma em questão faz referência ao exercício do direito, e, portanto, está a se referir à condução dos efeitos jurídicos do direito subjetivo. Aqui, muito mais do que fundamentar a criação de deveres laterais nas relações obrigacionais, a boa-fé objetiva fornece o controle para regular o próprio exercício de posições subjetivas.

---

[140] "O direito subjetivo tem a sua força vinculativa e o seu caráter dependentes do direito objetivo. Se é certo que toda ação humana é em si mesma afirmação de um poder da vontade, isto é, que o poder da vontade é uma essencial característica humana, ao nível jurídico esse poder virtual só se efetiva na medida em que a ordem jurídica, o direito objetivo, confira à vontade um poder jurídico (...) O direito objetivo é, pois, elemento interno e estrutural do poder jurídico da vontade (direito subjetivo) e é, simultaneamente, seu limite externo, ou seja, obstáculo externo intransponível à manifestação da vontade fora dos quadros definidos pelo ordenamento" (PRATA, Ana. *A tutela constitucional da autonomia privada*. Coimbra: Almedina, 1982, p. 89).

[141] BOULOS, Daniel M. *Abuso do direito no novo Código Civil*. São Paulo: Método, 2006, p. 291.

[142] Idem, ibidem, p. 245.

5. A evolução do direito e a busca por legitimidade

O Código Civil de 2002 se mostra como fruto legislativo da evolução do pensamento dogmático experimentado sobretudo no século XX, influenciado por novas concepções e demandas sociais, que, por seu turno, exigiam novas respostas do sistema jurídico. Alguns autores colocam a evolução do direito em uma perspectiva de uma constante busca pela legitimidade. Dentre esses autores se destacam Philippe Nonet e Philip Selznick, em obra intitulada *"Direito e sociedade*: a transição ao sistema jurídico responsivo", publicada inicialmente nos Estados Unidos da América em 1978[143]. Traçam os autores a evolução do direito em três grandes fases em sequência, ou seja, do que eles chamam de Direito Repressivo para o Direito Autônomo, e desse para o Direito Responsivo. Esses modelos jurídicos podem ser associados respectivamente a três modelos de Estado: Estado Absolutista, Estado Liberal e Estado Social.

Em uma breve síntese do conteúdo da obra, os autores observam que o Estado Absolutista (com seu Direito Repressivo), era marcado especialmente pela ausência de separação metodológica entre política e direito, ou este como subproduto daquela. Em síntese, a vontade da "Lei" era a vontade do "Rei", sendo que a atuação política – praticamente idêntica à atuação jurídica – era o mecanismo de opressão das demandas das classes sociais não privilegiadas pelo *status*. Tal cenário colidia diretamente com os interesses da classe ascendente burguesa, que crescia em poder econômico, mas não encontrava acolhimento para suas demandas na formação hegemônica do poder político. Somente por meio das revoluções burguesas, surgidas em reação ao Estado Absolutista, foi possível formular nova formatação para as estruturas de poder, sendo que, nesse cenário, a separação absoluta entre direito e política ganha corpo, de modo a imprimir uma limitação à instância política. Temos, assim, o Estado Liberal com seu Direito Autônomo.

A Revolução Francesa pode ser identificada como o exemplo mais claro de sublevação contra o modo pelo qual Estado Absolutista era estruturado. Os anseios da classe burguesa propugnavam o rompimento com o modelo que previa *status* para as classes nobres, e a separação entre direito e política era

---

[143] NONET, Philippe; SELZNICK, Philip. *Direito e sociedade*: a transição ao sistema jurídico responsivo. Trad. Vera Pereira. Rio de Janeiro: Revan, 2010.

PARTE I

algo necessário para tanto. Justamente por isso a revolta também se canalizou contra a magistratura francesa da época[144], que ainda estava atrelada ao modo de aplicar o direito em conformidade com os ditames absolutistas. O Código Civil napoleônico exerceu fundamental papel na estruturação da nova ordem jurídica, pois além de fornecer um sistema de legislação federal a combater o clientelismo da magistratura, deu forma jurídica aos ideais revolucionários da "liberdade, fraternidade e igualdade", designadamente nas figuras do contrato e da propriedade. Nesse contexto, o direito privado ganha papel de destaque, justamente por dar vazão ao ímpeto de liberdade[145] e igualdade, que, em última análise, significavam a não interferência (ou mínima interferência) do Estado na vontade do indivíduo.

O Direito Autônomo é fundamentalmente baseado na separação metodológica rígida entre sistemas sociais, no sentido de o conhecimento científico de cada um deles dever ser obtido por meio do conhecimento de operações distintas, que ganha seu arremate teórico final[146] com a elaboração das teorias positivistas do início do século XX, sobretudo com a "Teoria Pura do Direito" de Kelsen. A rígida separação tem como importância privilegiada estabelecer uma barreira entre as influências políticas no debate jurídico, de modo que a fundamentação em torno da aplicação do direito deva ser concentrada no conteúdo da norma. O aplicador do direito – notadamente o magistrado – fica circunscrito à análise jurídica do caso, sendo reprovável, do ponto de vista

[144] LOTUFO, Renan. Da oportunidade da codificação civil e a constituição. In: SARLET, Ingo Wolfgang (Org.). *O novo Código Civil e a Constituição*. Porto Alegre: Livraria do Advogado, 2003, p. 22.

[145] MELO, Diogo L. Machado de. *Cláusulas contratuais gerais, cláusulas abusivas e o Código Civil de 2002*, cit., p. 21-22.

[146] É importante sempre lembrar que o positivismo não pode ser reduzido ao pensamento kelseniano, e muito menos alheio a importantes fases do desenvolvimento do direito privado. Tal fato pode ser percebido em análises no seguinte sentido: "O positivismo da ciência jurídica do século XIX tinha, com a formação de um sistema fechado de direito privado e de uma teoria geral do direito civil, não apenas imposto pela primeira vez no direito positivo exigências metodológicas do jusracionalismo, mas tinha ao mesmo tempo exprimido do ponto de vista espiritual a imagem jurídica da sociedade civil de seu tempo. O direito privado e a teoria geral do direito civil tornaram-se assim em modelos mesmo para o restante das disciplinas da ciência jurídica, nomeadamente para o direito penal e para o direito político" (WIEACKER, Franz. *História do direito privado moderno*. 2. ed. Lisboa: Fundação Calouste Gulbenkian, 1980, p. 628).

científico, julgar conforme cogitações extranormativas. Além de desonerar o aplicador do direito na sua atividade de fundamentação da decisão, essa fase do direito também desonera o magistrado no que diz respeito à responsabilidade pelo conteúdo social de suas decisões. O acatamento da decisão ocorreria na medida em que ela fosse procedimentalmente adequada. Essa fase é marcada, portanto, por um consenso (ainda que fictício[147]) em relação ao procedimento adotado para legitimar uma decisão, mais do que seu conteúdo propriamente. Os descontentamentos deveriam ser canalizados para a instância própria, ou seja, para o debate político, foro em que são discutidos os procedimentos que serão vinculantes para todos os que se encontram sujeitos àquela determinada ordem jurídica.

A racionalidade formal e regularidade procedimental do denominado Direito Autônomo é motivo de controvérsia entre aqueles teóricos que se propuseram a analisar o fenômeno. A evolução em direção a uma racionalidade formal era identificada por Weber no início do século XX[148], mas de acordo com uma perspectiva diferente daquela realizada por Karl Marx. Para Marx, tal racionalidade, calcada na igualdade formal e abstrata entre as pessoas, servia de instrumento para a opressão em favor da classe dominante. Sobre a comparação entre tais análises, Manuel Atienza observa:

> Todos os clássicos da teoria da evolução social do direito (Saint-Simon, Comte, Marx, Spencer, Maine, Durkhein, Max Weber ...) elaboraram alguma teoria da evolução social do direito, cujo significado, naturalmente, nem sempre é coincidente. Para Marx, por exemplo, cada modo de produção gera diferentes tipos de Estado e de Direito, o direito moderno da sociedade capitalista se baseia na liberdade e igualdade entre os sujeitos, mas em um sentido formal e abstrato, de modo que se trata, na verdade, de um direito que reflete e, em certo sentido, gera desigualdade e opressão. Para Max Weber, no entanto, o desenvolvimento do direito é explicado pela ideia de racionalização, que alcança seu ponto culminante nas modernas sociedades ocidentais;

---

[147] LUHMANN, Niklas. *Legitimação pelo procedimento*. Trad. Maria da Conceição Côrte-Real. Brasília: Ed. UnB, 1980.
[148] WEBER, Max. *Economia e sociedade*: fundamentos da sociologia compreensiva. Trad. Regis Barbosa e Karen Elsabe Barbosa. Brasília: Ed. UnB, 2009.

PARTE I

direito moderno é caracterizado especificamente por ser expressão de uma racionalidade do tipo formal valorada em termos essencialmente positivos[149].

Se o denominado Direito Autônomo representou um ganho de legitimidade se comparado com a fase do Direito Repressivo, as demandas sociais que se impuseram ao longo do século XX, sobretudo no período pós-guerra vivenciado pelos países europeus e nos Estados Unidos da América, começaram a mostrar a insuficiência da racionalidade formal para a nova realidade. O consenso sobre o procedimento não se mostrava apto a atingir novas exigências de cunho material. Os mesmos motivos que serviram de trunfo contra o autoritarismo do Estado Absolutista, eram apontados na década de 1970 – época da obra em questão – como o motivo da perda de legitimidade do modelo jurídico do Estado Liberal. Exige-se do direito mais materialidade em detrimento do formalismo.

A análise explica, em grande parte, o surgimento ao longo do século passado de novas teorias jurídicas que, no fundo, pretendem fornecer um enfoque material ao conhecimento jurídico. É possível apontar que teorias com um substrato teórico jusnaturalista – ainda que não o sejam ao extremo – ganharam adesão e força justamente por contestar o formalismo positivista, ou ao menos por tentar dar uma roupagem material à dogmática jurídica. Todavia, não é possível proclamar a derradeira estabilização do Direito Responsivo de Selznick e Nonet no início do século XXI, mas sim, quando muito, que estamos em um período de transição, que, no entanto, ainda apresenta o positivismo como paradigma.

---

[149] Tradução livre de: "Todos los clásicos de la teoría sobre la evolución social del Derecho (Saint-Simon, Comte, Marx, Spencer, Maine, Durkhein, Max Weber...) sostuvieron alguna teoría sobre la evolución social del Derecho cuyo sentido, naturalmente, no siempre es coincidente. Para Marx, por ejemplo, cada modo de producción genera uno diferente tipo de Estado y de Derecho; el Derecho moderno de la sociedad capitalista tiene como base la libertad e igualdad de los sujetos, pero en uno sentido formal y abstrato, de manera que se trata, en realidad, de uno Derecho que refleja y, en cierto modo, genera desigualdad y opresión. Para Max Weber, por el contrario, el desarrollo del Derecho se explica a partir del Idea de la racionalización, que alcanza su punto culminante en las modernas sociedades occidentales; el Derecho moderno se caracteriza concretamente por ser expresión de una racioanalidad de tipo formal que el valora en términos esencialmente positivos" (ATIENZA, Manuel. *El sentido del derecho*. Barcelona: Editora Ariel, 2007, p. 166).

Realmente, o questionamento à racionalidade formal no direito é um assunto que precisa ser contextualizado tanto no tempo como no espaço, e até no ramo do direito em que as críticas são elaboradas. Como dissemos brevemente acima, foi possível observar que os estudiosos do direito civil brasileiro tiveram que lidar durante muito tempo com uma legislação defasada do ponto de vista das necessidades sociais que se avultavam, e exigiam novas respostas dos aplicadores do direito. A ênfase dada à autonomia da vontade pelo Código Civil de 1916, fruto da influência e dos anseios das classes que detinham voz política no Brasil daquela época, exigiu de autores como Couto e Silva um grande esforço teórico para que a boa-fé objetiva fosse finalmente reconhecida como categoria jurídica entre nós, e tal esforço acabou vazado, por vezes, em uma crítica ao próprio positivismo.

O argumento acima deduzido sobre o Direito Autônomo, que exige do aplicador do direito uma análise unicamente centrada na norma, e que novas demandas sociais sejam somente canalizadas por meio do processo político, ainda ganha sabores amargos na boca de um civilista. E isso ocorre mesmo em um contexto em que o Código Civil de 2002 tenha vertido em normas jurídicas aqueles valores éticos por muito tempo exigidos para conferir maior eficácia nas relações privadas, além de estar compatibilizado, em tese, com a Constituição Federal de 1988.

6. A influência de normas constitucionais no direito privado, o fenômeno da descentralização e os desafios interpretativos contemporâneos

Muito embora a análise das diferenças verificadas entre o Código Civil de 1916 e o Código Civil de 2002 seja muito relevante para se avaliar como múltiplos fatores influenciaram a formação e evolução da cultura jurídica nacional, é importante lembrar que nem só de codificações vive o direito privado contemporâneo. Ainda que seja possível afirmar, com certa segurança, que o Código Civil de 2002 cumpre função nuclear no direito privado brasileiro, sobretudo ao auxiliar a tarefa de elaboração de conceitos necessários à segurança jurídica desse ramo do direito, a complexidade normativa que o circunda – tanto acima quanto abaixo e para os lados – gera inúmeras situações de perplexidade.

PARTE I

A aplicação do direito privado deve levar em conta elementos normativos que vão muito além dos códigos, tais como constituições que avançam em matérias de direito privado, legislações específicas, contratos celebrados em atividades econômicas reguladas, normas sobre práticas e comportamentos contratuais elaboradas por entidades associativas sem coerção estatal imediata (*soft law*), para citar alguns exemplos. Somada a esse cenário, há uma tendência de aceleração da proclamação de ruína da divisão entre direito público e direito privado, alegadamente causada pelas interferências recíprocas entre os campos. O resultado da ausência de divisão não seria a união dos ramos, mas a sim a ultrafragmentação. As tentativas de harmonização de todos esses elementos apresentam soluções tormentosas na cultura jurídica brasileira no início do século XXI, tanto na doutrina quanto na jurisprudência, de modo que a extrema flexibilização dos conceitos tem constantemente colocado em xeque as construções conceituais privatistas necessárias para a estabilidade das relações havidas nessa seara.

Ao lidarmos primeiro com a clássica divisão entre direito privado e direito público, é relevante lembrar que a justificação mais acessível da separação existente entre eles se dá pela constatação de que, em princípio, esses ramos do direito lidariam com tipos de relações jurídicas distintas. Noberto Bobbio já afirmava que, basicamente, a diferença entre ambos residia no fato de que o direito privado lidaria com relações de coordenação entre pessoas, baseado na ideia de igualdade entre elas, enquanto o direito público não prescindiria de uma análise vista sob o prisma de uma relação de subordinação, fundada, destarte, na noção de subordinação dos indivíduos ao Estado. Assim, materialmente, a proteção jurídica a cada uma das relações também seria diferente, porquanto o direito privado resguardaria interesses individuais, e o direito público interesses coletivos[150].

Por outro lado, também não se ignora que a dicotomia entre direito público e direito privado seja algo extremamente duvidoso do ponto de vista dogmático, de modo que praticamente não há autor atual que trate do tema sem falar das dificuldades na distinção entre ambos. Giuseppe Lumia, por exemplo, destaca que ela se trata da mais importante dicotomia de que tradicionalmente

---

[150] BOBBIO, Norberto. *Direito e estado no pensamento de Emanuel Kant.* Brasília: Ed. UnB, 1984, p. 83.

se ocupam os juristas[151], e Pietro Perlingieri, ao avaliar o estado de arte da distinção, indica que ela se encontra em crise[152]. Hodiernamente, a ruína da divisão pode surgir dos mais variados tipos de "promiscuidade" de ambos os lados. Se por um turno vislumbra-se a privatização de interesses públicos, notada na constante fuga do regime jurídico de direito público por meio das mais variadas figuras[153], cada uma a seu modo, como concessões, parcerias público-privadas ou atividades do denominado terceiro setor[154], por outro temos a não menos proclamada publicização de interesses privados, notada nas dificuldades dogmáticas geradas pela função social da propriedade, a intervenção estatal nas relações familiares, dirigismo e regulação contratual, entre outros exemplos.

Sem um critério seguro para que se possa dividir exatamente o direito público do direito privado, verifica-se a que a distinção não tem raízes puramente lógicas, mas sim históricas, como aponta Pontes de Miranda[155]. No mesmo sentido afirma Tercio Ferraz Jr., que, inobstante reconhecer que o interesse na classificação seja fundamentado na possibilidade de sistematização de princípios teóricos para a aplicação das normas (e seu sentido deve ser encontrado na própria dogmática), a dicotomia "resulta da utilização de lugares comuns, de pontos de vista formados historicamente e de aceitação geral"[156]. Dessa forma, é necessário que fique claro que a dogmática jurídica não autoriza a conclusão de que inexiste divisão entre o direito privado e o direito público (ainda que na demarcação das divisas os rumos não estejam aviventados). Se

---

[151] LUMIA, Giuseppe. *Elementos de teoria e ideologia do direito*. Trad. Denise Agostinetti. São Paulo: Martins Fontes, 2003, p. 56.

[152] PERLINGIERI, Pietro. *Il diritto civile nella legalità costituzionale*. 3. ed. Napoli: Edizioni Scientifiche Italiane, 1994, p. 111.

[153] RODRIGUEZ, José Rodrigo. *A fuga do direito*: um estudo sobre o direito contemporâneo. São Paulo: Saraiva, 2009.

[154] ROCHA, Silvio Luis Ferreira da. *Terceiro setor*. São Paulo: Malheiros, 2003, p. 13: "O nome *terceiro setor* indica os entes que estão situados entre os setores empresariais e estatal. Os entes que integram o Terceiro Setor são entes privados, não vinculados à organização centralizada ou descentralizada da Administração Pública, mas que não almejam, entretanto, entre seus objetivos sociais, o lucro e que prestam serviços em áreas de relevante interesse social e público".

[155] *Tratado de direito privado*. 4. ed. São Paulo: Revista dos Tribunais, t. I, p. 71. Apud FERRIANI, Carlos Alberto. Noções gerais de direito e de direito privado. In: LOTUFO, Renan; NANNI, Giovanni Ettore (Coord.). *Teoria geral do direito civil*. São Paulo: Atlas, 2008, p. 12.

[156] FERRAZ JR., Tercio Sampaio. *Função social da dogmática jurídica*, cit., p. 131.

PARTE I

toda a divisão dogmática tem como finalidade o estabelecimento do regime jurídico que irá incidir sobre determinado comportamento humano, a dicotomia acima ainda informa, na medida do possível diante do ordenamento jurídico vigente, o caminho a ser percorrido pelo aplicador da norma.

A identificação dos contornos dogmáticos do direito privado está grandemente envolvida com os desafios trazidos pela inclusão de normas nas Constituições de Estados que antes eram fornecidas unicamente pelos códigos, foro legislativo em que os ditos interesses privados eram tradicionalmente regulados. O fenômeno designado "constitucionalização do direito privado"[157] está intimamente ligado às pressões evolutivas experimentadas pelo direito civil no século XX a que nos referimos acima.

Ainda que o fenômeno já pudesse ter se manifestado em alguns países ocidentais no começo do século XX[158], foi somente com o fim da segunda guerra mundial que a necessidade de se elevar a proteção de direito e garantias fundamentais ao nível constitucional ganhou corpo. Com isso, novas proteções constitucionais começaram a apresentar conteúdo jurídico de direito privado, sendo que em momentos históricos anteriores tal conteúdo somente seria visto em legislações infraconstitucionais, notadamente os Códigos Civis, que apresentavam ainda pretensão de plenitude sobre tais temas. O imperativo dogmático de que as normas inferiores encontram fundamento de validade nas normas superiores, não só no sentido em que a produção normativa é autorizada, mas também no dever de correspondência do conteúdo entre elas, gera a necessidade de acomodação dessa nova formatação no plano da aplicação normativa nos casos em há conflito de conteúdo entre normas de diferentes hierarquias. Kelsen, ao analisar o direito sob o prisma da "dinâmica

---

[157] Pela utilização do termo e o conceito de direito civil constitucional, ver, por todos: FLOREZ-VÁLDEZ, Joaquín Arce y. *Los principios generales del derecho y su formulación constitucional*. Madrid: Civitas, 1990, p. 178-179.

[158] É o caso da Constituição Mexicana de 1917 e a Constituição Alemã de 1919, com destaque para o tratamento pioneiro conferido à função social da propriedade. Sobre o tema: ROCHA, Silvio Luis Ferreira da. *Função social da propriedade pública*. São Paulo: Malheiros, 2005; NERY, Rosa Maria Barreto Borriello de Andrade. *Vínculo obrigacional*: relação jurídica de razão (técnica e ciência de proporção). Tese (Livre-docência em Direito) – Faculdade de Direito, Pontifícia Universidade Católica de São Paulo, São Paulo, 2004, p. 281-282; ALVIM NETTO, José Manuel de Arruda; ALVIM, Thereza; CLÁPIS, Alexandre Laizo (Coord.). *Comentários ao Código Civil brasileiro*, volume XI, tomo I: livro introdutório ao direito das coisas e ao direito civil. Rio de Janeiro: Forense, 2009, p. 263-264.

jurídica"[159], entende que a unidade do sistema normativo "exprime a circunstância de uma ordem jurídica poder ser descrita em proposições jurídicas que não se contradizem"[160].

Além da constitucionalização do direito privado, outro fenômeno que chamou a atenção dos autores que versaram sobre o tema foi o surgimento de legislações especiais, que tinham como objetivo regular situações jurídicas específicas para determinadas categorias. É o caso do desenvolvimento do direito do trabalho, do direito concorrencial, do direito de locações, legislações sobre reforma agrária, direito do consumidor, entre outros exemplos, que aos poucos foram fazendo com que a ideia de plenitude da codificação começasse a ser arranhada. Talvez o mais influente autor sobre esse modo de análise seja Natalino Irti, que difundiu o termo "descodificação" no fim da década de 1970[161]. O exame de Irti versava tanto para a "fuga" das normas do direito privado para as Constituições quanto para as legislações esparsas, constituindo os diferentes modos pelo qual o sistema codificado perdia, aos poucos, sua pujança de outrora. Do ponto de vista escalonado das normas, o Código Civil "tradicional" foi sofrendo aos poucos um esvaziamento para cima (nas constituições) e para os lados (com as legislações especiais).

Sobre o tema da constitucionalização do direito civil, pode-se dizer que países que já tinham um Código Civil antes das Constituições formuladas com tal caráter passaram por uma fase de releitura dos dispositivos na legislação infraconstitucional. "Evidentemente que tais diferenças de datas importarão na exigência de uma leitura diferenciada do direito privado", observa Renan

---

[159] KELSEN, Hans. *Teoria pura do direito*, cit., p. 215 e s.

[160] Idem, ibidem, p. 228. Sobre o tema, o autor versa ainda: "O direito, no caminho que percorre desde a Constituição até os atos de execução material, não para de se concretizar. Enquanto a Constituição, a lei e o decreto são normas jurídicas gerais, a sentença e o ato administrativo constituem normas jurídicas individuais. [...]. Cada grau da ordem jurídica constitui, pois, ao mesmo tempo, uma produção de direito com respeito ao grau inferior e uma reprodução do direito com respeito ao grau superior" (KELSEN, Hans. *Jurisdição constitucional*. Trad. Maria Ermantina de Almeida Prado Galvão. São Paulo: Martins Fontes, 2007, p. 126).

[161] IRTI, Natalino. *L'età della* decodificazione. Milano: Giuffrè, 1999. A primeira publicação do artigo que levava tal nome se deu em 1978: IRTI, Natalino. L'età della decodificazione. *Diritto e Società*, n. 03-4, p. 613 e s., 1978. Apud TIMM, Luciano Benetti. Descodificação, constitucionalização e reprivatização no direito privado: o Código Civil ainda é útil? *Revista de Direito Privado*, São Paulo: Revista dos Tribunais, v. 27, p. 233, nota de rodapé, 2006.

PARTE I

Lotufo[162], que aponta ainda para a necessidade de alteração na percepção das referidas normas: "Muitas matérias relativas à pessoa humana ascenderam, neste período, a nível constitucional, sendo necessário, portanto, uma ampla reforma de concepções no direito civil, bem como toda uma reestruturação dos Códigos Civis"[163].

Itália e Portugal passaram situações semelhantes no século XX. O Código Civil italiano de 1942, que tinha como linha mestra ideológica a produção econômica, após a Constituição de 1947 teve de passar por uma revisão, ou pelo menos por um abrandamento, porquanto limitado a respeito dos direitos fundamentais. Essa é a lição de Pietro Perlingieri sobre o tema:

> A Constituição da República assumiu, em relação a este problema [da produção], uma posição diversa. Uma coisa é ler o Código naquela ótica produtivista, outra é "relê-lo" à luz da opção "ideológico-jurídica" constitucional, na qual a produção encontra limites insuperáveis no respeito aos direitos fundamentais da pessoa humana[164].

No caso português, ainda que o Código Civil de 1966 tenha sido elaborado no momento do pós-guerra, e, portanto, criado sob a influência de doutrinas jurídicas próprias da época, a Constituição portuguesa de 1976 também trouxe em seu conteúdo matérias que tradicionalmente encontram suas raízes no solo do direito civil. A regulação de direito à imagem, honra, vida e dignidade, interferência do Estado na utilização da propriedade e na atividade econômica[165], enfim, são exemplos de temas que desafiavam o aplicador do direito civil português a lidar com a incidência de normas constitucionais sobre a matéria.

O Brasil, a sua maneira, também passou pelo processo de descodificação, conforme identificado por Irti, consistente na necessidade de releitura constitucional de temas específicos de direito privado e o surgimento de legislações

---

[162] LOTUFO, Renan. Da oportunidade da codificação civil e na constituição. In: SARLET, Ingo Wolfgang (Org.). *O novo Código Civil e a Constituição*. Porto Alegre: Livraria do Advogado, 2003, p. 21.

[163] Idem, ibidem.

[164] PERLINGIERI, Pietro. *Perfis do direito civil*: introdução ao direito civil constitucional. Trad. Maria Cristina de Cicco. Rio de Janeiro: Renovar, 1997, p. 4.

[165] TIMM, Luciano Benetti. Op. cit., p. 239.

especiais que complementavam as disposições do Código Civil de 1916. Ainda que as análises sobre o direito civil constitucional no Brasil normalmente deem grande enfoque à Constituição Federal de 1988, não é possível dizer que ela foi a primeira Carta Magna brasileira a começar a tratar dos temas próprios dos civilistas. A historiografia do processo de constitucionalização indica que o primeiro instituto a ser atingido por seus efeitos foi o direito de propriedade, com a Constituição de 1934, que, em que pese sua curta duração, foi a primeira Constituição brasileira a vincular o direito de propriedade a interesse social ou coletivo[166]. A Constituição posterior, a de 1937, não tratou expressamente da matéria. Todavia, a Constituição de 1946 retomou o tema da função social da propriedade, nos termos em que a propriedade deveria atender a interesses sociais, e seu exercício era vinculado ao bem-estar social, sendo que a lei poderia promover a justa distribuição da propriedade com igual oportunidade para todos[167]. A linha adotada pela Constituição de 1946 não foi mais abandonada, uma vez que os textos constitucionais 1967/1969, ainda que elaborados durante a época da ditadura militar no Brasil, também consagraram a função social da propriedade como princípio maior da ordem econômica e social. A função social da propriedade não ficou restrita ao tecido normativo constitucional, uma vez que ao longo do tempo foram surgindo legislações infraconstitucionais específicas para tratar do tema, como o Estatuto da Terra de 1964 e o Estatuto da Cidade de 2001. A Constituição Federal de 1988 chega ao extremo de relegar grande parte do conteúdo normativo da função social da propriedade urbana às legislações dos Municípios, por meio de seus respectivos planos diretores (art. 182, § 2º, da Constituição Federal).

Luciano Benetti Timm indica ainda importantes invocações legislativas que modificaram o panorama do direito civil brasileiro no século XX nos temas do direito de família e contratos[168]. Indica o autor que o âmbito da família sofreu importantes modificações, como, por exemplo, o reconhecimento pleno

---

[166] SALLES, Venício Antônio de Paula. *Função social da propriedade*. In: GUERRA, Alexandre; BENACCHIO, Marcelo (Coord.). *Direito imobiliário brasileiro*: novas fronteiras na legalidade constitucional. São Paulo: Quartier Latin, 2011, p. 179.
[167] "Art. 147: O uso da propriedade será condicionado ao bem-estar social. A lei poderá, com observância no disposto no art. 141, §16, promover a justa distribuição da propriedade com igual oportunidade para todos."
[168] TIMM, Luciano Benetti. Op. cit., p. 241.

à mulher casada (Estatuto da Mulher de 1962), admissão do divórcio – que foi objeto inclusive de Emenda Constitucional (Lei n. 6.515/77 e Emenda Constitucional n. 09/77) –, admissão da adoção plena (Estatuto da Criança e do Adolescente, de 1990, em substituição ao Código de Menores de 1979). O direito contratual, por seu turno, também não ficou isento de alterações por legislações específicas. Nesse âmbito temos as sucessivas leis de locações de imóvel urbano (1979, 1991, e importantes modificações ocorridas em 2009), promessa de venda e compra (Decreto-Lei n. 58/37, Lei n. 649/49 e Lei n. 6.766/79), alienação fiduciária em garantia (Lei n. 4.728/65 com as modificações do Decreto-Lei n. 911/69) e reserva de domínio (Código de Processo Civil de 1973), entre outros. No direito contratual, não vemos motivos inclusive para não incluir nesse rol também o Código de Defesa do Consumidor.

A dogmática civilista, em especial, atravessou o século XX no contexto acima esboçado, com ataques dos mais variados ao Código Civil de 1916 (que, contudo, resistiu em sua centralidade com razoável facilidade devido, sobretudo, à força de sua robusta estrutura normativa) sendo que o ponto alto da constitucionalização do direito privado foi atingido com a Constituição de 1988. A partir dela é que o debate sobre o direito civil constitucional se intensifica no país. Além dos fatores próprios da ciência normativa (prevalência das normas constitucionais sobre as normas infraconstitucionais), é possível dizer que o desenvolvimento de tal modalidade de estudo entre os civilistas se deu, em grande medida, pelo cenário de incertezas sobre a tramitação do Código Civil de 2002[169], uma vez que não se sabia até que ponto se ficaria indefinidamente sobre a égide do Código Civil de 1916, e a Constituição Federal de 1988 deveria ser realçada para dar vazão em termos normativos aos valores queridos pelos setores da sociedade afetados pelas regras de direito privado.

No momento atual da evolução do direito civil brasileiro, temos a promulgação do Código Civil de 2002. É o caso de se perguntar: como fica, então, o método de análise dogmática do direito civil constitucional e o fenômeno da "descodificação"? Devem ambos ser deixados de lado, já que o Código Civil é posterior à Constituição Federal, e, portanto, fora elaborado em plena sintonia com seu ditame, e reconhecer que o fenômeno da descodificação entre nós não tem mais fundamento, porquanto a própria promulgação de

---

[169] NANNI, Giovanni Ettore. *Enriquecimento sem causa*. 3. ed. São Paulo: Saraiva, 2012, p. 156.

um código põe por terra o sentido que a teoria havia traçado? As respostas para tais questões exigem cautela.

Sabemos que o paradigma do Código Civil de 2002 é outro se comparado com o Código Civil de 1916. No campo do direito obrigacional, como dito, foram positivados expressamente importantes dispositivos como corolário da percepção de que a obrigação constitui um processo desencadeado em direção ao adimplemento, e sua análise dogmática não pode ficar adstrita apenas às prestações principais entabuladas mediante uma manifestação de vontade isenta de vícios. Isso se deve ao fato de que a própria relação obrigacional é entendida como um modo de o indivíduo compor o livre desenvolvimento de sua personalidade. A autonomia privada no Código Civil é ainda observada sob o enfoque da solidariedade, também presente na Constituição Federal de 1988, que fundamenta em grande parte a existência de deveres laterais que existem sem que haja manifestação de vontade nesse sentido e em virtude de um imperativo ético.

O Código Civil confere o pleno arcabouço normativo para que essas mudanças se sedimentem na cultura jurídica brasileira. Ele o faz por meio da técnica das cláusulas gerais que, justamente pela amplitude semântica que empregam, bem como pela flexibilização da consequência jurídica a incidir no caso, fazem com que o aplicador se depare com a ampliação do suporte fático sobre o qual incidirá a norma, bem como evitam o envelhecimento precoce da norma, cuja formatação poderá se flexibilizar conforme as demandas sociais de determinado lugar do território nacional ou da época que seguirá. Em outras palavras, os dispositivos do Código Civil "permitirão, ao aplicador da lei, visualizar a pessoa concreta em suas concretas circunstâncias"[170].

No entanto, ainda que o Código Civil de 2002 e a Constituição Federal apresentem-se em sintonia, não é sequer possível, do ponto de vista científico-dogmático, dizer que não há mais sentido em se falar em um direito civil constitucional, uma vez que o papel normativo da Constituição Federal, como ponto mais alto da unicidade sistemática do ordenamento jurídico, é perene. O estudo da Constituição Federal insta o civilista a enxergar o modo como a ela influenciará a aplicação da norma no caso concreto, atividade que vai

---

[170] MARTINS-COSTA, Judith. O adimplemento e o inadimplemento das obrigações no novo Código Civil e o seu sentido ético e solidarista, cit., p. 354.

PARTE I

muito além de investigar eventuais inconstitucionalidades em abstrato dos dispositivos na legislação codificada. Justamente pelo fato de o novo Código Civil conter um grande número de cláusulas gerais, surge a necessidade de revisão constante do modo de aplicação de tais normas, a incumbir o jurista de um grande ônus argumentativo para justificar suas decisões em seu trabalho hermenêutico. Ademais, como lembra Diogo Machado de Melo, "a comunicabilidade entre a norma constitucional e o direito privado é um fenômeno recente, que necessita a cada dia ser consolidado pela ciência e pelos estudiosos"[171].

Sobre o fenômeno da descodificação, podemos dizer que as características que Natalino Irti indicou no fim dos anos 1970 se mantiveram, designadamente a constitucionalização do direito privado e o surgimento de um grande número de legislações e regulações setoriais, com linguagens cada vez mais específicas no texto normativo. Todavia, o rumo da descodificação não chegou a abolir a própria técnica da codificação civil no fim do século XX e no início do século XXI – e o Código Civil de 2002 é exemplo claro disso –, mas, na verdade, lhe deu uma nova roupagem. É sabido que o próprio Irti, após anos de maturação e debates desde seu primeiro artigo sobre a descodificação, chegou à conclusão, em escrito mais recente[172], que nosso momento não é mais marcado pela descodificação, mas sim pela "recodificação". Ao comentar a mudança no pensamento do autor italiano, Timm enxerga que ele "vê agora os fenômenos da *descodificação e da recodificação* como *categorias históricas* e não *lógicas,* por isso, mutáveis. Sendo que o primeiro fenômeno pressupõe que a unidade do ordenamento decorra da constituição, e o segundo, do *próprio Código Civil*" (grifos no original)[173]. Continua o autor: "Nesse sentido, é bem possível falar-se em dois Irti para expressar essa relativização do pensamento sobre a *descodificação,* inserindo-a no processo histórico e propondo a *recodificação* também como necessidade histórica" (grifos no original)[174].

---

[171] MELO, Diogo L. Machado de. *Cláusulas contratuais gerais, cláusulas abusivas e o Código Civil de 2002,* cit., p. 40.

[172] IRTI, Natalino. I cinquant'anni del códice civile. *Rivista di Diritto Civile,* n. 03, p. 227 e s., 1992. Apud TIMM, Luciano Benetti. Op. cit., p. 240.

[173] Idem, ibidem.

[174] Idem, ibidem.

Os Códigos Civis elaborados dentro do cenário de recodificação, portanto, apresentam características diferentes daquelas dos antigos códigos, sobretudo aqueles denominados "oitocentescos"[175]. Judith Martins-Costa, por exemplo, aponta para a característica de os códigos modernos terem mais pretensão ordenatória do que regulativa, de modo que, se comparados aos antigos, deixam de ter a ambição de plenitude do tratamento da matéria civil. Pode-se dizer que eles apresentam uma formatação própria para poder lidar de um jeito mais harmônico com os influxos normativos vindos das constituições federais, bem como fornecer os valores e diretrizes que irão guiar a aplicação das legislações específicas com as quais deve conviver.[176]

Por tais motivos, alguns autores não se sentem confortáveis em utilizar o termo "descodificação", e preferem utilizar a expressão "descentralização jurídica", como faz Clóvis do Couto e Silva. O autor ressalta que a pretensão de plenitude legislativa dos antigos códigos sempre foi calcada em uma ficção. "A ideia do código, como totalidade normativa, *corpus juris* completo e acabado, não tem mais sentido. Em momento algum pôde essa ideia realizar-se plenamente", obtempera[177].

Diante da ideia de que o "monopólio" das normas civis seja irreal, os Códigos Civis modernos, sobretudo aqueles que possuem uma parte geral, podem fornecer importante instrumento para a integração sistemática da legislação. As virtudes da codificação desse tipo se concentram em fornecer um mínimo de caráter de unidade, e, mais do que nunca, o momento histórico hodierno, com a disseminação de legislações especializadas, realmente demanda por um núcleo valorativo e uma técnica comum, que serão utilizados para a integração de um sistema[178]. Essa parece ser a posição do Código Civil de 2002 para o sistema normativo brasileiro. Conforme aponta Cristiano Zanetti, "o Código Civil continua a exercer um papel de central importância, pois,

---

[175] Denominação utilizada por Michele Giorgianni para identificar os códigos de cunho liberal do século XIX (GIORGIANNI, Michele. Tramonto della codificazione. La morte del códice ottocentesco. *Rivista di Diritto Civile*, v. I, p. 52-55, 1980).

[176] MARTINS-COSTA, Judith. Os direitos fundamentais e a opção culturalista do novo Código Civil. In: SARLET, Ingo Wolfgang (Org). *Constituição, direitos fundamentais e direito privado*. Porto Alegre: Livraria do Advogado, 2006, p. 77.

[177] COUTO E SILVA, Clóvis do. Direito civil brasileiro em perspectiva histórica e visão de futuro. *Revista da AJURIS*, ano 14, n. 40, p. 128-149, 1987, p. 147.

[178] Idem, ibidem, p. 148-149.

PARTE I

provavelmente mais do que qualquer outra lei, serve a organizar o raciocínio de quem se ocupa das grandes categorias do direito privado"[179].

Por entre a constitucionalização do direito privado, a centralidade conceitual da codificação civil e a existência de novas legislações e codificações especiais, o desafio atual da cultura jurídica nacional parece não ser tanto o de promover esforços para o reconhecimento do direito civil constitucional e a necessidade de compatibilização de múltiplos elementos normativos, mas sim o de trabalhar criticamente os problemas trazidos pela extrema flexibilização de conceitos jurídicos, fenômeno que surgiu como ressaca ao reconhecimento da aplicabilidade dos valores e princípios constitucionais aos casos postos em discussão. Percebe-se a difusão de teorias na literatura brasileira que estão plenamente aptas a apontar o problema, mas que, ainda assim, demandam maturação ulterior para conferir critérios interpretativos seguros.

Dentro do direito privado destaca-se a difusão da teoria do diálogo das fontes, capitaneada internacionalmente por Erik James, e que conta com muitos expoentes nacionais[180]. A teoria em questão inclusive é frequentemente mencionada como critério interpretativo em julgados de tribunais superiores em relevantes casos de conflitos normativos[181]. O diálogo das fontes se propõe a dar uma resposta coerente em um cenário de pluralismo de fontes legislativas, em que se reconheceria a influência e coexistência de normas em caráter de complementaridade, evitando-se proclamar a prevalência absoluta de uma fonte legislativa sobre a outra. A coordenação de fontes, portanto, evitaria o procedimento usual de se declarar como revogada uma das normas que entrassem em conflito, o que, a rigor, estaria de acordo com o critério estabelecido no art. 2º, § 2º, da Lei de Introdução às Normas do Direito Brasileiro. Muito embora a teoria tenha um forte apelo harmonioso, uma vez que propõe a compatibilização da constituição com codificações gerais, regras e codificações especiais ("a superação dos paradigmas é substituída

---

[179] ZANETTI, Cristiano de Sousa. *A conservação dos contratos nulos por defeito de forma*. São Paulo: Quartier Latin, 2013, p. 251.

[180] MARQUES, Cláudia Lima (Org.). *Diálogo das fontes*. São Paulo: Revista dos Tribunais, 2012.

[181] STJ, 2ª T., rel. Min. Herman Benjamin, AgRg no AREsp 360490 / PR, *DJ*, 20-2-2014; STJ, 3ª T., rel. Min. Nancy Andrighi, REsp 1037759-RJ, *DJ*, 5-3-2010; STF, Pleno, ADI 2.591-DF, rel. Min. Carlos Veloso, j. 7-6-2006.

AS CLÁUSULAS DE NÃO INDENIZAR NO DIREITO BRASILEIRO

pela convivência dos paradigmas"[182]), além de habilitar a aplicação horizontal de direitos fundamentais, os critérios para se decidir qual será a fonte de prevalência nos casos concretos ainda apresentam grande possibilidade de variação. O êxito que a teoria do diálogo das fontes teve para sedimentar os contornos interpretativos para as relações de consumo entre nós parece não poder ser replicado automaticamente e com consistência para outros ramos do direito. A ausência de parâmetros interpretativos constantes parece ser a parte mais frágil de tal teoria, que se destacou, com grande mérito, na tarefa de diagnosticar o problema e afirmar a necessidade de revisão dos critérios clássicos de hermenêutica.

Ainda persiste a situação em que a aplicação acrítica de princípios, valores ou postulados jurídicos sem traços metodológicos que possam ser postos a prova contribuiu para a sensação de insegurança jurídica e expõe como um sistema jurídico pode comportar uma elevada dose de arbitrariedade. A argumentação jurídica acaba por diluir-se em confusões e justaposições de critérios baseados em neoconstitucionalismo e pós-positivismo, além de manipulações impróprias da teoria dos direitos fundamentais[183]. Isso acaba por fomentar impressões extremamente relativistas da ordem jurídica, que, desprovida de critérios pré-definidos a guiar a interpretação e consequente aplicação das normas, pode acabar perdendo a legitimidade que a sustenta como sistema. Judith Martins-Costa, com base em Emilio Betti, argumenta que é impróprio entender a interpretação como uma explicação subjetiva do mundo, de modo que a hermenêutica apresenta sua relevância para o sistema jurídico ao fornecer critérios seguros para aplicação normativa[184]. "A interpretação jurídica não é um livre compreender. Há técnicas, métodos e cânones aos quais o jurista está adstrito, revestidos por especificidades", lembra a autora[185].

---

[182] BENJAMIN, Antônio Herman; MARQUES, Cláudia Lima; BESSA, Leonardo Roscoe. *Manual de direito do consumidor*. 4. ed. São Paulo: Revista dos Tribunais, 2012, p. 119.

[183] RODRIGUES JUNIOR, Otavio Luiz. Estatuto epistemológico do direito civil contemporâneo na tradição do *civil law* em face do neoconstitucionalismo e dos princípios. *O Direito*, Lisboa, v. 143, p. 43-66, 2011, p. 56.

[184] MARTINS-COSTA, Judith. Normas de intepretação dos contratos: a perspectiva do direito civil brasileiro. In: CONGRESSO INTERNACIONAL DE DIREITO PRIVADO DO INSTITUTO DE DIREITO PRIVADO, 1, 2014, São Paulo.

[185] Idem, ibidem.

PARTE I

Da obscuridade em se estabelecer métodos interpretativos seguros, também surgem, na literatura e na jurisprudência que lida com o direito contratual, confusões acerca da aplicação dos critérios de integração. A atividade integrativa pressupõe uma atividade interpretativa, pois, para se identificar uma lacuna contratual a ser preenchida, é necessário, em um primeiro momento, interpretar um determinado contrato. A atividade de integração na seara jurídica tenciona o intérprete a identificar uma "omissão relevante"[186]. No campo da identificação das omissões relevantes, bem como no da escolha do conteúdo que deve preenchê-las, a necessidade de obediência de critérios preestabelecidos é a pedra de toque para a manutenção da segurança no campo contratual.

O problema se mostra particularmente relevante para o direito contratual, e, com especial destaque, para a questão da validade da cláusula de não indenizar, tema que será abordado detalhadamente nos itens seguintes deste trabalho. Todavia, neste momento, é necessário apontar a existência de posições doutrinárias que defendem as aplicações principiológicas corretivas que, em última análise, impõem genericamente requisitos de validade às cláusulas de não indenizar e tendem a desconsiderar o ambiente econômico e negocial em que tais avenças são acordadas, bem como a divisão de risco previamente estabelecida pelas partes. Ao se estabelecer vedações *per se* à validade da cláusula de não indenizar que não estão contidas expressamente na legislação, o intérprete está, realmente, desrespeitando um modo de interpretação vinculante, além de fazer uma atividade integrativa desautorizada. O movimento interpretativo segue mais ou menos no seguinte sentido: pela aplicação de um princípio contratual genérico, como o do equilíbrio contratual, por exemplo, o intérprete entende de antemão que toda e qualquer cláusula de não indenizar deve ser acompanhada, necessariamente, de uma vantagem econômica contratual correspondente, expressamente prevista na relação contratual. Nota-se já nesse ponto a criação em abstrato de um dever jurídico específico por meio de um princípio que, por sua natureza, demanda uma tarefa de concreção posterior e em concreto. Em seguida observa-se

---

[186] ZANETTI, Christiano de Sousa. O dilema dos contratos incompletos. In: CONGRESSO INTERNACIONAL DE DIREITO PRIVADO DO INSTITUTO DE DIREITO PRIVADO, 1, São Paulo, 2014.

uma relação contratual concreta em que há a cláusula de não indenizar em favor da parte devedora, sem que haja a vantagem econômica, verificável de plano, para a parte credora. Julga-se, por meio da interpretação do princípio do equilíbrio contratual, que o referido contrato, para ser válido, deveria ter contemplado o quase perfeito paralelismo entre vantagens obtidas por ambos os contratantes. Por haver a omissão em relação a tal dever, a cláusula de não indenizar seria nula, por ausência do oferecimento de vantagem específica para a contraparte. Uma atividade interpretativa como essa ultrapassa os limites possíveis para a aferição do conteúdo principiológico do equilíbrio contratual, uma vez que a interpretação contratual deve ser polarizada pelas circunstâncias concretas da relação negocial, de modo a se respeitar a divisão de riscos traçada pelas partes.

Tendo por base a situação atual da codificação civil, a importância das construções conceituais do direito privado e a necessidade de observação de critérios hermenêuticos seguros e baseados em limites interpretativos razoavelmente controláveis é que iremos propor o modelo interpretativo que se reputa devido para a avaliação da validade da cláusula de não indenizar nos itens seguintes deste trabalho. Por mais que a realidade normativa contemporânea conte com uma miríade de elementos dispostos nos mais variados graus hierárquicos e com as mais diversas cargas semânticas normativas, é tarefa do intérprete fixar os rumos interpretativos devidamente autorizados pela dogmática jurídica, evitando-se que a atividade jurídica desenvolva-se sem controles interpretativos verificáveis.

7. Observações sobre o inadimplemento, mora e violação positiva do contrato

Como último ponto da parte introdutória deste trabalho, e antes de se iniciar propriamente a análise mais detalhada do conteúdo jurídico da cláusula de não indenizar, torna-se necessário apresentar observações relacionadas ao inadimplemento obrigacional e suas modalidades. O tema apresenta grande relevo para o estudo da cláusula de não indenizar, porquanto o inadimplemento age notadamente como seu fator de eficácia. Em outras palavras, a função mais típica da cláusula de não indenizar é a de operar efeitos para se evite o

PARTE I

nascimento do dever de indenizar causado pelo inadimplemento em favor do credor. Tanto a cláusula de não indenizar quanto o inadimplemento dizem respeito ao momento patológico[187] de uma relação jurídica obrigacional, ou seja, naquele momento em que a prestação devida pelo devedor não é cumprida. Importante, portanto, estabelecer-se quando há o inadimplemento e como ele se manifesta dentro do sistema obrigacional vigente.

De um ponto de vista tradicional, o não cumprimento de um dever obrigacional é denominado genericamente inadimplemento, que pode ser subdividido em inadimplemento absoluto e inadimplemento relativo. A análise de ambas as situações não pode perder de vista a construção dogmática criada em torno da relação obrigacional para indicar que, nesse vínculo jurídico, estão projetados tanto o interesse de satisfação do interesse do credor como a possibilidade de liberdade do devedor, que, por sua conduta, poderá pôr fim à relação. Tal dualidade irá permear a distinção dos tipos de inadimplemento, bem como os respectivos regimes jurídicos.

Em síntese do que se mostra necessário para este trabalho, o denominado inadimplemento absoluto ocorrerá quando a prestação entabulada não puder mais ser realizada, ou quando sua realização não mais for apta a satisfazer o interesse do credor. Nesse sentido, Ruy Rosado de Aguiar Júnior vislumbra que a impossibilidade é verificada diante da existência de obstáculo invencível ao cumprimento da obrigação, enquanto a perda de interesse do credor se dá sempre que o descumprimento da obrigação se tornar inútil (de um ponto de vista objetivo) à prestação[188]. Renan Lotufo ainda nos lembra que o inadimplemento absoluto pode ser total ou parcial, sendo que este último não pode ser confundido com a figura da mora (inadimplemento relativo): "tal modalidade de inexecução de obrigações será total quando disser respeito à totalidade do objeto, e parcial quando compreender apenas uma das partes da prestação, por exemplo, quando a obrigação compreende vários objetos, sendo um ou

---

[187] Agostinho Alvim usa o termo "patológico" para descrever o que representa o inadimplemento para um vínculo obrigacional. Diz o autor: "Sem dúvida, o estado patológico é exceção ao estado fisiológico, ou normal. Não obstante, é tal a frequência da enfermidade, que em nenhum indivíduo se encontra o estado fisiológico perfeito" (ALVIM, Agostinho. Op. cit., p. 3).

[188] AGUIAR JÚNIOR, Ruy Rosado de Aguiar. *Extinção dos contratos por incumprimento do devedor.* 2. ed. Rio de Janeiro: AIDE, 2004, p. 96

mais entregues e os demais perecerem"[189]. Continua o autor: "não há que se confundir, no entanto, mora com inadimplemento absoluto parcial, visto que esta é uma das duas classificações do inadimplemento absoluto, sendo a outra a de inadimplemento relativo"[190].

A mora, por seu turno, em nosso sistema normativo, configura aquela situação em que o devedor não efetua o pagamento ou em que o credor não quer recebê-lo conforme o tempo, modo e forma entabulada na obrigação. De modo diferente de outros ordenamentos jurídicos que vislumbram a mora somente com o incumprimento fora de tempo[191], "no ordenamento jurídico brasileiro, o Código Civil avançou ao estender o suporte fático da mora, relacionando a patologia da obrigação não somente ao tempo, mas também ao lugar e a forma da prestação, como se observa da dicção do art. 394 do novel diploma legislativo"[192].

Na mora, o binômio "interesse do credor" e "liberdade do devedor" que permeiam o vínculo obrigacional fica bastante evidente. A normatização da mora "está diretamente ligada às consequências negativas decorrentes dos comportamentos não satisfativos deles [credor e devedor], quer na liberação do devedor, pelo credor, quer na satisfação do interesse do credor pelo devedor"[193].

Ademais, a pedra de toque da distinção entre mora e inadimplemento absoluto pode ser identificada no fato de que, na mora, a prestação ainda pode

---

[189] LOTUFO, Renan. *Comentários ao Código Civil*: obrigações, cit., v. 2, p. 427-428.

[190] Idem, ibidem, p. 429.

[191] A sistemática adotada no direito positivo brasileiro para a mora não é isenta de críticas, que apontam que o mais adequado seria adotar o conceito "tradicional" de mora, ou seja, aquele que se refere somente ao tempo: "Entretanto, pretende-se que também ocorre quando o devedor não pago no lugar devido ou pela forma convencionada. Essa extensão conceitual foi acolhida na lei pátria. O legislador não merece aplauso pelo abandono do conceito tradicional. O próprio nome atesta que se refere a retardamento. Mora é demora, atraso, impontualidade, violação do dever de cumprir a obrigação no tempo devido. Pelas infrações relativas ao lugar e a forma do pagamento também responde o devedor, mas, tecnicamente, não configuram mora. Deve-se reservar o vocábulo para designar unicamente o atraso, contrário ao direito na efetivação do pagamento" (GOMES, Orlando. *Obrigações*, cit., p. 168).

[192] MARINANGELO, Rafael. *A violação positiva do contrato e o inadimplemento dos deveres laterais impostos pela boa-fé*. Dissertação (Mestrado em Direito) – Faculdade de Direito, Pontifícia Universidade Católica de São Paulo, São Paulo, 2005, p. 108.

[193] LOTUFO, Renan. *Comentários ao Código Civil*: obrigações, cit., v. 2, p. 441.

PARTE I

ser cumprida pelo devedor, de modo que ela satisfaça utilmente o interesse do credor[194]. Giovanni Ettore Nanni sintetiza a ideia nos seguintes termos: "O critério principal que diferencia a mora do inadimplemento do devedor é a possibilidade ou a impossibilidade de o credor receber utilmente a prestação (art. 395, § único, CC)"[195]. O autor ainda observa que "sob outro ângulo de visão, se há emenda possível e útil ao credor, está-se diante de mora, em caso contrário se cuida de inadimplemento"[196].

Se a mora e o inadimplemento absoluto – com todas as suas modalidades e matizes – são os modos tradicionais pelo qual o inadimplemento da prestação principal se manifesta, a visualização da relação obrigacional como uma situação complexa, nos termos que tivemos oportunidade de descrever nas páginas anteriores, mostra-se como um desafio à dogmática jurídica, uma vez que surge a necessidade de categorizar o não cumprimento dos deveres laterais, ou anexos, bem como as consequências jurídicas para tais situações. Assim, juntamente com os dois modos de inadimplemento, surgiria um terceiro, denominado por muitos como "violação positiva do contrato"[197].

A expressão violação positiva do contrato teve início na Alemanha, por conta do trabalho de Hermann Staub, publicado pela primeira vez em 1902, dois anos após a entrada em vigor do BGB. Nesse texto, Staub faz a "descoberta"[198] de uma lacuna legislativa no Código Civil alemão sobre o regramento das perturbações das obrigações, ao apontar diversos casos que não poderiam ser reconduzidos à figura da mora e do inadimplemento, conforme disciplinados pelo diploma legislativo.

É importante anotar que o Código Civil alemão vigente à época apresentava regramento jurídico da mora de um modo diferente daquele disposto no ordenamento jurídico brasileiro, uma vez que lá tal modalidade de inadimplemento só dizia respeito ao não cumprimento da prestação principal no

---

[194] AGOSTINHO, Alvim. Op. cit., p. 7.

[195] NANNI, Giovanni Ettore. Mora. In: LOTUFO, Renan; NANNI, Giovanni Ettore (Coord.). *Obrigações*. São Paulo: Atlas, 2011, p. 358.

[196] Idem, ibidem.

[197] CORDEIRO, António Manuel da Rocha Menezes. Violação positiva do contrato. In: *Estudos de direito civil*. Coimbra: Almedina, 1991, v. I; SILVA, Jorge Cesa Ferreira da. *A boa-fé e a violação positiva do contrato*. São Paulo: Renovar, 2002; STEINER, Renata Carlos. Op. cit.; MARINANGELO, Rafael. Op. cit.

[198] STEINER, Renata Carlos. Op. cit., p. 9.

tempo avençado na obrigação, enquanto aqui, como vimos, a figura apresenta contornos mais amplos ao considerar, além do tempo, ainda o modo e forma de cumprimento. A situação de mora no sistema alemão, por dizer respeito somente ao atraso da prestação – ou seja, em um modo clássico em que o não cumprimento se daria por conduta negativa[199] –, não traria uma resposta satisfatória para aquelas situações em que alguém viola uma prestação por conduta positiva (ou seja, fazendo algo que não deveria fazer), ou executa a prestação de uma forma inexata[200]. Diante disso, pela construção de Staub, somente por meio de uma interpretação analógica do regime da mora seria possível vislumbrar o dever de reparar os danos causados por atos de violação positiva do crédito.

Aponta-se ainda que a lacuna legislativa assinalada por Staub perdurou no ordenamento jurídico alemão até a reforma do BGB por meio da Lei de Modernização do Direito Obrigacional, que teria absorvido sua teorização em seus fundamentos principais, estabilizada em torno da figura da "quebra de deveres"[201], ainda que não a tenha nomeado conforme a terminologia adotada pelo autor.

Entretanto, surge para o intérprete do direito brasileiro a dúvida se as observações elaboradas por Staub diante do texto do BGB antes da reforma de 2002 podem ser adaptadas de alguma forma para a nossa realidade, ou seja, se a teoria da violação positiva do contrato pode auxiliar a interpretação do regramento jurídico dos deveres laterais existentes no vínculo obrigacional.

---

[199] CORDEIRO, António Manuel da Rocha e Menezes. *Da boa fé no direito civil*, cit., p. 595: "A violação positiva do contrato – que, como a *culpa in contrahendo*, tem sido considerada uma descoberta frutuosa da doutrina posterior à publicação do BGB – deve-se a Hermann Staub, em 1902. Como tantas teses importantes, ela é de enunciado simples: o BGB regula, no § 280, a obrigação do devedor de indenizar o credor cuja prestação impossibilite e no § 286, a de indenizar o credor pelos danos advenientes de mora sua. O que quer é dizer: o devedor responde pela não realização da prestação. Em compensação, o BGB nada manda quanto aos casos, na prática numerosos, em que o devedor viole a adstrição através duma atuação positiva, isto é, fazendo o que devia omitir ou efetuando a conduta devida, mas em termos imperfeitos: esqueceu as violações positivas do contrato. Segundo Staub, a lacuna derivada deste silêncio deveria ser integrada pela interpretação analógica do § 326 do BGB – o regime da mora".

[200] STAUB, Hermann. *Le violazioni positive del contrato (Die positive vertragsverletzungen)*. Trad. Giovanni Varanese. Napoli: Edizioni Sientifiche Italiane, 2001, p. 89. Apud NANNI, Giovanni. Mora, cit., p. 538.

[201] STEINER, Renata Carlos. Op. cit., p. 182.

PARTE I

Autores como Jorge Cesa Ferreira da Silva respondem afirmativamente à questão. Silva vislumbra, por exemplo, a situação de violação positiva do contrato naqueles casos de violação culposa de deveres laterais que não tenham vinculação direta com o interesse do credor na prestação. A teoria seria aplicável para dar uma resposta satisfatória àquelas situações que não se encaixariam nas figuras da mora e do inadimplemento absoluto[202].

Todavia, é necessário fazer uma importante observação sobre o núcleo do raciocínio daqueles que defendem essa corrente: a violação positiva do contrato não se encaixaria no conceito de mora pelo fato de que ela somente poderia dizer respeito à prestação principal, e não aos deveres laterais[203]. Ademais, em que pese o fato de o regramento da mora de nosso Código Civil versar expressamente a respeito de casos de não cumprimento da prestação no tempo, modo e forma avençado, essa corrente de pensamento se junta àqueles que criticam a amplitude dada ao suporte fático da mora, ao observar que ela deverá ser reconduzida somente ao aspecto temporal[204]. É necessário reafirmar que a teoria da violação positiva do contrato tem como pretensão chamar a atenção dos aplicadores do direito para aquelas violações de deveres obrigacionais que não se encaixam de modo confortável nos conceitos tradicionais de inadimplemento absoluto e mora, e, portanto, propõe uma terceira via para a sua compreensão. Os defensores de sua aplicabilidade no ordenamento jurídico brasileiro insistem que ela teria a aptidão de trazer novas soluções aos desafios encontrados diante da quebra de deveres existentes nas relações obrigacionais (em sua visão complexa), que compreendem uma grande gama de situações, como o descumprimento dos deveres laterais,

---

[202] SILVA, Jorge Cesa Ferreira da. *A boa-fé e a violação positiva do contrato*, cit., p. 265-268.
[203] STEINER, Renata Carlos. Op. cit., p. 136.
[204] SILVA, Jorge Cesa Ferreira. *A boa-fé e a violação positiva do contrato*, cit., p. 146; SILVA, Jorge Cesa Ferreira. Inadimplemento das obrigações. In: REALE, Miguel; MARTINS-COSTA, Judith (Coord.) *Coleção Biblioteca de direito civil*: estudos em homenagem ao professor Miguel Reale. São Paulo: Revista dos Tribunais, 2007, v. 7: "[A mora] trata-se de um conceito necessariamente vinculado ao fator 'tempo': a parte estará em mora *enquanto* subsistirem os objetivos interesses do credor na prestação. A razão do inadimplemento (falhas relativas ao lugar, à forma ou ao momento da prestação) não é, para tanto, diretamente relevante"; STEINER, Renata Carlos. Op. cit., p. 134: "dispensável, assim, a colocação dos termos 'modo' e 'lugar' no texto do art. 389, os quais, aliás, só causam transtornos e tumultos interpretativos".

AS CLÁUSULAS DE NÃO INDENIZAR NO DIREITO BRASILEIRO

quebra antecipada do contrato, cumprimento imperfeito, para citar os mais debatidos na doutrina.

Se a teoria em questão teve início na Alemanha por conta de uma "lacuna" no texto do BGB vigente no início do século XX sobre o regramento do inadimplemento obrigacional, a necessidade de aplicação do direito brasileiro seria fundamentada, ao contrário, em uma "lacuna conceitual e interpretativa" segundo Steiner[205], gerada por um "tratamento generalíssimo"[206] no Código Civil brasileiro para o caso de descumprimento contratual.

Contudo, a pertinência da adoção da teoria da violação positiva do contrato no ordenamento jurídico brasileiro pode ser fundamentadamente rebatida. O regramento do inadimplemento obrigacional brasileiro – considerado mais abrangente que de outros países –apresenta-se justamente como resposta para aqueles que refutam a necessidade de adoção da teoria em nosso sistema normativo[207]. Aliás, não se pode ignorar que a reforma legislativa do BGB em 2002, acima mencionada, não incluiu expressamente o instituto entre suas disposições, de modo que parte abalizada da doutrina alemã começou a questionar o recurso à violação positiva do contrato dentro próprio direito obrigacional alemão. Indica-se a opinião de Claus-Wilhelm Canaris, lembrada por Giovanni Ettore Nanni, que defende a posição de que a violação positiva do contrato despareceu ao dissolver-se em previsões normativas singulares[208]. A perplexidade se mostra evidente: se a violação positiva do contrato no ordenamento jurídico alemão já não é tão segura hoje em dia, por que ainda se insiste que ela seria pertinente para solucionar questões relacionadas ao ordenamento jurídico brasileiro?

---

[205] STEINER, Renata Carlos. Op. cit., p. 194.

[206] Idem, ibidem, p. 196.

[207] "A amplitude, portanto, do conceito de mora no direito brasileiro torna dispensável a utilidade, entre nós, da violação positiva do contrato, ou, mais, tecnicamente, violação positiva da obrigação. Esforços recentes têm sido empreendidos no sentido de associá-la à violação de deveres de cooperação impostos pela boa-fé objetiva, em construção, que, a rigor, dispensaria a importação da figura" (TEPEDINO, Gustavo; SCHEIBER, Anderson. *Código Civil comentado*: direito das obrigações: arts. 233 a 420. São Paulo: Atlas, 2008, v. 4, p. 343-344).

[208] CANARIS, Claus-Wilhelm. Contenuti fondamentali e profili sistematici del gesetz zur modernisierung des schuldrechts. Trad. Marcello Farneti e Sonja Haberl. In: CRISTOFARO, Giovanni De (a cura di). *La reforma del diritto tedesco dele obbligazioni com testo italiano delle norme del BGB interessate dalla reforma e nota bibliográfica*. Padova: Decam, 2003, p. 21. Apud NANNI, Giovanni Ettore. Mora, cit., p. 584.

PARTE I

A amplitude de nossos conceitos, destarte, ao invés de exigir a criação de uma terceira modalidade de inadimplemento[209], teria o condão de abarcar também aqueles casos que se mostram de difícil superação pelos conceitos tradicionais[210]. Essa aptidão de nossos conceitos em abarcar os exemplos trabalhados pela teoria da violação positiva do contrato pode ser vista nas lições de Pontes de Miranda sobre o adimplemento não satisfativo:

> Na 2ª parte do art. 1.056 [correspondente ao atual art. 389] e na 2ª parte do art. 955 [correspondente ao atual art. 396], em termos exemplificativos, alude-se ao adimplemento não satisfatório, ou ruim. A não satisfação pode provir de ser antes ou depois do termo fixado, ou fora do lugar que fora indicado, ou em quantidade inferior à que se prometera, ou em qualidade inferior a que se havia de exigir (às vezes, a qualidade superior não satisfaz, como se o comprador precisa de peças da série b, e não de peças da série a, superior).[211]

Judith Martins-Costa, embora sem negar expressamente a pertinência da violação positiva do contrato entre nós, acaba por ressaltar a compreensão ampla da mora em nosso ordenamento jurídico (que não se resume ao aspecto temporal), de modo que, em princípio, não se poderia negar que ela abrangeria também a violação de deveres laterais:

---

[209] NANNI, Giovanni Ettore. Mora, cit., p. 585: "O conceito de mora do Código Civil brasileiro (não cumprimento no tempo, lugar e forma estabelecidos) é mais amplo do que o alemão, que só se refere ao retardamento, pelo que o instituto no Direito nacional abarca situações referidas à violação positiva do crédito. Especialmente no que tange ao não cumprimento consoante o lugar ou a forma estabelecida, se abrange o cumprimento defeituoso acenado no direito alemão. Mas ainda, não satisfeita a prestação no lugar ou na forma pactuadas, se apresenta hipótese de adimplemento ruim ou imperfeito, que no Direito brasileiro se subsumem à mora".

[210] MARINANGELO, Rafael. Op. cit., p. 138, 145, 156, 157-158. Nessas últimas páginas: "Como pudemos verificar ao longo do trabalho, muitas são as formas de inadimplemento contratual, encerrando, cada uma delas, consequência jurídica prevista pelo ordenamento dentro do modelo dicotômico de mora e de inadimplemento absoluto. Adotando-se o consagrado conceito abrangente de mora, a grande maioria das hipóteses relatadas pela doutrina como típicas de violação positiva do contrato podem ser facilmente reconduzidas ao conceito tradicional de inadimplemento relativo".

[211] MIRANDA, Francisco Cavalcanti Pontes de. *Tratado de direito privado*: parte especial. 3. ed. Rio de Janeiro: Borsoi, 1971, t. XXVI, p. 15.

Esta equiparação entre mora e retardo, essa sua limitação ao tempo da prestação, tem colocado aos diversos sistemas jurídicos o problema de saber se constitui, ou não, mora, o fato de a prestação ter sido prestada tempestivamente, no tempo devido, mas em local diverso, ou em modo diverso do devido, *v.g.*, prestando-se a obrigação principal, mas não os deveres secundários, laterais, anexos ou instrumentais. *Este problema não se justifica entre nós*, pois a noção de mora do art. 394 (tal como anteriormente, nos arts. 955 e 1.056, *a contrario*, do Código de 1916) é ampla e flexível, abarcando todos esses casos, e correspondendo ao "modo de ser" integral da prestação. Assim sendo – conquanto opinião doutrinária tenha que, ao fim e ao cabo, mesmo a prestação em *forma* diversa, ou em *local* diverso acabe sempre em *retardo* da prestação – parece-nos relevante a opção brasileira, ao menos para enfatizar que não é apenas o retardo que está no núcleo conceitual da mora[212] (grifos originais).

Como ressalta Giovanni Ettore Nanni, deve-se chamar a atenção para o fato de que o ordenamento jurídico brasileiro confere tanto para atos positivos quanto negativos de violação de deveres obrigacionais – quer por ato positivo ou negativo – a imposição do dever de responder por perdas e danos de modo geral, o que já solucionaria as várias hipóteses que a teoria da violação positiva do contrato levanta[213].

Não se pode perder de vista, no entanto, que a quantidade exata de deveres e seus respectivos conteúdos dentro de uma relação obrigacional complexa não podem ser encarados em uma visão restrita, isto é, em um número e espécies exatamente pré-definidos, e as diversas situações que se podem apresentar na prática podem demandar soluções consequenciais diversas pelo ordenamento jurídico, não restritas somente ao dever de indenizar. Ou seja, a violação dos deveres laterais, além de fazer surgir o dever de indenizar os danos causados, pode dar origem à resolução do contrato ou outras sanções do ordenamento jurídico[214].

---

[212] MARTINS-COSTA, Judith. *Comentários ao Código Civil*, cit., p. 224-225.
[213] NANNI, Giovanni Ettore. Mora, cit., p. 585.
[214] VARELA, João de Matos. *Das obrigações em geral*, cit., v. 1, p. 130.

PARTE I

Para demonstrar a situação, é possível colacionar as hipóteses levantadas por Fernando Noronha. Existem relações jurídicas em que a violação de algum de seus deveres laterais poderá ser enxergada como um caso de cumprimento defeituoso da obrigação, a ensejar a indenização por perdas e danos, mas não ao extremo de se vislumbrar a resolução da obrigação e inadimplemento absoluto. Todavia, em outras relações obrigacionais, a depender do caso, será possível concluir que a violação de deveres laterais frustra de tal modo o interesse do credor no recebimento da prestação principal, permitindo que a situação seja efetivamente reconduzida à hipótese de inadimplemento absoluto. Por outro lado, uma obrigação de fazer, conforme indica o autor, poderá ainda ser solucionada de um modo diferente, uma vez que ao credor existe a possibilidade de tentar a execução específica da obrigação, inclusive com multa cominatória[215].

Não há como, diante da variedade de situações, deixar de fazer referência que a solução que deverá incidir para cada situação dependerá das circunstâncias do caso a ser analisado, nomeadamente o dever que foi violado e as expectativas geradas entre as partes no vínculo obrigacional. Entretanto, a complexidade criada pela existência de deveres laterais, secundários, instrumentais ou anexos dentro de uma relação obrigacional (e suas respectivas violações) não parece ser fundamento bastante para justificar a pertinência da aplicação da teoria da violação positiva do contrato no ordenamento jurídico brasileiro. A flexibilidade dos conceitos de inadimplemento (mora e inadimplemento absoluta) no direito brasileiro, a possibilidade de aplicação de sanções jurídicas norteadas pela manutenção do interesse do credor da obrigação, e ainda o próprio regramento da responsabilidade extracontratual, parecem comportar as questões normalmente identificadas como violação positiva do contrato, de modo que a utilização do referido conceito resta dispensável para a interpretação da sistemática obrigacional vigente.

---

[215] NORONHA, Fernando. *Direito das obrigações*: fundamentos do direito das obrigações: introdução à responsabilidade civil. São Paulo: Saraiva, 2003, v. 1, p. 83-84.

PARTE II

8. A cláusula de não indenizar

8.1. Noções preliminares terminológicas e conceituais

Nos capítulos precedentes nos ocupamos em demonstrar qual é a metodologia que se reputa mais satisfatória para descrever o fenômeno da responsabilidade civil em nosso ordenamento jurídico. Resumidamente, foi visto que a responsabilidade civil é, em última análise, um termo técnico-jurídico que compreende aquelas consequências jurídicas advindas do não cumprimento de um dever jurídico. Devemos ressaltar que a palavra "consequências" está no plural justamente para enfatizar que a responsabilidade civil não se limita exclusivamente ao surgimento do dever de indenizar, ainda que esse seja um dos aspectos mais relevantes. Essa observação é de grande importância, além de ser o ponto de partida para que possamos analisar o funcionamento da cláusula de não indenizar. Ademais, procuramos também demonstrar que a responsabilidade, designadamente em sua modalidade contratual ou negocial, apresenta em nosso sistema a característica da polissemia, de modo que ela não pode ser resumida unicamente ao dever de reparar os danos advindos do descumprimento da prestação entabulada.

Cumpre desde logo frisar que a cláusula de não indenizar válida é uma figura que, do ponto de vista técnico, terá o condão de evitar o surgimento de uma das consequências da responsabilidade civil, designadamente as repercussões patrimoniais advindas do dever de indenizar. Devemos ter em mente que tal avença não evita o surgimento da responsabilidade, mas sim de um dos seus efeitos. Porém, conforme já mencionado anteriormente, não devemos deixar de observar que a cláusula que agora estudamos é muito comumente denominada pela doutrina como "cláusula de limitação de responsabilidade", ou "cláusula de irresponsabilidade", entre outras inúmeras denominações que têm como núcleo dizer, de alguma forma, que ela teria como efeito jurídico evitar o surgimento da responsabilidade. Em uma primeira constatação, é importante dizer que os autores que se referem a tais termos não estão, em princípio, totalmente equivocados, porquanto a grande maioria realmente está atenta à diferença existente entre dever de indenizar e responsabilidade contratual – diferença da parte em relação ao todo –, embora ainda optem por fazer referência à "responsabilidade" à designação que dão à figura. Ademais, de um ponto de vista geral, nos parece muito preciosismo apontar o total equívoco da denominação, ainda que, do ponto de vista do rigor metodológico, seja possível dar razão por seus fundamentos àqueles que preferem exclusivamente a denominação de "cláusula de limitação do dever de indenizar" ou "cláusula de não indenizar". Por outro lado, se é verdade que a cláusula retira um dos efeitos jurídicos da responsabilidade, por que não seria possível dizer que, de um modo geral, tal avença não seria um verdadeiro limite à responsabilidade? Ora, a responsabilidade sem uma das suas consequências pode muito bem ser identificada como uma responsabilidade "limitada", uma vez que tolhida de um de seus principais efeitos. Daí por que, caso se atente para os detalhes de seu funcionamento, não há necessidade em se declarar em princípio a impropriedade do termo "cláusula de limitação de responsabilidade".

Ressaltado esse detalhe terminológico, e anotados os comentários claramente contrários[216], aponta-se que neste trabalho será usada a expressão "cláusula de não indenizar" para identificar o nosso objeto de estudo, que deve

---

[216] CAVALIERI FILHO, Sérgio. *Programa de responsabilidade civil*. 8. ed. São Paulo: Atlas, 2009, p. 514-515; OLIVEIRA, Cláudia Vieira. Cláusula de não indenizar. *Revista de Direito Civil, Imobiliário, Agrário e Empresarial*, São Paulo: Saraiva, v. 58, p. 201, 2004; DIAS, José de Aguiar. *Cláusula de não indenizar*. 3. ed. Rio de Janeiro: Forense, 1976, p. 39-40; PERES, Fábio Henrique. *Cláusulas contratuais excludentes e limitativas do dever de indenizar*. São Paulo: Quartier Latin, 2009, p. 54; AZEVEDO, Antônio Junqueira de. Cláusula cruzada de não indenizar (*cross waiver of liability*), ou cláusula de não indenizar com eficácia para ambos os contratantes. Renúncia ao direito de indenização. Promessa de fato de terceiro. Estipulação em favor de terceiros. In: *Estudos e pareceres de direito privado*. São Paulo: Saraiva, 2004, p. 201.

PARTE II

sempre ser entendida como uma cláusula válida que tenha a aptidão de evitar a incidência, ainda que parcialmente, do dever de indenizar inerente à relação jurídica advinda da responsabilidade civil. Ressaltamos ainda que os termos escolhidos têm a vantagem de contemplarem tanto a situação de limitação parcial como a de não existência – ou exclusão[217] – do dever de indenizar, pois ambos os casos, conforme explicações acima, poderiam ser verificados sob o prisma de uma responsabilidade que não existe em sua plenitude.

A existência de divergências e debates em torno nomenclatura a ser adotada para descrever as cláusulas de limitação de responsabilidade pode ser atribuída ao fato de a responsabilidade ser um termo polissêmico, conforme demonstrou-se nos capítulos iniciais. Com efeito, a responsabilidade civil deve ser compreendida como um instituto que apresenta variadas facetas, e que proteja uma grande gama de consequências jurídicas. Fala-se em responsabilidade por inadimplemento absoluto, responsabilidade por mora, responsabilidade por descumprimento de deveres laterais, enfim, variadas situações que apresentam distinções relevantes que deverão ser vislumbradas pelo cientista em busca do panorama geral da responsabilidade civil. A responsabilidade civil deve sempre ser observada sob o aspecto consequencial, ou seja, como ligação entre um comportamento humano e as consequências jurídicas dele advindas.

Entendemos que as análises que partem desse ponto de observação logram maior precisão na observação do fenômeno jurídico, como pode ser observado no título escolhido por Agostinho Alvim para sua célebre obra *Da inexecução das obrigações e suas consequências*[218]. Para justificar o título da obra, Alvim ressalta a diferença existente entre o nome por ele escolhido e aquele utilizado no capítulo do Código Civil de 1916 sobre a matéria – "Das consequências da inexecução da obrigação", apontando que sua escolha se adapta de modo mais satisfatório à pretensão de analisar o inadimplemento da obrigação em si mesmo, para depois analisar suas consequências, e de não partir somente do pressuposto de uma obrigação não cumprida[219]. Em nosso ponto de vista,

---

[217] Importante observar que o legislador usa os termos "impossibilidade", "exclusão" e "atenuação" para identificar os possíveis efeitos de tais cláusulas na redação do art. 51, I, do Código de Defesa do Consumidor.

[218] ALVIM, Agostinho. Op. cit.

[219] Op. cit., p. 1.

a justificativa proposta por Alvim representa um olhar detalhado para as diferenças entre os modos de não cumprir uma obrigação, para depois analisar as consequências daí advindas. De um modo mais simples – e adotando a terminologia proposta neste trabalho –, uma abordagem analítica que enxerga as diferenças entre situações condicionantes (modos de inadimplemento, no caso) e as consequências jurídicas condicionadas, para que a análise normativa seja mais precisa.

9. Princípio da reparação integral, autonomia privada e negócio jurídico – a posição da cláusula de não indenizar

A cláusula de não indenizar pode ser situada como uma das situações em que a manifestação de vontade é tomada em consideração pelo ordenamento jurídico para a produção de efeitos normativos. Estamos, pois, conforme já mencionado neste trabalho, no campo da autonomia privada e seus contornos dentro do sistema normativo, sobretudo sua convivência no ordenamento jurídico juntamente com princípios tais como o da reparação integral e o da boa-fé objetiva. Cabe, agora, posicionar a cláusula de limitação do dever de indenizar dentro desse feixe principiológico. Importante notar que a designação "autonomia privada" é a que se reputa mais adequada para descrever a força jurígena da manifestação de vontade conferida pelo direito contemporâneo. Isso porque, com o desenvolvimento da teoria do negócio jurídico passou-se a falar em "autonomia privada", e não mais "autonomia da vontade", em um movimento de transição.

A autonomia da vontade está ligada à ideia do voluntarismo clássico que atribuía à vontade o papel de exclusiva fonte do direito, chegando-se inclusive ao extremo de ignorar a existência anterior da norma geral e abstrata[220]. Tal posição extremada, no entanto, não conseguiu sobreviver ao paradoxo de que a força de lei das convenções entre particulares tenha sido autorizada pela própria lei, conforme se nota na fórmula padrão dos códigos Oitocentistas[221].

---

[220] GOMES, Orlando. *Transformações gerais do direito das obrigações*. 2. ed. São Paulo: Revista dos Tribunais, 1980, p. 9-10.

[221] Aponta-se o art. 1.134 do Código Civil francês de 1804; art. 702 do Código Civil português de 1867; art. 1.091 do Código Civil espanhol de 1889; e art. 1.933 do esboço de Código Civil

PARTE II

A autonomia privada, por outro lado, e por meio da sofisticação científica da teoria do negócio jurídico, constitui a ideia de que a vontade humana é fonte criadora de normas, mas dentro do espectro admitido no ordenamento jurídico. Apoiado em Pietro Barcelona, Giovanni Ettore Nanni assevera que

> A autonomia privada atribui aos privados uma competência para determinar o âmbito do que é juridicamente relevante e a sua normatividade; seja também no âmbito das regras e requisitos dispostos ao legislador. Atribui a essas regras de direito privado uma característica de "regras do jogo"[222].

A cláusula de não indenizar, destarte, está inserida justamente nesse contexto em que o sistema jurídico confere autorização normativa para que as partes possam convencionar as consequências jurídicas da violação de deveres, designadamente, mas não exclusivamente, por meio do inadimplemento. Ela adquire especial importância ao figurar como uma exceção admitida pelo ordenamento jurídico do princípio da reparação integral, também identificado como princípio da equivalência entre os prejuízos e a indenização[223]. A cláusula de não indenizar válida, criada por manifestação de vontade das partes, incide para que não incida o princípio da reparação integral. Ou, em outra perspectiva, a própria formatação do princípio da reparação integral em nosso sistema jurídico admite que o dever de indenizar criado pela violação de um dever seja excluído pela manifestação das partes envolvidas, a depender das circunstâncias.

---

de Teixeira de Freitas (cf. RODRIGUES JUNIOR, Otavio Luiz. Autonomia da vontade, autonomia privada e autodeterminação – notas sobre a evolução de um conceito na Modernidade e na Pós-Modernidade. *Revista de Informação Legislativa*, Brasília, v. 41, n. 163, p. 113-130, jul./ set. 2004, p. 119).

[222] NANNI, Giovanni Ettore. A evolução do direito civil obrigacional: a concepção do direito civil constitucional e a transição da autonomia da vontade para a autonomia privada. In: LOTUFO, Renan (Coord.). *Cadernos de Direito Civil Constitucional*. Caderno 2. Curitiba: Ed. Juruá, 2001, p. 170.

[223] SANSEVERINO, Paulo de Tarso Vieira. *Princípio da reparação integral*: indenização no Código Civil. São Paulo: Saraiva, 2010; MARTINS-COSTA, Judith. *Comentários ao novo Código Civil*: do inadimplemento das obrigações, cit., p. 323-324 e 333.

A principal referência positivada do princípio da reparação integral é encontrada no art. 944, *caput*, do Código Civil, que determina que a indenização mede-se pela extensão do dano. Com fundamento em um ideal de justiça corretiva[224], entende-se que o princípio consiste em buscar colocar o lesado em uma situação equivalente à que se encontrava antes da ocorrência do dano, na medida do possível, sem, porém, ignorar as impossibilidades práticas de tal objetivo em algumas circunstâncias[225], e sem que se ultrapasse o limite do dano efetivamente causado, o que também acarreta dificuldades práticas[226]. Por entre essas barreiras e percalços práticos, o princípio da reparação integral se apresenta mais como uma "bússola"[227] que normativamente guiará o intérprete na tarefa de concretização dos danos.

Ao versar sobre o tema, Paulo Sanseverino identifica que o princípio da reparação integral apresenta três funções: função compensatória (reparação da totalidade do dano), função indenitária (vedação de enriquecimento injustificado do lesado) e função concretizadora (possibilidade de avaliação concreta dos prejuízos efetivamente sofridos pelo lesado)[228]. Para fins de sintetização, o autor ainda menciona frase de Yvone Lambert-Faivre, que indica os três axiomas do direito da responsabilidade civil: "todo o prejuízo; nada mais que o prejuízo; o prejuízo real"[229].

Todavia, apesar da positivação, em caráter geral, prevista no dispositivo acima citado do Código Civil, a própria legislação contempla a possibilidade de restrições ao princípio da reparação integral, seja por disposição expressa, por autorização ao magistrado para reduzir o valor da indenização diante das circunstâncias do caso, ou, então, quando autoriza os particulares a estabelecer tais restrições nas relações obrigacionais por eles criadas por manifestação

---

[224] SANSEVERINO, Paulo de Tarso Vieira. Op. cit., p. 51.

[225] Essa impossibilidade se manifesta com maior clareza nos danos à saúde ou danos à vida, em que a colocação do lesado no estado em que se encontrava antes é impossível. Em tais circunstâncias, a indenização terá uma função preponderantemente satisfatória.

[226] Essa dificuldade é claramente verificada na problemática tarefa de se determinar o montante em que uma indenização por dano moral passa a representar enriquecimento sem causa para o ente lesado, por exemplo.

[227] SANSEVERINO, Paulo de Tarso Vieira. Op. cit., p. 79.

[228] Idem, ibidem, p. 57.

[229] LAMBERT-FAIVRE, Yvone. *Droit du dommage corporel: système d´indemnisation*. Paris: Dalloz, 2000, p. 163. Apud SANSEVERINO, Paulo de Tarso Vieira. Op. cit., p. 57.

de vontade[230]. O exemplo mais explícito de restrição ao princípio em questão já consta no próprio art. 944, parágrafo único, do Código Civil em que o juiz fica expressamente autorizado a reduzir por equidade a indenização devida caso o dano experimentado seja excessivamente desproporcional à culpa do agente lesante[231]. A esse exemplo juntam-se outros, como a autorização legal para que o juiz reduza a indenização devida por pessoa incapaz, nos casos em que o peso econômico do valor devido cause privação ao incapaz ou à pessoa que dele dependa (art. 928, parágrafo único do Código Civil), ou então a limitação do transportador, em contratos de transporte, ao valor constante do conhecimento (art. 750 do Código Civil)[232].

No que se refere ao tema deste trabalho, e o quanto é necessário para o momento, é possível identificar que o ordenamento jurídico confere legitimidade à cláusula de não indenizar de modo tangente, pois apresenta somente restrições pontuais – embora relevantes – sobre sua validade na legislação positivada[233], de modo que a possibilidade de que as partes firmem a avença limitativa do dever de indenizar exsurge do desenvolvimento da teoria do negócio jurídico entre nós, ainda que o sistema conte com o princípio da reparação integral como pano de fundo. A cláusula de não indenizar, portanto, figura como exceção a um princípio geral. Se, por um lado, o sistema normativo prevê a regra da reparação integral, porquanto a ideia de restabelecimento do reequilíbrio entre as partes gerado pela verificação de um dano é algo querido em nossa sociedade[234], por outro, a possibilidade de que as partes

---

[230] MARTINS-COSTA, Judith. *Comentários ao novo Código Civil*: do inadimplemento das obrigações, cit., p. 333.

[231] Sobre a possibilidade de se reduzir o montante indenizatório por comparação entre a conduta do agente com o evento danoso por ele causado, é interessante notar que existem posições no direito argentino que defendem que a demonstração do cumprimento de regras de diligências técnicas impostas por autoridades administrativas seriam suficientes para que o ente lesante fizesse jus à redução. Ver, por todos: ALTERINI, Atilio Aníbal. *La limitación cuantitativa de la responsabilidad civil*. Buenos Aires: Abeledo-Perrot, 1997, p. 92-93.

[232] Exemplo anotado por MARTINS-COSTA, Judith. *Comentários ao novo Código Civil*: do inadimplemento das obrigações, cit., p. 333.

[233] As restrições serão devidamente explicadas e trabalhadas nos capítulos seguintes ao se abordar o tema dos requisitos de validade da cláusula de não indenizar.

[234] Fala-se, inclusive, que o "escopo da responsabilidade é a transferência do dano do sujeito lesado para o sujeito lesante" (CANOTILHO, José Joaquim Gomes. *O problema da responsabilidade do Estado por actos ilícitos*. Coimbra: Almedina, 1974, p. 58-59).

venham, por sua vontade, a regular as consequências de tal fato também é contemplada, por se acreditar necessário que se tenha uma dose de liberdade para antever e disciplinar o conteúdo das relações jurídicas que incidirão sobre seu comportamento.

A segurança de que as partes tenham conhecimento prévio das regras que incidirão sobre seus atos é um valor contemplado pelo ordenamento, sendo que a sua dimensão ultrapassa simplesmente a ideia da publicidade das leis gerais e abstratas, de modo a permitir também que os indivíduos, por meio de negócios jurídicos bilaterais, também regulem o conteúdo dos comportamentos recíprocos daqueles envolvidos em determinada relação jurídica.

A segurança jurídica advinda da possibilidade de se convencionar as consequências que serão submetidas às partes negociantes repercute no ponto de vista da organização da atividade econômica dos agentes. Como as consequências já são preconcebidas pelas partes, dentro dos limites autorizados pelo sistema normativo, é possível fazer projeção de custos da atividade, notadamente aqueles encargos que decorrerão da tomada de riscos inerentes ao desenvolvimento da atividade econômica. Utiliza-se por vezes na literatura o neologismo, retirado da ciência econômica, da "alocação de riscos"[235] para designar tal possibilidade de se estruturar e prever, por meio dos instrumentos negociais postos à disposição das partes, quem irá sofrer as consequências econômicas de determinado risco, na tentativa de se buscar a maior eficiência para determinada atividade.

Ademais, é possível ainda ressaltar que alguns empreendimentos só são realizados na medida em que os agentes econômicos possam afastar os prejuízos inerentes a determinada atividade, tendo-se em conta que a assunção de um risco muito grande poderia tornar o empreendimento inviável[236]. Em outras palavras, alguns sujeitos só aceitam contratar com a condição de que seus riscos sejam mitigados, isto é, na medida em que não tenham que arcar parcial ou totalmente com o peso econômico dos danos causados na persecução da atividade.

---

[235] Embora o verbo "alocar" tenha, em última análise, origem latina, o seu uso na matéria de análise de riscos é influenciado hodiernamente pelos países de língua inglesa (*allocation* e *to allocate*).

[236] PRATA, Ana. *Cláusulas de exclusão e limitação da responsabilidade contratual*, cit.., p. 15

PARTE II

Um dos relevantes aspectos da historiografia da cláusula de não indenizar é o modo pelo qual se dão as influências recíprocas entre direito e economia ao longo do tempo, o que acaba por mudar os enfoques sobre a problematização da figura[237]. Conforme as demandas econômicas da sociedade se modificam – e adquirem caráter cada vez mais complexo – o juízo acerca as convenções que pretendem limitar os efeitos da responsabilidade civil também se alteram, cabendo à jurisprudência exercer o papel de catalisador das demandas de cada época. O ponto de equilíbrio entre autonomia privada e a justiça social não se encontra estanque no percurso histórico, pendendo o prato da balança para um lado ou para o outro, conforme os valores que se manifestam no sistema normativo se alteram. Ressalta-se ainda, conforme Pinto Monteiro[238], que foi no período da industrialização que a cláusula de não indenizar sofreu maior incremento, tendo em vista o desenvolvimento das técnicas de produção e de contratação, em que pese ela não ser desconhecida na antiguidade e no direito romano. Ao analisar especificamente os primeiros períodos do processo de industrialização na Europa, em que não havia um perfeito controle da técnica utilizada, o que acabava por gerar danos imprevisíveis quanto à extensão, mas com altíssima probabilidade quanto à sua futura existência, o autor diz

> (o processo de industrialização) exigia, nomeadamente, que se permitisse às empresas afastar ou limitar antecipadamente a sua responsabilidade por danos resultantes de faltas que *inevitavelmente* iriam ocorrer, numa época de *aventura* industrial. A alternativa seria a paralisação do processo econômico, motivada pelo receio de pesadas e imprevistas responsabilidades, que o empreendimento de novas atividades e o emprego de tecnologia desconhecida fomentava. Não é de estranhar, neste quadro, que a ordem pública não constituísse obstáculo às cláusulas limitativas e de exclusão de responsabilidade. Estas, além de se harmonizarem com os postulados do individualismo e voluntarismo jurídico, correspondiam igualmente às aspirações econômicas da época, assentes na necessidade de proteger o desenvolvimento industrial, imprescindível para o bem-estar social. Conseguindo as empresas,

---

[237] MONTEIRO, António Pinto. Op. cit., p. 67 e s.
[238] Idem, ibidem.

através destas cláusulas, acautelar-se de responsabilidades imprevistas, adquiriam a indispensável segurança que lhes iria permitir a utilização de meios técnicos arriscados, os quais contribuiriam para uma diminuição dos custos e, consequentemente, dos preços de bens e serviços produzidos[239].

É possível verificar que no período incipiente da industrialização a ideologia liberal – tanto econômica, quanto jurídica, encartada sobretudo na autonomia da vontade – teve o papel de dar importante impulso para o crescimento da indústria para a produção de bens sob o modo de produção capitalista, e, nesse cenário, as convenções de limitação das consequências da responsabilidade se manifestaram como importante instrumento. A não admissão de tal tipo de figura representaria um entrave ao modo de produção vigente, que encontraria barreiras econômicas nas altas indenizações que seriam devidas pelos agentes às vítimas dos danos causados pelo exercício de suas atividades. É importante ressaltar que, naquela época, o sistema jurídico ainda não contava com os mecanismos hodiernamente previstos para os contratos de consumo ou contratos por adesão, de modo que, em larga medida, a contratação ainda era pautada basicamente pelo dogma da manifestação de vontade, que, caso não fosse viciada, em termos clássicos, seria plenamente vinculante[240].

No cenário econômico de industrialização também se mostrou propício o ambiente para a utilização da cláusula de não indenizar nos contratos de transporte, que também dispunham, *grosso modo*, das mesmas características dos contratos que envolviam a produção de mercadorias, designadamente a necessidade de expansão da atividade e a precariedade da técnica, a ensejar a proliferação de danos. A inserção da convenção de não indenizar nos contratos de transporte foi amplamente discutida pela doutrina e enfrentada pelos tribunais na época. "Quatro são as razões que me parecem determinantes da atenção das jurisprudências e doutrinas da generalidade dos países por tais

---

[239] MONTEIRO, António Pinto. Op. cit., p. 72.

[240] António Pinto Monteiro ressalta a célebre declaração do inglês Sir Georges Jessel, em 1875, que ilustra o conteúdo da filosofia liberal na seara jurídica: "If there is one thing more than another which public policy requires, it is that men of full age and competent understanding shall have the utmost liberty of contracting and that their contracts, when entered into freely and voluntary, shall be held sacred and shall be enforced by Courts of Justice" (Op. cit., p. 71).

cláusulas quando insertas em um contrato de transporte", indica Ana Prata[241], antes de enumerá-las. A primeira seria a "natureza instrumental-essencial da atividade" de transportes para o desenvolvimento da indústria; a segunda seria a necessidade dos transportadores em inserir tal cláusula no contrato para que o empreendimento se mostrasse viável, diante dos altos riscos assumidos no contrato; a terceira seria a possibilidade de se celebrar contratos de seguro para os "riscos inerentes"; e a quarta razão seria o emprego da modalidade de contratação por adesão desde os tempos remotos do contrato de transporte, quase a causar a impossibilidade de dissociação da problemática entre os dois temas[242].

Embora os contratos de transporte já tenham sofrido certas restrições quanto ao tema no âmbito internacional[243], foi somente com a superação – não absoluta – do modelo liberal na sociedade ocidental que a cláusula de não indenizar passou a sofrer maiores restrições, sobretudo pelo início do entendimento jurisprudencial de que, em determinadas circunstâncias, elas violariam preceitos de ordem pública. O ponto de equilíbrio entre autonomia privada e justiça social passou a pender mais para o outro lado da balança, de modo a abandonar em grande medida as concepções liberais, e isso, na esfera obrigacional, pode ser identificado em movimentos como o dirigismo contratual e a objetivação da responsabilidade civil. Ademais, conforme dissemos acima, o desenvolvimento contínuo da teoria do negócio jurídico deu o instrumental necessário para que houvesse o movimento de transição da autonomia da vontade para a autonomia privada, ressaltando-se, designadamente,

---

[241] PRATA, Ana. *Cláusulas de exclusão e limitação da responsabilidade contratual*, cit., p. 26.

[242] Idem, ibidem.

[243] Pinto Monteiro, conforme lições de Francesco Benatti, comenta: "Não deixa de ser interessante observar que as primeiras tentativas para travar, no âmbito do direito marítimo, o movimento favorável a cláusulas exoneratórias, se ficaram a dever também a razões econômicas. Mais precisamente, foram os tribunais norte-americanos que começaram a declarar a nulidade de muitas dessas cláusulas, reputando-as contrárias à ordem pública. Isto porque, refere Benatti, os Estados Unidos não possuíam ainda uma grande frota mercantil, sendo necessário proteger os interesses das empresas nacionais face aos armadores estrangeiros. E uma vez que estes, para fugirem à orientação da jurisprudência americana (contrária à cláusula de exclusão), colocavam a disciplina dos contratos de transporte no âmbito do direito correspondente à bandeira do navio, foi publicado, em 1893, o *Harter Act*, que aparece assim como a primeira lei destinada a travar a difusão de cláusulas de irresponsabilidade no comércio marítimo" (MONTEIRO, António Pinto. Op. cit., p. 74, em nota de rodapé).

a existência de limites determinados no ordenamento jurídico para os efeitos jurígenos da manifestação de vontade.

Passados estes breves pontos da historiografia da figura, é importante ressaltar que a tentativa de análise dentro da ciência do direito consiste em identificar quais são seus contornos jurídicos, ou seja, qual seria o conteúdo que está abarcado em sua incidência, e em que situações nosso direito positivo confere validade à limitação convencional do dever de indenizar. Como foi dito, nesse movimento de equilíbrio entre autonomia privada e justiça social, cabe-nos identificar em nosso direito vigente os limites jurídicos estabelecidos para o regramento do instituto, tendo em vista que, segundo Pietro Perlingieri, "a autonomia privada pode ser determinada não em abstrato, mas em relação ao específico ordenamento jurídico no qual é estudada e à experiência histórica que, de várias formas, coloca a sua exigência"[244].

A cláusula de limitação do dever de indenizar tem o aspecto social de conferir segurança aos contratantes, justamente no que se refere aos efeitos patrimoniais do inadimplemento, uma vez que ela incidirá para limitar – total ou parcialmente – o montante devido a título de indenização à parte credora. Conforme considerações acima sobre o princípio da reparação integral, a regra convencional incidirá para que não incida a regra geral prevista na legislação, isto é, as regras gerais normativamente previstas para que haja a indenização integral diante da ocorrência de um dano. Nesse mesmo sentido observa José de Aguiar Dias, ao lembrar o posicionamento da cláusula em face das regras gerais de responsabilidade civil:

> Intervindo no contrato, para afastar efeito do inadimplemento, ou declarada, genericamente em face de obrigação legal, para suprimir o resultado da infração, a cláusula, em qualquer caso, é emanação da liberdade de contratar, em cujos limites se fixa rigorosamente a sua validade. Estabelecido que a liberdade de contratar não é absoluta, mas sujeita às restrições impostas pela ordem pública, temos que as cláusulas de irresponsabilidade não vigoram senão quando se refiram a obrigações legais passíveis de modificação convencional, isto é, só

---

[244] PERLINGIERI, Pietro. *Perfis do direito civil*: introdução ao direito civil constitucional. Trad. Maria Cristina de Cicco. 2. ed. Rio de Janeiro: Renovar, 2002, p. 17.

PARTE II

podem ser estipuladas quando a regra legal aplicável, meramente su-
pletiva da vontade das partes, admite a livre manifestação destas[245].

Diante disso, tomando a cláusula de não indenizar dentro da ótica da teoria
dos negócios jurídicos, é importante lembrar que o negócio adquire sua força
jurígena não com base puramente na vontade humana ou só na lei, mas sim
na autorização legislativa de que a vontade produza um efeito jurídico, conforme lições de Luigi Cariota Ferrara[246]. Ao mesmo tempo em que o sistema
normativo concede ao negócio jurídico sua força jurígena, ele trata de balizar
os limites de seus efeitos[247]. No mesmo sentido, também ensina Renan Lotufo:

> Para celebrar um negócio jurídico não basta a existência da denominada
> autonomia privada, porque esta só opera dentro do sistema do Direito,
> portanto diante de normas postas que, além de conferirem capacidade
> aos sujeitos, dispõem quanto a formas procedimentais, e sobre os objetos
> admitidos como passíveis de serem negociados. Hão de ser respeitados
> os requisitos de validade, sem os quais não se terá negócio jurídico válido
> e por conseguinte eficaz produtor de efeitos jurídicos[248].

Nosso ordenamento jurídico, em matéria de negócio jurídico, prevê algumas modalidades predispostas às partes, regulando seus efeitos com mais
detalhes. Entretanto, como imperativo constitucional (art. 1º, IV), a livre-
-iniciativa nas questões de direito privado é prestigiada de modo a dar azo
à criatividade humana para que os indivíduos possam, dentro das relações
jurídicas, estabelecer sua fisiologia, em relação aos deveres e direitos que

---

[245] DIAS, José de Aguiar. *Cláusula de não indenizar*, cit., p. 40.

[246] FERRARA, Luigi Cariota. *Il negozio giuridico nel diritto privato italiano*. Napoli: Edizione
Scientifiche Italiane, 2011, p. 59.

[247] Em célebre definição sobre o negócio jurídico, Antônio Junqueira de Azevedo o enxerga como "uma manifestação de vontade cercada de certas circunstâncias que fazem com
que socialmente essa manifestação seja vista como dirigida à produção de efeitos jurídicos"
(AZEVEDO, Antônio Junqueira. *Negócio jurídico – existência, validade e eficácia*. 4. ed. São Paulo:
Saraiva, 2003, p. 17). Todavia, é importante apontar que o autor segue linha de raciocínio
diferente da defendida neste trabalho, já que para o ele o negócio jurídico é um produto da
sociedade, reconhecido pelo direito.

[248] LOTUFO, Renan. *Comentários ao Código Civil*: parte geral (arts. 1º ao 232), v. 1, p. 272.

as partes livremente assumem. Essa noção é igualmente importante para o estudo de matérias como a atipicidade contratual[249] e as cláusulas especiais do negócio jurídico.

Cada negócio jurídico é circunstanciado, possuindo aspectos que o tornam único e diferente de qualquer outro[250], e isso se dá em grande medida pela inserção de cláusulas que são agregadas aos seus elementos. Essas cláusulas são denominadas disposições acessórias ou particulares[251]. Um negócio jurídico pode muito bem existir sem a aposição de tais disposições, contendo somente os elementos necessários para a sua constituição, ocasião em que serão considerados negócios jurídicos puros[252]. Porém, podem as partes querer conceder um regramento jurídico mais detalhado à relação a ser entabulada, adicionando novas disposições para modificar os efeitos que, como regra, incidiriam sobre aquele negócio jurídico sem a celebração de tais disposições acessórias.

Também nessa seara o ordenamento jurídico já prevê modalidades de disposições acessórias previamente estabelecidas, como é o caso das cláusulas que pretendem subordinar a eficácia do negócio jurídico à verificação de um evento, como ocorre com as figuras da condição, termo e encargo, ou então da cláusula penal[253]. Contudo, a manifestação de vontade das partes tencionada a produzir efeitos jurídicos não encontra restrições nessas modalidades previamente reguladas por lei, de modo que os negociantes podem também se utilizar de figuras que não estejam previamente estabelecidas na norma geral e abstrata[254]. Essa seria a hipótese da cláusula de não indenizar no ordena-

---

[249] Trataremos particularmente do tema da atipicidade contratual em capítulo sobre a limitação do conteúdo das obrigações.

[250] Cf. PENTEADO, Luciano de Camargo. Cláusulas típicas do negócio jurídico: condição, termo e encargo. In: LOTUFO, Renan; NANNI, Giovanni Ettore (Coord.). *Teoria geral do direito civil*. São Paulo: Atlas, 2008, p. 469.

[251] LOTUFO, Renan. *Comentários ao Código Civil*: parte geral, v. 1, p. 342.

[252] Idem, ibidem.

[253] Voltaremos ao tema da cláusula penal em capítulo próprio adiante.

[254] Do mesmo modo como alguns autores apontam diferença entre contratos juridicamente típicos e contratos socialmente típicos, o mesmo acontece com as cláusulas acessórias dos negócios jurídicos. Dessa forma, cláusulas juridicamente típicas seriam aquelas que possuem um regramento sistemático em norma geral e abstrata, enquanto as socialmente típicas seriam aquelas que, ainda que não apresentem regulamentação em lei, seriam amplamente difundidas nas práticas sociais. Tal diferença pode ser vista nos ensinamentos de OLIVEIRA,

mento jurídico brasileiro, pois, em que pese ter sido prevista no Anteprojeto de Caio Mário da Silva Pereira, e a necessidade de regulamentação legal ter sido indicada por alguns autores[255], a nossa legislação vigente não deduz uma regulamentação precisa sobre o tema, trazendo somente referências pontuais, como pode ser visto no Código de Defesa do Consumidor e no regramento sobre o contrato por adesão no Código Civil. Todavia, como foi dito, isso não impede absolutamente o reconhecimento de sua validade em determinadas circunstâncias, mas demanda que o intérprete encontre na teoria geral do negócio jurídico e em legislações específicas os limites de sua validade.

10. Requisitos de validade da cláusula de não indenizar

A análise dos requisitos de validade da cláusula de não indenizar em nosso ordenamento jurídico deve enfrentar a circunstância de não ser possível encontrar na legislação um regramento amplo e sistemático sobre a matéria, como por vezes ocorre com outros institutos[256]. Ao levar-se em conta dispositivos esparsos no Código Civil, Código de Defesa do Consumidor e leis especiais, o panorama geral de validade da cláusula surge por entre a verificação de disciplinas de situações específicas que permitem ao intérprete indicar em quais situações ela será considerada válida ou não. Se, segundo Junqueira de Azevedo, a validade é "a qualidade que o negócio deve ter ao entrar no mundo jurídico, consistente em estar de acordo com as regras jurídicas

---

Nuno Manuel Pinto. *Cláusulas acessórias ao contrato*: cláusula de exclusão e limitação do dever de indemnizar e cláusulas penais. 2. ed. Coimbra: Almedina, 2005, p. 11.

[255] Como é o caso de BANDEIRA, Evandro Ferreira de Viana. As cláusulas de não indenizar. *Revista de Jurisprudência do Tribunal de Justiça de Mato Grosso do Sul*, Campo Grande: AMAMSUL, v. 47, p. 13-30, maio/jun. 1988.

[256] O Código Civil de 2002, do mesmo modo que o Código Civil de 1916, não apresenta dispositivo que trate do tema de forma abrangente. Entretanto, importante notar que anteriores projetos legislativos pretendiam dar à figura regramento jurídico mais preciso. O Anteprojeto de Código das Obrigações, elaborado por Caio Mário da Silva Pereira, continha preceito que fazia expressa referência à cláusula de não indenizar, em seu art. 924, dentro do capítulo que versava sobre a reparação do dano causado: "Art. 924. A cláusula de não indenizar somente prevalecerá se for bilateralmente ajustada, e não contrariar a lei expressa, a ordem pública e os bons costumes, e nem tiver por objeto eximir o agente dos efeitos do seu dolo".

('ser regular')"[257], o desafio do jurista no campo da cláusula de não indenizar é guiar-se por um material de regras jurídicas disposto de forma não sistemática. Diante de tal cenário, aponta-se que o melhor tratamento do tema ocorre pela verificação das exceções previstas na legislação[258], tendo como pano de fundo os contornos do princípio jurídico da autonomia privada, já abordado neste trabalho.

A literatura jurídica majoritária sob a égide do Código Civil de 1916 já indicava que a validade da cláusula de não indenizar tinha como fundamento o princípio da autonomia privada, que autoriza as partes a criarem negócios jurídicos que modificavam os efeitos naturais da responsabilidade civil, nos casos em que não houver regra jurídica expressa as proibindo[259]. Decorre desse argumento que os limites de validade cláusula de não indenizar são os limites legais da liberdade de contratar conferida aos indivíduos pelo ordenamento jurídico.

A análise da cláusula de não indenizar diante do ordenamento jurídico em vigor merece seguir a mesma linha de raciocínio, embora, evidentemente, deva levar em conta particularidades próprias da legislação vigente e da maturação jurisprudencial em torno do tema. Do ponto de vista da hierarquia normativa que informa o conteúdo e a aplicação das normas jurídicas, a Constituição Federal de 1988 fornece o conteúdo principiológico que privilegia o poder de os indivíduos se vincularem juridicamente por meio de suas manifestações de vontade, fixando, em certo grau, o conteúdo de tais direitos e deveres (sobretudo nos arts. 1º, III, e 5º, *caput*). A restrição ao poder de os indivíduos se vincularem, em matéria de direito obrigacional, é considerada exceção[260]. No plano infraconstitucional, a legislação apresenta o arcabouço teórico da teoria do negócio jurídico, que, juntamente com as disposições esparsas sobre a cláusula de não indenizar, conduzem ao seu plano geral, permitindo inclusive a observação de gradações de proteção a determinadas situações

---

[257] AZEVEDO, Antônio Junqueira de. *Negócio jurídico – existência, validade e eficácia*, cit., p. 42.

[258] PEREIRA, Caio Mário da Silva. *Instituições de direito civil*: teoria geral das obrigações. 21. ed. Rio de Janeiro: Forense, 2007, v. 2, p. 390-391.

[259] DIAS, José de Aguiar. *Cláusula de não indenizar*, cit., p. 39-41; GALHANONE, Álvaro Luiz Damásio. A cláusula de não indenizar. *Revista dos Tribunais*, São Paulo: Revista dos Tribunais, v. 565, p. 25, nov. 1982.

[260] FERRIANI, Carlos Alberto. Op. cit., p. 13.

PARTE II

jurídicas. Verifica-se que a possibilidade de as partes fazerem não incidir – ou limitar – o dever de indenizar decorrente do inadimplemento não é situação desconhecida pelo legislador ordinário. Veja-se o exemplo do art. 946 do Código Civil, inserido no capítulo que versa sobre a indenização, que faz expressa referência à possibilidade de o contrato fixar o montante indenizatório devido pelo não cumprimento de obrigação indeterminada. Ainda que se possa, em um primeiro momento, indicar que tal dispositivo está a se referir à figura da cláusula penal, entende-se que o legislador, por usar linguagem mais abrangente ("contrato", em vez de cláusula penal precisamente), também contempla a situação da cláusula de não indenizar[261]. Mencione-se ainda, a título de reconhecimento da validade da cláusula, a expressa permissão legal contida no art. 448, ao tratar especificamente da possibilidade de as partes convencionarem os efeitos da responsabilidade por evicção.

No entanto, talvez o exemplo mais claro de que a cláusula de não indenizar deva ser considerada válida, em princípio, em nosso ordenamento vem da abertura interpretativa possível a partir do art. 51, inciso I, do Código de Defesa do Consumidor. Ainda que o núcleo do dispositivo vede expressamente a possibilidade de inserção da cláusula em contratos de consumo em que o consumidor é pessoa natural, sua parte final abre pelo menos a possibilidade que haja cláusula limitativa quando o consumidor for pessoa jurídica, diante de "situações justificáveis". Dessa forma, se no âmbito das relações de consumo – que estabelece vetores mais protetivos ao possível credor da obrigação de indenizar – a cláusula deve ser considerada válida em determinadas circunstâncias, a posição interpretativa mais convincente é aquela que admite às partes o poder de as fixarem nas relações que não estejam inseridas no âmbito de proteção ao consumidor.

Com a devida autorização encontrada no ordenamento jurídico vigente, parte-se do pressuposto normativo de que a cláusula de não indenizar é válida. Surge então a necessidade de se verificar quais são exatamente os contornos de sua validade, cujas fronteiras são encontradas em certas exceções e limites.

---

[261] AVELAR, Letícia Marquez de. *A cláusula de não indenizar: uma releitura do instituto à luz do atual Código Civil brasileiro*. Dissertação (Mestrado em Direito) – Faculdade de Direito, Universidade de São Paulo, São Paulo, 2011, p. 135; TEPEDINO, Gustavo; BARBOZA, Heloísa Helena; MORAES, Maria Celina Bodin de. *Código Civil interpretado conforme a Constituição*. Rio de Janeiro: Renovar, 2006, v. 2, p. 868.

Alguns deles são encontrados em princípios, tais como o da ordem pública e os deveres surgidos da boa-fé objetiva, bem como em regras expressas, como a legislação consumerista acima já citada. Trataremos agora de aprofundar o exame de cada uma das exceções à validade da cláusula de não indenizar.

10.1. Ordem pública e normas cogentes

A literatura jurídica que trata especificamente do tema da cláusula de não indenizar usualmente menciona o respeito à ordem pública como um de seus requisitos de validade[262]. Ainda que não se critique a correção dessa afirmação, há de se mencionar que ela é de tal forma abrangente que ultrapassa a mera análise da cláusula, sendo, em verdade, um requisito de validade de todo e qualquer negócio jurídico. O mesmo se aplica aos bons costumes, normas cogentes e princípios como a boa-fé objetiva. Para que o requisito de validade de respeito à ordem pública possa ser pertinente à análise da figura, é necessário levar em conta como esse princípio se manifesta especialmente no domínio da cláusula de não indenizar.

Normativamente, o "respeito à ordem pública" pode ser considerado um exemplo de termo indeterminado utilizado pela legislação, em que, em que pese a elasticidade semântica de seu conteúdo, o ordenamento jurídico predispõe com certa precisão qual deverá ser a sanção jurídica a ser aplicada pelo intérprete, caso sua ocorrência seja por ele verificada. Em outros termos, a verificação da hipótese é mais vaga do que a sanção a ela aplicada. No caso, essa sanção é a nulidade do negócio jurídico[263]. A dificuldade de se conceituar o que vem a ser ordem pública é lembrada Renan Lotufo, que indica ainda louváveis esforços científicos em torno do tormentoso tema[264]. Foge ao nosso escopo entrar de modo mais aprofundado nos debates acerca da tentativa de sua conceituação. O que se verifica, porém, é que o recurso à ordem pública é

---

[262] Por todos, ver DIAS, José de Aguiar. *Cláusula de não indenizar*, cit., p. 43, e PERES, Fábio Henrique. Op. cit., p. 143, nota de rodapé 322.

[263] O respeito à ordem pública também é indicado como um "princípio" jurídico pela literatura. Todavia, por uma questão conceitual, é preferível identificá-la como conceito indeterminado justamente porque nos parece ser este o seu modo de aplicação. A diferença reside justamente na maior precisão em que o ordenamento jurídico indica a sanção aplicável para o caso de não respeito à ordem pública.

[264] LOTUFO, Renan. *Comentários ao Código Civil*: parte geral, cit., v. 1, p. 347.

utilizado pela legislação para indicar a prevalência de certos interesses sociais em detrimento do interesse das partes individuais envolvidas no negócio. É o que ocorre, por exemplo, quando o Código de Defesa do Consumidor se descreve como manifestação de ordem pública, impedindo que sua incidência seja evitada por manifestação de vontade das partes. O mesmo poderia ser dito em relação à natureza normas brasileiras de proteção ao trabalhador, afastando-se desde já a aplicação da cláusula de não indenizar em tais hipóteses. Nesse ponto, poder-se-ia indicar a nítida sobreposição entre os conceitos de ordem pública e normas cogentes, embora isso nem sempre ocorra. Entretanto, entende-se que em vez de se procurar alguma verdade final para o conceito de ordem pública, talvez seja mais adequado aceitar o funcionamento de tal norma como ela verdadeiramente se apresenta: um conceito vago que admite flexibilizações lógicas dentro dos limites do próprio sistema normativo e com sobreposições em relação a outros conceitos.

Dentro do presente tema, é possível afirmar que o respeito à ordem pública indica a invalidade da cláusula de não indenizar nos casos em que ela for tendente a limitar a indenização devida por danos à integridade psicofísica das pessoas naturais[265]. A proteção à dignidade da pessoa humana, que tem sede constitucional, incide no âmbito específico do direito obrigacional para determinar a nulidade da convenção de não indenizar. Essa vertente interpretativa também conduz à conclusão de que danos morais não poderiam ser objeto de cláusula de não indenizar, sobretudo diante do entendimento de que tais danos são aqueles que surgem diante da violação de direitos da personalidade[266], ou então pela não observância da cláusula geral de tutela da pessoa[267].

Todavia, no debate sobre o dano moral como objeto da cláusula de não indenizar, surge o problema em se saber se a conclusão deve ser a mesma caso

---

[265] PERES, Fábio Henrique. Op. cit., p. 146. Ver também no mesmo sentido: AZEVEDO, Antônio Junqueira de. Cláusula cruzada de não indenizar (*cross waiver of liability*), ou cláusula de não indenizar com eficácia para ambos os contratantes. Renúncia ao direito de indenização. Promessa de fato de terceiro. Estipulação em favor de terceiros, cit., p. 204; MONTEIRO, António Pinto. Op. cit., p. 308.

[266] LÔBO, Paulo Luiz Netto. Danos morais e direitos da personalidade. *Revista Trimestral de Direito Civil*, n. 6, p. 79 e s., abr./jun. 2001.

[267] MORAES, Maria Celina Bodin de. *Danos à pessoa humana*: uma releitura civil-constitucional dos danos morais. Rio de Janeiro: Renovar, 2007, p. 182.

o lesado seja pessoa jurídica. Embora a jurisprudência pátria, cristalizada na Súmula 227 do Superior Tribunal de Justiça, seja no sentido de que as pessoas jurídicas possam experimentar dano moral, aponta-se que o fundamento dessa conclusão não pode ser encontrado nos mesmos princípios normativos que tutelam a pessoa humana[268]. A cláusula de não indenizar não seria absolutamente proibida nesses casos, pois eles não se enquadrariam no feixe principiológico de ordem pública que defende a integridade psicofísica da pessoa natural[269]. Realmente, não há uma contradição lógica em reconhecer que a pessoa jurídica possa sofrer dano moral, e, ao mesmo tempo, entender que a lesão possa eventualmente ser objeto de uma cláusula que limite ou exonere o montante indenizatório. Desde que, evidentemente, se reconheça que o fundamento do reconhecimento do dano moral se aplique de modo diferente entre pessoas naturais e pessoas jurídicas.

10.1.1. A questão dos danos à integridade psicofísica do atleta desportivo

Um assunto que impõe desafios ao intérprete é estabelecer se as cláusulas de não indenizar seriam válidas para os casos de eventos desportivos de alto risco. Mais precisamente, identificar se os organizadores do evento desportivo ou entidades desportivas, por meio da cláusula de não indenizar, poderiam não responder pelos danos causados aos atletas por eles contratados em decorrência da atividade desportiva. A questão ganha relevo especialmente em desportos automobilísticos e de artes marciais, tais como boxe, judô, e até *Mixed Martial Arts* (identificado pela sigla "MMA"), nos casos que sejam submetidos ao direito nacional, e desde que não haja legislação especial a regular o assunto.

A análise da questão deve levar em conta que o ordenamento jurídico brasileiro estabelece a figura do atleta profissional, sujeito à legislação trabalhista geral, além de legislação especial (Lei n. 9.615/98). O primeiro ponto a ser considerado é se a atividade em questão é exercida por pessoa considerada atleta profissional (arts. 3º, parágrafo único, III, e 28). Caso a resposta seja afirmativa, o fato de o atleta profissional ser protegido pela legislação

---

[268] Idem, ibidem, p. 191-192.
[269] PERES, Fábio Henrique. Op. cit., p. 152.

trabalhista já seria motivo suficiente a justificar a impossibilidade de celebração de cláusula de não indenizar com seu empregador, a entidade desportiva. Ademais, o art. 45, *caput*, da Lei n. 9.615/98 dispõe disciplina específica sobre a necessidade de indenização dos danos pessoais que o atleta profissional venha a experimentar em decorrência de sua atividade. O referido dispositivo estabelece que as entidades desportivas deverão contratar seguro de vida e de acidentes pessoais, vinculado à atividade, em favor dos atletas profissionais por ela contratado, com o objetivo de cobrir os riscos a que eles estão sujeitos por conta da atividade desportiva. Entretanto, caso a seguradora, por qualquer motivo, não faça o pagamento da indenização, o § 2º do dispositivo em questão determina que a entidade desportiva continuará responsável pelas despesas médico-hospitalares e medicamentos necessários ao restabelecimento do atleta. Fica evidente que a cláusula de não indenizar não poderia tocar a responsabilidade da entidade desportiva perante o atleta profissional.

No entanto, o exercício de atividade desportiva remunerada não é restrito àquelas pessoas que se enquadrem na categoria de atleta profissional. A Lei n. 9.615/98, em seu art. 28-A, também admite a figura do atleta autônomo, assim entendido o atleta maior de 16 anos que não mantém relação empregatícia com a entidade desportiva e que aufere rendimentos por meio de contrato civil. A inscrição para a participação de competição desportiva estabelece o vínculo com a entidade, mas esse vínculo não é qualificado como relação empregatícia. A legislação é ainda expressa em reservar a figura do atleta autônomo somente para as modalidades desportivas individuais, vedando-a para as modalidades desportivas coletivas.

Diante disso, resta claro que as modalidades desportivas de alto risco acima mencionadas podem ser praticadas por atleta autônomo com vínculo a entidades esportivas, sem que a relação entre elas seja regida pelas leis protetivas do direito trabalhista. Ao contrário, a própria lei especial estabelece que a relação jurídica entre eles será constituída por meio de contrato de natureza civil. Fica aberta, no entanto, a questão da aplicação do preceito de ordem pública que proíbe a cláusula de não indenizar versar sobre danos à integridade psicofísica do atleta autônomo.

Embora exista uma tendência quase intuitiva em querer se admitir a validade da cláusula para esses casos, tendo em vista o nível de profissionalismo e especialização dos atletas que disputam modalidades desportivas de alto risco, os argumentos que embasam essa posição merecem a devida atenção, de modo a se evitar contradições na argumentação jurídica. O argumento de que os atletas autônomos conhecem melhor do que ninguém os riscos envolvidos na prática de tais desportos, e que, portanto, estariam aptos a conscientemente assumi-los por manifestação livre de vontade[270], merece ser afastado. Isso pelo motivo de que o preceito de ordem pública incide independentemente do conhecimento do risco e de sua assunção voluntária, moldando os limites jurígenos da manifestação de vontade, conforme já abordado neste trabalho.

Assim, as atenções dos juristas se voltam para o modo como o risco é criado, e a atividade do próprio atleta autônomo na criação desse risco. Aguiar Dias, ao versar sobre o assunto, descarta as posições que veem na aceitação do risco fundamento suficiente para a validade da cláusula, e admite a ausência de reponsabilidade diante do fato de o próprio atleta criar o risco para si: "Participando do duelo, da luta ou corrida, a pessoa se converte, ela própria, em criador do risco ou do perigo, isto é, ela se associa aos demais, no estabelecimento da situação que advém o dano"[271]. Trata-se, portanto, de uma análise calcada na participação do atleta na causalidade do dano. O autor ainda lembra que defender essa posição não é o mesmo que admitir que seja lícito estipular a irresponsabilidade por ofensa à pessoa humana, uma vez que a situação resulta de iniciativa do próprio atleta. Wanderley Fernandes, em obra mais recente sobre o tema, demonstra sua expressa concordância com a percepção de Aguiar Dias. "Conscientemente, os atletas criam para si, e entre si, o próprio risco, devendo prevalecer a cláusula de irresponsabilidade nos contratos firmados entre patrocinadores, agentes ou organizadores desses eventos"[272], defende o autor.

Tal linha de argumento tem como mérito estabelecer uma interpretação jurídica que está mais adequada à percepção social de que, em tais esportes, o

---

[270] Interessante notar que existem posicionamentos na ciência da psicologia social que indicam que a assunção voluntária de riscos extremos está mais ligada à satisfação gerada pela própria experiência do risco do que o atingimento dos objetivos iniciais da atividade. Ver: LYNG, Stephen. Edgework – A social psychological analysis of voluntary risk taking. In: ANDERSON, Tammy L. (Org.) *Understanding Deviance*: Connecting Classical and Contemporary Perspectives. New York: Taylor & Francis, 2014, p. 219-220.

[271] DIAS, José Aguiar. *Cláusula de não indenizar*, cit., p. 235-236.

[272] FERNANDES, Wanderley. *Cláusulas de exoneração e limitação de responsabilidade*. Tese (Doutorado em Direito) – Faculdade de Direito, Universidade de São Paulo, São Paulo, 2011, p. 180.

PARTE II

atleta autônomo sofrerá as consequências dos riscos conscientemente assumidos por ele. Contudo, como a posição é muito fundamentada na causalidade do dano, ela acaba por praticamente esvaziar a necessidade de uma cláusula de não indenizar para se evitar a responsabilização do organizador do evento desportivo perante o atleta. Seria o caso de se perguntar: afinal, mesmo que não haja a cláusula, o organizador do evento deverá ainda assim indenizar o atleta autônomo que cria o risco para si próprio? Seria ela juridicamente necessária para evitar o surgimento do dever de indenizar? A situação ainda necessita ser posta a prova concretamente perante o Poder Judiciário[273] ou cortes arbitrais, mas, do ponto de vista da boa prática de redação contratual, recomenda-se regular a divisão de risco no contrato de natureza civil firmado entre as partes caso se queira evitar um intrincado debate sobre causalidade para decidir a questão. Também deve ser levado em conta que a prática desportiva de alto risco normalmente envolve uma complexa gama de relações contratuais de seguro firmados tanto pelos atletas quanto pelos promotores do evento. Evita-se que o debate toque diretamente o tema da cláusula de não indenizar, com a vantagem de garantir com que as indenizações por danos à integridade física do atleta sejam cobertas.

Independentemente da resposta do problema acima, cumpre observar que o argumento, entretanto, só é válido para aqueles riscos inerentes ao desporto. Ele não seria aplicável em casos em que o dano ao atleta autônomo é causado por defeitos nos equipamentos desportivos providenciados pelo organizador do evento. Tendo em vista que os equipamentos utilizados em desportos de alto risco estão sujeitos a situações extremas, o desafio prático do aplicador do direito para tais casos será o de estabelecer se houve ou não, juridicamente, um defeito no equipamento.

Importante ainda notar que a relação jurídica havida entre organizadores do evento desportivo de alto risco e os atletas autônomos possui natureza

---

[273] Os pronunciamentos judiciais conhecidos sobre o tema, além de serem poucos, normalmente abordam a questão de modo pouco aprofundado, e não há notícia de julgados que tenham enfrentado a existência de cláusula de não indenizar contratualmente estabelecida entre atleta autônomo. Ver, por exemplo, os seguintes acórdãos mencionados por Wanderley Fernandes (op. cit., p. 181): TJSP, Ap. 995.02.053937-7, 4ª Câmara – Seção de Direito Público, Rel. Ana Liarte, *DJ*, 15-3-2010; e TJSP, Ap. 994.09.372133-4, 10ª Câmara – Seção de Direito Público, Rel. Urbano Ruiz, *DJ*, 19-4-2010).

totalmente diferente daquela havida entre os organizadores e os torcedores, protegidos tanto pela legislação consumerista quanto por legislações específicas[274]. Nestes casos, a cláusula de não indenizar – ou aviso e placas que fazem as vezes de cláusula de não indenizar – é vedada expressamente pela legislação.

10.1.2. As restrições relativas ao contrato de transporte

Por entre a vertente legislativa que visa garantir especial proteção à pessoa natural em detrimento de convenções particulares, é possível encontrar no direito positivo dispositivos expressos que proíbem a convenção tendente a limitar o montante indenizatório, e isso se percebe com especial frequência nos contratos de transportes. O Código Civil em seu art. 734, *caput,* determina a nulidade da convenção que exclua a responsabilidade do transportador pelos danos causados à pessoa transportada e suas bagagens. O parágrafo único do dispositivo, porém, abre a oportunidade para que o transportador exija a declaração do valor da bagagem para estabelecer o limite da indenização devida. Além da observação de que a norma só abre a exceção em se tratando da bagagem – restando intocável a indenização decorrente de qualquer dano relativo à pessoa transportada – cabe ainda apontar que esse é um dos casos em que a lei só admite a limitação, por meio da declaração do valor dos bens, e não a exclusão total do dever de indenizar. Note-se que tal dispositivo não retira a possibilidade de se demandar por lucros cessantes ou danos extrapatrimoniais, se for o caso[275].

Disposições que versam sobre a possibilidade ou não de limitação do dever de indenizar em contratos de transportes são bastante recorrentes em nossa experiência legislativa. O que se nota é que já há um bom tempo que existem esforços em regular o tema, por vezes usando linguagem que ora dá ensejo para diferenciações entre limitação e exclusão de responsabilidade, incentivando debates jurisprudenciais ao longo do tempo. Inicialmente, tem-se o art. 12 do Decreto Legislativo n. 2.681/1912 (também conhecido como Lei das Estradas de Ferro), que determina que as estradas de ferro só

---

[274] Destaca-se o Estatuto de Defesa do Torcedor (Lei n. 10.671/2003).
[275] BDINE JÚNIOR, Hamid Charaf. Responsabilidade civil por danos decorrentes do transporte. In: SILVA, Regina Beatriz Tavares da (Coord.). *Reponsabilidade civil e sua repercussão nos tribunais.* 2. ed. São Paulo, 2009, p. 296.

podem estabelecer convenções que limitem o valor da indenização, de modo facultativo, e correspondente a uma diminuição do preço da tarifa. Tanto a facultatividade quanto a necessidade de oferecimento de uma contraprestação – diminuição do preço – seriam necessárias para a validade da cláusula nesse domínio[276].

No âmbito dos contratos de transporte de coisas, há ainda o Decreto n. 19.473/1930, cujo art. 1º enseja o entendimento de que as cláusulas de não indenizar seriam totalmente vedadas. No entanto, o dispositivo apresenta redação que motivou alguns comentaristas a defenderem que ele não se refere precisamente à cláusula de não indenizar, mas sim à proibição de que a cláusula modificasse a obrigação essencial do contrato. Veja-se:

> "O conhecimento de frete original, emitido por empresas de transporte, por água, terra ou ar, prova o recebimento da mercadoria e a obrigação de entregá-la no lugar de destino. Reputa-se não escrita qualquer cláusula restritiva ou modificativa dessa prova ou obrigação".

O argumento é que tal dispositivo considera não escrita a cláusula que aborde duas circunstâncias. A primeira é a de restringir ou modificar a obrigação de entregar uma mercadoria em seu lugar de destino, enquanto a segunda é a restrição ou modificação da prova de que a mercadoria foi entregue ao transportador. O fato de a cláusula de não indenizar, juridicamente, não ter o efeito de modificar a natureza da obrigação faz com que não haja identidade entre ela e a situação narrada no dispositivo acima transcrito. Igualmente, no que se refere à segunda circunstância, a convenção não representa qualquer modificação em relação à prova de entrega da mercadoria[277]. Todavia, a diferença de natureza entre as duas situações não foi o entendimento decorrente da evolução jurisprudencial que se seguiu até a edição da Súmula 161 do Supremo Tribunal Federal, em 1963: "em contrato de transporte, é inoperante a cláusula de não indenizar". Frise-se que a referida súmula usa

---

[276] LEITE, Fernando Rudge. Da cláusula de não responsabilidade no transporte ferroviário de mercadorias. *Revista dos Tribunais*, São Paulo: Revista dos Tribunais, v. 166, p. 468, mar. 1947; PERES, Fábio Henrique. Op. cit., p. 154.
[277] PERES, Fábio Henrique. Op. cit., p. 156-157.

como referência legislativa tanto o Decreto Legislativo n. 2.681/1912 como o Decreto n. 19.473/1930.

O conteúdo da súmula do Supremo Tribunal Federal não impediu que, posteriormente, surgissem manifestações judiciais que reconhecessem a validade de cláusulas que limitassem (e não excluíssem) o dever de indenizar referentes a contratos de transporte[278]. Entretanto, percebe-se que a jurisprudência, na tentativa de se estabelecer um critério coerente de tratamento, desenvolveu o entendimento de que, para serem válidas, tais cláusulas não podem ser fixadas em um montante considerado irrisório. Permitir esse expediente, em última análise, significaria uma verdadeira exclusão do dever de indenizar, algo então considerado inválido. Assinalando a necessidade de interpretação casuística para se identificar quando determinado percentual seria considerado irrisório se comparado ao valor da indenização, Fábio Henrique Peres traz interessante apanhado de diferentes manifestações jurisprudenciais sobre o tema[279]. Em diferentes litígios que versavam sobre o transporte de coisas, já se determinou a invalidade de cláusula limitativa do dever de indenizar que estabelecesse o montante em 1%[280], 12%[281], 20%[282], 30%[283] e até 33%[284]. Dessa forma, o significado jurídico do que seria irrisório deveria levar em conta as características próprias do negócio em análise.

Posteriormente, o Código Civil de 2002 apresenta dispositivo tendente a estabelecer o regime jurídico da responsabilidade do transportador de coisas. O art. 750 estabelece que a responsabilidade do transportador de coisas seja limitada ao valor discriminado no conhecimento de transporte, emitido pelo transportador conforme art. 744. A cláusula que exclua totalmente a indenização ainda é considerada inválida nesse domínio, conforme a evolução jurisprudencial acima mencionada. É importante ainda notar que o art. 750 do Código Civil não afasta o surgimento de outras verbas de cunho indenizatório,

---

[278] Dentre os inúmeros precedentes, aponta-se como *leading case* o julgamento do REsp 39.082/92, rel. Min. Fontes de Alencar, *DJ*, 9-11-1994. Cf. PERES, Fábio Henrique. Op. cit., p. 159.

[279] Idem, ibidem, p. 160-161, nota de rodapé 364.

[280] STF, 1ª T., RE 107.361, rel. Min. Octavio Gallotti, j. 24-6-1986.

[281] STJ, 4ª T., REsp 644/SP, rel. Min. Barros Monteiro, j. 17-10-1989.

[282] STJ, 3ª T., REsp 13.656/SP, rel. Min. Dias Trindade, j. 1º-9-1992.

[283] STJ 4ª T., REsp 2.419/SP, rel. Min. Fontes de Alencar, j. 24-4-1990.

[284] STJ, 3ª T., REsp 29.121/SP, rel. Min. Waldemar Zveiter, j. 16-12-1992.

caso haja o inadimplemento do contrato de transporte de coisas, tais como o lucro cessante e eventuais danos extrapatrimoniais[285].

Regra similar também é encontrada na Lei n. 11.442/2007, que versa sobre o transporte rodoviário de carga por conta de terceiros mediante remuneração. Seu art. 14 dispõe que a responsabilidade do transportador por perda ou dano da mercadoria é limitada ao valor consignado no conhecimento de transporte, mas, além dele, devem ser somados os valores do frete e do seguro correspondente. Caso não haja definição no contrato ou no conhecimento de transporte, o parágrafo único do mesmo dispositivo determina que a responsabilidade do transportador será limitada ao valor de 2 Direitos Especiais de Saque – DES por quilograma de peso bruto transportado. No caso de prejuízos decorrentes de atraso na entrega – sem perdas ou danos à mercadoria transportada – o art. 15 da lei determina que a responsabilidade do transportador seja limitada ao valor do frete.

Ainda dentro do âmbito do contrato de transporte, é importante mencionar as legislações que versam sobre a matéria de transporte aéreo. O transporte aéreo em território nacional é tratado pela Lei n. 7.565/86 – também denominada Código Brasileiro de Aeronáutica, enquanto o transporte aéreo internacional é objeto da Convenção de Montreal, ratificada pelo Decreto n. 5.910/2006. Ambos os diplomas normativos apresentam dispositivos que indicam a nulidade de cláusulas tendentes a exonerar ou limitar a responsabilidade do transportador caso elas se enquadrem nos limites indicados no corpo dos respectivos textos normativos (arts. 247 e 26, respectivamente). Ou seja, a lógica é de que a cláusula de não responsabilidade seria válida nos contratos de transportes aéreos, desde que observados os limites impostos por essas legislações. Porém, a interpretação corrente nos tribunais brasileiros é no sentido de que o regime de validade imposto por tais leis não encontra fundamento de validade dentro do ordenamento jurídico brasileiro, pois conflitam com os princípios jurídicos constitucionais que visam proteger os consumidores, nomeadamente aqueles destinatários do transporte aéreo. Em tal domínio, prevalece a aplicação do Código de Defesa do Consumidor que confere direito à reparação integral aos danos

---

[285] BDINE JÚNIOR, Hamid Charaf. Op. cit., p. 309.

AS CLÁUSULAS DE NÃO INDENIZAR NO DIREITO BRASILEIRO

experimentados, sem que haja a possibilidade de limitação do dever de indenizar por meio de convenção[286].

10.2. A vedação no Código de Defesa do Consumidor

A vedação à validade da cláusula de não indenizar no âmbito das relações de consumo já foi por vezes mencionada ao longo deste trabalho. No entanto, ao tratar-se precisamente dos requisitos de validade da cláusula em nosso ordenamento jurídico, torna-se necessária a análise mais acurada sobre como o tema é disciplinado pelo Código de Defesa do Consumidor (arts. 25 e 51, I, expressamente), tendo em vista a centralidade do assunto. A importância se deve tanto pela expansão da relevância das relações de consumo na prática judiciária, quanto pelo fato de que, pela primeira vez, o tema da cláusula de não indenizar foi tratado no bojo de uma codificação (ainda que não tenha sido dentro do Código Civil). Ademais, a observação sobre a posição normativa dessas cláusulas nas relações de consumo fornece um importante ponto de referência comparativo para a sua análise em outros domínios, como no caso do contrato por adesão ou nos contratos puramente civis, o que torna possível a identificação de diferentes níveis de proteção.

Inicialmente, depreende-se dos arts. 25 e 51, I, do Código de Defesa do Consumidor que as cláusulas de não indenizar são absolutamente vedadas nas relações de consumo em que o consumidor (ou equiparado[287]) seja pessoa física. Os termos usados nos dispositivos são suficientemente abrangentes para abarcar tanto a não incidência total do dever de indenizar, no caso de inadimplemento, como sua limitação. Argumenta-se ainda que o art. 24, que trata da impossibilidade de o fornecedor se exonerar contratualmente em garantir a adequação do produto ou serviço, também se refere a uma forma menos explícita de vedação à cláusula de não indenizar[288]. É importante notar

---

[286] AMARAL JÚNIOR, Alberto do. Op. cit., p. 74-75.

[287] O Código de Defesa do Consumidor, a rigor do que dispõe seus arts. 2º, parágrafo único, 17 e 29, estende proteção normativa àquelas pessoas que, embora não figurem como polo na obrigação, ainda assim estejam sujeitas aos danos advindos de práticas nocivas advindas de relações de consumo. É a figura do *bystander*, cf. GODOY, Cláudio Luiz Bueno de. *Função social do contrato*. 3. ed. São Paulo: Saraiva, 2009, p. 147-148.

[288] AVELAR, Letícia Marquez de. Op. cit., p. 113.

que a vedação à validade da cláusula de não indenizar também se aplica aos casos de responsabilidade solidária. Não pode o fornecedor de produto ou serviço se imiscuir contratualmente de ser responsável solidariamente quando a lei o determina de modo imperativo. Vedada, portanto, a cláusula que pretenda afastar a responsabilidade por atos de seus prepostos ou representantes autônomos, conforme art. 34[289], e os casos especificamente elencados nos arts. 18 e 19[290].

A proibição de que a cláusula de não indenizar conste em contratos de consumo em que consumidor seja pessoa física, inclusive levando-se em conta a impossibilidade de se modificar o regime de responsabilidade solidária, demonstra-se um relevante e básico patamar de proteção estabelecido pela legislação consumerista. Contudo, é necessário apontar que a segunda parte do art. 51, I, apresenta um regime diferente para o caso de o consumidor ser pessoa jurídica, em que a limitação da indenização é expressamente admitida diante de "situações justificáveis". Nessas situações a cláusula de não indenizar poderá ser considerada válida, pois é apenas limitativa e a relação jurídica encontrar-se dentro do campo semântico abrangido pelo termo "situações justificáveis". Novamente nos deparamos com um conceito jurídico indeterminado[291], que demanda concreção para sua aplicação em cada caso.

No entanto, alguns autores tentam identificar as circunstâncias em que, diante de uma relação de consumo em que a adquirente seja pessoa jurídica, a imposição da cláusula de não indenizar seria mais tendente a ser classificada como justificável. Nesse contexto encontram-se referências que vão desde o fato de que a aquisição do produto ou serviço seja fora do padrão regular de consumo, até a característica e porte da pessoa jurídica que os adquire, ou a circunstância de a cláusula ter sido negociada[292], com o oferecimento de vantagem ao consumidor, de modo a se garantir o equilíbrio econômico da

---

[289] AMARAL JÚNIOR, Alberto do. Op. cit., p. 70.

[290] Ver QUEIROZ, Odete Novais Carneiro. *Da responsabilidade por vícios do produto ou serviço*: Código de Defesa do Consumidor, Lei 8.8.078, de 11-9-1990. São Paulo: Revista dos Tribunais, 1998, p. 137-141.

[291] NERY JUNIOR, Nelson; NERY, Rosa Maria de Andrade. *Código Civil comentado*. 3. ed. São Paulo: Revista dos Tribunais, 2003, p. 948.

[292] NUNES, Rizzatto. *Comentários ao Código de Defesa do Consumidor*. 5. ed. São Paulo: Saraiva, 2010, p. 418.

relação[293]. Evidentemente, esses elementos só podem ser tomados como guias para aplicação da norma abstrata no caso concreto, uma vez que levantar de antemão restrições que não se encontram no texto do dispositivo iria de encontro ao funcionamento do conceito jurídico indeterminado. Ademais, tomando-se, por exemplo, o elemento da negociação da cláusula acima referido, tal fato representaria uma confusão entre a formulação de um contrato por adesão e um contrato de consumo, figuras que, embora possam coincidir, representam situações distintas. Não parece ser adequado excluir de antemão a hipótese de uma cláusula de limitação de não indenizar inserida dentro de um contrato de consumo com pessoa jurídica e, ao mesmo tempo por adesão, possa estar absolutamente fora de uma situação justificável. Do ponto de vista científico, a única possibilidade neste ponto é a referência ao caso concreto que deverá ser analisado, uma vez que esse expediente é autorizado pela legislação. Ciente dessa característica, Wanderley Fernandes, elenca alguns exemplos colhidos dentro do universo de possibilidades que o conceito indeterminado admite, tais como: a concessão de desconto especial em relação à política normal de desconto do fornecedor; o fato de o produto ou serviço ter sido elaborado conforme as especificações dadas pelo comprador ou tomador (produto ou serviço *customizado*); o fato de ser razoável às partes compartilharem riscos mediante cláusula de não indenizar; e a imposição de a cláusula representar medida de isonomia entre empresas nacionais em competição com empresas estrangeiras[294].

Além da exceção conferida ao regime jurídico aplicável ao consumidor pessoa jurídica, o art. 51, I, do Código de Defesa do Consumidor ainda apresenta outro detalhe, que por vezes passa despercebido pela literatura jurídica. A redação do dispositivo, pela utilização da conjunção alternativa "ou", parece pretender abarcar duas situações distintas. A primeira refere-se à vedação da cláusula que impossibilite, exonere ou atenue a responsabilidade do fornecedor por vícios de qualquer natureza dos produtos e serviços, enquanto a outra se refere à avença no mesmo sentido, mas aplicável à renúncia ou disposição de direitos. Entretanto, se a tentativa do legislador em tratar duas situações distintas parece evidente, o mesmo não ocorre quando se passa a buscar

---

[293] PERES, Fábio Henrique. Op. cit., p. 162-168.
[294] FERNANDES, Wanderley. Op. cit., p. 146.

identificar qual seria a diferença entre ambas. Afinal, do ponto de vista resumido, qual seria a diferença entre a responsabilidade e "direitos"? Conforme tentamos buscar demonstrar ao longo deste trabalho, a responsabilidade, ao poder ser fragmentada em inúmeros deveres jurídicos, apresenta, como outro lado da moeda, a fragmentação em inúmeros direitos subjetivos. A demasiada amplitude da norma – o que entendemos mais como sobreposição – é apontada como dificultosa[295]. A tentativa de dar exemplos de situações de "renúncia de direitos", como a devolução de sinal ou incidência de correção monetária de prejuízos[296], esbarra na dificuldade de que, em última análise, eles também estariam incluídos no montante do dever indenizatório[297], situação que a rigor caberia também na primeira hipótese tratada no art. 51, I.

A distinção precisa entre as duas situações pode parecer de pouca importância prática dentro das relações de consumo. Afinal, tendo em vista a vertente principiológica protetiva que tem sede constitucional, bem como a característica de ordem pública das normas constantes no Código de Defesa do Consumidor, o consumidor não verá direito seu – quer caracterizado como indenização, quer como outro direito subjetivo disponível – ser tolhido por força de uma convenção de não indenizar. A redação dos arts. 25 e 51, I, demonstra a intenção do legislador de conferir ampla proteção nesse domínio. Todavia, a observação de que a norma consumerista apresenta distinção entre as situações serve como sustentação ao argumento de que o art. 424 do Código Civil, ao usar o termo renúncia a "direito resultante da natureza do negócio", e não redação parecida com a primeira parte do art. 51, I do Código de Defesa do Consumidor, talvez queira dizer algo que não possa ser apressadamente enxergado como direito a ser indenizado por conta de inadimplemento. O tema será desenvolvido adiante. Mas desde já cabe a observação de que, se para as relações de consumo a cláusula de não indenizar possa soar como uma "ameaça" a ser objeto de proteção pelo legislador, no campo das relações empresariais, tal avença pode representar uma importante ferramenta para

---

[295] MARQUES, Cláudia Lima. *Contratos no Código de Defesa do Consumidor*. 4. ed. São Paulo: Revista dos Tribunais, 2002, p. 790.

[296] BULGARELLI, Waldirio. *Questões contratuais no Código de Defesa do Consumidor*. São Paulo: Atlas, 1993, p. 46-47.

[297] FERNANDES, Wanderley. Op. cit., p. 145.

as partes, inclusive para o eventual credor da indenização, possibilitando a alocação de riscos e a liberdade negocial.

10.3. Contratos por adesão e o art. 424 do Código Civil

A validade da cláusula de não indenizar dentro dos contratos por adesão talvez seja um dos temas de maior destaque dentro do estudo da matéria, tendo em vista a sua recorrência nas práticas cotidianas. Em uma intersecção clara com os contratos de consumo, normalmente as cláusulas de não indenizar são percebidas pelas pessoas no bojo de um longo contrato aderido pela parte ou em seus múltiplos anexos (o que inclui os contratos firmados eletronicamente), ou mesmo em placas ou sinais dentro do estabelecimento do ente que oferece o produto ou serviço, sem que haja qualquer discussão prévia sobre o assunto. O leigo certamente já deve ter se perguntado sobre a validade de tal avença, ou então ao menos deve ter colocado em dúvida a possibilidade de uma pessoa, pela aposição unilateral de um aviso ou cláusula, poder afastar um eventual dever de indenizar no caso de inadimplemento. Cabe, neste momento, apresentar as questões técnico-jurídicas que o tema enseja, identificando as diferenças entre as situações que se apresentam, de modo a estabelecer o regramento jurídico que deverá ser aplicado. A conclusão que será alcançada é que o mero fato de uma cláusula de não indenizar estar inserida dentro de um contrato por adesão não conduz necessariamente à sua invalidade. Ao investigar a validade da cláusula nessas situações, o intérprete deverá ainda levar em conta outros elementos além da contratação por adesão, tais como a existência de uma relação de consumo, o tipo de consumidor ou então a natureza do negócio firmado entre as partes. Principalmente nas relações intercivis ou interempresariais, concluir antecipadamente pela invalidade parece ser um exagero que não condiz com o ordenamento jurídico, sobretudo após uma análise mais atenta ao art. 424 do Código Civil.

Inicialmente, é importante deixar claro que contratos firmados dentro de uma relação de consumo e os contratos por adesão são figuras distintas. O primeiro é configurado quando estão preenchidos os requisitos estabelecidos pelo Código de Defesa do Consumidor, o que envolve a identificação da figura do consumidor como um adquirente de um serviço ou bem, bem como destinatário final, assim como a figura de um fornecedor. O caminho a ser

PARTE II

percorrido para a caracterização do contrato por adesão é outro, porquanto deverá levar em conta o modo de contratação. Esse fator indica a preferência pela utilização da nomenclatura "contrato por adesão" e não "contrato de adesão", seu uso mais corriqueiro, inclusive na legislação[298], conforme sugestão de parte da doutrina[299]. Isso porque a "adesão", em si, não é o objeto do contrato, como em um contrato de compra e venda ou contrato de empreitada. A adesão está ligada à forma como a vontade das partes contratantes é unida. A compra e venda ou empreitada, por exemplo, podem ou não ser celebradas por adesão, e esse fato não interfere diretamente no objeto contratado.

O Código de Defesa do Consumidor apresenta a definição legal dos contratos por adesão nas relações de consumo em seu art. 54, como aqueles contratos "cujas cláusulas tenham sido aprovadas pela autoridade competente ou estabelecidas unilateralmente pelo fornecedor de produtos ou serviços, sem que o consumidor possa discutir ou modificar substancialmente seu conteúdo". O Código Civil não apresenta definição, e apenas os menciona nos arts. 423 e 424, disciplinando o regramento jurídico aplicável. O fato de haver precisa definição na legislação consumerista e nenhuma na codificação civil pode levar o intérprete a cometer pequenos equívocos de conceituação, sobretudo caso não seja observada a possibilidade de o contrato por adesão poder figurar tanto em relações de consumo como em relações civis ou empresariais.

Com o foco no aspecto subjetivo das partes envolvidas no contrato – e nas diferenças entre suas possibilidades econômicas de negociação – algumas conceituações apresentam algo que está mais associado à visão comum de como os contratos por adesão se manifestam do que propriamente aos contornos normativos estabelecidos para a sua caracterização. Encontram-se referências sobre o fato de o fornecedor exercer seu poder econômico superior para predispor, de forma geral e aberta, os termos do contrato para uma uniformidade de clientes, sem que haja a possibilidade de negociação dos termos[300]. Tais

---

[298] Arts. 54 e seguintes do Código de Defesa do Consumidor e arts. 423 e 424 do Código Civil.

[299] Por todos, ver DINIZ, Maria Helena. *Curso de direito civil brasileiro*: teoria das obrigações contratuais e extracontratuais. 21. ed. São Paulo: Saraiva, 2005, v. 3, p. 96.

[300] DINIZ, Maria Helena. *Curso de direito civil brasileiro*, cit., v. 3, p. 97; LAUDANNA, Raquel de Moraes. *A cláusula de não indenizar e seus limites de validade*. Dissertação (Mestrado em Direito) – Faculdade de Direito, Pontifícia Universidade Católica de São Paulo, São Paulo, 2013, p. 93 e s.; MARQUES, Cláudia Lima. *Contratos no Código de Defesa do* Consumidor, cit., p. 8.

AS CLÁUSULAS DE NÃO INDENIZAR NO DIREITO BRASILEIRO

fatores até podem estar presentes em alguns contratos por adesão, mas não é possível dizer que eles fazem parte de sua configuração jurídica. Nem mesmo o conceito jurídico disposto no Código de Defesa do Consumidor possibilita tal abrangência e, frise-se novamente, este não é único domínio em que esses tipos de contratos podem se manifestar.

A referência ao poder econômico superior do policitante é desafiada em casos em que o contrato por adesão é confeccionado por empresas que se encontram em situação de inferioridade, ou simplesmente precisem racionalizar suas práticas contratuais devido à exposição dos riscos trazidos ao próprio fornecedor pelos modos de contratação em massa. Para ilustrar essas situações, é possível encontrar na literatura exemplos, tais como o de uma empresa de grande porte, como a Petrobras, que se submete a contratos por adesão elaborados por empresas de *software*, ou ainda o fato de empresas que vendem bens ou serviços ao redor do mundo, lidando com clientes de diferentes culturas, necessitem uniformizar os termos contratuais justamente como defesa contra as variações culturais[301]. Essas situações deixam claro que a assimetria de poder econômico das empresas contratantes ou o fato de o contrato por adesão representar somente a manifestação do poder econômico do negociante são circunstâncias que não devem entrar em sua conceituação jurídica. Igualmente, não há motivo para se estabelecer que os contratos por adesão se confundem com os contratos que são criados para atingir de forma abrangente uma universalidade de consumidores – também chamados contratos *standard*[302] – pois nada impede que o contrato seja confeccionado por uma das partes para somente uma transação, e ainda assim ser considerado por adesão. Nem sequer a impossibilidade absoluta de negociação é elemento do contrato por adesão, tampouco no direito do consumidor, notadamente protetivo, uma vez que o próprio Código de Defesa do Consumidor estabelece em seu art. 54, §1º, que a inserção de cláusulas no formulário não retira a natureza dessa forma de contratação.

Sem perder de vista que, dentro da perspectiva da atividade econômica exercida pelo empresário, o contrato por adesão pode servir como um

---

[301] FERNANDES, Wanderley. Op. cit., p. 138.
[302] ROPPO, Enzo. *O contrato*. Trad. Ana Coimbra e M. Januário C. Gomes. Coimbra: Almedina, 1988, p. 312.

relevante instrumento de racionalização, do ponto do ordenamento jurídico vigente tal modalidade de contratação se caracteriza pelo fato de uma das partes aderir aos termos confeccionados pela outra, de modo a formar o contrato. Ao se levar em conta o regramento jurídico sobre o tema, fica claro que o legislador entendeu que a parte predisponente encontra-se em situação vantajosa – afinal, foi ela quem redigiu unilateralmente o contrato – e, portanto, deverá arcar com determinadas consequências jurídicas. Tais consequências são manifestadas em regramentos expressos sobre a matéria, além de um regime mais amplo de controle que pretende evitar o uso abusivo da posição presumidamente vantajosa. A proteção contra cláusulas abusivas dentro do Código de Defesa do Consumidor se dá, sobretudo, a partir do art. 51, cujo inciso I, que trata precisamente da cláusula de não indenizar, como foi analisado acima. Fora das relações de consumo, o comportamento abusivo é tratado pelo Código Civil em seu art. 187, que o define como ato ilícito[303]. Nos limites do que é relevante ao tema deste trabalho, importante destacar que os contratos por adesão estarão sujeitos ao controle normativo que pretende conferir proteção contra comportamentos contratuais abusivos.

A legislação também apresenta disciplina específica sobre ao tema dos contratos por adesão. Quando fizerem parte de uma relação de consumo, a legislação estabelece certos regramentos, tais como o que determina que as cláusulas resolutivas devem ser de escolha do consumidor (art. 54, § 2º) e que as cláusulas que importarem limitação de direito do consumidor devem ser redigidas em destaque (art. 54, § 4º). Diante dessa última possibilidade, infere-se que o legislador não ceifou totalmente a possibilidade de os fornecedores estabelecerem cláusula limitativas de direitos dentro dos contratos por adesão, fato importante para o tema deste trabalho e para a determinação dos contornos normativos de validade da cláusula de não indenizar.

Fora das relações de consumo, o Código Civil estabelece em seus arts. 423 e 424 o regramento dos contratos por adesão. Embora esses dispositivos sejam tencionados a regulamentar as situações que se encontram fora do domínio das relações de consumo, parece-nos que tais diretrizes, por imperativo principiológico, também serviriam para complementar a proteção aos consumidores. O primeiro dispositivo estabelece importante regra de

---

[303] Sobre o tema, ver, por todos, BOULOS, Daniel M. *Abuso do direito no novo Código Civil*, cit.

interpretação desses contratos, levando-se em conta o aspecto acima referido de que o policitante encontra-se em situação vantajosa no momento da celebração do contrato. Portanto, as cláusulas que se manifestarem ambíguas ou contraditórias devem ser interpretadas em favor ao aderente. Esse é um dispositivo dirigido para o aplicador da norma no caso concreto, vinculando o juiz à vertente interpretativa determinada pela legislação. Se tal artigo apresenta uma norma referente à interpretação do negócio jurídico, o art. 424 confere um controle de cunho material ao contrato. O dispositivo utiliza-se de uma fórmula abrangente e que demanda maiores considerações, sobretudo ao se determinar se ela visa coibir absolutamente a cláusula de não indenizar dentro dos contratos por adesão, mesmo aqueles estabelecidos fora do âmbito do consumidor. Segundo o Código Civil, "são nulas as cláusulas que estipulem a renúncia antecipada do aderente a direito resultante da natureza do negócio". Para resumir o ponto de discussão, façamos diretamente a pergunta: o direito de receber indenização pelo inadimplemento é direito resultante da natureza do negócio?

Muitos autores afirmam que o art. 424 apresenta justamente o fundamento legal a proibir que cláusulas de não indenização sejam inseridas nos contratos por adesão[304]. O argumento central é que o direito à eventual indenização pelo inadimplemento estaria dentro do campo semântico do que se entende por direito resultante da natureza do negócio, e a renúncia desse direito, levada a cabo pela imposição da cláusula de não indenizar em um contrato de adesão, seria vedada pelo dispositivo. Alguns vão além e afirmam que seria "arbitrário", além de "flagrantemente contrário ao princípio da boa-fé objetiva"[305], permitir que o policitante impusesse a cláusula de não indenizar. Em suma, segundo esse entendimento, a cláusula de não indenizar será inválida *per se* caso esteja inserida dentro de um contrato por adesão intercivil ou interempresarial.

---

[304] VENOSA, Sílvio. *Direito civil*: responsabilidade civil. 7. ed. São Paulo: Atlas, 2007, p. 59-60; GALHANONE, Álvaro Luiz Damásio. Op. cit., p. 29; LAUDANNA Raquel de Moraes. Op. cit., p. 97; TABACH, Guilherme Botta. *Cláusula de não indenizar*. Inédito; AVELAR, Letícia Marquez de. Op. cit., p. 153; GONÇALVES, Carlos Roberto. *Responsabilidade civil*. 11. ed. São Paulo: Saraiva, 2009, p. 836. ROSENVALD, Nelson. *Comentários ao artigo 424 do Código* Civil. In: PELUSO, Cezar (Coord.). *Código Civil comentado*: doutrina e jurisprudência. 3. ed. Barueri: Manole, 2009, p. 462.

[305] AVELAR, Letícia Marquez de. Op. cit., p. 154.

PARTE II

Todavia, há outra corrente que pretende abordar de forma mais detalhada o alcance do art. 424 do Código Civil e o significado da expressão "direito resultante da natureza do negócio", de modo a concluir que nem sempre a avença que limite o dever de indenizar deverá ser considerada nula quando inserida em contratos por adesão. Ou seja, o referido dispositivo não teria a amplitude normativa suficiente para permitir a conclusão antecipada de que a cláusula de não indenizar seria nula em todo contrato por adesão. Cristiano de Sousa Zanetti lembra que, enquanto o Código de Defesa do Consumidor estabelece cláusulas proibidas de modo absoluto, o Código Civil apresenta formulação normativa diversa e, diante do que dispõe seu art. 424, não seria possível concluir que existem cláusulas que seriam inválidas *per se*. Embora não se descarte a possibilidade de existirem cláusulas potencialmente inválidas, os contratos sujeitos ao referido dispositivo necessitaram sempre de um exame em concreto[306].

Tendo por base essa premissa, outros autores seguem o argumento de que os direitos resultantes da natureza do negócio englobariam aqueles elementos que permitem a caracterização do negócio jurídico e sua identificação concreta[307]. Em uma situação em que todo o conteúdo clausular do contrato puder ser definido por deliberação mútua entre os indivíduos envolvidos, eles poderão afastar certos efeitos próprios de determinado contrato. O que ocorre na situação do contrato por adesão, entretanto, é que tal afastamento decorre de imposição unilateral do predisponente. No entanto, o dever de indenizar que não incidirá por força da cláusula limitativa não pode ser considerado um desses elementos, pois trata-se, em verdade, de "efeito do incumprimento imputável"[308], pois decorre que "o inadimplemento não pode ser qualificado como direito decorrente da natureza do negócio, mas efeito comum a todo negócio jurídico"[309].

---

[306] ZANETTI, Cristiano de Sousa. *Direito contratual contemporâneo*. São Paulo: Método, 2008, p. 272.

[307] CERQUEIRA, Gustavo. As garantias e a exclusão da responsabilidade no novo direito brasileiro da compra e venda. In: *Direito contratual entre liberdade e proteção dos interesses e outros artigos alemães-lusitanos*. Coimbra: Almedina, 2008, p. 138.

[308] CERQUEIRA, Gustavo, Op. cit., p. 138.

[309] FERNANDES, Wanderley. Op. cit., p. 151.

AS CLÁUSULAS DE NÃO INDENIZAR NO DIREITO BRASILEIRO

Para justificar este raciocínio, Wanderley Fernandes lembra a necessidade de se comparar a diferença de redação existente entre o Código de Defesa do Consumidor e o Código Civil[310]. Conforme foi indicado acima, o art. 51, I, do Código de Defesa do Consumidor, além de versar sobre a proibição da cláusula de não indenizar propriamente dita, ainda veda a "renúncia ou disposição de direitos". Por outro lado, o art. 424 do Código Civil não trata de renúncia a qualquer direito, mas somente daqueles considerados "próprios da natureza do negócio". A distinção entre exoneração de responsabilidade e limitação de direitos prevista no Código de Defesa do Consumidor serve como indicador interpretativo para admitir que o Código Civil, ao fazer referência de modo ainda mais preciso sobre os direitos da natureza do negócio, não englobaria necessariamente as cláusulas de não indenizar. Conclui o autor acerca do assunto:

> O Código Civil, portanto, estaria a restringir a liberdade de definição do conteúdo da obrigação, preservando, nos contratos por adesão, os direitos decorrentes da natureza do negócio, quais sejam, aqueles associados aos elementos essenciais de determinada operação econômica[311].

O embate sobre a interpretação do art. 424 do Código Civil deve levar em conta a estrutura normativa elaborada pelo legislador para estabelecer a proteção ao aderente de um contrato por adesão, bem como os princípios jurídicos que regem a sua interpretação. O Código de Defesa do Consumidor é claramente protetivo em relação à figura do consumidor, e isso se manifesta na estrutura escolhida para a vedação das cláusulas abusivas. Encontram-se nessa legislação cláusulas que deverão ser consideradas nulas *per se*, isto é, tão somente pelo seu conteúdo, como é o caso da cláusula de não indenizar quando o consumidor for pessoa física, quer ela esteja em um contrato por adesão ou não. Contudo, essa não é mesma opção do Código Civil, que tem como ponto de partida a igualdade entre os contratantes. Mesmo quando se estabelecem níveis de proteção dentro da legislação civil – como é o caso do

[310] Idem, ibidem, p. 151-152.
[311] Idem, ibidem, p. 152.

art. 424 – não parece ser a solução interpretativa mais adequada identificar vedações absolutas sobre determinadas disposições clausulares, ou uma presunção de abusividade ou contrariedade à boa-fé objetiva. Por outro lado, se a cláusula de não indenizar não está inserida automaticamente no conteúdo desse dispositivo, também não é possível concluir que ela, absolutamente, não estará, ao ser levada em conta sua aplicação caso concreto. Ao se analisar uma determinada cláusula em um contrato poderá surgir a situação em que uma cláusula que limite o dever de indenizar poderá ter o mesmo efeito de renúncia a direito decorrente da natureza do negócio. Ainda que a doutrina tenha elaborado uma dogmática abrangente sobre os elementos do negócio jurídico que permita a identificação da natureza do contrato[312], não se pode perder de vista que, do ponto de vista científico, a referida expressão ainda contém certa carga de indeterminação por ser um conceito aberto[313] a ser complementado pela experiência jurisprudencial de forma coerente.

Depois de analisado o regramento jurídico da cláusula de não indenizar e os contratos por adesão tanto nas relações de consumo como nas relações intercivis, é possível identificar que o ordenamento jurídico se organiza de acordo com uma gradação de níveis de proteção, estabelecendo distintos regimes de validade[314]. Em um nível que estabelece vedações absolutas à validade, tem-se a abusividade das cláusulas de não indenizar nas relações de consumo em que o consumidor é pessoa física, quer ela esteja inserida em um contrato por adesão ou não. No segundo nível da escala, têm-se as relações de consumo em que o consumidor seja pessoa jurídica. Em tais casos, a cláusula poderá ser considerada válida, caso se verifiquem situações justificáveis para tanto. O mesmo se aplica caso a cláusula seja inserida em um contrato por adesão, somando-se os controles materiais previstos tanto na legislação consumerista quanto na legislação civil. No terceiro nível de gradação encontram-se os contratos por adesão travados no âmbito civil. Nesse caso a manifestação da

---

[312] Ver, por todos, AZEVEDO, Antônio Junqueira de. *Negócio jurídico – existência, validade e eficácia*, cit.

[313] HIRONAKA, Giselda Fernandes Maria Novaes; TARTUCE, Flávio. O princípio da autonomia privada e o direito contratual brasileiro. In: HIRONAKA, Giselda Fernandes Maria Novaes; TARTUCE, Flávio (Coord.). *Direito contratual*: temas atuais. São Paulo: Método, 2007, p. 70.

[314] A referência a tal gradação também pode ser encontrada em FERNANDES, Wanderley. Op. cit., p. 142.

vontade das partes encontra maior privilégio do ponto de vista do controle normativo, mas a legislação ainda apresenta certo grau protetivo ao determinar seu limite conforme os direitos decorrentes da natureza do negócio. Não há vedação *per se* à cláusula de não indenizar nesse estágio, de modo que a conclusão pela invalidade só poderá ser alcançada levando-se em conta as características do negócio a ser analisado. Por fim, em último nível de proteção, estão as cláusulas de não indenizar negociadas por ambas as partes dentro de uma relação civil. Tendo em vista a ausência de confecção unilateral do conteúdo do contrato, o ordenamento jurídico privilegia a vontade das partes nesse sentido, mas permanecem inalteradas as incidências de outros tipos de controle de validade, também mencionados neste capítulo, tais como a ordem pública, normas cogentes, boa-fé objetiva, proteção contra o abuso de direito, equilíbrio contratual, inaplicabilidade ao dolo e culpa grave, entre outras.

10.4. O equilíbrio contratual

As observações feitas no item anterior sobre a validade da cláusula de não indenizar nas relações de consumo e nos contratos por adesão são relevantes para a análise da aplicação do princípio do equilíbrio contratual dentro do tema. O raciocínio serve também para esclarecer as balizas normativas para a aplicação do princípio nos chamados contratos paritários. Decorrente da concepção de equidade negocial, o princípio do equilíbrio contratual é entendido como um dos novos princípios do direito contratual, que coexiste com antigos dogmas civilistas sem, contudo, anulá-los. Ele autoriza a avaliação do equilíbrio entre as prestações distribuídas entre os polos de uma relação jurídica obrigacional de modo a aferir sua conformidade jurídica[315]. Porém, deve-se tomar cuidado ao se versar sobre o modo de aplicação desse princípio para não se estabelecerem restrições que vão além do que o seu conteúdo normativo permite. Especialmente sobre o tema da cláusula de não indenizar, é possível ver que parte da literatura jurídica estabelece, com base em tal princípio, restrições *per se* à validade da cláusula de não indenizar, tais como a imposição de reciprocidade na elaboração da avença ou a necessidade

[315] Cf. NALIN, Paulo. Princípios do direito contratual: função social, boa-fé objetiva, equilíbrio, justiça contratual, equidade. In: LOTUFO, Renan; NANNI, Giovanni Ettore (Coord.). *Teoria geral dos contratos.* São Paulo: Atlas, 2011, p. 111.

de oferecimento de uma contrapartida ao credor. Ainda que essas situações possam representar uma importante manifestação do equilíbrio contratual, o que serve à interpretação da cláusula, não é possível concluir que normativamente eles deverão ser encarados como um dos seus requisitos de validade.

Ao longo deste trabalho, sobretudo nos itens que trataram da evolução histórica do direito privado e a influência de novos princípios no contorno jurídico da autonomia privada, foi possível observar que o ordenamento jurídico vigente, por meio de instrumentos principiológicos, concede a autorização para que o intérprete faça a análise substancial da relação entre as partes, em um cenário em que a mera manifestação da vontade sem vícios não pode mais ser tida como paradigma único. Percebido como decorrência da própria concepção de justiça contratual[316], o princípio do equilíbrio contratual irradiaria seus efeitos no ordenamento jurídico de modo a proteger as partes que se encontrem em situação de vulnerabilidade em relação à outra parte contratante. A vigência de tal princípio dificilmente pode ser refutada tomando-se em conta o ordenamento jurídico vigente[317]. Todavia, deve-se

---

[316] NALIN, Paulo. Princípios do direito contratual: função social, boa-fé objetiva, equilíbrio, justiça contratual, equidade, cit., p. 114.

[317] É necessário, neste ponto, destacar que existem abalizadas posições a defender que o princípio do equilíbrio contratual no direito brasileiro se manifesta exclusivamente nas figuras da onerosidade excessiva e da lesão, de modo que não haveria espaço para se admitir que, normativamente, o princípio em questão representaria uma autorização para que o magistrado intervenha em um equilíbrio que só poderia ser julgado pelas partes ao celebrar contrato. Cristiano de Souza Zanetti assevera que "no direito dos contratos próprios a uma economia de mercado, o equilíbrio é determinado pelas partes, não pelo Estado. A intervenção somente é excepcional, voltada a corrigir graves distorções, como se verifica na disciplina da onerosidade excessiva e da lesão" (ZANETTI, Cristiano de Sousa. Observações à dissertação de mestrado: cláusula de não indenizar – uma análise sobre o nexo de imputação e a fragmentação das consequências da r. civil. DEFESA PÚBLICA DA DISSERTAÇÃO DE MESTRADO EM DIREITO DE LUIZ OCTÁVIO VILLELA DE VIANA BANDEIRA NA PONTIFÍCIA UNIVERSIDADE CATÓLICA DE SÃO PAULO, 2014, São Paulo). Antônio Junqueira de Azevedo, em linha semelhante, aduz que "o princípio do equilíbrio econômico do contrato, ou do sinalagma, por seu turno, leva à admissão, especialmente, de duas figuras, a lesão e excessiva onerosidade" (AZEVEDO, Antônio Junqueira de. Os princípios do atual direito contratual e a desregulamentação do mercado. Direito de exclusividade nas relações contratuais de fornecimento. Função social do contrato e responsabilidade aquiliana do terceiro que contribui para inadimplemento contratual. In: *Estudos e pareceres de direito privado*. São Paulo: Saraiva, 2004, p. 141). No plano internacional, Claus-Wilhelm Canaris e Hans Christoph Grigoleit apontam que "o direito de autodeterminação, levado a sério, necessariamente inclui

ter cuidado em se observar qual é o espectro de abrangência da norma em questão, que não pode ser vista como um mandato de plenos poderes ao intérprete para interferir e "corrigir" toda e qualquer suposta assimetria entre as prestações entre as partes.

A escala de proteção indicada nos itens anteriores – que vão desde a proteção ao consumidor pessoa física até a proteção aos contratantes em considerável equivalência de condições – demonstra que o ordenamento jurídico estabelece diferentes técnicas normativas para a proteção de partes tidas como vulneráveis. E isso depende da característica das partes – em referência objetiva no ordenamento jurídico – que figurarão em dada relação jurídica. Sobre o tema das cláusulas de não indenizar, há normas dentro do âmbito consumerista que indicam sua nulidade de pleno direito, e outras que admitem sua existência em situações justificáveis (estabelecendo-se, portanto, uma presunção). Seguindo a escala, no âmbito puramente civil, há os casos em que se exigirá concreção para saber se interferem em direitos da natureza do negócio, até o ponto em que, de modo geral, as partes podem se proteger contra o abuso de direito. Dessa forma, os requisitos de validade da cláusula de não indenizar, segundo a vulnerabilidade das partes, estão balizados em tal ordem, havendo maior espaço para aplicação tão somente no âmbito principiológico nos últimos graus, já que, quando há maior nível de proteção, as regras expressas – ora complementadas por conceitos jurídicos indeterminados – tratam de dar maior certeza quanto à invalidade.

Essa observação sobre como a proteção à parte mais vulnerável se manifesta dentro do ordenamento jurídico – sem que se negue a aplicação, em

---

a liberdade de buscar e de acordar algo desarrazoado – assim como o voto em uma decisão democrática não é sujeito a nenhum controle de razoabilidade (...) Essa hipótese está de acordo com o fato de que o objetivo econômico da eficiência é atingir ao máximo possível a observância das preferências individuais. Assim, a avaliação da vantagem pessoal é deixada ao juízo exclusivo do indivíduo. (Tradução livre do original: CANARIS, Claus-Wilhem; GRIGOLEIT, Hans Christoph. Interpretation of Contracts. In: HARTKAMP, Arthur S. et al (ed.). *Towards a European Civil Code*. The Nederlands: Kluwer Law International, 2011, p. 590: "The right of self-determination, taken seriously, necessarily includes the freedom to pursue and to agree to something unreasonable – just as the vote in a democratic decision is not subject to any control of reasonableness. (...) This assumption is in accordance with the fact that the economic goal of efficiency is to achieve at the greatest possible compliance with individual preferences. This, the assessment of personal utility is left to the sole discretion of the individual".

última análise, da principiologia do equilíbrio contratual – serve de ponto de apoio para rebater os argumentos que indicam requisitos, em respeito a esse princípio, que necessariamente devem circundar a cláusula de não indenizar para que ela seja válida.

Existem posicionamentos que defendem que o princípio do equilíbrio contratual só é cumprido quando a cláusula de não indenizar em favor do devedor for contraposta à uma igual vantagem ao credor (que também se tornaria, na outra perspectiva contratual, potencial devedor) ou então o oferecimento de alguma outra vantagem econômica que a justifique. O entendimento é mantido em alguns trabalhos mais recentes[318], mas já podia ser visto na opinião de Aguiar Dias[319]. Exemplifica-se como se daria esse oferecimento de vantagem econômica pelo balanceamento das prestações dentro da própria relação obrigacional (como é o caso do oferecimento de condições negociais mais benéficas ou a redução do preço ou serviço oferecido), ou então em outros negócios jurídicos celebrados pelas partes. A vantagem econômica da cláusula de não indenizar seria contrabalanceada pela vantagem econômica em outro contrato celebrado entre as mesmas partes[320]. Esse tipo de situação só poderia ocorrer em contratos tidos como paritários, em que, embora não se alcance um nível de igualdade perfeita – já que impossível na prática – ainda assim as partes se encontram em posições equivalentes do ponto de vista que interessa à análise jurídica. Somente em contextos como esses a cláusula não seria uma mera imposição do polo mais forte, e sim o fruto de uma decisão negociada, respeitando-se o princípio do equilíbrio entre as prestações[321].

Contudo, conforme procuramos demonstrar anteriormente – sobretudo no que se refere aos contratos por adesão e as dificuldades em se concluir que a parte mais forte é sempre aquela beneficiada pela cláusula – o ordenamento jurídico vigente parece não fornecer parâmetros delineados de antemão sobre o conteúdo do princípio do equilíbrio econômico para a cláusula de não indenizar. Dizer que a cláusula de não indenizar, para ser válida e respeitar

---

[318] Cf. LAUDANNA Raquel de Moraes. Op. cit., p. 222; TABACH, Guilherme Botta. *Cláusula de não indenizar*. Inédito; PERES, Fábio Henrique. Op. cit., p. 132-142 e; AVELAR, Letícia Marquez de. Op. cit., p. 168-177.

[319] DIAS, Aguiar. *Cláusula de não indenizar*, cit., p. 60 e s.

[320] PERES, Fábio Henrique. Op. cit., p. 139-141.

[321] Idem, ibidem, p. 137.

tal princípio, deve necessariamente conter uma contraprestação econômica parece ir além do que é admissível pelo sistema normativo. Este não é, realmente, um dos seus requisitos de validade.

Fora a situação dos contratos em que o consumidor seja pessoa física – em que a cláusula de não indenizar será inválida de toda forma – há casos em que a reciprocidade da cláusula simplesmente não terá sentido, ou que a própria contratação já se demonstra como a vantagem econômica a justificar o equilíbrio contratual. Isso porque a distribuição de direitos e deveres entre as partes, pela própria característica do negócio, não se dá de modo uniforme. A finalidade econômica da cláusula de não indenizar se mostra justamente como elemento viabilizador de toda a relação contratual, o que se admite como critério interpretativo apto a justificar validade da avença[322]. Wanderley Fernandes fornece o exemplo de um contrato de empreitada, em que o dono da obra somente terá como atribuição o pagamento do preço[323]. Não há sentido em se oferecer a reciprocidade da cláusula de não indenizar pelo inadimplemento de sua única prestação, que é o pagamento no montante contratado. Do mesmo modo, diante do elevado grau dos riscos e das inúmeras atribuições assumidas pelo empreiteiro, a própria contratação pode se demonstrar como manifestação do equilíbrio econômico, uma vez que, sem a cláusula de não indenizar, que serve como instrumento para se racionalizar a exposição dos riscos, o negócio jurídico não seria celebrado.

O autor ainda esclarece qual é o real alcance das conclusões elaboradas por Junqueira de Azevedo, em prestigioso parecer sobre o tema, e normalmente mencionado como um dos que defendem que a reciprocidade da avença ou o oferecimento de contraprestação econômica devem ser encarados como requisitos de validade da cláusula de não indenizar[324]. Esclarece-se que o contrato em questão, em que se analisa a validade da *cross waiver of liability*, permitia o oferecimento recíproco da cláusula de não indenizar, já que seu objeto era a realização de pesquisas em cooperação bilateral. O parecer deixa claro que esse elemento serve de parâmetro interpretativo para vislumbrar, no

---

[322] Sobre a possibilidade de o magistrado levar em conta a finalidade econômica do contrato em sua avaliação interpretativa, ver: DODDI, Cristina. *Cláusula de restricción de responsabilidade contratual*. Buenos Aires: Lexis Nexis, 2005, p. 177.

[323] FERNANDES, Wanderley. Op. cit., p. 142.

[324] PERES, Fábio Henrique. Op. cit., p. 137; AVELAR, Letícia Marquez de. Op. cit., p. 169.

caso, a existência do equilíbrio contratual. Assim, conclui que se trata de circunstâncias que são elementos interpretativos, e não requisitos de validade[325].

Diante desses argumentos, é possível notar que o princípio do equilíbrio econômico entre as prestações, decorrente da justiça negocial, não pode ser traduzido necessariamente em imposições específicas de validade para a cláusula de não indenizar, tais como sua reciprocidade e o oferecimento de certas vantagens econômicas perceptíveis de plano. Importante frisar que não se está a defender que o referido princípio não seja aplicável, mas somente que a sua aplicação demandará exercícios de concreção levando-se em conta as circunstâncias e possibilidades de determinada relação jurídico-obrigacional. As vantagens mencionadas representam relevantes elementos interpretativos, mas não podem ser alçadas à categoria requisitos de validade deduzidos necessariamente da principiologia do direito obrigacional vigente.

10.5. Inaplicabilidade ao dolo e culpa grave

A impossibilidade de o devedor se beneficiar da cláusula de não indenizar quando o seu comportamento for doloso parece ser tema incontroverso da doutrina e jurisprudência. No entanto, as divergências surgem quando se tenta buscar o fundamento jurídico para embasar tal conclusão. O tema também parece merecer melhores esclarecimentos sobre qual é exatamente o momento do dolo sobre o qual se versa, uma vez que a categorização jurídica do dolo no momento da conclusão do contrato e aquele do momento de sua execução são diversos. Todavia, a mesma unanimidade sobre a invalidade não é notada no caso da culpa grave. Em uma discussão que passa pela diferença "ontológica" entre dolo e culpa, os autores debatem se o nosso ordenamento admite a gradação do comportamento culposo e se existe a possibilidade de equiparação do regramento jurídico. Embora a discussão não possa ser facilmente resolvida, a chave para sua compreensão reside em se analisar até que limite o ordenamento jurídico admite que o aplicador da norma equipare os dois regimes. Afinal, a dificuldade em se avaliar juridicamente a intenção por

---

[325] AZEVEDO, Antônio Junqueira de. Cláusula cruzada de não indenizar (*cross waiver of liability*), ou cláusula de não indenizar com eficácia para ambos os contratantes. Renúncia ao direito de indenização. Promessa de fato de terceiro. Estipulação em favor de terceiros, cit., p. 201.

traz de um comportamento, sobretudo em se tratando de pessoas jurídicas, é um aspecto de grande importância dentro do tema.

Caso o contrato preveja uma cláusula de não indenizar em favor do devedor, há praticamente unanimidade em se reconhecer que ela será inoperante caso o inadimplemento decorra de dolo[326]. Ou seja, em termos gerais, caso o devedor não cumpra deliberadamente – e aqui temos o elemento da intencionalidade – não poderá ele, de modo lícito, evitar que seja compelido a pagar a indenização devida. Contudo, a doutrina diverge sobre qual seria o fundamento para essa conclusão. Alguns autores ressaltam fundamentos de cunho moral[327] ou de domínio econômico ("admitir a exoneração de responsabilidade em caso de dolo seria destruir um dos fundamentos da estrutura capitalista de expansão da atividade econômica"[328]). Há também argumentos dentro da comunicação jurídica que entendem que a invalidade estaria ligada à impossibilidade de imposição de condições puramente potestativas[329] (parte final do art. 122 do Código Civil) ou de que a admissão da exoneração por dolo destruiria a própria efetividade do vínculo obrigacional[330].

Uma análise mais acurada do ordenamento jurídico vigente demonstra que tais argumentos devem ser olhados com cautela, de modo a se identificar com maior precisão qual seria o fundamento jurídico da inadmissibilidade da cláusula de não indenizar nos casos de dolo. As características da relação

---

[326] PERES, Fábio Henrique. Op. cit., p. 168-179; AVELAR, Léticia Marquez de. Op. cit., p. 192; FERNANDES, Wanderley. Op. cit., p. 155; ALVIM, Agostinho. Op. cit., p. 360; HIRONAKA, Giselda Fernandes Maria Novaes; TARTUCE, Flávio. Op. cit., p. 62; PRATA, Ana. *Cláusulas de exclusão e limitação da responsabilidade contratual*.cit., p. 279; PEREIRA, Caio Mário da Silva. *Instituições de direito civil*: teoria geral das obrigações, cit., v. 2, p. 225; AZEVEDO, Antônio Junqueira de. Cláusula cruzada de não indenizar (cross waiver of liability), ou cláusula de não indenizar com eficácia para ambos os contratantes. Renúncia ao direito de indenização. Promessa de fato de terceiro. Estipulação em favor de terceiros, cit., p. 202-203; entre outros.

[327] RODRIGUEZ, Adela Serra. *Cláusulas abusivas en la contratación, en especial, las cláusulas limitativas de responsabilidad*. Pamplona: Aranzadi Editorial, 1996, p. 101.

[328] FERNANDES, Wanderley. Op. cit., p. 162.

[329] CAVALIERI FILHO, Sérgio. Op. cit., p. 506; VENOSA, Sílvio. Op. cit., p. 59; RODRIGUES, Silvio. *Direito civil*: responsabilidade civil. 20. ed. São Paulo: Saraiva, 2007, p. 181.

[330] MONTEIRO, António Pinto. Op. cit., p. 216; PRATA *Cláusulas de exclusão e limitação da responsabilidade contratual*.cit., p. 286; LAUTENSCHLEGER JR., Nilson. Op. cit., p. 14; AZEVEDO, Antônio Junqueira de. Cláusula cruzada de não indenizar (*cross waiver of liability*), ou cláusula de não indenizar com eficácia para ambos os contratantes. Renúncia ao direito de indenização. Promessa de fato de terceiro. Estipulação em favor de terceiros, cit., p. 201.

jurídica advinda com a celebração de tal convenção não podem ser confundidas com as condições puramente potestativas, que são aquelas que implicam "subordinação efetiva e total de uma parte ao bel-prazer de outra parte"[331]. Isso porque, conforme já afirmado ao longo deste trabalho, a cláusula de não indenizar visa apenas interferir em um dos elementos que formam a responsabilidade do devedor por seu inadimplemento, qual seja, o surgimento do dever de indenizar. Diante disso, o credor ainda poderá lançar mão de outros instrumentos permitidos pelo ordenamento jurídico, tais como a execução específica da obrigação, a oposição de exceções e direito de retenção. Seu crédito não se encontra totalmente desprovido de proteção jurídica. Depreende-se que a cláusula de não indenizar não confere a faculdade de não cumprir o dever obrigacional ao devedor, afastando-se da situação das cláusulas puramente potestativas. Diante dessa conclusão, ela também não pode ser vista como uma negação da efetividade do vínculo obrigacional, mesmo que hipoteticamente se admita sua eficácia em caso de dolo do devedor.

A questão parece ser mais bem esclarecida por meio da aplicação dos princípios operantes em nosso ordenamento jurídico e que regem as relações jurídicas obrigacionais. Diante de um sistema que elege a boa-fé objetiva e a função social do contrato como um de seus pilares principiológicos, seria claramente contraditório admitir que uma pessoa seja beneficiada nos casos em que intencionalmente se comporte de maneira a não cumprir os deveres por ela assumidos[332] Ademais, tal situação parece confortavelmente adentrar o campo de incidência da vedação de cláusulas que vão de encontro ao princípio da manutenção da ordem pública[333], cujos contornos foram abordados anteriormente.

Outro ponto que merece ser olhado com precisão é o momento em que surge o referido dolo, uma vez que o ordenamento jurídico elabora regimes distintos a depender do caso. Uma situação é o dolo havido no momento da conclusão do contrato, disciplinado nos arts. 145 e seguintes do Código Civil. Outra é a hipótese em que o dolo só é percebido no momento da execução

---

[331] PENTEADO, Luciano de Camargo. Cláusulas típicas do negócio jurídico: condição, termo e encargo, cit., p. 480.

[332] Aliás, o brocardo *nemo turpitudinem suam allegare potest* já era presente em consciências jurídicas antigas.

[333] DIAS, José de Aguiar. *Cláusula de não indenizar*, cit., p. 113.

do contrato, ou seja, naquele momento cronologicamente posterior em que a parte, dolosamente, não cumpre o dever ao qual ela havia se comprometido. O assunto raras vezes é debatido diretamente pela doutrina que trata sobre o tema, embora seja possível notar que os argumentos se concentram sobre a questão do dolo na execução do contrato. As opiniões que abordam o tema diretamente no âmbito nacional acabam por utilizar o instrumental teórico dos planos do negócio jurídico[334], conforme preconizado, sobretudo, por Antonio Junqueira de Azevedo[335]. O dolo havido no momento da formação do contrato seria relevante para o plano da validade do negócio jurídico. A ocorrência do dolo impediria que o negócio jurídico fosse válido, porquanto não atenderia aos requisitos estabelecidos no ordenamento jurídico que lhe confeririam regularidade. Por outro lado, o dolo que se percebe no momento da execução do contrato estaria relacionado ao plano da eficácia. Trata-se de um daqueles casos em que a eficácia do negócio jurídico depende de fatores extrínsecos. É o caso da situação em que a cláusula de não indenizar é celebrada conforme os requisitos previstos no ordenamento jurídico – e, portanto, é válida – mas, diante da ocorrência de um fator externo ao negócio (no caso, o dolo na inexecução), não serão desencadeados os efeitos jurídicos que o negócio potencialmente previa. Os planos da existência e eficácia dos negócios jurídicos são distintos, de modo que podem surgir situações em que um determinado negócio é válido, mas ineficaz, ou então inválido, mas eficaz[336].

Caso a cláusula de não indenizar seja inserida em um contrato por meio de "artifício ou expediente astucioso"[337] de modo a prejudicar o futuro credor, estar-se-á diante do dolo na formação do negócio. O regime jurídico que se segue é o da anulabilidade (art. 171, II, do Código Civil), e as consequências jurídicas são aquelas indicadas no art. 182 do mesmo Código. Como exemplos hipotéticos podem ser indicadas aquelas situações em que a cláusula de não indenizar é imposta pelo possível devedor com a única intenção de não cumprir a obrigação, convencendo o credor de que somente lhe trará benefícios, ou ainda nos casos em que o devedor se utiliza de expediente pelo qual o

---

[334] Ver, por todos, AVELAR, Letícia Marquez de. Op. cit., p. 193-194.

[335] AZEVEDO, Antônio Junqueira de. *Negócio jurídico – existência, validade e eficácia*, cit.

[336] Idem, ibidem, p. 49.

[337] LOTUFO, Renan. *Comentários ao Código Civil*: parte geral, v. 1, p. 398.

credor firma o contrato sem saber exatamente qual é o significado e extensão da "renúncia" à indenização[338].

Uma importante ressalva merece ser feita, no entanto. Os casos de dolo na formação do contrato diferem dos casos em que a própria cláusula expressamente declara que o futuro devedor não irá indenizar as perdas e danos, total ou parcialmente, mesmo no caso de inadimplemento doloso. Na primeira situação a cláusula de não indenizar é inserida no contrato mediante dolo, enquanto na segunda hipótese o próprio conteúdo da cláusula de não indenizar se refere ao dolo. Em tais casos, o regime jurídico aplicável será o da nulidade, e não o da anulabilidade. Conforme linha de raciocínio traçada acima, a responsabilidade por dolo não pode ser excluída de antemão por manifestação de vontade das partes, uma vez que uma disposição com essa afrontaria o princípio da boa-fé objetiva e ordem pública. Os dispositivos positivados que permitem tal conclusão sobre o regime jurídico aplicável são os arts. 122 e 166, II, do Código Civil.

Novamente quanto à fase da execução do contrato, é possível indicar que o dolo no inadimplemento faz com que uma cláusula de não indenizar válida fique impedida de surtir efeitos jurídicos. É a circunstância em que no momento da conclusão do contrato não houve dolo ou qualquer outro vício, de modo que ela cumpre todos os requisitos de regularidade conforme o ordenamento jurídico, mas que, todavia, por uma conta de um fator fora do âmbito daquele negócio, qual seja, o comportamento doloso do devedor em não cumprir o pactuado, o mesmo ordenamento jurídico impede que surjam seus potenciais efeitos. É sobre essa circunstância que grande parte da doutrina se debruça ao afirmar que a cláusula de não indenizar pode ser "inválida" no caso de dolo.

Entretanto, o dolo que ocorre no momento posterior à conclusão do contrato não se mostra tendente a influenciar propriamente o âmbito de validade da cláusula, como um dos planos do negócio jurídico. O que ocorre, tecnicamente, é que a cláusula de não indenizar não pode ter abrangência normativa – isto é, não pode incidir – nos casos em que o devedor dolosamente não cumpra o pactuado. Do mesmo modo que a inclusão do dolo como objeto da cláusula é fulminada de nulidade, não há sentido jurídico em se permitir

---

[338] Os exemplos são fornecidos por AVELAR, Letícia Marquez de. Op. cit., p. 193.

que a cláusula de não indenizar que não se expresse diretamente sobre tal expediente possa abarcá-lo.

Destoando da homogeneidade de conclusões alcançadas sobre o tema do dolo, as discussões em torno da admissão da culpa grave na cláusula de não indenizar no caso de culpa é marcada por divergências. Inicialmente, como foi visto acima, o próprio tema da culpa em geral é fonte de profundos debates, tendo em vista a multiplicidade de referências ao longo do direito positivado. Porém, conforme se procurou demonstrar na primeira parte deste trabalho, é possível afirmar com segurança que a culpa está ligada ao não cumprimento de certos deveres impostos à parte em uma dada relação contratual, de modo que a precisa identificação de tais deveres demandará um exercício de concreção por parte do intérprete[339]. Nosso direito positivado indica as manifestações mais consagradas de culpa (negligência, imprudência e imperícia), mas que, contudo, podem ser ligadas aos modos pelos quais as pessoas não agem da forma determinada pelo sistema normativo. O assunto ganha complexidades e incertezas exponenciais quando os graus de culpa entram no debate. Fica desde já evidente que qualquer exercício e controle jurisdicional que verse sobre a medida do não cumprimento de determinado comportamento de uma pessoa – inclusive jurídica – estará sujeito a imprecisões.

Há pouca resistência sobre a admissão da culpa comum na cláusula de não indenizar[340]. Não parece haver no ordenamento jurídico vigente motivos que vedem a cláusula nessas situações, quer gerais – como ordem pública ou boa--fé objetiva – quer mesmo restrições específicas sobre o tema. Ademais, caso se entenda que a cláusula de não indenizar sequer possa ser válida e surtir efeitos nos casos de culpa, sua aplicação ficaria muito limitada do ponto de vista prático, ou simplesmente renegada a elucubrações acadêmicas[341]. Todavia, a culpa grave encontra grande oposição, de modo que há autores que entendem que o brocardo *culpa lata dolo aequiparatur* tem cabimento segundo o sistema jurídico vigente.

A linha de pensamento que defende que a cláusula de não indenizar é cabível mesmo nos casos em que o inadimplemento decorra de culpa tida

---

[339] O tema também foi aprofundado em BANDEIRA, Luiz Octávio Villela de Viana. Culpa na Responsabilidade Contratual? cit..

[340] Cf. PERES, Fábio Henrique. Op. cit., p. 174.

[341] Idem, ibidem.

como grave se sustenta em dois grandes pilares argumentativos. O primeiro se refere ao fato de haver uma divergência ontológica entre dolo e culpa. Ou seja, o que separa ambos é uma diferença de natureza e não de grau[342], tendo em vista que o primeiro demanda perquirições por parte do aplicador da norma (ainda que problemáticas) acerca da intencionalidade do ato do agente, enquanto a culpa dispensa esse elemento. O segundo pilar se refere ao fato de o ordenamento jurídico vigente ter extirpado a possibilidade de gradação de culpa dentro da dogmática civilista[343]. A diferença de natureza entre ambas as figuras, somada ao fato de a culpa não poder ser medida em graus, autorizaria a conclusão que mesmo a culpa sendo "grave" não é possível que seja imposto o mesmo regime jurídico referente ao dolo no inadimplemento da obrigação.

Há quem rebata tais argumentos. Autores questionam, em primeiro lugar, se efetivamente o ordenamento jurídico brasileiro rejeitou a gradação de culpa dentro da lógica civilista[344]. O principal dispositivo positivado que aguça tal dúvida é o parágrafo único do art. 944 do Código Civil, mencionado neste trabalho quando o tema das exceções ao princípio da reparação integral foi abordado. A regra autoriza o magistrado a avaliar a desproporção entre a gravidade da culpa e do dano ao determinar a indenização devida, ou, a rigor, encarta uma autorização ao aplicador da norma para fazer um juízo gradativo sobre a atividade culposa, mesmo que a gradação seja irrelevante para a configuração do ilícito *per se*. A total impossibilidade de gradação da culpa é rejeitada. O argumento vai ainda além para destrinchar as implicações jurídicas ao se afirmar que entre dolo e culpa haveria uma divergência de natureza. A divergência "ontológica" não é posta em dúvida, mas sim a sua possibilidade de evitar a equiparação de regimes jurídicos. Argumenta-se que não se está a postular a identidade jurídica entre as figuras, mas a possibilidade de aplicação do mesmo regime jurídico, mormente naqueles casos limites em que a linha entre culpa grave e dolo se torna extremamente tênue[345]. Uma dada atitude pode ser tão gravemente culposa que o ordenamento jurídico

---

[342] ALVIM, Agostinho. Op. cit., p. 360.a

[343] Idem, ibidem; PEREIRA, Caio Mário da Silva. *Instituições de Direito Civil*: teoria geral das obrigações, cit., p. 210.

[344] TEPEDINO, Gustavo; BARBOZA, Heloísa Helena; MORAES, Maria Celina Bodin de. Op. cit., p. 338; VENOSA, Sílvio. Op. cit., p. 61.

[345] Por todos, ver FERNANDES, Wanderley. Op. cit., p. 169-171.

autorizaria que, por questões de vedação do abuso de direito e função social do contrato[346], permita-se a conclusão que o devedor da cláusula não poderia se beneficiar pela cláusula de não indenizar.

Este debate pode ser resumido à seguinte pergunta: o sistema normativo vigente admite que o intérprete, em determinadas circunstâncias consideradas "graves", possa equiparar o regime jurídico do dolo à culpa? Em um primeiro momento, é necessário se desvincular um pouco das expressões como "diferenças ontológicas" ou "diferenças de natureza", ou ao mesmo compreender o que elas verdadeiramente representam dentro da comunicação jurídica. As idealizações, que chegam perto de um ponto de imanência sobre o que é estar em culpa ou dolo, normalmente prestam um desserviço à ciência jurídica. Culpa e dolo, por serem também técnicas de apresentação da linguagem do direito, somente podem ser entendidos como instrumentos que ligam fatores condicionantes a consequências jurídicas condicionadas, conforme explicações feitas na primeira parte deste trabalho. Não há dolo ou culpa por natureza. De acordo com o ordenamento jurídico vigente, os fatores condicionantes de ambos são diferentes, pois no dolo há o já citado elemento de intencionalidade a ser investigado pelo aplicador da norma, nos limites possíveis da comunicação jurídica. É essa a diferença "de natureza" ou "ontológica" a que se referem os comentadores, que, como visto, nada tem de natural ou ontológica, uma vez que o direito positivo é formulado por decisões que podem variar com o desenrolar do processo legiferante.

As consequências jurídicas condicionadas – isto é, o regime jurídico – de ambas as figuras são marcadas ora por diferenças, ora por aproximações. Realmente, é comum ver em alguns diplomas normativos a culpa e dolo unidos em seu regramento jurídico, desencadeando as mesmas consequências. É o caso, por exemplo, do art. 248 do Código Brasileiro de Aeronáutica. Há algumas manifestações jurisprudenciais que admitem a aplicação do mesmo regime jurídico. É o caso da antiga Súmula 145 do Superior Tribunal de Justiça que tratava do transporte desinteressado antes do advento do Código Civil, além

---

[346] AZEVEDO, Antônio Junqueira de. Nulidade da cláusula limitativa de responsabilidade em caso de culpa grave. Caso de equiparação entre dolo e culpa grave. Configuração de culpa grave em caso de responsabilidade profissional. In: *Novos estudos e pareceres de direito privado*. São Paulo: Saraiva, 2009.

de outros julgados da corte[347]. Ademais, como se frisou acima, não se descarta que, por um exercício principiológico elaborado pelo aplicador da norma, o ordenamento jurídico permita plenas equiparações.

O campo do dolo e da culpa no direito obrigacional é marcado por imprecisões e pela necessidade de concreção conforme as circunstâncias que são trazidas para avaliação. A dificultosa tarefa de se determinar elementos psicológicos (como a intenção no dolo) ou a gravidade do não cumprimento de um dever (como é o caso da gradação da culpa) podem ser superados por uma simplificação permitida dentro dos limites impostos pelo ordenamento jurídico. Os vetores principiológicos do direito civil vigente são aqueles que prestigiam a boa-fé objetiva, calcada, entre outros elementos, na necessidade de cooperação e no fluxo da obrigação como um processo tencionado a permitir o adimplemento e a satisfação das partes. É importante frisar que a cláusula de não indenizar é uma exceção à regra da reparação por perdas e danos no caso da responsabilidade por inadimplemento. Não se pode ignorar que pode haver casos em que a intenção do agente é tão difícil de ser identificada, mas a gravidade da culpa se mostra de tal forma patente, que o benefício que a parte devedora obteria pela limitação ou exclusão do dever de indenizar passaria dos limites permitidos pelo ordenamento, e entraria na seara da ausência de boa-fé ou do abuso de direito. O sistema permite que o intérprete determine a não incidência da avença, equiparando o regime jurídico da culpa considerada grave ao dolo.

10.6. A questão das obrigações principais do contrato

É debatido no campo doutrinário e jurisprudencial se um dos requisitos de validade da cláusula de não indenizar estaria ligado à impossibilidade de abarcar o dever de indenizar surgido diante do inadimplemento da obrigação principal de determinada relação contratual. Embora seja possível encontrar vozes que proclamam a total invalidade da cláusula nessas situações, opiniões mais recentes buscam demonstrar que não é possível concluir pela

---

[347] STJ, 3ª T., REsp 23875/SP, rel. Min. Castro Filho, j. 14-2-2006, *DE* 10-4-2006; STJ, 3ª T., REsp 23815/RJ, rel. Min. Eduardo Ribeiro, j. 4-3-1997, *DJ* 14-4-1997; STJ, 1ª T., REsp 21549/SP, rel. Min. Humberto Gomes de Barros, j. 6-10-1993, *DJ* 8-11-1993. Julgados mencionados em AVELAR, Letícia Marquez de. Op. cit., p. 201, nota de rodapé 777.

AS CLÁUSULAS DE NÃO INDENIZAR NO DIREITO BRASILEIRO

invalidade de antemão, de modo que se deve buscar um olhar mais atento à manutenção dos demais mecanismos jurídicos que tutelam o crédito caso a caso, antes de se concluir pela inoperabilidade da avença. Busca-se analisar se, no caso concreto, a cláusula de não indenizar que atinja a obrigação principal teria como efeito a desfiguração da relação obrigacional. Essa corrente de pensamento parece estar mais alinhada à já aludida dificuldade de estabelecer restrições *per se* à validade da cláusula de não indenizar em nosso ordenamento jurídico.

As opiniões que se mostram contrárias à possibilidade de a cláusula de não indenizar versar sobre a obrigação principal normalmente se embasam na necessidade de se proteger juridicamente o vínculo celebrado[348]. Essa avença só poderá ser considerada válida caso tiver como objeto as obrigações acessórias do negócio jurídico entabulado[349]. Entende-se que caso o devedor não se responsabilize pelo não cumprimento da obrigação principal, o negócio conteria em si uma situação abusiva, ficando a eficácia do vínculo gravemente comprometida. Do mesmo modo que os argumentos utilizados para os casos de dolo e culpa grave, chega-se a equiparar a situação à vedação das cláusulas puramente potestativas[350], conforme art. 122, uma vez que ficaria ao mero arbítrio do devedor cumprir ou não sua prestação, pois não surgiria o dever de indenizar decorrente de seu inadimplemento[351].

Todavia, na linha do que já foi defendido anteriormente, a eficácia de um vínculo obrigacional não pode ser resumida à manutenção do dever de indenizar que surge no momento do inadimplemento. Isso porque o surgimento do dever de indenizar é somente uma das consequências estabelecidas pelo ordenamento jurídico para o momento patológico do vínculo obrigacional.

---

[348] Cf. MONTEIRO, António Pinto. Op. cit., p. 125; VENOSA, Sílvio. Op. cit., p. 60; RIZZARDO, Arnaldo. *Responsabilidade civil*. Rio de Janeiro: Forense, 2005, p. 878; CAVALIERI FILHO, Sérgio. Op. cit., p. 519-520; SCAVONE JUNIOR, Luiz Antonio. Op. cit., p. 95; LAUDANNA Raquel de Moraes. Op. cit., p. 223.

[349] Cf. CERQUEIRA, Gustavo Vieira da Costa. Op. cit., p. 132; PERES, Fábio Henrique. Op. cit., p. 180.

[350] AZEVEDO, Antônio Junqueira de. Cláusula cruzada de não indenizar (*cross waiver of liability*), ou cláusula de não indenizar com eficácia para ambos os contratantes. Renúncia ao direito de indenização. Promessa de fato de terceiro. Estipulação em favor de terceiros, cit., p. 201.

[351] Vale frisar novamente que nos contratos de consumo em que o consumidor seja pessoa física não há dúvida alguma sobre tal proibição, dado o que dispõe o art. 51, I, do Código de Defesa do Consumidor.

PARTE II

O sistema normativo permite que a parte devedora lance mão de outros instrumentos jurídicos, tais como a execução específica do contrato, oposição de exceções e exercício do direito de retenção, que servirão para amparar a situação jurídica creditícia[352]. Não é possível de antemão afirmar que a cláusula de não indenizar que verse sobre a obrigação principal necessariamente irá atingir de modo fulminante a eficácia do vínculo jurídico. Se o argumento é válido em princípio, há situações contratuais, no entanto, em que esses instrumentos se demonstrarão totalmente ineficazes para a tutela da posição jurídica do credor.

Os exemplos normalmente mencionados – e comumente encontrados em manifestações jurisprudenciais[353] – são os casos dos contratos de depósito de coisa celebrados normalmente com instituições financeiras, também denominados "locação de cofre". Nesses contratos a obrigação principal do titular do cofre é prestar guarda e segurança aos itens lá depositados, com seu conhecimento, mediante remuneração. A existência de uma cláusula de não indenizar que viesse a abarcar o inadimplemento do depositário em seu dever de guarda e segurança dos bens deixaria o depositante totalmente desprovido de qualquer proteção jurídica em relação ao seu crédito. Não poderia ela lançar mão da execução específica ou, pela configuração do contrato, das exceções ou o exercício do direito de retenção. Sequer se poderia valer do direito à restituição dos bens depositados, porquanto extraviados. Em tais casos, especificamente, a cláusula teria como efeito impossibilitar qualquer proteção jurídica do crédito, desfigurando a relação estabelecida. A mesma situação poderia ser aplicada aos contratos que prevejam obrigações personalíssimas[354] ou então nos contratos de estacionamento[355], embora esta última possa, na prática, enquadrar-se com mais frequência na vedação absoluta prevista no Código de Defesa do Consumidor.

---

[352] GODOY, Cláudio Luiz Bueno de. *Função social do contrato*, cit., p. 75; AVELAR, Letícia Marquez de. Op. cit., p. 205-2011; PERES, Fábio Henrique. Op. cit., p. 180-189.

[353] TJSP, 20ª Câmara de Direito Privado, Ap. 1.329.893-4, rel. Correira Lima, j. 02.02.2009; TJSP, 11ª Câmara de Direito Privado, Ap. 1290107-6, rel. Moura Ribeiro, j. 28.08.2008; TJSP, 20ª Câmara de Direito Privado, Ap. 7.104.544-2, rel. Cunha Garcia, j. 31-1-2008.

[354] Cf. PERES, Fábio Henrique. Op. cit., p. 182-183.

[355] BANDEIRA, Evandro Ferreira de Viana. Op. cit., p. 13; TABACH, Guilherme Botta. *Cláusula de não indenizar*. Inédito; TJSP, 1ª C., Ap., rel. Luiz de Azevedo, j. 22-2-1991, *RT* 670/73.

Todavia, ainda dentro do exemplo da locação de cofre, a situação poderia ser diferente se o depósito fosse sigiloso[356]. Nesses casos, estando a depositário impossibilitado de avaliar o risco ao qual estará exposto, seria legítimo que a cláusula de não indenizar, em sua modalidade limitativa, fosse admitida. Isso porque a limitação do valor da indenização, mesmo que referente à obrigação principal, forneceria a proteção necessária à posição jurídica do devedor. O caso do depósito sigiloso não deve ser confundido com as hipóteses em que o depositário estabelece quais bens ele poderá guardar ou não. A diferença entre as situações está ligada à distinção entre uma cláusula de não indenizar, que tem por objeto a obrigação principal, e as cláusulas que estabelecem o conteúdo dessa própria obrigação. Conforme mencionado anteriormente neste trabalho, é necessário frisar que a cláusula de não indenizar se refere ao momento patológico da obrigação, ou seja, o descumprimento de um dever. As cláusulas que cunham os direitos e deveres estabelecidos entre as partes, por sua vez, dizem respeito à fase primária da obrigação, ou seja, ao momento do surgimento do dever. A primeira se refere ao inadimplemento de um dever assumido, enquanto a segunda estabelece que o dever será assumido pela parte, formando o vínculo.

A admissão da cláusula de não indenizar no caso de inadimplemento das obrigações principais, portanto, ganha maior reconhecimento por parte da doutrina quando o eixo de análise é focado nas possibilidades de outros instrumentos jurídicos conferirem eficácia ao vínculo. Contudo, alguns autores mostram-se ainda mais contundentes sobre o tema: "As cláusulas de limitação ou de exoneração de responsabilidade têm o propósito de dar previsibilidade quanto à indenização dos danos, *exatamente*, em razão do inadimplemento da obrigação principal" (grifo original), assevera Wanderley Fernandes[357], comparando-as às cláusulas penais compensatórias, sem recurso ao ressarcimento dos danos excedentes ao valor da penalidade, que teriam o mesmo propósito em nosso ordenamento jurídico. Mais adiante, com base na evolução do conceito de *fundamental breach* nos países de tradição da *common law*, entende o autor que o fato de a cláusula de não indenizar se referir à obrigação principal

---

[356] Cf. PERES, Fábio Henrique. Op. cit., p. 181.
[357] FERNANDES, Wanderley. Op. cit., p. 190.

dever ser tomado como elemento de interpretação do negócio jurídico, e não como violação a um requisito de validade[358].

Do ponto de vista normativo, não é possível vislumbrar que há uma vedação previamente estabelecida que proíba que cláusula de não indenizar verse sobre as obrigações principais do contrato. As perspectivas acima abordadas têm o grande mérito de ressaltar tal argumento. A circunstância de haver, no caso concreto, outros mecanismos jurídicos dispostos ao credor para garantir a eficácia do vínculo representa, afinal, um critério mais objetivo para se saber, interpretativamente, se a limitação que diz respeito às obrigações principais terá como consequência ou não o aniquilamento do vínculo, caso em que não poderá ser considerada eficaz.

11. Causa de não incidência de responsabilidade x cláusula de não indenizar

A criação do dever de indenizar é a mais evidente consequência estabelecida no ordenamento jurídico para o caso de inadimplemento de uma obrigação anterior ou pela ocorrência de um dano, preenchidos os pressupostos legais para tanto. A responsabilidade civil é pautada pela ideia de que os danos aos bens jurídicos sofridos pelas pessoas devem ser reparados[359] – noção essa que abarca tanto a responsabilidade contratual como extracontratual –, sendo que, em nosso sistema normativo, tal regra está positivada nos arts. 389 e 402 do Código Civil.

No entanto, se a reparação integral do dano é a regra geral, existem casos excepcionais expressamente elencados pela lei – ou vislumbrados por meio do trabalho interpretativo dogmático – em que a obrigação de indenizar criada pela violação de um dever não terá a amplitude de reparar integralmente os danos causados ao devedor, ou, até, determinem a não existência do vínculo jurídico indenizatório. Também por autorização legislativa, as pessoas, dentro dos limites da autonomia privada estabelecidos pelo sistema normativo, poderão delimitar as consequências jurídicas decorrentes violação de bens

---

[358] FERNANDES, Wanderley. Op. cit., p. 192.
[359] LARENZ, Karl. *Derecho justo*: fundamentos de ética jurídica, cit., p. 114.

jurídicos alheios. Com essas observações, estamos fazendo referência a uma importante dualidade existente no âmbito da responsabilização civil: a diferença entre causas de não incidência da responsabilidade e de cláusulas limitativas do dever de indenizar.

Para que as consequências da responsabilidade civil possam ser imputadas a um determinado sujeito é necessário que sejam preenchidos os pressupostos elencados no sistema normativo para tanto, ocasionando o fenômeno da incidência jurídica[360]. Entretanto, por disposição normativa, é possível que determinadas circunstâncias sejam qualificadas como aptas a impedir o surgimento da responsabilidade civil e suas consequências, incluindo o – mas não se restringindo ao – surgimento do dever de indenizar. Noutro giro, são aquelas circunstâncias sem as quais o fenômeno da incidência ocorreria, de modo a constituir o dever de indenizar. A norma que prescreve a circunstância incide justamente para que não incida a norma que prevê a responsabilidade.

Como exemplos para demonstrar a circunstância acima descrita, temos as hipóteses de caso fortuito, força maior e excludentes de ilicitude (esta especificamente para os casos de responsabilidade subjetiva) cuja incidência efetivamente impedem o nascimento da responsabilidade civil. Neste ponto, a percepção dualista da obrigação, conforme acima traçada, pode ajudar a aclarar o que se entende por não incidência da responsabilidade civil. Imagine-se o caso hipotético de contrato de prestação de serviço em que o devedor se comprometa a executar um comportamento útil ao credor em determinada data, mas que, todavia, por um evento juridicamente caracterizado por força maior, a obrigação de fazer fique impossibilitada. Desde a formação do contrato existia entre credor e devedor aquela determinada relação de dívida, caracterizada pela fase não coativa do vínculo obrigacional e pela expectativa de satisfação em favor do credor. Todavia, pela ocorrência de um evento de força maior, a expectativa do credor em receber a prestação ficou frustrada, mas, ao contrário do que ocorreria em uma situação normal, não poderá ele tomar nenhuma das medidas coativas em face do devedor que ordinariamente seriam possíveis, uma vez que o liame da responsabilidade não existirá.

---

[360] VIANNA, Ragner Limongeli. *Excludentes da obrigação de reparação de danos*. Dissertação (Mestrado em Direito) – Faculdade de Direito, Pontifícia Universidade Católica de São Paulo, São Paulo, 2001, p. 10.

PARTE II

Em tal caso, opera-se exclusivamente a resolução do contrato, inexistindo a possibilidade de indenização por perdas e danos, além de medidas como a execução específica da obrigação de fazer.

As cláusulas de não indenizar, por seu turno, apresentam importante diferença em relação às causas de não incidência de responsabilidade, designadamente do ponto de vista de seu fundamento imediato. As cláusulas são disposições criadas pela manifestação de vontade das partes, nos limites permitidos pelo ordenamento jurídico, enquanto as causas de não incidência estão expressamente dispostas no texto normativo, não comportando, em regra[361], modificações de seus efeitos pelas partes. Por outro lado, é possível apontar que para impedir a incidência dos efeitos da responsabilidade, guardadas as devidas proporções, elas demonstram ter funcionamento semelhante. Isso porque a cláusula de limitação do dever de indenizar tem a aptidão de impedir a incidência do principal efeito da responsabilidade civil, nomeadamente a criação do dever de indenizar. Conforme nossa proposta, se a responsabilidade civil – sobretudo a contratual – for vislumbrada como um termo que comporta uma gama de consequências jurídicas, a cláusula terá o efeito de amputar a incidência de uma delas, permanecendo inalteradas as demais. As causas de não incidência elencadas pela lei, por seu turno, não têm essa acepção restrita, porquanto evitam a incidência de todos os efeitos da responsabilidade.

Não é incomum encontrarmos na literatura jurídica que trata das cláusulas de não indenizar assertivas que frisam a impossibilidade de que as partes, por convenção, possam suprimir a responsabilidade, de modo que elas somente teriam o condão de afastar o dever de indenizar decorrente da responsabilidade. Surgem lições, como a de Caio Mário da Silva Pereira, que indicam que o responsável continua sendo responsável, mesmo que beneficiado pela cláusula de não indenizar, com a diferença que não será devedor da indenização: "não tem a convenção o efeito de suprimir a responsabilidade, o que em verdade não se poderia fazer, porém o de afastar a obrigação dela decorrente. Pela convenção, o devedor, que era responsável e que continua responsável,

---

[361] Dizemos que elas, "em regra", não admitem modificações de efeitos para comportar os casos em que as partes podem, por convenção, estipular a responsabilidade mesmo na hipótese de caso fortuito ou força maior, conforme parte final do art. 393 do Código Civil.

exime-se de ressarcir o dano causado"[362]. Aguiar Dias, no mesmo sentido, assevera que "ninguém pode deixar de ser responsável, porque a responsabilidade corresponde, em ressonância automática, ao ato ou fato jurídico"[363], sendo que, portanto, "a cláusula não suprime a responsabilidade, porque não a pode eliminar, como não se elimina o eco. O que se afasta é a obrigação derivada da responsabilidade, isto é, a reparação"[364].

Concordamos que, em seus efeitos práticos, tais lições estão fundamentalmente corretas, uma vez que identificam precisamente que a cláusula de não indenizar somente poderá versar sobre a obrigação de indenizar advinda do descumprimento de um dever, permanecendo intactos – e com impossibilidade de serem tocados – os demais efeitos da responsabilidade. Todavia, é relevante apontar que não compreendemos o dever de indenizar como algo diferente da responsabilidade civil – no sentido de uma convenção poder afastar um e não o outro – mas, no sentido de que uma engloba a outra. Conforme já procuramos demonstrar ao longo do trabalho, a responsabilidade civil, como um termo técnico de apresentação do direito, deve ser analisada como um termo que condensa em si um feixe de consequências jurídicas, sendo que, uma delas, é justamente o dever de indenizar. Trata-se, portanto, de uma relação entre uma parte e o todo formado pela união de partes. Diante disso, se desse "todo" é retirada uma das "partes" que o formam, não há imprecisão terminológica em se dizer que agora ele é um "todo limitado", conforme já dito neste trabalho. O mesmo raciocínio pode ser empregado sobre a cláusula que impede a incidência do dever de indenizar. Se a responsabilidade é a

---

[362] PEREIRA, Caio Mário da Silva. *Instituições de direito civil*: teoria geral das obrigações, cit., v. 2, p. 389.

[363] DIAS, José de Aguiar. *Cláusula de não indenizar*, cit., p. 38. O autor prossegue: "Estudando os efeitos da cláusula, melhor precisaremos essa distinção. Por ora, é suficiente dizer que a denominação *cláusula de irresponsabilidade*, como, aliás, a própria designação de responsabilidade civil, só é aceita porque a distinção já é tardia e ao sentido estrito de *responsabilidade*, como *resposta* ao dano, se substituiu o de reparação, que é efeito normal da responsabilidade. Compreende-se que seja declarado responsável, isto é, sem responsabilidade, quem pratica um delito em legítima defesa. É a lei que estabelece. Mas a convenção não o pode fazer. Não é lícito às partes afastar a responsabilidade, isto é, estimular que uma delas não é o sujeito passivo da obrigação de reparar e, assim, da ação de ressarcimento, pois isso escapa ao campo de suas disposições. Só lhes é permitido negociar sobre a reparação, que é consequência da responsabilidade" (p. 38-39).

[364] DIAS, José de Aguiar. *Cláusula de não indenizar*, cit., p. 38-39.

PARTE II

expressão de consequências jurídicas, e o dever de indenizar é uma delas, a não incidência desse dever nos permite concluir que a "responsabilidade foi limitada". Suprimir a responsabilidade não é o mesmo que eliminá-la, sob tal ponto de vista, e o responsável continua sendo responsável (mas de um modo limitado) mesmo diante de uma cláusula de limitação válida, uma vez que ainda incidirão os demais efeitos que não foram atingidos pela convenção.

12. A questão da acessoriedade da cláusula de não indenizar

É importante, neste ponto, fazer uma pequena ressalva acerca do caráter acessório da cláusula de não indenizar. Muito embora o ambiente propício de seu desenvolvimento seja aquele em que há um contrato e as partes desejam convencionar a não incidência do dever de indenizar total ou parcialmente para o caso de inadimplemento dos deveres que formam a relação obrigacional, existem situações em que a própria convenção limitativa figura como objeto principal. São os casos, tratados adiante, em capítulo específico, em que as partes chegam a um acordo para limitar o dever de indenizar gerado pela ocorrência de dano extracontratuais. Ainda que existam opiniões contrárias à possibilidade de que tal avença diga respeito à responsabilidade extracontratual[365], parece-nos que a posição merece ser analisada com cautela, sobretudo naqueles casos em que, por mais que não exista uma relação jurídica contratual prévia, as partes se encontram em uma situação que as possibilita prever a ocorrência de danos mútuos. A título de exemplo, entendemos haver diferenças relevantes entre a situação de dois fazendeiros vizinhos, e a situação de um motorista de um carro e um pedestre. No primeiro caso, seria possível admitir que os dois fazendeiros cheguem a um acordo para que não seja devida a indenização para o caso de danos recíprocos causados pelo caminhar do rebanho na propriedade do outro[366]. Nesse caso, ante a ausência de relação jurídica contratual prévia, a avença direcionada a limitar o montante

---

[365] PEREIRA, Caio Mário da Silva. *Responsabilidade civil de acordo com a Constituição de 1988*, cit., p. 352; PEREIRA, Caio Mário da Silva. *Instituições de direito civil*: teoria geral das obrigações, cit., p. 390; RODRIGUES, Silvio.Op. cit., p. 179; NERY JUNIOR, Nelson; ANDRADE NERY, Rosa Maria. *Código Civil comentado*. 3. ed., cit., p. 948.

[366] O exemplo é dado por VIANNA, Ragner Limongeli. Op. cit., p. 127.

indenizatório só poderia ser considerada como principal, porquanto este seria o único objeto do contrato celebrado. No segundo caso, essa aproximação prévia não existiria, de modo que não seria possível admitir uma eventual cláusula de limitação do dever de indenizar em favor do motorista do carro.

Partindo do pressuposto que as cláusulas limitativas do dever de indenizar podem se apresentar como acessórias a um negócio jurídico principal ou encartar a própria prestação principal, sua natureza de negócio jurídico bilateral é inafastável, porque demanda duas manifestações de vontade concordantes para a sua constituição. Quando estiverem na posição de acessoriedade a um negócio jurídico principal, podem ser celebradas no próprio instrumento ou em instrumento apartado, mas, para manter sua natureza, deverá ser celebrada antes do inadimplemento da obrigação[367], ainda que tenham sido convencionadas em momento posterior ao surgimento da obrigação principal[368]. Após o inadimplemento, a avença deverá ser caracterizada como renúncia ou transação, conforme veremos em capítulo próprio sobre a comparação da figura com outros institutos afins.

O tema da acessoriedade das cláusulas de limitação de responsabilidade provoca desde logo uma questão acerca de sua relação com o negócio jurídico principal em vista do nosso direito positivo. Dada a alta suscetibilidade de tais tipos de cláusulas ensejarem demandas judiciais discutindo a sua validade, seria o caso de se perguntar qual seria o destino do negócio principal caso a cláusula, especificamente, seja declarada nula. O art. 184 do Código Civil prevê aquela premissa observada por Beviláqua, e lembrada por Renan Lotufo, do *utile per inutile non vitiatur*, ou seja, o útil não se vicia pelo inútil[369]. Como regra geral, seria possível cogitar que a invalidade da cláusula de não indenizar não seria suficiente para invalidar o negócio com a qual ela guarda relação de acessoriedade. Uma vez declarada a nulidade da cláusula de limitação de responsabilidade, o devedor ficaria sujeito ao regime geral da responsabilidade civil, com todos os seus efeitos[370].

---

[367] PERES, Fábio Henrique. Op. cit., p. 45.

[368] AMARAL JÚNIOR, Alberto do. Op. cit., p. 68.

[369] LOTUFO, Renan. *Comentários ao Código Civil*: parte geral, v. 1, p. 493.

[370] Essa é a posição de António Pinto Monteiro, embora com o grau de generalidade que nos parece exagerado, tendo em vista que não é possível concluir cientificamente que a manutenção do negócio jurídico deva ser aplicada em todos os casos: "Pensamos, no entanto, ser

PARTE II

É necessário apontar que a redação do referido dispositivo, todavia, condiciona a manutenção da parte não atingida pela invalidade, ao respeito à intenção das partes. Sobre o tema, Itamar Gaino observa que "a expressão *respeitada a vontade das partes* indica que não se deve considerar subsistente o negócio jurídico parcialmente nulo, quando se conclui que as partes não o teriam realizado sem a presença da parte nula no programa obrigacional"[371]. O assunto é particularmente sensível dentro do tema da cláusula de não indenizar. Tendo em vista que a inserção dessa avença dentro de um contrato, em favor do eventual devedor, é normalmente contraposta a uma vantagem negocial em favor do credor, no sentido de tornar o negócio equilibrado para ambas as partes – lembrando que, inclusive, a existência de uma vantagem em favor do credor é identificada por alguns como um dos requisitos de validade de da cláusula[372] –, a nulidade da avença, por seu turno, pode gerar uma situação de desequilíbrio em favor do credor. Seria possível identificar que toda a sistemática do contrato seja fundamentada na inserção da cláusula, de modo que a sua nulidade efetivamente desvirtuaria a intenção das partes ao formular o negócio jurídico. São aqueles casos em que a "cláusula adere por tal arte ao negócio que vem a formar com ele um todo incindível, admitindo

esta uma das hipóteses em que a redução deve ter lugar, mesmo que a vontade hipotética do devedor fosse no sentido da invalidação total. Assim, justifica-se a validade do contrato no restante conteúdo, apesar da nulidade da cláusula exoneratória, pois, a entender-se doutro modo, a sanção legal da nulidade, em benefício do credor, não faria muito sentido, acabando por aproveitar, em muitos casos, o devedor. Por isso insiste-se, invalidada a cláusula exoneratória, esta será automaticamente substituída pelo regime geral da responsabilidade – obtendo o credor, nestes termos, a indenização a que tiver direito –, não prejudicando a nulidade dessa cláusula, em princípio, o restante do conteúdo do contrato. Solução que se impõe, como referimos, seja qual a vontade hipotética [...], por ser este – redução obrigatória – o único meio de alcançar plenamente as finalidades, de proteção ao credor, e de respeito pela ordem pública, visadas como sanção da nulidade. Finalidades que, doutra forma, por aplicação estrita do critério legal de redução do negócio jurídico, assente na vontade hipotética das partes, ou de uma delas, apenas, acabariam, em muitos casos, por resultar frustradas, levando a aplicação daquele critério geral à nulidade de todo o contrato. Trata-se, numa palavra, ao afirmar-se que haverá redução, em caso de cláusula limitativa ou de exclusão de responsabilidade nula, mesmo que haja vontade hipotética ou real, em contrário de uma aplicação da figura que Mota Pinto designa por redução teleológica" (MONTEIRO, António Pinto. Op. cit., p. 444-445).

[371] GAINO, Itamar. Invalidade do negócio jurídico. In: LOTUFO, Renan; NANNI, Giovanni Ettore (Coord.). *Teoria geral do direito civil*. São Paulo: Atlas, 2008, p. 698.

[372] PERES, Fábio Henrique. Op. cit., p. 129 e s.

a interpretação de que um se não realizaria sem a outra"[373], devendo-se concluir que "a ineficácia daquele atinge a validade deste"[374]. Nesse cenário, a manutenção do negócio jurídico sem a cláusula de não indenizar se torna inviável, sendo que a solução a ser adotada é a nulidade total, ou a revisão judicial de seus termos. Nota-se que essa afirmação também é válida para as relações de consumo, a rigor do que dispõe o art. 51, § 2º, do Código de Defesa do Consumidor.

No mesmo sentido assevera Fábio Henrique Peres, que analisa a cláusula de não indenizar a partir do pressuposto de que a manutenção do equilíbrio econômico da relação, por meio do oferecimento de vantagens negociais ao credor, é um requisito de validade da avença:

> Partindo-se desse entendimento preliminar, rejeitar, em certas circunstâncias, a possibilidade de a invalidade da cláusula limitativa ou excludente ensejar também a invalidade da obrigação principal ou revisão judicial de seus termos levaria a uma situação de tutela de verdadeira [sic] situação de enriquecimento sem causa por parte do credor, o qual acabaria por reconhecer dupla vantagem indevida: inicialmente, a contrapartida dada pelo devedor em decorrência da anuência à cláusula de não indenizar – como, por exemplo, uma redução significativa do preço do bem adquirido –, e, após a decretação de invalidade da cláusula acessória em questão, a possibilidade de requerer a indenização integral na hipótese de inadimplemento das obrigações pelo devedor[375].

A anterioridade da celebração da cláusula de limitação do dever de indenizar em relação ao inadimplemento representa ainda importante aspecto acerca do plano da eficácia da figura. Realmente, a cláusula com esse conteúdo poderá muito bem existir, ser válida, mas, diante do cumprimento da obrigação, ela será ineficaz, pois não gerará os efeitos jurídicos que lhes são próprios, uma vez que a obrigação de indenizar jamais encontraria seu nascedouro.

---

[373] PEREIRA, Caio Mário da Silva. *Instituições de direito civil*: teoria geral das obrigações, cit., v. 2, p. 393.
[374] Idem, ibidem.
[375] PERES, Fábio Henrique. Op. cit., p. 52.

PARTE II

Entretanto, é possível que mesmo diante da situação de inadimplemento, ainda assim a cláusula, a depender de sua modalidade, também não será eficaz. É o caso da cláusula que limita o montante da indenização devida a um determinado valor, e que, mesmo ocorrido o inadimplemento, as perdas e danos devidos não chegam ao teto estabelecido convencionalmente. Nesse sentido, a cláusula não teria o condão de alterar o regime jurídico previsto abstratamente no ordenamento jurídico, uma vez que a indenização seria devida em sua integralidade.

13. As principais consequências não alcançadas pela cláusula de não indenizar – execução específica, exceção do contrato não cumprido, direito de retenção e resolução do contrato

A cláusula de limitação do dever de indenizar projeta seus efeitos para determinar as consequências jurídicas do não cumprimento de um dever. Tendo em vista que ela possui especial importância dentro do contexto das obrigações surgidas por meio da manifestação de vontade, ela incide nesse aspecto para impedir o surgimento do dever de indenizar no caso do inadimplemento obrigacional dentro do ambiente contratual. Todavia, conforme defendemos ao longo deste trabalho, o surgimento do dever de indenizar os danos causados pelo inadimplemento não é a única consequência jurídica advinda do momento patológico da relação obrigacional. Para demarcar os limites jurídicos da referida cláusula, é importante também identificar quais são as consequências jurídicas que permanecem inalteradas, mesmo na situação de haver uma cláusula de não indenizar validamente celebrada em momento anterior ao descumprimento da obrigação.

Como primeiro ponto, é possível observar que a cláusula não tem a aptidão de transformar uma obrigação civil em uma obrigação natural. A distinção entre tais tipos de obrigação é calcada no grau de exigibilidade da prestação diante do não cumprimento da prestação, sendo que a distinção da teoria dualista entre responsabilidade e débito – conforme analisamos acima – se mostra útil para compreendermos a diferença do regramento jurídico. Para Clóvis do Couto e Silva, na obrigação natural há o dever, mas não a pretensão para exigir o adimplemento, porquanto nela somente existe o débito, mas não a responsabilidade[376]. Como vimos, Emilio Betti coloca as obrigações naturais como uma situação anômala[377] no contexto dos vínculos obrigacionais, uma vez que o interesse nela encampado não é protegido por uma ação, mas somente retrospectivamente[378], o que pode ser identificado em nosso ordenamento jurídico pela impossibilidade de recobrar dívida de jogo ou aposta paga voluntariamente pelo credor (art. 814, *caput*, do Código Civil).

As obrigações naturais possuem as seguintes características: dependem de previsão normativa, acarretam a inexigibilidade da prestação e, se forem cumpridas espontaneamente por pessoa capaz, o pagamento será válido, visto que produz efeitos de irretratabilidade[379]. Os atributos das cláusulas de limitação do dever de indenizar, por seu turno, não coincidem com nenhuma delas. Em primeiro lugar, elas são fruto da manifestação de vontade das partes, dentro do poder jurígeno e limites conferidos pelo ordenamento jurídico à autonomia privada. Elas também não acarretam a inexigibilidade da prestação, uma vez que o dever primário não é tocado pela cláusula, de modo que o credor ainda poderá lançar mão de outros instrumentos jurídicos destinados à tutela de seu interesse, a depender do caso, como a execução específica da prestação ou exceções que porventura o favoreçam. Por fim, o eventual pagamento feito equivocadamente por um devedor que estava beneficiado pela cláusula de não indenizar poderá ser objeto de repetição de indébito, uma vez que o liame jurídico que justificaria o pagamento, efetivamente, não existia.

Diante disso, vemos claramente que a cláusula não indenizar de modo algum representa uma negação do próprio vínculo jurídico obrigacional existente entre as partes. O não cumprimento do dever jurídico primário – ou *débito*, para adotar a terminologia dos dualistas – não fica totalmente desprovido de sanções jurídicas. Agostinho Alvim, conforme lições de Savatier, afirma que "o que se exclui não é o cumprimento da obrigação, mas a sua sanção

---

[376] COUTO E SILVA, Clóvis do. *A obrigação como processo*, cit., p. 86 e s.

[377] BETTI, Emilio. *Teoria geral das obrigações*, cit., p. 238.

[378] Idem, ibidem, p. 277.

[379] PENTEADO, Luciano de Camargo; FIGUEIREDO, Fábio Vieira. *Outras modalidades de obrigações*. In: LOTUFO, Renan; NANNI, Giovanni Ettore (Coord.). *Obrigações*. São Paulo: Atlas, 2011, p. 219.

habitual. Contraditória e nula seria uma cláusula que isentasse o devedor de cumprir a obrigação"[380].

A não equivalência a uma obrigação natural e a possibilidade de que o credor lance mão de outros instrumentos jurídicos para a tutela de sua posição são atributos também identificados por Antônio Pinto Monteiro em reconhecida lição, que deve ser lida conforme os apontamentos que fizemos acima sobre a distinção técnica entre responsabilidade e dever de indenizar:

> A cláusula de exclusão não concede ao devedor, pois, a faculdade de não cumprir, destinando-se apenas a afastar sua responsabilidade. O credor mantém, por isso – apesar da referida cláusula –, registre-se, o direito de exigir o cumprimento do contrato. A entender-se de outra forma, o devedor não teria excluído a responsabilidade, antes a obrigação, tratando-se, como referimos, de realidades diversas. Com a celebração do contrato, as partes vinculam-se, obrigam-se ao cumprimento dos deveres assumidos. Mas, ao mesmo tempo, ao acordarem a exclusão da responsabilidade, afastam a indenização que seria devida ao credor por um eventual não cumprimento (ou cumprimento defeituoso), não significando tal cláusula, porém, uma negação daquele vínculo, bem implicando qualquer autorização para uma eventual falta de cumprimento. Daí que, mantendo-se o devedor obrigado, o credor mantenha (naturalmente) o direito de, por ação judicial, exigir o cumprimento do contrato. [...] Ora, cláusula de irresponsabilidade, como referimos, além de não conferir ao devedor a faculdade de não cumprir – mantendo o credor, apesar dessa cláusula, repete-se, o direito de exigir judicialmente o cumprimento de obrigações emergentes de um contrato, válido e eficaz –, não esgota, por outro lado, o elenco de sanções predispostas pelo ordenamento jurídico para a falta de cumprimento[381].

---

[380] ALVIM, Agostinho. Op. cit., p. 336. Em sentido análogo, também ver PRATA, Ana. *Cláusulas de exclusão e limitação da responsabilidade contratual*, cit., p. 582.
[381] MONTEIRO, António Pinto. Op. cit., p. 187-189.

Diante disso fica claro que a função da cláusula de não indenizar fica circunscrita a restringir uma das sanções decorrentes do não cumprimento de uma obrigação, designadamente o surgimento do dever de indenizar os danos causados, permanecendo inalteradas as demais consequências jurídicas. Essa função, por si só, não é suficiente para que se vislumbre a negativa de efeitos jurídicos do vínculo obrigacional, ou sequer para a equiparação com uma obrigação natural. É possível dizer que as consequências jurídicas que permanecem intactas mesmo diante de uma cláusula de não indenizar válida têm o condão de não deixar o credor totalmente desamparado, pois ele ainda poderá tomar medidas consideradas como protetivas de seus interesses emergentes da relação jurídica obrigacional.

Diante desse panorama, é possível vislumbrar que ao credor ainda militam outros direitos decorrentes de sua posição jurídica, que poderão ser exigidos em face do credor. Fábio Henrique Peres[382], com base nas observações traçadas por Nuno Manuel Pinto Oliveira e Antônio Pinto Monteiro à luz do direito civil português, ressalta que, igualmente, em nosso ordenamento jurídico, as seguintes situações permanecem intocadas, mesmo diante da avença de uma cláusula de não indenizar validamente estabelecida entre as partes: a possibilidade de se requerer a execução específica da obrigação (com possível imposição de *astreintes*); a permissão de que a parte credora possa se valer da exceção do contrato não cumprido nos contratos bilaterais; a invocação de eventual direito de retenção quando houver autorização normativa para tanto; e eventual invocação de cláusula resolutória (expressa ou tácita).

Sobre o primeiro ponto levantado, que diz respeito à execução específica da obrigação, consagrada como um dos possíveis efeitos do inadimplemento contratual conforme o art. 475 do Código Civil, é necessário observar qual é o tipo de prestação devida pelo devedor, para se saber, à luz do direito positivo material e processual, como se dará a tutela de seu direito de crédito. Se se tratar de uma obrigação de dar coisa certa, por exemplo, a existência de uma cláusula de não indenizar não impede que o credor que pagou a contraprestação pelo bem se valha de demanda judicial – executiva ou não, conforme se preencham os requisitos para tanto – para que haja a entrega forçada do bem, com possibilidade de se expedir mandado busca e apreensão ou imissão

---

[382] PERES, Fábio Henrique. Op. cit., p. 59 e s.

PARTE II

na posse, a depender da natureza do bem (art. 498 do Código de Processo Civil de 2015[383]).

As obrigações de fazer, por seu turno, podem gerar dúvidas adicionais. Isso porque o Código Civil apresenta uma diferença no regramento das prestações fungíveis e infungíveis, como se pode observar na redação do art. 249. Pelo *caput* de tal dispositivo, nas prestações fungíveis, a recusa injustificada ou mora do devedor habilita o credor mandar algum terceiro executar a prestação à custa daquele, "sem prejuízo da indenização cabível". Neste ponto voltamos a uma discussão lançada no início deste trabalho, sobre as possíveis acepções para a palavra "responsabilidade", de modo que, neste caso, o devedor deverá "responder" pelas custas incorridas na contratação do terceiro, além da indenização por perdas e danos. "Como se nota da redação dada ao presente dispositivo, não restam dúvidas de que as perdas e danos podem ser cumuladas e não ficam apenas como uma solução alternativa oferecida ao credor", observa Renan Lotufo[384]. A eventual cláusula de limitação do dever de indenizar só alcançaria, portanto, a segunda consequência, de modo que ela não seria argumento suficiente para que o devedor se recusasse a ressarcir o credor (para usar a linguagem do § 1º do art. 249) que se viu na incumbência de contratar um terceiro. É interessante notar que a redação do *caput* do art. 249, ao dizer que o credor pode mandar executar a prestação à custa do devedor, pode dar a impressão de que o terceiro executaria a prestação e "mandaria a conta" para o devedor da primeira relação, e não para o credor que o contratou. Essa situação, além de ser pouco provável na prática, porquanto dificilmente um terceiro aceitaria correr o risco de receber do terceiro que já faltou na primeira ocasião, é também conflitante com o que dispõe o art. 817, parágrafo único, do Código de Processo Civil de 2015[385], que estabelece que o exequente (credor) deverá adiantar as despesas para a execução da prestação[386]. A mesma lógica serve para o caso de urgência descrito no parágrafo único do art. 249 do Código Civil para se determinar qual consequência é

---

[383] Correspondente ao art. 461-A do Código de Processo Civil de 1973.

[384] LOTUFO, Renan. *Comentários ao Código Civil*: obrigações, v. 2, p. 51.

[385] Correspondente ao art. 634, parágrafo único, do Código de Processo Civil de 1973

[386] WAMBIER, Luiz Rodrigues; ALMEIDA, Flávio Renato Correia de. TALAMINI, Eduardo. *Curso avançado de processo civil*: execução. 10. ed. São Paulo: Revista dos Tribunais, 2007, v. 2, p. 331-332.

alcançada ou não pela cláusula de limitação de responsabilidade, residindo a diferença na desnecessidade de provimento judicial a autorizar a contratação.

Nas obrigações de fazer cujo conteúdo represente uma prestação infungível, por seu turno, não existe a possibilidade de mandar um terceiro executar a prestação, justamente pela própria natureza do interesse do credor a ser satisfeito. Entretanto, enquanto a prestação ainda puder ser executada pelo devedor, é possível que o credor ajuíze ação para tentar a execução específica da obrigação, ficando o devedor sujeito à multa processual a ser fixada judicialmente diante do descumprimento (também denominada *astreintes*). Tal multa possui um nítido caráter coercitivo para a concretização do mandado executivo emanado da autoridade judiciária, e não se confunde com o dever de reparar que emerge diante do inadimplemento. Wambier indica que ela é um exemplo daquilo que se denomina execução indireta: "um mecanismo destinado a pressionar psicologicamente o devedor, a fim de que ele mesmo satisfaça a obrigação (*rectius:* dever)"[387]. É importante notar que as *astreintes* não têm caráter de contraprestação de obrigação, tampouco natureza reparatória[388], e diferem da multa convencional[389], de modo que elas não são atingidas por eventual cláusula de não indenizar, inclusive nas situações de mora. Esse entendimento encontra pleno amparo no art. 500 do Código de Processo Civil de 2015, que estabelece que "a indenização por perdas e danos dar-se-á sem prejuízo da multa fixada periodicamente para compelir o réu ao cumprimento específico da obrigação". O dispositivo destaca a não equivalência de naturezas entre as *astreintes* e a indenização devida por inadimplemento.

O devedor de obrigação de fazer que tenha sido sancionado com a imposição de multa processual não poderá alegar a cláusula como um instrumento impeditivo à pretensão executiva do devedor, mesmo na fase posterior, quando a obrigação for convertida em perdas e danos (quer pela impossibilidade da prestação, quer por determinação judicial quando o credor não pedir a

---

[387] WAMBIER, Luiz Rodrigues; ALMEIDA, Flávio Renato Correia de. TALAMINI, Eduardo. Op. cit., p. 334.

[388] NERY JUNIOR, Nelson; ANDRADE NERY, Rosa Maria de. *Código de Processo Civil comentado*. 10. ed. São Paulo: Revista dos Tribunais, 2007, p. 1023.

[389] WAMBIER, Luiz Rodrigues; ALMEIDA, Flávio Renato Correia de. TALAMINI, Eduardo. Op. cit., p. 335.

PARTE II

conversão em perdas e danos[390]). Isso porque a cláusula somente evita o surgimento do dever de indenizar decorrente do inadimplemento (as perdas e danos), mas não a pretensão do recebimento da multa processual, uma vez que as duas figuras possuem naturezas e causas diversas.

Necessário ainda apontar que a imposição de *astreintes* não se restringe unicamente à hipótese de prestações infungíveis, sendo que, a depender do caso, elas podem ser fixadas no caso de não cumprimento de prestações fungíveis, com a diferença já anotada que o credor ainda dispõe da possibilidade de mandar executar a prestação por terceiro. Nesse sentido observa Araken de Assis:

> Naturalmente, a coerção patrimonial se aplica às obrigações de fazer infungíveis. Mas os arts. 475-I, *caput*, 461, § 3º, 585, II, 644 e 645 do CPC não distinguem entre obrigações fungíveis ou não. Daí porque as *astreintes*, meio executório insubstituível na execução específica da obrigação infungível, se mostra útil e aplicável, de forma subsidiária, também às obrigações fungíveis[391].

Do mesmo modo que o credor pode se utilizar dos instrumentos coercitivos tensionados a buscar a execução específica da obrigação, ele ainda pode opor exceção do contrato não cumprido, quando for o caso, mesmo diante da celebração de uma cláusula de não indenizar válida. A rigor do que dispõe o art. 476 do Código Civil, a exceção do contrato não cumprido pode ser oposta nos contratos bilaterais (quanto aos seus efeitos[392]), ou seja, aqueles em que

---

[390] Idem, ibidem.

[391] ASSIS, Araken de. *Manual da execução*. 11. ed. São Paulo: Revista dos Tribunais, 2007, p. 547. Os dispositivos mencionados no trecho se referem ao Código de Processo Civil de 1973, mas a ideia de que *astreintes* poderão ser impostas na execução de prestações fungíveis também encontra amparo no Código de Processo Civil de 2015, sobretudo pelo disposto nos arts. 479 e seguintes e arts. 815 e seguintes.

[392] O contrato bilateral é aquele "em que cada um dos contratantes é simultaneamente e reciprocamente credor e devedor do outro, pois produz direitos e obrigações para ambos, tendo por característica principal o *sinalagma*, ou seja, a dependência recíproca de obrigações; daí serem também denominados contratos sinalagmáticos. É o que sucede, p. ex., nos contratos de compra e venda em que o vendedor tem a obrigação de entregar a coisa vendida ao comprador, uma vez recebido o pagamento do preço, pois é credor do preço, ao passo que o comprador se obriga a pagar o preço ajustado, tendo o direito de receber o objeto que

as obrigações se encontram em dependência recíproca. O contratante pontual terá a opção de se manter inativo diante de uma eventual cobrança da outra parte contratante, alegando a referida exceção[393]. A *exeptio non adimpleti contractus* não deixa de ser também uma forma de coerção, na modalidade defensiva, uma vez que a parte lesada pelo não cumprimento da prestação poderá dela se servir, ainda que seu direito de pleitear uma indenização decorrente do inadimplemento seja restrito ou excluído pela cláusula de não indenizar convencionada em favor do devedor que se recusa a cumprir sua prestação[394]. Ainda dentro das modalidades de coerção defensivas dispostas ao credor, aponta-se a possibilidade de se invocar direito de retenção, quando cabível. O direito de retenção aparece esparsamente ao longo da codificação civil[395], mas é possível identificá-lo de um modo geral como uma "permissão concedida pela norma, ao credor, de conservar em seu poder coisa alheia que já a detém legitimamente além do momento em que a deveria restituir, se o seu crédito não existisse, e, normalmente, até a extinção desse"[396]. Para que essa situação seja caracterizada, é necessário haver um crédito de um possuidor conexo à obrigação de restituir um bem, sendo que o direito de retenção reside justamente na autorização normativa de não devolução do bem até que seu crédito seja satisfeito. Tendo em vista que tal direito não apresenta natureza indenizatória, uma eventual cláusula de limitação do dever de indenizar em favor do devedor que pretende ter posse sobre o bem não atingirá a integridade do direito de retenção em favor do credor.

---

comprou (CC, art. 481). O mesmo se pode dizer do contrato de locação predial ou de prestação de serviços, da troca, etc. Mas também podem ser plurilaterais se contiverem mais de dois contratantes com reciprocidade de obrigações, como p. ex. o contrato de consórcio ou o de sociedade, por pretenderem atingir um objetivo comum" (DINIZ, Maria Helena. *Curso de direito civil brasileiro*: teoria das obrigações contratuais e extracontratuais. 21. ed. São Paulo: Saraiva, 2005, v. 3, p. 85).

[393] Idem, ibidem, p. 86.

[394] PERES, Fábio Henrique. Op. cit., p. 61.

[395] Veja-se, por exemplo, o direito de retenção do locatário (arts. 571, parágrafo único, e 578), do depositário (art. 633), do mandatário (art. 681), do comissário (art. 708), do transportador (art. 742), do possuidor de boa-fé (art. 1.219), do credor pignoratício (art. 1.433, II), do credor anticrético (arts. 1.506, § 2º, e 1.509, §1º).

[396] Verbete "Direito de retenção" por Arnaldo Medeiros da Fonseca (In: DINIZ, Maria Helena. *Dicionário jurídico*. São Paulo: Saraiva, 1998, v. 2, p. 158).

PARTE II

Ao lado das circunstâncias acima descritas, aponta-se ainda que a cláusula de limitação do dever de indenizar não tem a aptidão de suprimir a possibilidade de o credor invocar cláusula resolutiva, expressa ou tácita[397], diante do inadimplemento contratual. Em contraposição à possibilidade de se exigir o cumprimento específico da prestação acima examinada, a resolução pressupõe a dissolução do vínculo jurídico entre as partes. A execução, ainda que coativa e indireta, funda-se na permanência do vínculo[398].

A resolução é consequência estabelecida pelo ordenamento jurídico para os casos em que a obrigação se torna impossível sem culpa do devedor[399], ou para o caso de inadimplemento da prestação, sendo que, em ambos os casos, culmina na extinção do vínculo jurídico obrigacional. Além de tais hipóteses, é possível ainda indicar que a circunstância de a prestação em um contrato de execução continuada ou diferida se tornar excessivamente onerosa, com extrema vantagem para a outra, por conta de acontecimentos extraordinários e imprevisíveis, a rigor do que dispõe o art. 478 do Código Civil, também compõe o suporte fático a ensejar a resolução do vínculo obrigacional[400]. A resolução é compreendida como um dos direitos formativos extintivos[401] dentro de um vínculo obrigacional, uma vez que diz respeito ao direito potestativo da parte lesada pelo inadimplemento em extinguir a relação antes existente.

Contudo, anunciar simplesmente que a cláusula de não indenizar atinge somente o direito à indenização causado pelo inadimplemento, e não o direito à resolução, é uma afirmação que não satisfaz completamente o espírito científico, pois uma perquirição mais detalhada dos efeitos da resolução se mostra necessária. Noutro giro, significa levantar a seguinte questão: se a cláusula de não indenizar não atinge o direito à resolução, quais são exatamente as consequências jurídicas do inadimplemento que permanecem intactas mesmo diante de tal avença? Como ponto de partida para responder essas perguntas,

---

[397] OLIVEIRA, Nuno Manuel Pinto. Op. cit., p. 27-28; MONTEIRO, António Pinto. Op. cit., p. 206 e s.; PERES, Fábio Henrique. Op. cit., p. 60-61.

[398] BESSONE, Darcy. *Do contrato*: teoria geral. São Paulo: Saraiva, 1997, p. 247.

[399] Como, por exemplo, nos casos disciplinados no arts. 234, 235, 238 e 248 do Código Civil.

[400] SILVA, Vivien Lys Porto Ferreira da. *Adimplemento substancial*. Dissertação de Mestrado. Orientador Prof. Giovanni Ettore Nanni. Pontifícia Universidade Católica de São Paulo, 2006, p. 132-133 e 219.

[401] MARTINS-COSTA, Judith. *A boa-fé no direito privado (sistema e tópica no processo obrigacional)*. São Paulo: Revista dos Tribunais, 1999, p. 393-394.

vale, em um primeiro momento, analisar detalhadamente o que dispõe o art. 475 do Código Civil, que se destina a regular a resolução como consequência do inadimplemento contratual. Assim prevê o dispositivo: "a parte lesada pelo inadimplemento pode pedir a resolução do contrato, se não preferir exigir-lhe o cumprimento, cabendo, em qualquer dos casos, indenização por perdas e danos". Se nos propusermos a dissecar o comando normativo, é possível notar que ele diz respeito a um fator condicionante, e três consequências jurídicas condicionadas. O fator condicionante é justamente o inadimplemento, que confere à parte lesada duas opções (consequências jurídicas condicionadas): resolução do contrato ou exigência do cumprimento específico, esta última já estudada por nós acima. Juntamente com essas duas consequências – que são colocadas em uma relação alternativa, no sentido de a parte lesada poder se valer de uma ou de outra – o dispositivo elenca uma terceira, que poderá ser somada a uma das duas primeiras: a indenização por perdas e danos. Conforme a linha argumentativa que vínhamos desenvolvendo sobre a cláusula de não indenizar, seria possível afirmar que a avença só teria aptidão de afastar essa terceira consequência – a indenização por perdas e danos – e não as outras duas, dentre as quais figura direito à resolução. E é nesse ponto que reside o objeto de nossa investigação no momento: em que consiste o direito à resolução? A pergunta se mostra relevante naqueles casos em que uma das partes contratantes em um contrato bilateral já tenha cumprido sua prestação, mas a outra parte culposamente deixa de prestar, e está beneficiada com uma cláusula de não indenizar. No caso de resolução do contrato, surge a dúvida se a parte que adiantou sua prestação poderia reaver o pagamento feito, por ser a restituição um dos efeitos da resolução, ou se, de modo contrário, a parte devedora não ficaria obrigada a devolver, uma vez que tal devolução teria natureza de indenização pelo inadimplemento, e este estaria fulminado pela cláusula de limitação do dever de indenizar.

É interessante a experiência portuguesa sobre o tema. Como dissemos, os autores lusitanos que versam sobre a cláusula de não indenizar também afirmam que ela não evitaria a possibilidade de resolução do contrato[402].

---

[402] PRATA, Ana. *Cláusulas de exclusão e limitação da responsabilidade contratual*, cit., p. 467-495; OLIVEIRA, Nuno Manuel Pinto. Op. cit., p. 27-28; MONTEIRO, António Pinto. Op. cit., p. 206 e s.

PARTE II

Todavia, devemos atentar para o fato de que o dispositivo do Código Civil português que trata da resolução dos contratos, apresenta uma redação diferente daquela prevista em nossa legislação, e é diante desse dispositivo que os autores daquele país tecem seus comentários. Vale a pena a transcrição do art. 801º, n. 2, do Código Civil lusitano para efeitos de comparação: "Tendo a obrigação por fonte um contrato bilateral, o credor, independentemente do direito à indenização, pode resolver o contrato e, se já tiver realizado a sua prestação, exigir a restituição dela por inteiro". Procedendo a mesmo método de análise que dispensamos ao dispositivo da legislação brasileira, podemos afirmar que o art. 801º, n. 2, parte do pressuposto de um fator condicionante – inadimplemento absoluto – que enseja a imputação de duas consequências: o direito à indenização e o direito à resolução, que podem ser cumulados (fato verificado pelo advérbio "independentemente"). Porém, o detalhe que se encontra no dispositivo português, e que é omitido em nossa legislação, é a expressa menção de que a parte pode pedir a restituição da prestação se já a tiver efetuado, como consequência própria da resolução. O dispositivo português deixa mais claro que a pretensão restitutória em relação à prestação já efetuada é diferente daquela pretensão indenizatória que também pode advir do inadimplemento obrigacional. Uma vez que o direito à resolução do contrato não pode ser afastado por convenção entre as partes, por expressa disposição do art. 809º do Código Civil português, os autores canalizam seus esforços argumentativos para saber em que consiste a indenização a que se refere o art. 801º, n. 2, de seu Código[403], e não tanto em saber se a restituição seria diferente da indenização decorrente do inadimplemento.

---

[403] MONTEIRO, António Pinto. Op. cit., p. 209 em nota de rodapé: "Mas parece que já poderá excluir-se a indenização que em regra acresce ao direito de resolver o contrato (art. 801, n. 2). Problema diferente será o debater se, resolvido o contrato – e, consequentemente, exonerado o credor da sua obrigação, ou reavendo-a, se já tivesse sido efetuada –, e gozando o devedor de cláusula de irresponsabilidade, o credor poderá fazer valer ainda o direito à indenização que, de acordo com o art. 801º, n. 2, acresce à resolução. A cláusula de irresponsabilidade, que não obsta ao exercício do direito de resolução, impedi-lo-á, porém, de obter a referida indenização? Questão pertinente, e delicada, e que se poderia ser tentado a resolver na base da distinção entre o chamado interesse negativo ou de confiança (que a indenização, neste caso, visará reparar, de acordo com a doutrina largamente dominante entre nós [...]) e o interesse contratual positivo ou de cumprimento. Nesta linha, dir-se-ia que a cláusula de exclusão afastará apenas a indenização do dano causado pela falta de cumprimento, não, porém, a indenização pelo dano causado pela celebração de um contrato, a que teve de pôr-se termo, resolvendo-o. Em

Ana Prata comenta sobre o conteúdo da resolução contratual no direito civil português, apontando para o fato de que a pretensão restituitória não pode ser vista de forma autônoma ao próprio direito de resolução, mas, antes, faz parte de sua própria substância. Ante a impossibilidade de as partes convencionarem a exclusão do direito à resolução, elas igualmente não podem ceifar por convenção o direito de restituição emergente do fim da relação obrigacional. Veja-se:

> Em conclusão, parece não constituir direito autônomo da resolução aquele que na parte final do n. 2 do art. 801º se refere: não haverá assim de colocar o problema da sua antecipada renunciabilidade por acordo entre as partes. A renúncia, se existir, reportar-se-á ao direito resolutório e essa é nula nos termos do art. 809º. Uma hipótese final: as partes, deixando intacto o direito à resolução, acordam em que, tendo este lugar e já estando cumprida a obrigação que, nos termos do contrato, sobre o seu titular impendia, não terá este direito de reavê--la. É óbvia, neste caso, a nulidade da convenção: o direito à resolução tal como a lei o configura – isto é, com seus pressupostos e efeitos definidos pela lei – é irrenunciável *in toto*, isto é, não sendo admissível a convenção que afaste o seu surgimento, quando nos termos da lei ele haja de constituir-se, também o não é aquele que vise alterar-lhe a fisionomia, desfuncionalizando-o, pela privação de um efeito que a lei lhe atribui como caracterizador essencial[404].

Necessário, portanto, saber se as mesmas conclusões sobre o conteúdo da resolução contratual servem também para analisar o regramento da figura em nosso ordenamento jurídico, ou seja, saber se a restituição das parcelas pagas pela parte lesada é alcançada pela cláusula de não indenizar. Ao analisar os efeitos da resolução por inexecução voluntária do contrato, a doutrina nacional aponta para a retroatividade dos efeitos resolutórios que terão como

suma, a cláusula de irresponsabilidade reportar-se-ia apenas à indenização do dano positivo ou de cumprimento, não à indenização do dano negativo ou de confiança (salvo se as partes tiverem acordado também no afastamento desta indenização)".

[404] PRATA, Ana. *Cláusulas de exclusão e limitação da responsabilidade contratual*, cit., p. 495.

consequência o surgimento do dever de devolução das parcelas recebidas[405]. A exceção a essa regra fica por conta dos contratos de execução continuada, de modo que a resolução em tais casos só operará efeitos *ex nunc*, caso em que não se restituirão as prestações já efetivadas (art. 128 do Código Civil). Ao lado desse efeito, sobretudo por força do que dispõe o citado art. 475, os autores também indicam o surgimento do dever de indenizar, cujo conteúdo será formado pelos danos emergentes e lucros cessantes decorrentes do inadimplemento. Dessa forma, é possível observar, por conta da divisão de efeitos e pelo modo como a matéria é analisada, que as duas situações – restituição e indenização – se referem a consequências de naturezas distintas, ainda que ambas estejam relacionadas ao inadimplemento e à resolução contratual dele decorrente. Tal diferenciação pode ser vista em certas passagens, como aquela percebida na análise de Maria Helena Diniz, em que se ressalta que a indenização e a resolução (com o direito à restituição) são vislumbradas como assuntos distintos. Ao versar sobre a resolução, a autora indica que ela: "sujeita o inadimplente ao ressarcimento das perdas e danos, abrangendo o dano emergente e o lucro cessante; assim, o lesado pelo inadimplemento culposo da obrigação poderá exigir indenização pelos prejuízos causados, *cumulativamente*, com a resolução"[406] (grifo nosso).

O inadimplemento da obrigação, portanto, gera tanto a possibilidade de resolução como a possibilidade de se pleitear a indenização por perdas e danos como consequências jurídicas. Dentre os efeitos da resolução, há justamente a retroatividade dos efeitos, que permite com que a parte lesada possa reaver o pagamento efetuado por uma obrigação que não foi cumprida. Entretanto, é necessário indicar que o fundamento desse efeito da resolução difere do fundamento que sustenta a possibilidade de se pedir a indenização por perdas e danos. Este está calcado no princípio que preside o regramento jurídico da responsabilidade civil – já indicado por nós – de que os danos sofridos devem ser reparados, enquanto aquele está mais ligado à principiologia jurídica que proíbe o enriquecimento sem causa. Giovanni Ettore Nanni ressalta

---

[405] DINIZ, Maria Helena. *Curso de direito civil brasileiro*: teoria das obrigações contratuais e extracontratuais, cit., v. 3, p. 166; PEREIRA, Caio Mário da Silva. *Instituições de direito civil*: contratos. 12. ed. Rio de Janeiro: Forense, 2006, v. 3, p. 158.

[406] DINIZ, Maria Helena. *Curso de direito civil brasileiro*: teoria das obrigações contratuais e extracontratuais. cit., v. 3, p. 167.

que a aproximação entre os dois temas (responsabilidade e enriquecimento sem causa) é o "motivo pelo qual a diferenciação [entre eles] é complexa e controvertida"[407], mas que "do enriquecimento sem causa decorre a obrigação de restituir, a qual não se confunde com a indenização derivada da responsabilidade civil"[408]. A essência da distinção reside justamente na não pressuposição de dano no enriquecimento sem causa, que, como fonte autônoma do direito obrigacional, se fundamenta no locupletamento não autorizado pelo ordenamento jurídico de alguém à custa de outrem. Sobre a específica situação da resolução obrigacional, o autor assevera:

> Sendo a obrigação resolvida, deverá ser restaurado o estado anterior. Se o devedor tiver recebido alguma quantia do credor, ou seja, o preço for pago, total ou parcialmente, de forma antecipada, o devedor será obrigado a restituir a quantia recebida, sob pena de seu enriquecimento sem causa, pois o recebimento antecipado, embora tivesse uma justa causa, perdeu-a com a resolução da obrigação, aplicando-se à espécie os arts. 844 e 855 do Código Civil de 2002[409].

É possível dizer que embora nosso ordenamento jurídico não tenha um dispositivo com a redação idêntica ao do Código Civil português ao tratar do tema, ainda assim podemos incluir dentre os efeitos da resolução contratual em nosso ordenamento jurídico o surgimento do dever de restituir. Esse dever, no entanto, tem fundamento diverso daquele que surge de reparar os danos causados, embora ambos sujam no momento do inadimplemento da obrigação. A cláusula de limitação do dever de indenizar, por seu turno, e por sua função, só teria a aptidão de inibir o surgimento da obrigação derivada do dano causado pelo inadimplemento, e não da obrigação surgida em virtude da proibição do enriquecimento sem causa, não sendo possível, por meio de tal avença, fulminar o dever de restituir derivado da resolução contratual.

---

[407] NANNI, Giovanni Ettore. *Enriquecimento sem causa*, cit., p. 233.
[408] Idem, ibidem.
[409] Idem, ibidem, p. 345.

PARTE II

14. A responsabilidade extracontratual

Muito embora o âmbito mais comum de aplicação da cláusula de não indenizar esteja relacionado ao dever de indenizar que surge diante do inadimplemento contratual, a doutrina e a jurisprudência também enfrentam o tema dentro do âmbito extracontratual. Discute-se se uma cláusula de não indenizar seria válida para limitar ou excluir o dever de indenizar decorrentes dos danos causados quando as partes não tinham entre si um vínculo jurídico obrigacional estabelecido. Nota-se que o assunto não encontra maiores resistências naquelas situações em que partes mantenham um contato prévio, em que é possível antever os riscos e danos que poderão surgir diante de relações extracontratuais futuras, respeitando-se os demais princípios de validade, mormente a vedação do dolo e da culpa grave, bem como a ordem pública e normas cogentes. O tema também ganha relevância acentuada em relações pré-negociais, que contam com um maior nível de organização e exposição ao risco pelo simples fato de haver tratativas para a celebração de um futuro contrato, ou seja, no âmbito da responsabilidade pré-contratual. A cláusula de não indenizar, portanto, surge normalmente em memorandos de entendimento entre as partes, limitando o dever de indenizar no âmbito pré-contratual, usualmente pela quebra das negociações. As discussões sobre o tema ainda ganham relevância no contexto em que a cláusula tem como objeto as situações identificadas como violações positivas do contrato[410], especificamente naquelas circunstâncias em que danos são verificados durante a execução do contrato, sem que eles tenham relação direta com a prestação contratual entabulada entre as partes.

Inicialmente, é importante observar que existem vozes na literatura jurídica que defendem a impossibilidade de as cláusulas de não indenizar versarem sobre danos extracontratuais[411]. Tendo em vista que, em tais situações, as par-

---

[410] Sem prejuízo da crítica tecida anteriormente sobre a pertinência da adoção do conceito de violação positiva do contrato no direito brasileiro vigente.

[411] NERY JUNIOR, Nelson; NERY, Rosa Maria Andrade. *Código Civil comentado*. 3.ed., cit., p. 948; PEREIRA, Caio Mário da Silva. *Responsabilidade civil de acordo com a Constituição de 1988*, cit., p. 305; CAVALIERI FILHO, Sérgio. Op. cit., p. 516-517; GRINOVER, Ada Pellegrini et al. Código Brasileiro de Defesa do Consumidor comentado pelos autores do anteprojeto. 9. ed. Rio de Janeiro: Forense Universitária, 2007, p. 495-496; LATA, Natália Álvares. Op. cit., p. 115.

tes "nada contratam"[412], essa conclusão seria alcançada de modo intuitivo[413]. Ademais, entende-se ainda que o regramento jurídico destinado a regular a responsabilidade extracontratual, culminando a consequência da responsabilidade civil para os danos decorrentes de ato delitual, seriam de ordem pública e impossível de serem afastados por convenção, o que impossibilitaria a celebração da avença. O regramento da responsabilidade extracontratual seria decorrente de um dever geral de não causar danos a outrem (também identificado como o princípio do *neminem laedere*[414]), de modo que uma parte pode ser compelida a indenizar pelo dano causado, independentemente de contato prévio ou conhecimento de quem seja tal pessoa, ou até coletividade. Não seria possível antecipar quais danos seriam causados nem quem seria o sujeito que os experimentaria. O exemplo mais comum para demonstrar o absurdo de uma cláusula de não indenizar nos casos de danos extrapatrimoniais é a hipotética situação de um motorista afixar em seu automóvel uma "cláusula" informando que não será responsável pelos acidentes automobilísticos que vier a causar[415]. Há ainda opiniões que dizem que pelo simples fato de se celebrar uma cláusula de não indenizar a relação já seria de certa forma contratualizada, de modo que não haveria como se falar na aplicação da avença no âmbito pré-contratual.

Tais argumentos, porém, devem ser observados com a devida cautela. Em primeiro lugar, é necessário apontar, como foi feito nos itens precedentes, que o respeito à ordem pública é um requisito de validade de qualquer negócio jurídico, e isso é verdade também para as cláusulas de não indenizar que estejam tanto no âmbito da responsabilidade contratual como extracontratual. Em quaisquer hipóteses elas não poderão versar sobre temas ligados à integridade psicofísica, por exemplo. Ademais, o argumento de que as partes não possam mudar o regime jurídico da responsabilidade extracontratual por elas serem de ordem pública interpreta equivocadamente o conteúdo jurídico de tal requisito de validade. Ele diz respeito ao objeto da lesão, e não às normas que determinam a responsabilidade extracontratual[416]. Quando as partes firmam

---

[412] CAVALIERI FILHO, Sérgio. Op. cit., p. 516.
[413] Idem, ibidem.
[414] DONNINI, Rogério. Op. cit., p. 483-503.
[415] PONZANELLI, Giulio. Op. cit., p. 206.
[416] FERNANDES, Wanderley. Op. cit., p. 110.

cláusula de não indenizar para limitar ou excluir a indenização devida pela responsabilidade extracontratual, o ajuste diz respeito a interesses jurídicos com repercussão na esfera patrimonial, o que não se encontra no âmbito de incidência da ordem pública.

O fato de o regime da responsabilidade extracontratual estar direcionado a estabelecer um dever geral de não causar danos perante uma generalidade de pessoas não impede que, em determinadas circunstâncias, as partes possam antever os riscos a que se encontram expostas decorrentes de uma proximidade previsível, estabelecendo a convenção de não indenizar nesses casos. Essas situações são bem diferentes do exemplo hipotético do acidente automobilístico, em que o dano sequer podia ser previsto pelas partes envolvidas. É certo que tais casos podem ser mais raros, mas o empecilho se mostra somente do ponto de vista prático, e não do ponto de vista da autorização normativa para tanto[417]. Nessas circunstâncias as partes celebrariam um negócio jurídico em instrumento autônomo (também chamada de convenção de não indenizar[418]) cujo objeto seria os eventuais e futuros danos a serem experimentados pela aproximação das partes. Ademais, o fato de as partes celebrarem esse negócio jurídico não implica dizer que a relação extracontratual foi "contratualizada". Isso porque a convenção de não indenizar não tem como efeito jurídico criar deveres e direitos obrigacionais entre as partes, mas sim regular a consequência jurídica advinda de um dano futuro em suas relações extracontratuais[419]. É preciso distinguir a convenção e a situação a que ela se reporta[420]. Como fora mencionado nos itens anteriores, essa será uma exceção à regra de que a cláusula de não indenizar se qualifica não como uma cláusula acessória a um contrato, mas sim o próprio contrato. Nesses casos, será um contrato bilateral e aleatório, posto que diz respeito a fato futuro[421].

É importante mencionar neste ponto que a convenção efetivamente deverá contar com a manifestação de vontade expressa das partes envolvidas, fator de especial importância, dada a excepcionalidade da possibilidade de se modificar os efeitos da responsabilidade extracontratual. Para que seja válida, a

---

[417] MONTEIRO, António Pinto. Op. cit., p. 391-392.
[418] PERES, Fábio Henrique. Op. cit., p. 120.
[419] MONTEIRO, António Pinto. Op. cit., p. 391-392.
[420] FERNANDES, Wanderley. Op. cit., p. 123.
[421] AVELAR, Letícia Marquez de. Op. cit., p. 223.

AS CLÁUSULAS DE NÃO INDENIZAR NO DIREITO BRASILEIRO

convenção não poderá se apresentar como mero aviso por meio de placas no recinto, visto que a aceitação do eventual credor no momento da formação do contrato é imprescindível[422]. Todavia, Aguiar Dias defende a tese de que, em determinados casos, poderia ser possível vislumbrar que houve uma aceitação tácita da convenção de não indenizar por parte do eventual credor[423]. Em que pese a respeitabilidade da opinião, parece-nos que as correntes mais contemporâneas que a rebatem são mais convincentes[424]. Diante de seu caráter excepcional, é necessário que a celebração de tal negócio jurídico seja interpretada de modo restrito, o que afasta a possibilidade de se admitir que a convenção seja formada por aceitação tácita.

Muitos são os exemplos de como essa aproximação entre as partes poderia servir de ensejo para a celebração da convenção de não indenizar. A literatura reproduz o famoso exemplo do compáscuo[425]. É o caso em que dois ou mais proprietários de imóveis rurais são vizinhos e preveem que os animais criados por ambas as partes possam circular por entre os respectivos pastos. A previsão de que de tais animais irão circular sem vigilância, podendo causar danos em ambos os imóveis, habilita as partes a preverem que estarão mutuamente isentas de qualquer dever de indenizar que surja diante dessa situação, o que, em última análise, contribuiria para a harmonia nas relações de vizinhança. A situação também poderia ser aplicada para atividades industriais vizinhas[426]. As partes excluiriam o dever de indenizar que seria causado por ruídos ou demais danos decorrentes da atividade industrial por meio da convenção, caso elas assim acharem conveniente para a administração dos seus riscos. No entanto, há uma importante observação sobre a ordem pública. Como adverte Fábio Peres, a convenção de não indenizar só poderá versar sobre os danos patrimoniais causados entre os industriais, mas não sobre eventuais danos ambientais ou de ordem equivalente[427].

---

[422] Cf. TABACH, Guilherme Botta. *Cláusula de não indenizar*. Inédito.

[423] DIAS, José de Aguiar. *Cláusula de não indenizar*, cit., p. 245.

[424] AVELAR, Letícia Marquez de. Op. cit., p. 222; PERES, Fábio Henrique. Op. cit., p. 126-127.

[425] DIAS, José de Aguiar. *Cláusula de não indenizar*, cit., p. 242; MONTEIRO, António Pinto. Op. cit., p. 393; FERNANDES, Wanderley. Op. cit., p. 115.

[426] DIAS, José de Aguiar. *Cláusula de não indenizar*, cit., p. 242.

[427] PERES, Fábio Henrique. Op. cit., p. 121.

PARTE II

Ainda no âmbito do direito de vizinhança, há importante precedente do Tribunal de Justiça do Rio de Janeiro que exemplifica a lógica por trás da admissão da convenção de não indenizar quando as partes envolvidas possam prever os danos a serem experimentados. No caso, a corte estadual fluminense entendeu ser válida a estipulação constante em convenção de condomínio que isentava o condomínio de indenizar os danos causados na garagem do prédio por conta da movimentação dos automóveis dos condôminos[428].

Os casos acima mencionados demonstram situações em que a aproximação das partes enseja a possibilidade de avaliação dos riscos que possam ser causados pelas futuras relações extracontratuais entre elas. Entretanto, também é necessário se avaliar a pertinência das cláusulas quando a aproximação das partes se dá no âmbito de tratativas para uma possível celebração do contrato. Este é o campo temático da responsabilidade pré-contratual. Na primeira parte deste trabalho analisamos a construção do conceito da *culpa in contrahendo* por Jhering, e sua importância no ordenamento jurídico alemão antes da entrada em vigor do BGB. Contudo, a análise neste momento deve se concentrar em como a responsabilidade pré-contratual encontra disciplina em nosso ordenamento jurídico vigente. Embora não seja o escopo deste trabalho avaliar todos os debates sobre a natureza da responsabilidade pré--contratual – ou seja, sobretudo se ela é contratual, extracontratual, ou de um terceiro gênero[429] – é relevante afirmar que a doutrina nacional encontra na boa-fé objetiva o fundamento normativo para criação de deveres jurídicos positivos entre as partes que se aproximam para contratar. Logo, o surgimento de deveres jurídicos em tal fase enseja a consequência da criação do dever de indenizar, caso o comportamento esperado não seja cumprido, gerando danos para a contraparte. A convenção de não indenizar, surgida no âmbito de memorando de entendimentos, ou instrumentos equivalentes, seria a técnica jurídica utilizada para afastar os deveres de indenizar surgidos pelo não cumprimento desses deveres.

---

[428] Apelação Cível n. 4.177/89, 1ª C., rel. Des. Carlos Alberto Menezes Direito, j. 5-12-1989 (*RT*, v. 654, p. 160-161, abr. 1990. O precedente também é apontado por CAVALIERI FILHO, Sérgio. Op. cit., p. 525, e PERES, Fábio Henrique. Op. cit., p. 122.

[429] Sobre um panorama acerca das diferentes correntes de pensamento e a importância do assunto dentro do tema da cláusula de não indenizar, ver FERNANDES, Wanderley. Op. cit., p. 118-123.

A falta de uma disciplina específica sobre o tema em nossa codificação civil convida o intérprete a identificar qual seria o regramento que deve ser aplicado nas hipóteses em que danos são experimentados na fase pré-contratual, conforme o ordenamento jurídico. Embora o art. 422 do Código Civil não faça referência expressa à fase negocial, já é de certa forma pacificado o entendimento que o dispositivo possui abrangência normativa para regular o comportamento das partes que ainda não chegaram a firmar um contrato[430]. Tal âmbito também é identificado como "espaço não contrato", uma vez que inexiste ainda vinculação contratual entre partes[431], o que demonstra a inadequação da aplicação do regramento jurídico contratual para a relação em que somente existe ainda a vontade de contratar[432].

Sobre a admissibilidade da convenção de não indenizar em tais situações, Wanderley Fernandes é categórico ao afirmar que, diante da possibilidade de as partes poderem avaliar seus riscos nesse momento de "contato contratual", não haveria impeditivos que a vedassem[433]. Mesmo diante da teoria que admite que os deveres surgidos na fase pré-contratual sejam advindos da boa-fé objetiva, "é possível afirmar que as cláusulas de limitação ou exoneração do dever de indenizar são plenamente aplicáveis ao contexto da responsabilidade pré-contratual, não ficando restrita à responsabilidade contratual"[434], conforme o autor. Todavia, a questão não parece ser de solução tão óbvia. Conforme dito anteriormente, a doutrina praticamente de forma unânime – inclusive com o apoio do autor citado[435] – indica que o respeito à boa-fé objetiva estaria dentro do campo de incidência da ordem pública, um dos requisitos de validade da cláusula e de qualquer negócio jurídico. Em termos diretos, parece ser uma contradição afirmar que os deveres jurídicos pré-contratuais surgem da

---

[430] MARTINS-COSTA, Judith. Um aspecto da obrigação de indenizar: notas para uma sistematização dos deveres pré-negocias de proteção do direito civil brasileiro. In: *A evolução do direito no século XXI*: estudos em homenagem ao Prof. Arnoldo Wald. Coimbra: Almedina, 2007, p. 317; Enunciados n. 25, 168, 170 das Jornadas de Direito Civil do Conselho de Justiça Federal.

[431] MARTINS-COSTA, Judith. Ibidem, p. 317; NALIN, Paulo. Op. cit., p. 124.

[432] ZANETTI, Cristiano de Sousa. *Responsabilidade pela ruptura das negociações*. São Paulo: Ed. Juarez de Oliveira, 2005, p. 57.

[433] FERNANDES, Wanderley. Op. cit., p. 122.

[434] Idem, ibidem.

[435] FERNANDES, Wanderley. Op. cit., p. 185.

PARTE II

boa-fé objetiva – tema considerado de ordem pública – e ao, mesmo tempo, seja possível admitir que a convenção de não indenizar aborde esse objeto.

A contradição parece que só será resolvida por uma análise de qual é o efeito da incidência da boa-fé objetiva nessas situações. A boa-fé, no momento pré-contratual, tem como principal efeito a geração de deveres jurídicos entre as partes pelo simples comportamento da aproximação contratual. A circunstância, neste ponto, não parece ser fundamentalmente diferente do que o próprio regime de responsabilidade extracontratual propõe, que é o surgimento de deveres (ainda que negativos, encartados no *neminem laedere*) de não causar dano a outrem. Foca-se no poder normativo de criação de deveres jurídicos, e não no seu conteúdo, por enquanto.

Os interesses criados nas relações intercivis e interempresariais na fase de contratação, por vezes, são passíveis de serem enquadrados como interesses jurídicos disponíveis e patrimoniais. A proposta analítica de Pinto Monteiro sobre a possibilidade de a cláusula de não indenizar versar sobre responsabilidade extracontratual pode servir de auxílio para a resolução do problema[436]. A convenção de não indenizar na fase negocial teria como objeto o eventual dano a ser causado pelo não cumprimento de um dever (dano patrimonial, decorrente de um interesse jurídico disponível), o que é diferente das próprias normas que indicam o surgimento desses deveres (no caso, a boa-fé objetiva). Este será o escopo da cláusula de não indenizar, por exemplo, em um memorando de entendimentos: antever expressamente quais são os possíveis danos patrimoniais que podem ocorrer por conta da aproximação negocial, e prever a exclusão ou limitação do montante indenizatório, na medida da identificação dos deveres surgidos pela boa-fé objetiva (tais como a quebra da negociação). Não se trata de uma cláusula que dirá que as partes não serão responsáveis caso não se comportem conforme a boa-fé objetiva genericamente, mas sim um negócio que irá identificar os riscos e os danos assumidos pelas partes que estão a negociar, prevendo a sua devida alocação. Evidentemente que a convenção, nesses casos, estará sujeita aos demais requisitos de validade abordados acima, mas não é possível dizer que sua admissibilidade ficaria comprometida tão comente pelo fato de o negócio ter como objeto deveres que surgem na fase pré-contratual. O critério, novamente, é a possibilidade

[436] MONTEIRO, António Pinto. Op. cit., p. 391-392.

de as partes anteverem quais os possíveis danos surgidos pela relação prévia (ainda que não contratual) entre elas, não sendo possível afirmar que há uma vedação *per se*.

Esclarecidas as hipóteses em que a avença de não indenizar pode ser admitida na responsabilidade extracontratual por uma aproximação das partes (negocial ou não), há ainda a situação daqueles danos que surgem durante a execução de um contrato, mas que não estão diretamente vinculados com o interesse do credor na prestação. Trata-se da admissão da cláusula de não indenizar que tenha por objeto os deveres laterais surgidos na relação contratual, situação que também é identificada como violação positiva do contrato por alguns, embora com as devidas anotações feitas nos capítulos anteriores sobre a dificuldade de aplicação da teoria no direito pátrio. Conforme vimos na primeira parte deste trabalho, a complexidade contratual e a aplicação de princípios integrativos, como a boa-fé objetiva, faz com que no âmbito de uma relação jurídica surjam inúmeros deveres laterais, ou seja, aqueles deveres que, embora não vinculados diretamente ao modo de adimplemento da prestação obrigacional, operam para que a obrigação atinja a sua finalidade. Diante disso, é necessário apontar que o regramento jurídico do adimplemento de tais deveres não será o mesmo que o da prestação entabulada na relação obrigacional. No entanto, o que é necessário apontar neste momento é que o não cumprimento desses deveres ensejará o surgimento do dever de indenizar (medido conforme a extensão do dano, que terá fundamento diferente do inadimplemento da obrigação da prestação). A cláusula de não indenizar poderá ser usada, destarte, para evitar o surgimento dessa específica consequência jurídica, ou limitar sua extensão.

Um bom exemplo para ilustrar como a cláusula de não indenizar pode ter como objeto a violação positiva surgida na execução contratual é verificada no contrato de empreitada. Trata-se de um típico caso em que há a probabilidade de que ocorram eventos ensejadores de responsabilidade civil extracontratual no curso da execução de um contrato existente. É possível que durante a fase de cumprimento do contrato um acidente seja causado por negligência do contratado, violando um dever genérico de cuidado em relação a qualquer pessoa, sem que esse fato tenha ligação direta com a prestação principal, ou até mesmo com a existência do contrato. Todavia, a empreiteira contratada, pela proximidade com o contratante, poderá identificar uma probabilidade maior de que ele esteja exposto a tais danos e seja o eventual credor da indenização. Diante disso, a pessoa contratada estará naturalmente inclinada a celebrar uma convenção de não indenizar com o contratante a fim de evitar a assunção desses riscos.

Como arremate sobre a possibilidade de aplicação da convenção de não indenizar para a responsabilidade extracontratual, é possível identificar uma escala de situações, que varia conforme a proximidade entre as partes e a possibilidade de que sejam previstos os futuros danos e as respectivas exposições de riscos a cargo das partes envolvidas na relação[437]. Em primeiro lugar, tem-se a situação em que as partes não têm qualquer contato prévio entre si. A convenção não será possível, uma vez que o negócio deverá contar com duas manifestações de vontades concordantes, o que se torna impossível pela ausência de qualquer contato prévio. As exclusões de não indenizar unilaterais (por meio de avisos, por exemplo) não podem ser admitidas juridicamente. No segundo ponto da escala, têm-se aquelas situações em que as partes possuem um contato prévio, motivadas por questões geográficas, como são as relações de vizinhança, em que é possível prever a ocorrência de futuros danos extracontratuais. As avenças são admissíveis nesses casos, respeitando-se, evidentemente, os demais requisitos de validade impostos às convenções de não indenizar. Em terceiro lugar estão aquelas situações em que o contato prévio das partes se dá na forma de tratativas para a celebração de um contrato. A incidência da boa-fé objetiva para a criação de deveres na fase pré-contratual não se mostra como óbice jurídico para a celebração da convenção de não indenizar naquelas situações em que as partes podem prever os danos específicos que terão reflexos em seus interesses patrimoniais disponíveis. Por fim, em último lugar na escala de proximidade, existem aqueles danos causados na execução de um contrato, mas que seguem o regime jurídico da responsabilidade extracontratual. Os casos designados como violação positiva do contrato ensejam o surgimento do dever de indenizar que, entretanto, podem ser evitados caso a convenção seja celebrada entre as partes.

---

[437] Escala semelhante é observada em FERNANDES, Wanderley. Op. cit., p. 114.

15. Agravamento da responsabilidade civil

Do quanto vimos até agora, foi possível posicionar a cláusula de não indenizar como um negócio jurídico que modifica o regime geral das consequências da responsabilidade civil, nos limites autorizados pelo ordenamento jurídico. Contudo, juntamente com as cláusulas que limitam o dever de indenizar, é possível colocar as denominadas cláusulas de "agravamento de responsabilidade" nesse mesmo cenário, uma vez que, em última análise, também modificam o regime geral das consequências jurídicas da responsabilidade civil, mas, digamos, com um sinal trocado. Ao invés de aliviar a indenização devida, elas agravam a posição jurídica do devedor, uma vez que o tornam alvo de imputação de consequências jurídicas que, na ausência de tal cláusula, não lhes seriam direcionadas. Ambas as figuras são colocadas por Ana Prata como modos de "regulação convencional do risco da prestação"[438].

Embora as cláusulas apresentem o mesmo papel de modificar o regime do dever de indenizar, alguns autores[439] notam que as cláusulas de agravamento da responsabilidade civil do devedor são mais suscetíveis de serem aceitas, sendo que as questões acerca de sua validade ficam adstritas a um menor número de circunstâncias, sobretudo quando o inadimplemento decorrer de comportamento do próprio credor, além do caso de contrariarem a ordem pública.

Ainda que o escopo de nosso trabalho seja discorrer sobre as cláusulas de não indenizar, é interessante, para fins comparativos e análise do funcionamento da fisiologia jurídica da figura, trazer alguns comentários sobre as denominadas cláusulas de agravamento de responsabilidade. Trataremos de algumas de suas modalidades mais recorrentes.

Em nosso ordenamento jurídico, uma das possibilidades de agravamento da responsabilidade por convenção entre as partes está expressamente prevista no *caput* do art. 393 do Código Civil. Segundo esse dispositivo, o devedor poderá expressamente se responsabilizar pelo cumprimento da prestação, mesmo diante da ocorrência de caso fortuito ou força maior[440]. Mesmo diante

---

[438] PRATA, Ana. *Cláusulas de exclusão e limitação da responsabilidade contratual*, cit., p. 33

[439] Como, por exemplo, FERNANDES, Wanderley. Op. cit., p. 69; e PRATA, Ana. *Cláusulas de exclusão e limitação da responsabilidade contratual*, cit., p. 32-33.

[440] Como também é lembrado por Renan Lotufo (*Código Civil comentado*: obrigações, cit., v. 2, p. 439-440). Cabe ainda transcrever o raciocínio empregado por Ragner Limongeli Vianna

de um evento irresistível que, via de regra, seria suficiente para extinguir o vínculo obrigacional sem a criação de um dever de indenizar, ainda assim, por convenção, poderão as partes se manifestar no sentido de manter o vínculo para imputar – em um sentido de imputar efeitos jurídicos – à parte devedora as consequências jurídicas pelo não cumprimento da prestação.

Se pela redação do art. 393 as partes podem convencionar a assunção de risco pela ocorrência do fortuito, é possível também vislumbrar a hipótese em que, durante as discussões para a formulação do conteúdo jurídico obrigacional, as partes convencionem a divisão e especificação de quais riscos dessa natureza cada uma delas vai assumir. Ou seja, ao invés de simplesmente se colocar em cláusula contratual que uma ou outra parte (quando forem reciprocamente devedor e credor dentro de uma relação contratual, por exemplo) se responsabilizaria pela ocorrência de caso fortuito ou força maior, a sua redação pode ser pouco mais específica com a finalidade não só de aclarar quais situações que configuram o fortuito, mas dividir entre as partes o risco pela ocorrência de tais situações, que podem ser das mais variadas ordens. Nesse sentido, Wanderley Fernandes lembra que as partes podem "circunscrever as hipóteses"[441] a serem excluídas da incidência do art. 393 do Código Civil. Para ilustrar a situação, o autor fornece o exemplo das situações das greves, em que as partes podem dividi-las conforme a sua natureza para decidir quem assume o risco de cada qual:

sobre as figuras do caso fortuito e força maior, e sua diferenciação da situação de mera ausência de culpa pelo devedor: "Duas correntes principais pretenderam conceituar força maior (sob a égide da teoria da culpa): a objetiva, segundo a qual sua caracterização dependeria exclusivamente de elementos dos próprios acontecimentos, independentemente de elementos subjetivos; e a subjetiva, para qual caso fortuito seria sinônimo de ausência de culpa. (...) No entanto, a discussão doutrinária não está encerrada, sendo que muitos pretendem que seja o conceito equiparado à 'ausência de culpa', opinião que, em nosso sentir, não há de prevalecer. Primeiro porque a 'não culpa, *per se*, não tem o condão de excluir a obrigação reparatória nos casos da chamada, 'reparação de dano objetiva', decorrente da teoria do risco, pois que para o nascimento desta obrigação a conduta do devedor é irrelevante, e assim, dispensa qualquer investigação sobre a ocorrência de culpa. Além disso, há a questão da prova. Ao devedor cabe o ônus de provar o evento caracterizado de força maior, não bastando a ausência de culpa. (...) De qualquer sorte, a prova do caso fortuito é, a um só tempo, prova também da ausência de culpa, até porque concorrendo o devedor com culpa na produção do evento, não se poderá afirmar inevitáveis os efeitos do mesmo. Fica excluída, assim, toda a possibilidade de uma equiparação do fortuito à 'ausência de culpa'" (Op. cit., p. 33-34).

[441] FERNANDES, Wanderley. Op. cit., p. 70.

O devedor não assume inteiramente os riscos, mas as partes circunscrevem as hipóteses. Exemplo usual é a exclusão da greve como efeito liberatório da responsabilidade, mormente quando tem abrangência setorial a dada atividade econômica. Uma greve poderá ser motivada pelo descumprimento de obrigações trabalhistas de uma das partes o que, evidentemente, não poderá ser constituído como evento de força maior, porém, muitas vezes, algumas delas têm natureza política e são motivadas por solidariedade entre integrantes de uma determinada categoria profissional. Neste último caso, embora o evento possa ser qualificado como irresistível, nada obsta que as partes aloquem o risco de sua ocorrência para o devedor[442].

Outra circunstância que pode ser entendida como agravamento da responsabilidade é a transformação da obrigação de meio em obrigação de resultado. No entanto, nesse caso devemos apontar para o cuidado que se deve ter em se utilizar o termo responsabilidade em seu sentido mais técnico, porquanto esse tipo de convenção, em verdade, agrava a posição jurídica do devedor na medida em que interfere no modo como irá ocorrer o adimplemento da obrigação por ele assumida.

Emilio Betti, ao estudar o direito das obrigações, vê a cooperação entre indivíduos como o "fio condutor"[443] que deverá ser seguido pelo jurista na análise desse particular ramo do direito, e esse fato tem especial interesse no estudo da prestação como elemento de uma relação jurídica obrigacional. A prestação, consubstanciada na cooperação devida para atingir um interesse do credor, pode apresentar múltiplas modalidades, que merecem ser analisadas para que se possa dar conta do alcance do inadimplemento. É importante, destarte, saber diferenciar aqueles casos em que "aquilo que o credor espera do devedor é um comportamento equivalente a uma certa capacidade deontológica de diligência, e eventualmente também uma certa habilidade técnica"[444], e aqueles casos em que "o débito não é um comportamento equivalente a uma tal capacidade, mas o simples resultado de um operar"[445]. Em outros

---

[442] Idem, ibidem.
[443] BETTI, Emilio. *Teoria geral das obrigações*, cit., p. 30.
[444] Idem, ibidem, p. 59.
[445] Idem, ibidem.

termos, a divisão à qual o autor italiano se refere é aquela existente entre o que se convencionou chamar de obrigação de meio e obrigação de resultado.

Para que a obrigação de meio seja adimplida, o devedor deverá desenvolver uma atividade no interesse do credor. Entretanto, a verificação de que aquela determinada atividade efetivamente resultou em algo útil para ele é algo que não mais diz respeito ao devedor. Por outro lado, a obrigação de resultado é adimplida quando o devedor coloca à disposição do credor o resultado útil de um agir, sem o qual não será possível considerá-lo livre do vínculo jurídico entabulado[446].

Muito além da distinção de aspectos probatórios[447], a diferença entre obrigação de meio e de resultado atinge propriamente a fisiologia jurídica do vínculo havido entre devedor e credor. No que se refere ao tema tratado por nós, é possível indicar que uma convenção que transforme uma obrigação de meio em obrigação de resultado representará um agravamento da posição jurídica do devedor que, muito mais do que agir de acordo com determinado padrão de conduta, deverá efetivamente se comportar de um modo tal que represente uma consequência prática para o credor, sob pena de não se ver livre do vínculo obrigacional. É por isso que entendemos que só indiretamente essa avença afeta propriamente as consequências jurídicas da responsabilidade civil (o que torna impróprio dizer que é uma convenção de "agravamento da responsabilidade"). O que ela altera é o modo como será verificado o adimplemento da prestação e, por via reversa, as circunstâncias em que se poderá dizer que um devedor é responsável por ter inadimplido a prestação.

Para ilustrar a situação, vale novamente indicar os apontamentos de Wanderley Fernandes, que fornece o exemplo do contrato de prestação de serviços de gerenciamento de obra:

> Em um contrato de prestação de serviços de gerenciamento de execução de uma obra, o prestador do serviço, de maneira geral, não assume a obrigação de resultado (entendida como a conclusão satisfatória da obra), pois sua função é a de gerenciar a exclusão da obra por

---

[446] Idem, ibidem.

[447] TUNC, André. *A distinção entre obrigações de resultado e obrigações de diligência. RT*, São Paulo: Revista dos Tribunais, n. 778, p. 759, ago. 2000.

terceiros (projetista, construtor ou montador de equipamentos), não arcando com a responsabilidade a eles imputável. Sua obrigação pode ser qualificada, propriamente, como de resultado, pois sua prestação consistirá em agir diligentemente no gerenciamento das atividades, sem, no entanto, assumir os riscos decorrentes do inadimplemento ou de erros na execução das obras por terceiros. Nada obsta, entretanto, que as partes decidam transformar a obrigação de meio em resultado (...). Uma solução que, por outro lado, poderá descaracterizar o contrato de gerenciamento, equiparando o gerenciador ao empreiteiro que subcontrata o projetista, o montador ou o construtor. Sendo racionais os agentes, é de esperar que o gerenciador inclua no seu preço as contingências associadas a esses riscos. Dependendo da extensão deste agravamento da responsabilidade, a hipótese poderá confundir-se com o próprio conteúdo da obrigação e não da responsabilidade, pois, ao assumir todos os riscos da execução, o gerenciador estará, na verdade, assumindo uma obrigação de resultado de promover a execução integral da obra[448].

É importante notar que a transformação da obrigação de meio em obrigação de resultado encontra limites legais, que são comumente verificados em atividades consideradas pela norma geral e abstrata como de certa relevância social, o que se manifesta pela imposição normativa de que determinados profissionais atuem conforme um padrão deontológico mais estrito[449]. Não é possível admitir que as partes convencionem a mudança do modo pelo qual uma prestação será adimplida, nessas atividades qualificadas. Os exemplos mais claros são os da atividade do médico[450] e do advogado cujas prestações são consideradas como obrigações de meio, e não de resultado.

---

[448] FERNANDES, Wanderley. Op. cit., p. 72-73.

[449] PRATA, Ana. *Cláusulas de exclusão e limitação da responsabilidade contratual*, cit., p. 37.

[450] Existe a discussão se o médico que atua como cirurgião estético realiza atividade de meio ou de resultado. Todavia, é possível notar um forte movimento doutrinário e jurisprudencial que identifica em tal atividade médica uma verdadeira obrigação de resultado. Nesse sentido, Luciano de Camargo Penteado e Fábio Vieira Figueiredo (op. cit., p. 224) entendem que a cirurgia estética "enseja obrigação de resultado, pois o médico promete consequência prática, vinculando-se nos termos de promessa tal qual veiculada (protótipo, arquivo de computador ou análogo). De toda forma, verifica-se clara tendência a facilitar a proteção do que se submete

PARTE II

Ainda no tema da classificação das obrigações quanto a sua exigibilidade, surge a questão de uma das modalidades de "agravamento da responsabilidade", identificada na assunção de responsabilidade pelo não cumprimento qualquer que seja a sua causa[451]. Nesse tipo de avença, o devedor assume uma obrigação cujo objeto é um verdadeiro dever de garantir. Emilio Betti, após analisar as obrigações de meio e de resultado, como vimos acima, identifica esse terceiro tipo de prestação, "em que a expectativa do credor se dirige a uma utilidade que não pode subsumir nem em um comportamento exigível de diligência, nem ao resultado útil de um agir"[452]. Esse terceiro tipo de prestação se qualifica pelo fato de uma das partes conceder à outra a utilidade de uma garantia, de uma segurança, a partir do momento da conclusão do contrato. Por isso ela é designada como obrigação de garantia, cujo dever, segundo Fábio Konder Comparato, é de prestar uma segurança[453]. Igualmente, elas se diferem das obrigações de meio e de resultado pelo modo como são adimplidas[454].

Diante de uma avença nesse sentido, a parte devedora acaba por aceitar riscos contratuais que fogem da sua área de atuação direta, sendo que a validade de tal convenção encontra guarida na possibilidade de alteração legal de distribuição de riscos contratuais[455]. Esse tipo de convenção visa, sobretudo, imputar ao devedor os efeitos da responsabilidade decorrentes de atos de terceiros em relação ao vínculo jurídico existente entre devedor e credor, e que não apresentem em relação ao devedor qualquer vínculo de subcontratação ou subordinação[456]. Em valiosa monografia, Marcelo Benacchio versa sobre as consequências que a atuação de um terceiro pode ter numa relação contratual

---

a este tipo de cirurgia, tendo em vista a maior assunção, de livre e espontânea vontade, de responsabilidade por parte do médico". No âmbito do Superior Tribunal de Justiça é possível identificar recentes julgados que corroboram com tal entendimento: AgRg no Ag 1407275/RN, rel. Min. Paulo de Tarso Sanseverino, *DJ*, 26-6-2012; REsp 1097955/MG, rel. Min. Nancy Andrighi, *DJ*, 29-9-2011.

[451] Nomenclatura usada por PRATA, Ana. *Cláusulas de exclusão e limitação da responsabilidade contratual*, cit., p. 33-35.

[452] BETTI, Emilio. *Teoria geral das obrigações*, cit., p. 60.

[453] COMPARATO, Fábio Konder. *O seguro de crédito*. São Paulo: Revista dos Tribunais, 1969, p. 136.

[454] COMPARATO, Fábio Konder. *Obrigações de meios, de resultado e de garantia. Ensaios e pareceres de direito empresarial*. Rio de Janeiro: Forense, 1978.

[455] Cf. PRATA, Ana. *Cláusulas de exclusão e limitação da responsabilidade contratual*, cit., p. 34.

[456] FERNANDES, Wanderley. Op. cit., p. 71.

que lhe é estranha, isto é, em que ele não figura imediatamente no vínculo preestabelecido. O autor nos demonstra o grande número de possibilidades em que um terceiro pode influenciar na relação jurídica entre credor e devedor[457], e quando que este terceiro deverá responder pela lesão à situação jurídica contratual alheia. Contudo, caso haja um convenção válida pela qual o devedor responda pelo cumprimento por qualquer que seja a causa – e isso inclui a atuação de terceiro –, perante o credor somente o devedor figurará como centro de imputação das consequências do inadimplemento, de modo que contra ele será dirigida a pretensão indenizatória. Uma cláusula como essa terá o efeito de ampliar as possibilidades de imputação à pessoa do devedor, pois, ordinariamente, e em determinadas situações, ele não responderia por tais eventos.

No entanto, esse amplo aspecto decorrente da locução "qualquer que seja a causa" deve sofrer a ressalva naquelas situações em que o inadimplemento decorre de ato intencional ou culposo do próprio credor. Conforme lembra Ana Prata, tal situação foge completamente da função de atribuição de risco entre as partes, de modo que deverão ser consideradas inválidas para o fim de atribuir responsabilidade ao devedor pelo inadimplemento causado pelo próprio credor[458]. Ademais, é importante notar que uma cláusula nesse sentido não se coadunaria com o princípio da boa-fé objetiva, pois o credor se beneficiaria de ato claramente desconforme com o dever de agir em cooperação no processo obrigacional[459].

---

[457] BENACCHIO, Marcelo. *Responsabilidade civil contratual*. São Paulo: Saraiva, 2011. Em sua obra, o autor elenca algumas importantes modalidades de lesão da situação contratual que podem ser causadas por terceiro, como as ofensas à pessoa do devedor; ofensa à coisa objeto ou necessária à prestação contratual; celebração de contrato incompatível, que acaba por gerar dano ao titular de outra situação jurídica contratual; concurso com o devedor no inadimplemento contratual; atuação no momento anterior ou concomitante à formação da situação jurídica contratual.

[458] PRATA, Ana. *Cláusulas de exclusão e limitação da responsabilidade contratual*, cit., p. 34.

[459] Em que pese a atribuição de responsabilidade por qualquer que seja a causa não abarque atos intencionais ou culposo do próprio autor, há autores que entendem que a situação seria possível no caso de culpa que não atinja esse grau (caso, evidentemente, também se admita a gradação de culpa em nosso ordenamento jurídico). O exemplo para uma dessas situações fica por conta de Wanderley Fernandes: "Embora seja pouco provável que um devedor aceite tal condição, ela não seria de todo despropositada. Vejamos a hipótese de um empreiteiro que aceite assumir os riscos de eventuais projetos ou de especificações fornecidos pelo dono da

PARTE II

Ainda sobre o tema do agravamento da responsabilidade por convenção, nota-se que a doutrina estrangeira cita a possibilidade de extensão do prazo de prescrição ou de decadência[460] como uma dos modos de agravar a posição jurídica do devedor[461]. O argumento tem sua lógica fundada no fato de que, diante dessa convenção, o credor teria mais tempo para exigir sua pretensão indenizatória em juízo, ou mais tempo em que seu direito não seria fulminado pela caducidade, o que se apresentaria como uma vantagem, ao passo que o eventual devedor, por via inversa, ficaria agravado. Importante salientar que alguns autores apontam que a alteração dos prazos de decadência e prescrição também podem servir como limitação – ainda que indireta – da responsabilidade, porquanto, por via inversa, os prazos menores favoreceriam o devedor da prestação[462]. O tema será tratado com maior precisão em capítulo próprio adiante, mas é necessário apontar, neste momento, que o regramento jurídico da prescrição e da decadência varia sensivelmente dependendo do ordenamento jurídico. As principais diferenças podem ser verificadas na possibilidade de ofício pelo magistrado – como ocorreu entre nós com a revogação

---

obra. A validade dessa cláusula está associada à possibilidade de verificação e aferição pelo empreiteiro da correção e acuidade das informações recebidas. Ele assume o risco técnico de revisão das informações recebidas. Entendemos, no entanto, que esta cláusula não poderá ser admitida em caso de culpa grave do devedor, pois seria admitir a premiação de sua desídia em prejuízo do devedor" (op. cit., p. 72).

[460] Sobre a conceituação de prescrição e decadência, por todos, LEAL, Antônio Luís da Câmara. *Da prescrição e da decadência*. 3. ed. Rio de Janeiro: Forense, 1978. Para o autor, prescrição seria "a extinção de uma ação ajuizável, em virtude da inércia de seu titular durante um certo lapso de tempo, na ausência de causas preclusivas de seu curso" (p. 12), enquanto decadência seria "a extinção do direito pela inércia de seu titular, quando sua eficácia foi, de origem, subordinada à condição de seu exercício dentro de um prazo prefixado, e este se esgotou sem que esse exercício se tivesse verificado" (p. 88).

[461] PRATA, Ana. *Cláusulas de exclusão e limitação da responsabilidade contratual*, cit., p. 43.

[462] MONTEIRO, António Pinto. Op. cit., p. 111-112, assevera que "uma das formas de limitação indireta da responsabilidade obtém-se mediante acordos destinados a reduzir os prazos legais de prescrição e caducidade. Naturalmente que não está aqui em causa uma convenção limitativa de responsabilidade, em sentido próprio; o que as partes fazem é, apenas, encurtar o prazo legal de que dispõe o titular de um direito para o exercer, sob pena de o mesmo se extinguir, gerando uma simples obrigação natural. Mas, na medida em que se limita esse prazo, limita-se, consequentemente – no tempo –, a responsabilidade do devedor. Serão de admitir tais convenções? A resposta é, entre nós, diferente, consoante estejam em causa estipulações convencionais sobre caducidade – válidas, em princípio, nos termos do art. 330º –, ou sobre prescrição – proibidas de acordo com o art. 300º".

do art. 194 do Código Civil pela Lei n. 11.280/2006 –, e também pela possibilidade de se convencionar ou modificar os prazos estabelecidos por lei.

Entre as figuras da prescrição e decadência encontram-se importantes – e por vezes sutis – distinções. Cabe, nesse ponto, lembrar as lições de Silvio Luis Ferreira da Rocha sobre a importância da distinção entre as figuras no sistema normativo brasileiro. "A necessidade de distinguir ambos os institutos estaria no fato de haver regimes jurídicos diferentes para a prescrição e para a decadência"[463], diz o autor. No entanto, ele ainda observa que "estas diferenças de regimes jurídicos [são] mínimas hoje".

No ponto que nos importa, a diferença de regime jurídico entre as figuras reside justamente na total impossibilidade de que as partes alterem os prazos prescricionais, a rigor do que dispõe o art. 191 do Código Civil, de modo que o agravamento da responsabilidade – ainda que indiretamente – não é facultado às partes por tal expediente. A decadência, por seu turno, tem a característica de poder ser convencionada entre as partes (art. 211 do Código Civil), mas elas não poderão renunciar aqueles prazos de caducidade que já estejam fixados por lei (art. 209).

As figuras que acabamos de descrever representam, em nosso entendimento, alguma das mais relevantes formas convencionais pela qual se pode "agravar a responsabilidade" do devedor, embora não sejam as únicas[464]. Todavia, é importante notar que elas, em última análise, têm o condão de agravar a posição jurídica do devedor, compondo uma fisiologia obrigacional que seja voltada a dar mais instrumentos ao credor para a satisfação de seu interesse, quer ainda no momento da existência da obrigação primária, quer no momento posterior ao inadimplemento, com a responsabilidade civil. É por isso que é possível inclusive colocar a cláusula penal – que será também tratada em capítulo específico abaixo – como uma dessas modalidades de convenção que

---

[463] ROCHA, Silvio Luis Ferreira da. *Da prescrição e da decadência*. In: LOTUFO, Renan; NANNI, Giovanni Ettore (Coord.). *Teoria geral do direito civil*. São Paulo: Atlas, 2008, p. 800.

[464] Ana Prata (*Cláusulas de exclusão e limitação da responsabilidade contratual*, cit., p. 32-52) indica, além das figuras aqui tratadas, as seguintes modalidades de agravamento da responsabilidade civil: assunção de responsabilidade por fatos dos terceiros que intervenham autorizadamente no cumprimento; avaliação convencional de bem entregue e a restituir; imposição ao devedor do ônus da prova de fortuito liberatório; alteração convencional do critério de causalidade entre o não cumprimento e os danos ressarcíveis; fixação de um mínimo indenizatório forçado; cláusula resolutiva; cláusula *solve et repete*.

agravam a posição jurídica do devedor, uma vez que ela se apresenta como garantia de cumprimento ou de reforço da obrigação principal que milita em favor do interesse do credor.

Enfim, não é possível traçar um regramento único para identificar a validade das denominadas cláusulas de agravamento da responsabilidade civil, uma vez que são numerosas as figuras por meio das quais ela pode se manifestar. Entretanto, ainda que cada caso se apresente com características próprias, a depender da modalidade de agravamento, é possível indicar que elas também estão sujeitas aos limites impostos pelo regramento jurídico da abusividade, tanto quanto as cláusulas de não indenizar[465].

---

[465] Cf. WANDERLEY, Fernandes. Op. cit., p. 73.

PARTE III

16. Diversas modalidades da cláusula de não indenizar

16.1. Limitação do montante indenizatório

Na parte anterior deste trabalho, ao tratarmos das noções preliminares terminológicas e conceituais da cláusula de não indenizar, frisamos que o foco metodológico adotado enxerga que tal avença é apta a modificar as consequências jurídicas da responsabilidade civil, notadamente o surgimento do dever de indenizar. Diante de uma cláusula de não indenizar válida segundo o ordenamento jurídico, o liame jurídico criado entre credor e devedor no momento do inadimplemento não apresentaria um dos seus principais feixes, identificado no surgimento do dever de indenizar. Por autorização do próprio sistema normativo, as partes podem juridicamente estabelecer exceções ao princípio da reparação integral (arts. 402 e 944 do Código Civil). Contudo, se essa é a noção básica do objeto que ora se estuda, tais cláusulas podem apresentar diversas modalidades, que, por serem criação da manifestação de vontade dos agentes contratantes, estão sujeitas a diversas variações e complexidades, fomentadas pela criatividade e dinamicidade negociais[466] possíveis dentro das balizas normativas.

---

[466] Cf. AMIGO, Garcia. Op. cit., p. 125; VENOSA, Sílvio. Op. cit., p. 61.

A mais corriqueira manifestação desse tipo de avença contratual é identificada na limitação do montante indenizatório[467]. Durante a fase de composição da cláusula, as partes acordam que a indenização devida será limitada a um valor fixo – um teto[468] –, mesmo que este ultrapasse o montante dos danos efetivamente experimentados pelo credor na ocorrência do inadimplemento. Esse valor é estabelecido pela manifestação das partes, podendo inclusive consistir em declaração unilateral de valor aceita pela contraparte[469]. Este é o caso da declaração do valor da bagagem no transporte de pessoas, conforme parágrafo único do art. 734 do Código Civil brasileiro. Há ainda a possibilidade de que a cláusula determine que determinada percentagem ou outra fórmula matemática seja aplicada ao montante dos danos decorrentes do inadimplemento, de modo que a operação reduza o valor da indenização devida pelo devedor. De toda forma, o credor ficará tolhido da reparação direta em relação ao valor excedente ao estipulado ou calculado[470].

Do ponto de vista jurídico, é importante notar que tais hipóteses não evitam a necessidade de apuração dos danos efetivamente causados[471], uma vez que será necessário verificar se o valor dos danos foi inferior ao teto estabelecido, ou então, na hipótese de haver uma percentagem a ser aplicada, identificar o montante ao qual ela será aplicada. No que se refere às vantagens negociais que este tipo de cláusula traz, é possível destacar que ela facilita ao devedor saber a exposição de seu risco negocial com maior precisão, sobretudo na hipótese em que um teto é estabelecido. A antecipação dos riscos não se verifica de uma forma mais precisa na hipótese de aplicação de um percentual, porquanto a limitação do valor ficará diretamente sujeita à variação da extensão dos danos apurados.

A diferença revela ainda outra relevante distinção do ponto de vista da eficácia jurídica da cláusula. Nos casos em que há a fixação de um valor determinado ou determinável, é possível vislumbrar hipóteses em que o inadimplemento da parte devedora não atinja o valor estabelecido pela cláusula. Isso porque tal cláusula somente tem a função de estabelecer qual será o valor

---

[467] Cf. PERES, Fábio Henrique. Op. cit., p. 86; AVELAR, Letícia Marquez de. Op. cit., p. 44.
[468] PRATA, Ana. *Cláusulas de exclusão e limitação da responsabilidade contratual*, cit., p. 87.
[469] Idem, ibidem.
[470] MONTEIRO, António Pinto. Op. cit., p. 106.
[471] Idem, ibidem, p. 237.

máximo a ser pago caso ocorra o inadimplemento, e não a de estabelecer invariavelmente qual será o valor da indenização. Diante dessa circunstância, o credor terá o direito de exigir a indenização no valor na exata medida dos danos por ele experimentados, uma vez que eles sequer atingiram o teto previsto pela cláusula. A aplicação da cláusula será indiferente[472], uma vez que, ao contrário das cláusulas penais, por exemplo, ela não tem natureza de prefixação ou de liquidação de danos. O mesmo não ocorre no caso da redução do valor indenizatório condicionado à aplicação de um percentual. Nesses casos, a operação da cláusula será necessária, tendo em vista que qualquer que seja a extensão dos danos, estes serão reduzidos de acordo com a proporcionalidade estabelecida pelas partes[473].

As cláusulas que têm como objetivo limitar a indenização devida podem se mostrar como um eficiente meio de racionalizar a distribuição de riscos em contratos vultosos, em que há a necessidade de contratação de várias empresas para a execução de um projeto, e que concordam em compartilhar o risco do empreendimento. Nesses casos, as prestações dos entes contratantes podem apresentar um elevado grau de dependência funcional entre si, de modo que a execução de cada um deles gere efeitos recíprocos. Em tais circunstâncias, a distribuição dos riscos pelo inadimplemento pode ser feita entre as partes por meio de cláusulas limitativas, em que cada uma delas estabeleceria, conforme a participação de seu contrato no volume total da obra, o valor ou porcentagem máxima que poderiam suportar pela indenização total devida no caso de inadimplemento. De modo que haja a distribuição dos riscos, a cláusula de limitação seria combinada com a estipulação em favor de terceiro[474], sendo que uma parte poderia responder mesmo pelos danos a que não deu causa. Wanderley Fernandes fornece um exemplo hipotético de como funcionaria tal arranjo:

> Podemos imaginar uma grande obra no valor de dez bilhões de reais em que uma empresa provê parte dos serviços de fornecimento, com um contrato no valor total de cem milhões de reais. Nesse caso, por seu porte e capacidade financeira, não poderia, isoladamente, assumir

---

[472] Idem, ibidem, p. 106.
[473] PRATA, Ana. *Cláusulas de exclusão e limitação da responsabilidade contratual*, cit., p. 86.
[474] FERNANDES, Wanderley. Op. cit., p. 216.

os riscos de pagamento de indenizações que poderiam atingir valores muito superiores ao do seu contrato ou mesmo do seu patrimônio líquido. A solução pode se dar mediante a convenção de que cada uma das empresas poderá ser responsabilizada pelo pagamento de indenização ou penalidades até certa quantia proporcional ao valor de seu contrato, e o valor do dano excedente a esse limite seria suportado pelos demais agentes que, no entanto, somente responderiam até o limite fixado para sua própria responsabilidade, considerando-se a proporcionalidade do valor de seu respectivo contrato dentro do empreendimento. (...) suponhamos que todos os contratos contivessem cláusula de limitação de responsabilidade fixando-se o teto para a indenização em trinta por cento de cada um dos contratos. Suponhamos, ainda, que do cumprimento imperfeito do contrato por um dos agentes, resultasse prejuízo de trezentos milhões de reais e o dano tenha sido causado, exatamente, pelo contratado, cujo contrato tem o valor total de cem milhões de reais. Aplicada a cláusula de limitação de seu próprio contrato, teríamos um valor teto de trinta milhões (trinta por cento de cem milhões), o que é muito inferior ao dano causado. Adotado esse mecanismo, os demais contratados seriam chamados a completar o valor da indenização de maneira proporcional ao valor de seus respectivos contratos em função do valor total da obra. Note-se que se todos os agentes tiverem contratado uma limitação da indenização a trinta por cento do valor de seus respectivos contratos, teremos um valor teto global de três bilhões de reais (trinta por cento do valor total do empreendimento), muito superior ao valor do dano efetivo. Neste exemplo, o autor do dano responderia até o teto do seu limite e os demais contribuiriam com o pagamento da indenização em montante bem inferior aos seus respectivos limites de responsabilidade. O dano, por outro lado, poderia ser, hipoteticamente, de três bilhões e quinhentos milhões, maior do que o limite global de responsabilidade para o empreendimento. Nesse caso, todos os agentes, responderiam até o limite contratado individualmente e o dono da obra assumiria o prejuízo excedente[475].

---

[475] Idem, ibidem, p. 216-217.

PARTE III

Conforme foi possível vislumbrar, esse arranjo contratual pode servir de importante ferramenta a possibilitar a execução de grandes empreendimentos em que há a necessidade de pulverização dos riscos pelo inadimplemento entre as partes contratadas. Do ponto de vista da formalização da avença, cabe ainda lembrar que a cláusula pode ser celebrada em cada um dos contratos individualmente, ou então por meio de um acordo geral entre as partes envolvidas, ou então pela criação de consórcios ou *joint ventures*[476].

16.1.1. A questão e efeitos da distinção entre "exclusão" e "limitação" do dever de indenizar

Ainda sobre o tema cláusula de limitação do montante indenizatório, é importante mencionar o debate acerca das diferenças e semelhanças que ela pode apresentar em relação à cláusula que exclui totalmente o dever de indenizar. Em breves linhas, a questão se dedica a identificar se ambas as cláusulas apresentam efetivamente uma diferença de natureza ou se há somente uma diferença de grau – caso em que a exclusão seria uma limitação levada às últimas consequências[477], ou, de modo reverso, a limitação representaria uma exclusão parcial do dever de indenizar[478]. Há autores que indicam que a prática contratual demonstra preferência pela utilização das cláusulas de limitação do dever de indenizar[479], o que deixa transparecer que talvez seu reconhecimento seja menos controverso aos olhos daqueles que serão depois chamados a decidir sua validade. A resposta, em nosso sentir, só pode ser alcançada caso sejam identificados pontos divergentes no regramento jurídico destinado a regular ambas as situações.

A depender da situação que se apresente, a diferença entre limitação e exclusão do dever de indenizar os danos decorrentes do inadimplemento pode ser bastante sutil[480]. Realmente, é improvável que se possa identificar de antemão que uma determinada limitação da responsabilidade possa se tornar, em seu efeito prático, uma verdadeira exclusão, caso o valor a ser indenizado

---

[476] FERNANDES, Wanderley. Op. cit., p. 216-217.
[477] DIAS, José de Aguiar. *Cláusula de não indenizar*, cit., p. 125.
[478] MONTEIRO, António Pinto. Op. cit., p. 175.
[479] PRATA, Ana. *Cláusulas de exclusão e limitação da responsabilidade contratual*, cit., p. 56.
[480] AVELAR, Letícia Marquez de. Op. cit., p. 56.

seja considerado irrisório se contrastados com os danos efetivamente experimentados pelo credor. Em tais casos, no entanto, indica-se que somente em aparência a cláusula poderá ser considerada limitativa, pois elas encartariam somente um "simulacro de perdas e danos", o que equivaleria à exclusão[481]. Algumas manifestações jurisprudenciais, nomeadamente as que versam sobre contrato de transporte, conforme versado anteriormente, indicam que na situação de a limitação atingir um grau muito elevado, a cláusula limitativa fica equiparada à cláusula de exclusão do dever de indenizar, devendo ser considerada inválida, a rigor do entendimento exarado na Súmula 161 do Supremo Tribunal Federal[482]. Entretanto, caso a cláusula represente propriamente uma limitação do dever de indenizar, a avença deverá ser considerada válida[483]. Essa diferença entre o tratamento jurídico dos dois tipos de cláusula indica que entre elas existe mais do que uma mera diferença de grau, tendo em vista que a limitação, se for extremada, será considerada nula por ser equiparada a uma cláusula de exclusão.

Um olhar mais atento ao direito positivo indica que efetivamente há distinção entre os dois tipos de cláusula, tendo em vista que a legislação estabelece diferenças entre os respectivos regramentos jurídicos. Veja-se o caso do art. 51, I, do Código de Defesa do Consumidor[484]. A redação do inciso usa diferentes expressões para designar os dois tipos de cláusula e, consequentemente, designar-lhes diferentes hipóteses e consequências jurídicas. Diante disso, qualquer cláusula que impossibilite, exonere ou atenue a responsabilidade do fornecedor, no caso de o consumidor ser pessoa física ou jurídica, deverá ser considerada nula. Contudo, na segunda parte do inciso, há a possibilidade de haver limitação da responsabilidade, diante de circunstâncias justificáveis, caso o consumidor seja pessoa jurídica. No que tange especificamente às relações de consumo, fica bastante evidente que a diferença entre as duas cláusulas não deve ser ignorada.

Do ponto de vista da estrutura da relação jurídica que surge entre as partes diante do inadimplemento, a diferença entre as duas situações merece ser

---

[481] DIAS, José de Aguiar. *Cláusula de não indenizar*, cit., p. 126.

[482] REsp 29121/SP, *DJ*, 16-12-1992, rel. Waldemar Zveiter; TJSP, Ap. 991020343508, 12ª Câm. Dir. Priv., rel. Rui Cascaldi, *DJ*, 7-2-2007.

[483] REsp 36706/SP, *DJ*, 5-11-1996, rel. Sálvio de Figueiredo Teixeira.

[484] Cf. FERNANDES, Wanderley. Op. cit., p. 84.

PARTE III

notada. A cláusula que somente limita o montante indenizatório deixa aberta a possibilidade de que entre as parte surja o dever de indenizar – ainda que reduzido – ao passo que a cláusula exoneratória inibe totalmente o surgimento desse feixe da responsabilidade civil. Essa situação pode apresentar importantes consequências na análise do sinalagma da relação contratual diante da distribuição dos riscos entre as partes[485], além de servir como um importante suporte para função preventiva da responsabilidade civil[486], uma vez que o devedor inadimplente não ficará totalmente livre de responder por perdas e danos. Este último fator fica ainda mais evidente se levarmos em conta, conforme exemplo demonstrado acima, que algumas cláusulas de limitação do dever de indenizar que estabeleçam um montante fixo podem ser ineficazes, a depender da avaliação do montante do dano decorrente do inadimplemento.

Conquanto as cláusulas de limitação e de exoneração apresentem aproximações relevantes, sobretudo no que se refere à aplicação e interpretação[487], não é possível deixar de apontar que o ordenamento jurídico estabelece possíveis distinções entre os regramentos de ambas as figuras. Parece-nos adequado apontar que a diferença entre elas é juridicamente relevante em determinados casos, ultrapassando mera distinção quantitativa.

16.2. Limitação da indenização a determinados tipos de danos

Em vez de se reportar expressamente ao montante indenizatório devido no caso de inadimplemento, a cláusula de não indenizar pode fazer referência a determinados tipos de danos que, caso verificados, não poderão ser exigidos da parte devedora. Ela se manifesta naquelas situações em que as partes convencionam que somente alguns tipos de danos – ou danos de determinada natureza – darão ensejo à reparação.

Ao tratarmos dos requisitos de validade da cláusula de não indenizar foi visto que alguns tipos de danos, por questões de ordem pública, não poderão ser objeto de tal avença. É o caso, por exemplo, dos danos à integridade psicofísica da pessoa humana, o que pode ser identificado com o dano moral,

---

[485] Idem, ibidem.
[486] MONTEIRO, António Pinto. Op. cit., p. 176.
[487] FERNANDES, Wanderley. Op. cit., p. 85.

enquanto ele tiver o caráter de compensação à vítima[488], nos termos e circunstâncias acima já explanados. Todavia, no que se refere aos danos patrimoniais, as partes possuem a liberdade contratual de delimitar quais são os danos que darão ensejo à indenização, e quais serão excluídos. Os arts. 389 e 402 do Código Civil indicam que o inadimplemento da obrigação cria o dever de indenizar consubstanciado em perdas e danos, juros, atualização monetária e honorários advocatícios, sendo que as perdas e danos englobam os danos emergentes e os lucros cessantes. Temos a composição de vários elementos que podem ser excluídos pela cláusula de não indenizar, conforme o acordo entabulado pelas partes.

Os exemplos mais comuns encontrados na doutrina são aqueles referentes aos danos emergentes e aos lucros cessantes[489]. A cláusula poderá versar sobre um ou outro, o que fará com que sua eficácia no caso concreto possa variar entre a exclusão total, limitação ou simplesmente não incidência. Veja-se o caso hipotético em que as partes acordam que o devedor não responderá pelos lucros cessantes gerados em virtude de seu inadimplemento. Se no caso concreto o inadimplemento somente gerar lucros cessantes para o credor, a cláusula terá o efeito de impedir totalmente a criação do dever de indenizar. Todavia, caso o inadimplemento gere tanto lucros cessantes quanto danos emergentes, a cláusula só evitará o surgimento do dever de indenizar em relação ao primeiro, configurando-se mera limitação, haja vista que o credor ainda poderá exigir a reparação pelos danos emergentes experimentados. Por fim, caso o inadimplemento só gere danos emergentes, a cláusula não terá qualquer incidência, uma vez que o objeto ao qual se refere não se verificou concretamente, e o credor poderá exigir a totalidade da indenização.

No entanto, deve-se ter em mente que o Código Civil também elenca os juros, correção monetária e honorários de advogado como elementos que formaram o montante indenizatório no caso de inadimplemento da obrigação. A cláusula de não indenizar também poderá versar sobre tais objetos, fazendo com que o devedor não responda por eles, caso os demais requisitos de validade também sejam observados.

---

[488] Idem, ibidem, p. 231.
[489] MONTEIRO, António Pinto. Op. cit., p. 105; PERES, Fábio Henrique. Op. cit., p. 92; AVELAR, Letícia Marquez de. Op. cit., p. 46.

A cláusula de não indenizar poderá se referir ainda aos danos decorrentes da mora, ainda que, conforme visto nos capítulos anteriores, ela tenha regime jurídico distinto do inadimplemento total em nosso ordenamento[490]. Conforme dispõe o art. 395, a mora também permitirá o surgimento de consequências jurídicas de caráter indenizatório, consubstanciado nos prejuízos dela advindos, além dos juros, correção monetária e honorários advocatícios, que deverão, em regra, ser arcados pelo devedor moroso. A mora do credor, conforme art. 400 do Código Civil, também acarretará consequências indenizatórias, sendo que, nestes casos, o credor então se tornará devedor em relação às despesas com ressarcimento na conservação do bem, além de sujeitar a entrega do bem pela estimação mais favorável ao devedor na obrigação inicial. Não há impeditivos legais que obstem as partes envolvidas no negócio de firmar cláusula de não indenizar que tenha por objeto os danos surgidos por conta da mora.

Se, em um panorama geral, e cumpridos os requisitos de validade já indicados, as partes podem convencionar quais tipos de danos ficarão excluídos do dever reparatório, é necessário apontar que inúmeras possibilidades de danos no descumprimento de tais obrigações serão geradas por conta das ilimitadas possibilidades de configurações obrigacionais que as partes podem criar entre si. É considerável a complexidade de relações e possíveis danos que poderão advir no caso concreto que, na comunicação jurídica, deverão ser enxergados por meio das categorias das perdas e danos, conforme o ordenamento brasileiro[491]. Do ponto de vista da prática jurídica, é necessário apontar ainda que a confecção de contratos complexos no Brasil recebe a influência de praxes contratuais estrangeiras, sendo notável a tendência da utilização ou tradução literal de termos jurídicos – sobretudo a qualificação de danos – de outros sistemas. No momento em que os órgãos judicantes nacionais são convocados para julgar os conflitos advindos de contratos como esses, o resultado poderá

---

[490] É comum autores tratarem da mora dentro do tema da cláusula de não indenizar como uma alteração dos fundamentos do dever de indenizar. PRATA, Ana. *Cláusula de exclusão e limitação do dever de indenizar*, cit., p. 72-75; PERES, Fábio Henrique. Op. cit., p. 94-96; AVELAR, Letícia Marquez de. Op. cit., p. 47-48. Todavia, a distinção entre "fundamentos do dever do dever de indenizar" e "tipos de danos" parece não ser essencial para a abordagem do tema da mora.
[491] Um panorama geral de tal complexidade por ser visto em MARINO, Francisco Paulo de Crescenzo. Perdas e danos. In: LOTUFO, Renan; NANNI, Giovanni Ettore (Coord.). *Obrigações*. São Paulo: Atlas, 2011, p. 653 e s.

ser bem diferente daquele esperado pelos advogados responsáveis pela confecção das cláusulas contratuais, pois não foram observadas as devidas cautelas na importação de instituições estrangeiras e os riscos jurídicos envolvidos nessas práticas. Não se trata de uma vedação da utilização de outros institutos consagrados em outros sistemas, mas sim da necessidade de observância de como (e se) eles poderão ser tratados dentro da lógica interna do sistema normativo nacional de modo a se atingir os objetivos negociais das partes.

Se o ordenamento jurídico confere a faculdade de as partes excluírem determinados danos do âmbito de incidência da responsabilidade civil, tal fator gera um ônus aos contratantes envolvidos, no sentido de identificar claramente quais são os possíveis danos que poderão surgir na relação obrigacional, a depender da complexidade de sua configuração no caso concreto. Tendo em vista que as cláusulas de não indenizar, por excepcionarem a regra legislativa referente ao surgimento de elementos do dever de indenizar, deverão sofrer interpretação restrita no momento em que forem discutidas judicialmente[492], a clareza e precisão do conteúdo clausular se mostram indispensáveis para que o negócio jurídico alcance os objetivos pretendidos pelas partes. Diante desse panorama de influência de práticas jurídicas de diferentes jurisdições, Wanderley Fernandes anota que "manter ambiguidades ou estipular cláusulas por demais genéricas para deixar a discussão quanto ao seu conteúdo para o juiz ou árbitro não nos parece ser uma boa estratégia em matéria de cláusulas de limitação ou exoneração de responsabilidade"[493].

16.3. Equiparação a caso fortuito ou força maior

Uma das modalidades de cláusula de não indenizar que tem sido apontada pela doutrina[494] é aquela em que as partes, por convenção, estabelecem que determinados eventos seriam equiparados a casos fortuitos ou de força maior, o que atrairia a consequência jurídica estabelecida na norma abstrata referente à não incidência do dever reparatório. Embora o efeito prático de tal cláusula seja a ausência de indenização caso o evento ocorra, entende-se que,

---

[492] BANDEIRA, Evandro Ferreira de Viana. Op. cit., p. 27.

[493] FERNANDES, Wanderley. Op. cit., p. 233.

[494] PRATA, Ana. *Cláusula de exclusão e limitação do dever de indenizar*, cit., p. 65; PERES, Fábio Henrique. Op. cit., p. 96-98; AVELAR, Letícia Marquez de. Op. cit., p. 57-58.

na verdade, a posição jurídica da avença está mais ligada à possibilidade de as partes especificarem qual será, no negócio concreto, o conteúdo do termo vago utilizado pela legislação. Conforme Pinto Monteiro assevera, o interesse das partes ao celebrar a estipulação deve-se à "imprecisão, por um lado, e ao rigor, por outro lado, da noção de força maior"[495].

O art. 393, *caput*, do Código Civil estabelece que o devedor não responderá pelos prejuízos resultantes de caso fortuito ou força maior, a não ser nas hipóteses em que expressamente tenha estabelecido o contrário. O efeito que a convenção teria nessas hipóteses seria reafirmar a ausência de responsabilidade em nesses casos, além de estabelecer o conteúdo jurídico de força maior e caso fortuito.

O que se mostra relevante dentro do tema é o limite da liberdade que as partes têm de definir o conteúdo jurídico de tais conceitos. Ao elencar todas as circunstâncias que seriam consideradas como caso fortuito ou força maior, poderiam as partes, por exemplo, indicar alguma que estivesse de certa forma sob a ingerência do devedor, que poderia dar-lhe causa por culpa? Ana Prata responde positivamente a questão[496]. Ela indica que a depender da hipótese, haveria um ônus probatório distinto. Na circunstância de o evento ocorrer sem qualquer ingerência do devedor, bastaria a este provar o fato, enquanto ao credor incumbiria provar eventual culpa do devedor, descaracterizando a circunstância como caso fortuito ou força maior. Todavia, caso a circunstância elencada já contasse com a possibilidade de culpa do devedor, a este só incumbiria a prova da ocorrência do evento, de modo que o credor não poderia fazer prova de culpa para receber sua indenização[497].

Existe a corrente contrária que entende que na lista de eventos considerados pelas partes como caso fortuito ou força maior não poderá constar fatos que possam ter ingerência do devedor, sendo a eles imputáveis faticamente. Isso porque a ocorrência ou não do evento dependeria de seu controle, de modo que poderia ser consubstanciada uma situação propícia ao *venire contra factum proprium*[498].

---

[495] MONTEIRO, António Pinto. Op. cit., p. 108.
[496] PRATA, Ana. *Cláusula de exclusão e limitação do dever de indenizar*, cit., p. 66-67.
[497] A solução é acompanhada no Brasil por AVELAR, Letícia Marquez de. Op. cit., p. 58.
[498] MONTEIRO, António Pinto. Op. cit., p. 109; PERES, Fábio Henrique. Op. cit., p. 98.

Entendemos que o debate está mal colocado em suas premissas. Pela análise do art. 393, parágrafo único, do Código Civil, é possível observar que noção de caso fortuito e força maior entre nós está ligada ao fato necessário, cujos efeitos não era possível prevenir ou evitar. Ainda que as partes possam dar concretude a tal conceito por meio de um negócio jurídico, não será possível que dentre os eventos listados encontre-se um que fuja claramente do campo semântico permitido pela norma, ou seja, que o fato tenha não tenha a característica de irresistibilidade. O fundamento da ausência do dever de indenizar em tais casos encontra-se na ausência de nexo causal entre o comportamento do devedor e o não cumprimento da obrigação entabulada. Não poderá constar dentro do rol estabelecido na cláusula que determina o que será considerado fortuito uma circunstância que esteja sob a ingerência das partes, portanto.

Conforme identificado ao longo deste trabalho, a cláusula de não indenizar pode ter como objeto o inadimplemento culposo do devedor, ficando sua validade vedada somente nos casos de dolo ou culpa grave, além da ordem pública e normas expressas. O problema, ao que parece, é a ausência de percepção que uma cláusula tencionada a explicitar o conteúdo jurídico de caso fortuito e força maior tem posição jurídica distinta das cláusulas de não indenizar, ainda que seu resultado prático possa ser o mesmo.

16.4. Limitação de garantia patrimonial

Nosso sistema normativo prevê a regra geral de que, diante do inadimplemento da obrigação, responderá o devedor com seu patrimônio, ou seja, a universalidade de bens e direitos suscetíveis de avaliação econômica de que o devedor é titular. A regra está positivada no art. 391 do Código Civil. Contudo, por meio de uma disposição clausular, as partes em um determinado contrato podem estabelecer que somente determinados bens ou direitos poderão servir à satisfação do crédito, ou então que somente alguns bens ou direitos ficarão excluídos da sujeição à dívida. Dessa forma, apresenta-se uma modalidade de cláusula de não indenizar que terá sua eficácia condicionada à suficiência de tais bens previamente estabelecidos pelo acordo entre as partes de fazer frente à indenização. Caso os bens não sejam suficientes, a consequência prática seria a limitação do dever de indenizar.

PARTE III

A doutrina qualifica as duas modalidades de limitação de garantia patrimonial como "positiva" e "negativa"[499]. A modalidade positiva é aquela em que determinados bens e direitos do patrimônio do devedor são destacados para servir de satisfação para a eventual indenização por inadimplemento. Aponta-se como vantagem dessa técnica a circunstância de o credor poder conhecer e avaliar previamente os bens indicados pelo devedor, permitindo a melhor avaliação de seu risco[500]. Caso as partes não convencionem as consequências para a eventual alienação desses bens enquanto não satisfeita a dívida, entende-se que deverá o devedor reforçar ou substituir a garantia caso haja alienação, depreciação, deterioração, perecimento ou desapropriação[501].

Na modalidade negativa, por sua vez, o devedor indica quais bens não poderão ser usados para a satisfação do dever de indenizar no caso de inadimplemento. Responderão pela dívida todos os demais bens, com a exceção daqueles determinados pelas partes. A circunstância patrimonial do devedor no caso concreto irá indicar se essa modalidade é mais benéfica ou não ao interesse creditício de sua contraparte, tendo em vista que o bem destacado poderá ser de considerável vulto econômico se comparado ao que resta no acervo patrimonial. Ademais, a vantagem para o credor ficará condicionada à variação positiva ou negativa do patrimônio do devedor. Os comentadores nacionais rebatem o argumento de Pinto Monteiro, que defende que tal cláusula criaria uma obrigação para o devedor de não diminuir seu patrimônio[502]. Além de problemas práticos (como, por exemplo, o de uma empresa que pela natureza de sua atividade tenha de conviver com constantes flutuações patrimoniais), há aqueles casos em que a diminuição patrimonial se dá por motivos alheios à vontade do devedor. Essa obrigação só poderia ser identificada como um dever de "melhores esforços", obrigação de meio, e não de resultado[503]. De toda forma, a diminuição dolosa com o objetivo de fraudar a garantia pelo dever de indenizar deverá ser sancionada nos termos da legislação pertinente.

---

[499] MONTEIRO, António Pinto. Op. cit., p. 113; PERES, Fábio Henrique. Op. cit., p. 104; AVELAR, Letícia Marquez de. Op. cit., p. 53. Ana Prata é contra a qualificação da situação como cláusula de limitação ou exoneração do dever de indenizar (*Cláusula de exclusão e limitação do dever de indenizar*, cit., p. 136-167).

[500] PERES, Fábio Henrique. Op. cit., p. 104.

[501] Idem, ibidem, p. 105.

[502] MONTEIRO, António Pinto. Op. cit., p. 260.

[503] PERES, Fábio Henrique. Op. cit., p. 106.

16.5. Inversão do ônus da prova

A cláusula que tenha por objeto a distribuição do ônus da prova no caso de inadimplemento da prestação é apresentada como uma avença que, indiretamente, teria o efeito de limitar ou excluir a indenização[504]. Diante da circunstância que, segundo o nosso ordenamento jurídico, o devedor inadimplente é presumivelmente culpado, a quebra dessa presunção, alocando-se o ônus probatório da culpa do devedor a cargo do credor, faria com que, na prática, a avença tivesse efeito de excluir o dever de indenizar. Deve-se ter em mente, de início, que o objeto da cláusula que versa sobre o ônus da prova é distinto da cláusula de não indenizar propriamente dita. Esta se refere propriamente à estrutura das consequências da responsabilidade civil, impedindo o surgimento do dever de indenizar ou limitando sua extensão, enquanto aquela em nada interfere em tal estrutura, modificando somente o regime probatório a ser aplicável ao caso.

Quanto às relações de consumo, essa modalidade de cláusula é expressamente vedada, a rigor do que diz o art. 51, VI, do Código de Defesa do Consumidor. Todavia, para as demais situações, deve-se ter em mente que o Código de Processo Civil de 2015, em seu art. 373, §3º, estabelece a nulidade da convenção que distribui de maneira diversa o ônus da prova quando ela recair sobre direito indisponível da parte, ou tornar excessivamente difícil a uma parte o exercício de direito[505]. A interpretação possível é de que a convenção será válida quando tratar de direitos disponíveis, mas será sujeita ao controle casuístico para se determinar se ela tornou "excessivamente difícil" o exercício do direito de demandar a indenização por inadimplemento. Pelo menos diante do ordenamento jurídico brasileiro, a convenção que versar sobre o ônus da prova poderá, só de modo bastante mediato, ser considerada uma "cláusula de não indenizar", já que está autorizado o controle pelo magistrado para identificar excessos no que diz respeito a se provar a culpa do inadimplente por parte do credor. A tradução em "autêntica cláusula de

---

[504] LAUTENSCHLEGER JR., Nilson. Op. cit., p. 11; AVELAR, Letícia Marquez de. Op. cit., p. 52; MONTEIRO, António Pinto. Op. cit., p. 11; PRATA, Ana. *Cláusula de exclusão e limitação do dever de indenizar*, cit., p. 96-97; PERES, Fábio Henrique. Op. cit., p. 98-100.

[505] Correspondente ao art. 333 do Código de Processo Civil de 1973.

irresponsabilidade"[506] diante da dificuldade em se fazer a prova de culpa, destarte, não parece ser tão óbvia.

16.6. Limitação temporal

A experiência contratual estrangeira, bem como a opinião de alguns autores que tratam da cláusula de não indenizar em outros sistemas normativos[507], indica que a redução temporal do prazo para se buscar o ressarcimento decorrente do inadimplemento seria um modo de limitação do dever de indenizar. A lógica é que o credor ficaria em situação menos privilegiada, pois teria um prazo mais exíguo para exigir o seu ressarcimento, embora não haja reflexo no montante a ser devido, nem no próprio reconhecimento de que a indenização lhe é devida. Por via de consequência, a posição jurídica do devedor ficaria atenuada, ainda que somente em seu aspecto temporal.

No entanto, a questão apresenta pouca relevância dentro do ordenamento jurídico brasileiro, já que o art. 192 do Código Civil veda expressamente a possibilidade de mudança convencional dos prazos de prescrição. Dessa forma, uma cláusula não poderia indicar que no caso de inadimplemento – momento em que surge a pretensão ao direito de receber a indenização – haveria um prazo menor do que aquele estabelecido pela legislação.

Ainda que autores nacionais que tratam da cláusula de não indenizar lembrem que, embora as partes não possam modificar os prazos de prescrição, existe ainda a autorização de que os prazos de decadência possam ser convencionados em determinadas hipóteses (art. 211 do Código Civil)[508], a questão parece não ser aplicável ao tema. Isso porque a responsabilidade civil está ligada à pretensão de receber a indenização – embora a ela não se resuma –, e não ao exercício de um direito, nos parâmetros indicados para a diferenciação das figuras da prescrição e decadência[509]. O inadimplemento obrigacional ou a ocorrência de danos extracontratuais fazem surgir para o credor a pretensão de ser indenizado. A cláusula de não indenizar, portanto,

---

[506] MONTEIRO, António Pinto. Op. cit., p. 111.
[507] Idem, ibidem, p. 112.
[508] AVELAR, Letícia Marquez de. Op. cit., p. 55-56; PERES, Fábio Henrique. Op. cit., p. 100-103.
[509] ROCHA, Silvio Luis Ferreira. *Da prescrição e da decadência – arts. 189 a 211*, cit., p. 800.

só poderia interferir no âmbito da pretensão indenizatória para diminuí-la (hipótese, como dito, vedada em nosso ordenamento).

16.7. Limitação em relação a atos de terceiros

Discute-se a possibilidade de a cláusula de não indenizar versar sobre atos de terceiros que auxiliam o devedor no cumprimento de suas obrigações. O assunto ocupa a mente de vários autores nacionais e estrangeiros, que buscam, entre outros elementos, identificar níveis de autonomia entre o devedor e o terceiro, de modo a se saber em quais casos as cláusulas seriam admitidas, decidindo-se no mais das vezes que os requisitos de validade são os mesmos daqueles casos em que a cláusula fizer referência a ato próprio do credor. Não se discorda dessa conclusão, com as devidas observações que serão feitas abaixo. Todavia, questiona-se a pertinência do debate que antecede a conclusão, tendo em vista o que dispõe o ordenamento jurídico nacional, sobretudo o estágio atual da percepção da responsabilidade civil. Em síntese, procura-se saber se o "terceiro" pode efetivamente ser considerado como tal quando mantém relação com o devedor e o auxilia na consecução de suas obrigações. No exercício de suas atividades – e isso fica mais evidente quando o devedor for pessoa jurídica – não é possível distinguir os atos do devedor daqueles atos realizados por terceiros no adimplemento ou inadimplemento da obrigação, de modo que em tais casos só se poderia considerar a imputação jurídica dos efeitos ao próprio devedor. A exceção, contudo, é verificada nas hipóteses em que o credor possui certa ingerência na escolha do terceiro que irá auxiliar o devedor no adimplemento de sua prestação.

Os arts. 932, III, e 933 do Código Civil são utilizados como fundamento legal para o entendimento de que os empregados e comitentes responderão, independentemente de culpa, pelos atos praticados por seus empregados, serviçais e prepostos, no exercício do trabalho que lhes competir, ou em razão dele. Algumas opiniões argumentam que esses dispositivos estabelecem a responsabilidade objetiva dos empregadores e comitentes pelos atos de seus empregados, e que a cláusula de não indenizar, neste caso, apresentaria os mesmos requisitos de validade dos atos praticados pelo próprio devedor[510].

---

[510] AVELAR, Letícia Marquez de. Op. cit., p. 49; PERES, Fábio Henrique. Op. cit., p. 107.

PARTE III

Por outro lado, outros defendem que a *ratio legis* dos mencionados dispositivos não se funda exclusivamente na responsabilidade objetiva, mas também no fato de que o agente, em uma relação contratual, vale-se de seus auxiliares para a realização de ato que faria por si próprio[511], em um paralelismo de circunstâncias[512]. Este seria o fundamento da responsabilidade objetiva da empresa por atos do preposto[513].

Entretanto, entendemos que, mais uma vez, as premissas do debate precisam ser analisadas com mais cautela. Acima foi visto que as cláusulas de não indenizar podem versar sobre relações extracontratuais, caso determinados requisitos sejam observados, mas que o âmbito natural e mais recorrente encontra-se dentro das relações contratuais. Ao se estabelecer relação jurídica primária, as partes, por meio de um negócio jurídico, regulariam os efeitos do surgimento do dever de indenizar, caso ocorra o inadimplemento da prestação inicialmente entabulada. Ainda que ambas as situações estejam dentro do campo temático da responsabilidade civil, o regramento jurídico da responsabilidade contratual e extracontratual são distintos em vários aspectos. É necessário observar que os dispositivos mencionados pela doutrina para discutir a cláusula de não indenizar sobre ato de terceiro (arts. 932, III e 933 do Código Civil) estão ligados ao campo da responsabilidade extracontratual, detalhe que normalmente passa despercebido na busca de um fundamento legal.

No campo da responsabilidade contratual o foco está direcionado à prestação, e como uma determinada pessoa devedora adimple ou inadimple a obrigação. A divisão entre o devedor e aqueles que são seus auxiliares no cumprimento obrigacional fica praticamente imperceptível no âmbito de suas atividades negociais, uma vez que o adimplemento do empregado é adimplemento da empresa, e o mesmo ocorre com relação ao inadimplemento. E tal fato se mostra ainda mais notável levando-se em conta o modo como se dá a organização da atividade empresarial nos dias de hoje, em que terceiros, nas suas mais variadas modalidades (empregados, subcontratados, "colaboradores", etc.) são utilizados para adimplir as obrigações assumidas

---

[511] FERNANDES, Wanderley. Op. cit., p. 199.
[512] LATA, Natália Álvares. Op. cit., p. 90.
[513] LIMA, Alvino. Op. cit., p. 153.

AS CLÁUSULAS DE NÃO INDENIZAR NO DIREITO BRASILEIRO

pela empresa. Realmente, tendo-se em vista como as pessoas jurídicas exercem sua atividade, seria difícil identificar hipóteses em que suas obrigações não fossem adimplidas por "terceiros" propriamente ditos, fora do âmbito de subordinação ao devedor.

As discussões sobre a aplicação da cláusula de não indenizar referente a atos de terceiro entre nós sofre influências dos debates portugueses sobre o tema[514], que analisam o art. 800º do Código Civil português. Cabe aqui sua transcrição literal para fins de comparação:

> ARTIGO 800º (Actos dos representantes legais ou auxiliares)
> 1. O devedor é responsável perante o credor pelos actos dos seus representantes legais ou das pessoas que utilize para o cumprimento da obrigação, como se tais actos fossem praticados pelo próprio devedor.
> 2. A responsabilidade pode ser convencionalmente excluída ou limitada, mediante acordo prévio dos interessados, desde que a exclusão ou limitação não compreenda actos que representem a violação de deveres impostos por normas de ordem pública.

Nota-se que o referido dispositivo utiliza termos claramente identificáveis com o regramento jurídico da responsabilidade civil contratual. Aliás, o dispositivo está inserido topologicamente dentro da codificação portuguesa no capítulo referente ao cumprimento e não cumprimento das obrigações. Se fosse possível traçar um paralelo entre os dispositivos acima mencionados de nossa legislação (arts. 932, III e 933 do Código Civil) e a codificação portuguesa, este seria encontrado na verdade no art. 500º, que trata da responsabilidade da figura do comitente pelos atos dos comissários, independentemente de culpa, inserido no capítulo das disposições gerais obrigacionais, subsecção da responsabilidade pelo risco[515].

---

[514] MONTEIRO, António Pinto. Op. cit., p. 257-301; OLIVEIRA, Nuno Manuel Pinto. Op. cit., p. 40-41; PRATA, Ana. *Cláusula de exclusão e limitação do dever de indenizar*, cit., p. 58-59.

[515] Artigo 500º (Responsabilidade do comitente) 1. Aquele que encarrega outrem de qualquer comissão responde, independentemente de culpa, pelos danos que o comissário causar, desde que sobre este recaia também a obrigação de indemnizar. 2. A responsabilidade do comitente só existe se o facto danoso for praticado pelo comissário, ainda que intencionalmente ou contra as instruções daquele, no exercício da função que lhe foi confiada. 3. O comitente que satisfizer a indemnização tem o direito de exigir do comissário o reembolso de tudo quanto

Ao versar sobre o dispositivo, Pinto Monteiro defende a tese de que uma análise casuística da cláusula deverá ser feita de modo a se determinar se se trata de terceiro subordinado ao devedor, ou terceiro autônomo[516]. O critério a ser utilizado para essa determinação é, em um primeiro momento, econômico. A subordinação será identificada caso o terceiro esteja no âmbito econômico dirigido pelo devedor, com um intuito minimamente duradouro no auxílio da atividade econômica. Diante da insuficiência do primeiro critério, utiliza-se um segundo, em que se busca saber se o devedor exige determinadas condutas do terceiro ou lhe dá ordens. Acredita-se que tal critério define melhor o fenômeno da subordinação, buscado para a aplicação da norma[517].

A distinção, portanto, entre terceiros subordinados ou não subordinados no direito português será relevante para se saber qual é o regime aplicável à cláusula de não indenizar, embora a pertinência dessa distinção seja rebatida por outros autores[518]. Caso o terceiro não seja subordinado, a cláusula poderá ter abrangência até maior do que aquela que eventualmente faça referência a ato próprio do devedor, podendo versar sobre a inexecução por dolo e culpa grave. Encontra-se na doutrina nacional posição que defende que a distinção também seria aplicável em nosso ordenamento jurídico[519]. O que ocorreria seria mera transferência dos riscos dos eventuais ônus financeiros decorrentes do inadimplemento da esfera jurídica do devedor para o credor, mediante compensação entregue para justificar a existência da cláusula, somada à circunstância de que o credor teria ação direta contra o terceiro por responsabilidade extracontratual[520].

Contudo, se a distinção entre as duas modalidades de terceiros não encontra unanimidade da doutrina portuguesa, a sua transposição para o ordenamento jurídico brasileiro parece demandar cautela ainda maior, embora não mereça ser totalmente descartada. E as dificuldades não surgem tão somente pelo fato de as pessoas listadas no art. 932, III, do Código Civil – empregados,

---

haja pago, excepto se houver também culpa da sua parte; neste caso será aplicável o disposto no n. 2 do artigo 497º.

[516] MONTEIRO, António Pinto. Op. cit., p. 287 e s.

[517] PERES, Fábio Henrique. Op. cit., p. 111.

[518] OLIVEIRA, Nuno Manuel Pinto. Op. cit., p. 40-41.

[519] PERES, Fábio Henrique. Op. cit., p. 117.

[520] Idem, ibidem.

serviçais e prepostos – estarem impossibilitadas de, como tais, agir de forma independente e autônoma do empregado ou comitente[521]. Conforme dissemos acima, na fase em que dever jurídico primário da prestação ainda pode ser adimplido pelo devedor, o terceiro que venha a ser escolhido exclusivamente pelo devedor para auxiliá-lo no cumprimento efetivo da obrigação não poderá ser considerado autônomo, visto que aperfeiçoará o adimplemento em seu benefício e conforme suas instruções. Do ponto de vista do interesse jurídico do devedor – e considerando que a obrigação não é personalíssima – ele não estará lidando com um terceiro, mas sim com um *longa manus* do devedor em suas múltiplas funções empresariais[522]. Eventual cláusula de não indenizar que tenha por objeto o ato de seus auxiliares só pode ser considerada como uma avença que diga respeito a ato próprio, apresentando os mesmos requisitos de validade já apresentados acima.

Ainda que o devedor venha a subcontratar outra empresa para adimplir sua obrigação perante o credor, esta empresa ainda estará em situação de dependência do credor, tendo em vista o objeto de seu contrato, de forma que o regime jurídico da cláusula de não indenizar será equivalente àquele que se refira ao próprio inadimplemento do devedor. Todavia, é justamente em algumas situações específicas de subcontratação que pode existir uma exceção à regra de que o inadimplemento do colaborador será o inadimplemento do devedor, o que permite que a cláusula de não indenizar faça distinções entre os entes.

Como lembrado por Wanderley Fernandes, existem hipóteses em que a parte credora terá interferência direta na escolha do ente subcontratado, o que implica um elevado grau de controle no modo de adimplemento da prestação. Em uma linha semelhante à tese defendida por Pinto Monteiro, que adota o critério da subordinação do terceiro ao devedor, Fernandes propõe o critério da assunção dos riscos da escolha do ente subcontratado pelo credor como fator que permite ao devedor não se responsabilizar por seus atos[523]. Os exemplos encontram-se naquelas circunstâncias em que o credor determina que a subcontratação deverá levar em conta critérios específicos, tais como

---

[521] Como defende AVELAR, Letícia Marquez de. Op. cit., p. 51.
[522] CAVALIERI FILHO, Sérgio. Op. cit., p. 191.
[523] FERNANDES, Wanderley. Op. cit., p. 214.

a solvabilidade da pessoa ou sua aptidão técnica para executar determinada atividade de seu interesse na execução do contrato. O credor estabelecerá então o que se chama de *vendor list*, que consiste em uma lista de empresas que estão aptas a ser subcontratadas pelo devedor, o que lhe retira parcialmente a liberdade de escolher quem subcontratar.

> Exemplo claro dessa hipótese pode ser dado pela escolha de determinada tecnologia para a execução de uma obra. O empreiteiro pode ter o conhecimento das técnicas construtivas, porém não deter a tecnologia para os processos de produção, de tal sorte que poderá assumir os riscos da execução da obra, mas não o resultado. Nesses casos, seria muito razoável a estipulação entre credor e devedor quanto à irresponsabilidade do empreiteiro pelos danos decorrentes de imperfeições ou defeitos relacionados à tecnologia empregada e fornecida por outro agente definido pelo dono da obra, ainda que subcontratado pelo devedor[524].

Por haver direta ingerência do credor no modo pelo qual o devedor irá adimplir sua prestação, estabelecendo critérios de escolha para o terceiro que irá auxiliá-lo, surge a autonomia entre o terceiro e o devedor, que justifica a transferência do risco do inadimplemento da obrigação para o credor. Para a cláusula de não indenizar que vise limitar ou excluir o dever de indenizar do devedor por ato de terceiro – mesmo doloso ou gravemente culposo – deverá ser analisado no caso concreto o modo de ingerência do credor no adimplemento da prestação[525]. No entanto, entendemos que tal posição se justifica dentro da lógica interna do regramento jurídico da responsabilidade civil contratual, sendo impertinente a referência aos arts. 932, III, e 933 do Código Civil.

---

[524] FERNANDES, Wanderley. Op. cit., p. 214.
[525] Idem, ibidem.

PARTE IV

17. Figuras e Institutos Afins

Depois de esclarecidos os requisitos de validade da cláusula de não indenizar, bem como as principais modalidades em que ela se manifesta na prática contratual, esta parte do trabalho se dedicará a elaborar a análise comparativa de tal avença com institutos afins. As cláusulas de não indenizar são um daqueles instrumentos contratuais utilizados pelas partes na atividade de auto-regulação de seus negócios. Todavia, existe uma miríade de outros instrumentos também postos à disposição das partes que têm como função estabelecer ou modificar as consequências jurídicas decorrentes do inadimplemento contratual. Cabe ao intérprete jurídico saber diferenciar as situações advindas de diferentes arranjos contratuais. Ainda que algumas figuras possam apresentar resultado prático idêntico à eficácia da cláusula de não indenizar em casos específicos, é relevante estabelecer suas diferenças jurídicas. Cada figura pode apresentar estruturas e funções próprias, o que, em última análise, significa dizer que o regramento jurídico aplicável será distinto.

17.1. Cláusula penal

Como primeiro ponto comparativo entre as cláusulas de não indenizar e outros institutos, é necessário fazer a distinção entre elas e as cláusulas penais, questão que é tratada por inúmeros autores que versam sobre o tema[526]. Ainda que seja possível identificar algumas semelhanças no plano do resultado prático da efetivação de tais cláusulas, as duas figuras possuem diferenças tanto do ponto de vista estrutural como funcional, que merecem ser devidamente apontadas.

Em uma primeira aproximação entre as figuras, é necessário ressaltar que ambas representam uma maneira de modificar, pela manifestação das partes envolvidas, a aplicação do regime geral da responsabilidade civil que necessariamente incidiria em uma determinada situação obrigacional, caso a cláusula não tivesse sido avençada entre as partes, o que é válido tanto para a cláusula penal quanto para a cláusula de não indenizar. Em outras palavras, ambas são instrumentos colocados à disposição das partes para, mediante a força normativa conferida pelo ordenamento jurídico às partes envolvidas em determinada relação contratual, poder modificar ou evitar a incidência de determinadas consequências jurídicas naturais à responsabilização civil. A admissão da cláusula penal em nosso ordenamento jurídico não deixa de ser um "poderoso argumento" para a admissão também da cláusula de não indenizar, conforme Aguiar Dias[527], embora seja necessário apontar a não identidade entre elas. Justamente por demonstrarem com clareza a ocorrência da força normativa da vontade das partes, afirma-se que a cláusula penal, de certa forma, justifica a validade das cláusulas de limitação do dever de indenizar por se tratar de figura que "procura antecipar os contornos da indenização a ser paga como compensação pelos danos decorrentes do inadimplemento, total ou parcial, e da mora"[528].

Ademais, a validade da cláusula penal, dentro dos limites normativos, demonstra de forma cabal que não são de ordem pública os princípios da responsabilidade civil ou que seriam nulas quaisquer renúncias prévias ao direito à indenização integral[529], argumento esse que deve ser sempre mantido em mente também no estudo das cláusulas de não indenizar.

---

[526] Ver DIAS, José de Aguiar. *Cláusula de não indenizar*, cit., p. 21; PRATA, Ana. *Cláusula de exclusão e limitação do dever de indenizar*, cit., p. 103-118; PERES, Fábio Henrique. Op. cit., p. 65-72; FERNANDES, Wanderley. Op. cit., p. 93-101, entre tantos outros.

[527] DIAS, José de Aguiar. *Cláusula de não indenizar*, cit., p. 74.

[528] FERNANDES, Wanderley. Op. cit., p. 93.

[529] Idem, ibidem, p. 94.

PARTE IV

Para aprofundar um pouco mais a análise comparativa entre as figuras, é necessário já fixar ao menos um conceito jurídico da cláusula penal. Dentro da doutrina nacional, a obra de Limongi França, intitulada *Teoria e prática da cláusula penal*, é uma das referências no assunto, em que o autor, após a análise de várias noções e autores, cunha o seu conceito no seguinte sentido:

> A cláusula penal é um pacto acessório ao contrato ou a outro ato jurídico, efetuado na mesma declaração ou em declaração à parte, por meio do qual se estipula uma pena, em dinheiro ou outra utilidade, a ser cumprida pelo devedor ou por terceiro, cuja finalidade precípua é garantir, alternativa ou cumulativamente, conforme o caso, em benefício do credor ou de outrem, o fiel e exato cumprimento da obrigação principal, bem assim, ordinariamente, constituir-se na pré-avaliação das perdas e danos e em punição do devedor inadimplente[530].

A primeira semelhança entre os dois institutos está relacionada ao fato de que ambos representam manifestações normativas que o ordenamento jurídico confere à vontade humana, sendo importante apontar que as duas figuras são notadamente manifestações clausulares, o que se denota já pelos seus próprios nomes. Por assim serem, tanto a cláusula penal quanto a cláusula de não indenizar se colocam logicamente e cronologicamente anteriores ao evento que gera o dever de indenizar, nomeadamente o inadimplemento ou a mora. Essa constatação serve, inicialmente, para distingui-las da figura da transação, também tratada adiante neste trabalho, que pressupõe para sua verificação a já existência de um litígio sobre a relação jurídica contratual estabelecida, e o fato de as partes se comprometerem a fazer concessões mútuas, conforme estabelecido pelo art. 840 do Código Civil[531]. Diante de tal fato argumenta-se que tais cláusulas "se projetam sobre o momento patológico de

---

[530] FRANÇA, Rubens Limongi. *Teoria e prática da cláusula penal*. São Paulo: Saraiva, 1988, p. 6-7.
[531] DINIZ, Maria Helena. *Curso de direito civil brasileiro*: teoria das obrigações contratuais e extracontratuais. cit., v. 3, p. 589-590. Ao comentar os elementos da transação, a autora indica, após o acordo de vontade entre os interessados, o seguinte: "Pendência ou existência de litígio ou de dúvida sobre os direitos das partes, suscetíveis de serem desfeitos, já que o Código Civil, art. 840, refere-se à prevenção ou extinção de um litígio ou uma *res dubia* entre os interessados, e é por meio da transação que se afastam essas incertezas sobre um direito ou relação jurídica preexistente".

AS CLÁUSULAS DE NÃO INDENIZAR NO DIREITO BRASILEIRO

determinada obrigação"[532], o que permite que as partes calculem previamente os riscos do negócio a ser entabulado, no sentido de verificar a pertinência da cláusula ou não diante dos interesses em jogo naquele determinado contrato.

Outro ponto em comum é a característica de acessoriedade, uma vez que a existência de ambas está condicionada à existência de uma obrigação principal (embora com as reservas relativas às cláusulas de não indenizar, que pode ser objeto de convenção própria), sobre a qual as regras específicas sobre o dever de indenizar irão incidir. Em outras palavras, essas cláusulas não têm uma causa jurídica própria, diferente da obrigação principal, que permite com que sejam consideradas negócios jurídicos autônomos[533]. Reconhecer essa característica significa igualmente reconhecer a aplicação do art. 184 do Código Civil, no sentido de que a cláusula penal declarada nula não acarretará necessariamente a nulidade da obrigação principal.

Sobre a questão de se qualificar a cláusula penal como obrigação acessória, é oportuno lembrar as lições de Renan Lotufo, que aponta a diferença topológica em que o instituto da cláusula penal se encontra no Código Civil de 2002, se comparado com o Código Civil de 1916[534]. O autor lembra que, para Clóvis Beviláqua, a cláusula penal tinha a característica de obrigação acessória, por ele entender que ela se destinava a reforçar uma outra obrigação. Por isso ela se encontrava inserida já no primeiro Título do Livro das Obrigações, que tratava das modalidades das obrigações. Porém, no novo Código Civil, a cláusula penal está inserida no Livro referente ao inadimplemento das obrigações. Lotufo relembra as lições de Agostinho Alvim, que, ao comentar o Projeto do Código Civil, atentou para a questão, ao perceber que "(O Projeto) considera que a indenização pelo inadimplemento é apurada por ofício e ministério do juiz (perdas e danos); ou é fixada por lei (juros legais e outros casos); ou é prefixada pelas partes (cláusula penal e arras)"[535]. Justifica-se a presente localização no corpo do vigente Código Civil.

Tal apontamento é conveniente para que possamos notar o real funcionamento tanto da cláusula penal como da cláusula de não indenizar. Realmente,

---

[532] PERES, Fábio Henrique. Op. cit., p. 66.

[533] ARAI, Rubens Hideo. Cláusula penal. In: LOTUFO, Renan e; NANNI, Giovanni Ettore (Coord.). *Obrigações*. São Paulo: Atlas, 2011, p. 733.

[534] LOTUFO, Renan. *Comentários ao Código Civil*: obrigações, cit., v. 2, p. 468.

[535] LOTUFO, Renan. *Comentários ao Código Civil*: obrigações, cit., v. 2, p. 468.

a cláusula penal, além da acessoriedade acima indicada, também possui o atributo de ser condicionada, uma vez que ela somente é aplicada quando e se houver o inadimplemento da obrigação. Conforme advertência de Rubens Arai[536], não devemos confundir a condicionalidade na cláusula penal com a obrigação condicional propriamente dita, uma vez que a multa não é o objeto da obrigação, e nem seu cumprimento é o evento futuro e incerto da pena. As situações são distintas, porquanto o intuito da cláusula penal é estabelecer um regramento para situação de inadimplemento, enquanto na obrigação principal devemos ter em mente o interesse a ser atendido[537].

Conforme a linha de raciocínio desenvolvida neste trabalho, entendemos que a responsabilidade (que advém tanto do inadimplemento ou da mora) é um termo cunhado pela ciência do direito como técnica instrumental. Dessa forma, reúne um grande número de pressupostos e consequências jurídicas que determinam a real amplitude de sua respectiva aplicação. No caso da situação da responsabilidade por mora, por exemplo, além de se poder exigir eventual cláusula penal avençada, caberá ao credor lançar mão de outros instrumentos facultados pelo direito (as consequências jurídicas acima aludidas), como a execução específica do contrato, a exceção do contrato não cumprido, ou o direito de retenção, quando for o caso[538]. O mesmo ocorre com a cláusula de não indenizar. Conforme já dito, ela não tem o condão de retirar todos os efeitos jurídicos da responsabilidade por inadimplemento, mas somente um deles, no caso, o dever de indenizar, no sentido em que for contratualmente pactuado.

Diante disso, como grande semelhança entre a cláusula penal e a cláusula de não indenizar, temos que ambas são projetadas pelos contratantes para predefinir as consequências da inexecução da obrigação, o que foi devidamente apontado por Ragner Limongeli Vianna:

> A cláusula penal, quando compensatória, é estimativa prévia dos danos. Nos casos em que estipulada, optando a vítima por exigir a cláusula penal esta será sua indenização, não havendo necessidade de liquidação

---

[536] ARAI, Rubens Hideo. Op. cit., p. 733.

[537] Idem, ibidem.

[538] Tais situações são vislumbradas também em: PERES, Fábio Henrique. Op. cit., p. 66.

dos danos, que já foram previamente fixados na referida cláusula. Vale dizer, estipulada a cláusula penal compensatória pode a vítima exigir perdas e danos (caso em que a cláusula não gera nenhum efeito), ou exigir a cláusula penal, caso em que dispensa a indenização específica. Apesar de aparentes semelhanças, a cláusula penal implica em indenização (com valor previamente estimado), e não é obrigatória ao credor que pode preferir a indenização cabal. A convenção de não indenizar implica exatamente no contrário: ausência de indenização (ou limitação), sem outra opção ao credor. Têm em comum, no entanto, a finalidade de definir previamente as consequências da inexecução da obrigação[539].

Se entre as duas figuras existem notáveis similitudes, é necessário, contudo, sempre notar que elas de modo algum se confundem, a começar pela própria função que cada uma exerce dentre do processo obrigacional. A cláusula de não indenizar notadamente apresenta a função de dar um grau de segurança em relação ao risco tomado pelo devedor, uma vez que, caso a cláusula seja válida, e o dano venha a acontecer, a indenização devida será em extensão menor (ou nenhuma) se comparado ao que aconteceria no caso de inexistência da cláusula. A cláusula penal, por seu turno, apresenta a tríplice função indicada por Limongi França: reforço da obrigação, pré--avaliação dos danos e de pena:

> É reforço porque efetivamente assume o caráter de garantia da obrigação principal. É pré-avaliação dos danos porque o seu pagamento é compulsório, independentemente de prova do prejuízo da inexecução ou da exceção inadequada. E ainda mesmo que não haja prejuízo, o pagamento não deixa de ser devido. E, finalmente é pena, na acepção lata do termo (mas nem por isso mesmo técnica), porque significa uma punição, infligida àquele que transgrida ordem contratual e, via de consequência, a própria ordem jurídica[540].

---

[539] VIANNA, Ragner Limongeli. Op. cit., p. 132-133.
[540] FRANÇA, Rubens Limongi. Op. cit., p. 157.

Nota-se claramente que a cláusula penal, em última análise, apresenta características de uma utilidade para o credor, uma vez que os atributos acima indicados claramente laboram em seu favor.

As três funções indicadas por França podem ainda ser sintetizadas em dois grupos: função de compelir o devedor a cumprir a obrigação e função de prefixação das perdas e danos[541]. Diante de tal fato que Aguiar Dias, ao comparar as duas figuras, comenta que "a cláusula penal é, regra geral, invocada pelo credor, ao passo que a cláusula limitativa é invocada pelo devedor, isto é, cada uma delas é invocada pela parte em benefício da qual, pelo menos teoricamente, foi estipulada"[542], do mesmo modo que Manuel Garcia Amigo[543]. Se cláusula penal milita em favor do credor, o outro lado da moeda é um agravamento da responsabilidade do devedor, o que, segundo Ana Prata, "justifica a sua concepção funcional como sendo de uma garantia de cumprimento ou de reforço da obrigação principal"[544].

A função de prefixação das perdas e danos oriundos do inadimplemento ou mora também é um fator que extrema as duas espécies de cláusulas, uma vez que a cláusula de não indenizar não possui esse atributo no que diz respeito à liquidação da obrigação. Realmente, o art. 408 do Código Civil, ao dispor que o devedor incorre "de pleno direito" na cláusula penal compensatória (quer para o inadimplemento absoluto ou para a mora[545]), não faz qualquer

---

[541] ARAI, Rubens Hideo. Op. cit., p. 737.

[542] DIAS, José de Aguiar. *Cláusula de não indenizar*, cit., p. 127-128.

[543] AMIGO, Manuel Garcia. Op. cit., p. 119.

[544] PRATA, Ana. *Cláusula de exclusão e limitação de responsabilidade contratual*, cit., p. 52.

[545] O assunto da classificação das cláusulas penais é muito tormentoso dentro da doutrina nacional, fato que não passou despercebido por Limongi França. Ele acredita que o problema se encontra justamente no equívoco que muitos autores fazem em relação à cláusula penal moratória e compensatória. Para tentar aclarar a questão, o autor propõe dois critérios em destaque para que se possa identificar uma classificação da cláusula penal: a) critério da extensão, em que a cláusula penal se divide em ampla ou específica, a depender se dizem respeito ao inadimplemento da obrigação ou aspectos particulares ou consequências do inadimplemento; b) critério da função, em que a cláusula penal será punitiva, compensatória ou liberatória. A cláusula penal será punitiva quando somente estabelecer uma pena para o caso de inadimplemento. A compensatória terá a função de compensar as perdas e danos experimentados no caso de inadimplemento ou mora, e são subdivididas em alternativa e cumulativa, a depender se poderão ser exigidas juntamente com o desempenho da obrigação. A liberatória, por sua vez, é aquela que terá o efeito de liberar o devedor, uma vez sendo paga.

referência ao dano e a sua prova[546], de modo que a obrigação fixada na cláusula penal será desde então devida, evitando com que seja necessário passar pelo processo de liquidação dos danos, normalmente moroso e judicialmente conturbado. Necessário apontar que tal afirmação é válida tanto para a cláusula penal que se torna alternativa em benefício do credor, nos casos em que é fixada para o caso de inadimplemento absoluto do devedor, conforme art. 410 do Código Civil, ou aquela que é fixada para o caso de mora ou em segurança a uma cláusula determinada, ou ainda em relação a deveres laterais[547], conforme o art. 411 do Código Civil.

Com a cláusula de não indenizar, o mesmo não ocorre. A partir do momento em que se verificar o inadimplemento, no caso de a cláusula apresentar uma limitação parcial, ainda assim será necessário se passar pelo procedimento de liquidação dos danos para saber em que medida a cláusula operará efeitos. Se a cláusula limitativa estabelecer um teto quantitativo do dever de indenizar, ainda será necessário apurar por meio do procedimento de liquidação qual será a base de cálculo sobre a qual a cláusula irá incidir. Conforme Christelle Coutant-Lapalus, se a cláusula penal fornece um *forfait*, a cláusula de limitação de responsabilidade fornece uma *plafond*[548].

A cláusula penal, segundo o disposto no art. 416 do Código Civil, pode apresentar feições ainda mais expeditas se comparadas à cláusula de não indenizar. Tal dispositivo indica que a exigência da pena convencional sequer é condicionada à alegação de prejuízo. A pena poderá ser exigida, sem qualquer prova ou discussão sobre dano, tão somente mediante a ocorrência do comportamento fixado contratualmente a dar ensejo à aplicação da penalidade.

Diante desse fator, muitos autores apontam ainda como um critério de diferenciação entre as figuras o fato de a cláusula penal apresentar um grau de rigidez que não há nas cláusulas de não indenizar[549], justamente por terem a função de prefixação das perdas e danos, de modo a se evitar o procedimento de liquidação. Em que pese a rigidez – no sentido de liquidação das perdas e danos – não se pode olvidar que o controle judicial do valor das cláusulas

---

[546] LOTUFO, Renan. *Comentários ao Código Civil*: obrigações, v. 2, p. 471.

[547] Idem, ibidem, p. 469.

[548] COUTANT-LAPALUS, Chistelle. *Le principe de la réparation intégrale en droit privé*. Aix-Marseille: Presses Universitaires, 2002, p. 260.

[549] Cf. MONTEIRO, António Pinto. Op. cit., p. 145-146.

penais é expressamente previsto no art. 413 do Código Civil, nos casos de o montante se apresentar manifestamente excessivo diante da natureza e finalidade do negócio, e no art. 815, parágrafo único, do Código de Processo Civil de 2015, caso o valor da multa prevista em título executivo que fundamenta execução de obrigação de fazer ou de não fazer for excessivo[550].

Entretanto, de modo idêntico, também não se nega que as cláusulas limitativas do dever de indenizar não possam sofrer elas mesmas limitações ou controle judicial, a depender dos limites de validade verificados conforme o caso. Sobre o controle judicial das cláusulas penais e das cláusulas de não indenizar, Wanderley Fernandes destaca a sua adequação como política legislativa, ao fornecer tal mandato de competência ao Poder Judiciário, pois somente o juiz poderá avaliar quais situações merecem um determinado controle, levando em conta os riscos próprios do negócio envolvido (*a posteriori*), de modo que

---

[550] Entendemos que a referência à multa no mencionado dispositivo do Código de Processo Civil de 2015 diz respeito, do ponto de vista de direito material, à figura da cláusula penal. Pelo contexto do diploma processual, a regra será aplicada caso haja uma sanção pecuniária estabelecida por convenção entre as partes (uma vez que estabelecida no título executivo) em segurança a uma obrigação de fazer ou de não fazer, que milita em favor do credor de uma prestação, o que pode ser perfeitamente traduzido como "cláusula penal", devendo, portanto, obedecer ao regime jurídico disciplinado no Código Civil e ser tipificada como tal. Ademais, como visto, a possibilidade de redução da chamada multa no Código de Processo Civil de 2015 não é propriamente uma inovação, tendo em vista que a possibilidade de redução do valor da cláusula penal já prevista no Código Civil, embora com os requisitos adicionais relacionados à natureza e finalidade do negócio. Por outro lado, a novidade do art. 815 do Código de Processo Civil de 2015 encontra-se em *caput*, e não em seu parágrafo único, pois o diploma processual inaugura uma espécie de cláusula penal "judicial", que será fixada pelo juiz independentemente de previsão contratual para garantir uma indenização por defeito no cumprimento da prestação em favor do credor, e que não pode ser confundida com as *astreintes* previstas nos arts. 497 e seguintes e arts. 536 e seguintes do Código de Processo Civil de 2015. A confusão entre a cláusula penal e as *astreintes* é possibilitada em função da escolha do diploma processual em abarcar no mesmo termo "multa" duas figuras distintas. Todavia, na linha do que já foi dito neste trabalho, é necessário saber distinguir. A interpretação do art. 815, e o *caput* deve ser lido em harmonia com o seu parágrafo único, deixa claro a função essencialmente ressarcitória da "multa" a ser aplicada pelo juiz em tais hipóteses. Por outro lado, as *astreintes* previstas nas mencionadas passagens do Código de Processo Civil de 2015 (e, nesse ponto, o art. 500 é especialmente didático) é fundamentalmente um mecanismo de execução indireta a fim de pressionar o devedor a cumprir seu dever. Dessa forma, caberá ao aplicador da norma estabelecer exatamente a que título uma multa será imposta a determinado devedor de obrigação de fazer e de não fazer, de modo que o regime jurídico apropriado possa ser observado e o controle possa ser exercido pelos polos da relação obrigacional.

o controle legislativo (*a priori*) não seria o melhor para garantir o equilíbrio das prestações entre as partes:

> (...) a cláusula penal, quando tiver valor superior ao possível dano, terá um efeito de incentivo ao cumprimento, porém, o seu abuso poderá ter efeito contrário, servindo como elemento incitativo para o credor dificultar o adimplemento pelo devedor, pois ao credor, eventualmente, será mais benéfico receber a pena do que o cumprimento da obrigação. Fenômeno que Yves-Marie Laithier designa como *tentation d'enrihissement* do credor, o que demanda a imposição de limites à liberdade de fixação do montante da cláusula penal. Tais limites, por outro lado, não podem ser fixados *a priori*, pelo legislador, em consideração ao fato de que o *quantum* está intimamente relacionado aos riscos próprios do negócio específico, razão pela qual o controle se dá judicialmente, como, aliás, no Brasil está previsto no art. 413 do Código Civil[551].

O que o autor identificou como a "tentação do enriquecimento", com apoio em Yves-Marie Laither, também pode ser visto como uma manifestação dos efeitos da cláusula penal que não encontra paralelo na cláusula de não indenizar. Realmente, resguardada a possibilidade de controle judicial do valor da cláusula penal, é possível vislumbrar hipoteticamente uma situação em que ela será maior do que seria o valor do dano específico caso fosse liquidado, embora inferior ao valor da obrigação principal, em respeito ao art. 412 do Código Civil, que é o limite estabelecido legislativamente. O credor, optando por receber a cláusula penal, estaria a receber um valor maior do que o dano efetivamente experimentado. Nesse ponto tem-se uma diferença funcional entre as duas figuras, conforme apontado por Ana Prata, que vislumbra a hipótese em que a cláusula penal "se concretize num montante previsivelmente excedente do valor dos danos"[552].

É importante destacar que a possibilidade de a aplicação da cláusula penal culminar em um valor superior ao dano efetivamente experimentado

---

[551] FERNANDES, Wanderley. Op. cit., p. 99.
[552] PRATA, Ana. *Cláusulas de exclusão e limitação da responsabilidade contratual*, cit., p. 53.

pelo credor não é um ponto isento de debates na doutrina. Alguns autores vislumbram a nulidade de uma disposição nesse sentido. Massimo Bianca, por exemplo, ao comentar a cláusula penal diante do direito positivo italiano, indica que, após o inadimplemento, o credor pode certamente exigir a pena, ainda que não tenha sofrido um dano efetivo, e pode se limitar a exercer o direito atribuído pela cláusula, mas a causa da cláusula será sempre uma causa ressarcitória. Seria infundada a pretensão do credor de querer originariamente excluir a função ressarcitória da cláusula, como no caso em que a pena seja fixada para além do direito do ressarcimento do dano. Nesse caso teremos uma função exclusivamente punitiva, que poderá ser declarada nula. A licitude da pena privada não pode ser inferida da previsão normativa da cláusula penal[553].

Além de entender pela nulidade *ab inicio* de uma cláusula penal que fixe indenização para além do dano, Bianca ainda comenta o papel do Poder Judiciário em seu poder de reduzir a cláusula penal pela aplicação do art. 1.384 do Código Civil italiano[554], com redação muito próxima a do art. 413 do Código Civil brasileiro. Ensina o autor que a cláusula penal pode ser diminuída por decisão judicial se a obrigação for parcialmente cumprida ou se o seu montante for manifestamente excessivo. O fundamento do poder de redução atribuído ao juiz representaria a exigência de que a cláusula penal cumpra sua função de preventiva determinação do dano, de modo que não se converta em instrumento de pena em relação a devedor ou em enriquecimento sem causa. No caso de cláusula penal excessiva, deveria ser resguardado o interesse do credor no adimplemento previsto no momento da estipulação da cláusula. O poder de reduzir a cláusula penal constitui para o autor, portanto, uma forma de controle da autonomia contratual contra o abuso de uma das partes[555].

Por outro lado, conforme dito no início deste capítulo, existem situações em que a cláusula penal terá o mesmo efeito da cláusula de não indenizar. São aquelas hipóteses em que a cláusula penal é fixada em um montante menor

---

[553] BIANCA, Cesare Massimo. *Diritto civile*: la responsabilità. Milano: Giuffrè, 1997, v. 5, p. 222-223.

[554] Art. 1384. Riduzione della penale. La penale può essere diminuita equamente dal giudice, se l'obbligazione principale è stata eseguita in parte ovvero se l'ammontare della penale è manifestamente eccessivo, avuto sempre riguardo all'interesseche Il creditore aveva all'adempimento.

[555] BIANCA, Cesare Massimo. Op. cit., v. 5, p. 232.

do que seria o dano devidamente liquidado, e não foi convencionado que o credor poderia exigir a indenização suplementar, conforme o parágrafo único do art. 416 do Código Civil. De acordo com a classificação de Limongi França, teríamos uma cláusula penal compensatória alternativa. Optando o credor pelo recebimento da cláusula penal[556], o efeito operado será o mesmo da limitativa do dever de indenizar, porquanto receberá menos do que o dano efetivamente ocorrido. Daí por que alegar-se que somente incidentalmente a cláusula penal representará uma restrição ao dever de indenizar[557].

Outro ponto que merece destaque na diferenciação entre a cláusula penal e a cláusula de limitação do dever de indenizar é o caráter punitivo que a primeira pode assumir, diferença que já era identificada por Aguiar Dias[558]. Realmente, não é possível extrair da cláusula de não indenizar uma pena contra o devedor, uma vez que, caso seja válida, ela somente poderá ter o efeito de amenizar as consequências da responsabilidade civil. No entanto, novas vozes questionam a atribuição de uma natureza punitiva ou sancionadora à cláusula penal, por entenderem, *grosso modo*, que nem todas as suas espécies teriam como função imputar uma pena ao devedor da obrigação[559]. É o caso da cláusula penal compensatória alternativa (conforme classificação de França), prevista no art. 410, que teria unicamente uma função substitutiva, e não de imposição de pena. Outro argumento seria a impossibilidade de se saber antes da ocorrência do dano se a cláusula penal teria o efeito de majorar ou minorar a indenização devida. Nesse sentido, diz Fábio Henrique Peres:

> Tanto o agravamento quanto a limitação do dever de indenizar podem ser consequências da previsão convencional de uma cláusula penal, não se podendo visualizar esse efeito de antemão, pelo que não cabe

---

[556] Ressalte-se que a situação descrita no parágrafo único do art. 416 force uma opção ao credor. Conforme LOTUFO, Renan. *Comentários ao Código Civil*: obrigações, cit., v. 2, p. 482: "Há que se lembrar que ao credor é dada a opção: ou exigir as perdas e danos, com suas inconveniências, ou pedir a cláusula penal. Feita tal opção, em princípio não se permite voltar atrás, buscar a via deixada de lado".

[557] PERES, Fábio Henrique. Op. cit., p. 68; MONTEIRO, António Pinto. Op. cit., p. 146.

[558] DIAS, José de Aguiar. *Cláusula de não indenizar*, cit., p. 127.

[559] TEPEDINO, Gustavo. Notas sobre a cláusula penal compensatória. *Revista Trimestral de Direito Civil*, Rio de Janeiro: Padma, v. 23, p. 3, jul./set. 2005.

delimitar a função da cláusula penal em torno de um resultado prático que varia entre extremos[560].

De nosso ponto de vista, entendemos que o fato de algumas espécies de cláusula penal não possuírem a função de penalizar o devedor não apresenta prejuízo ao trabalho de distinção entre as duas figuras, fato este que é reconhecido pelo autor acima citado, embora ele se coloque entre aqueles que se posicionam de forma contrária à atribuição da natureza punitiva à cláusula penal[561].

Efetivamente, do quanto foi visto, é possível indicar com clareza que se trata de dois institutos jurídicos diferentes, muito embora possam ter o resultado prático similar, justamente no ponto da questão da limitação do dever de indenizar, designadamente no caso acima indicado de uma cláusula penal compensatória em que o credor faz a opção por um valor menor do que aquele que seria devido após a liquidação do dano, talvez por prestigiar a celeridade trazida pela supressão da fase de liquidação da obrigação.

Wanderley Fernandes ressalta, contudo, que entre elas há um ponto de aproximação relevante, no sentido de que ambas, de acordo com seus contornos jurídicos, servem como instrumento de alocações de riscos obrigacionais. Antes da ocorrência do dano não é possível saber se a cláusula penal será em um valor maior ou menor ao dano efetivamente experimentado. Assim, "sendo menor, o risco incide sobre o credor; sendo maior, o risco torna-se, de certa maneira, agravado para o devedor, porém, havendo efetivo consentimento, este teria assumido um risco considerado razoável no momento da execução do contrato"[562]. O mesmo ocorreria com as cláusulas de limitação do dever de indenizar, caso, naturalmente, sejam celebradas de acordo com os seus requisitos de validade. Diz o autor: "caso o limite seja superior ao valor do dano, o credor será integralmente ressarcido; sendo inferior, repita-se, razoável

---

[560] PERES, Fábio Henrique. Op. cit., p. 71.
[561] Idem, ibidem. "Não obstante nos posicionarmos de forma contrária à atribuição de uma natureza punitiva ou sancionadora à cláusula penal, deve-se assinalar que, para os que se filiam a essa linha de pensamento, se encontra aqui mais uma distinção entre os dois institutos em tela, haja vista a inequívoca impossibilidade de a cláusula de não indenizar representar uma pena com relação ao devedor."
[562] FERNANDES, Wanderley. Op. cit., p. 102.

AS CLÁUSULAS DE NÃO INDENIZAR NO DIREITO BRASILEIRO

o limite previamente acordado, o credor terá assumido risco equivalente ao da cláusula penal inferior ao dano"[563].

17.2. Seguro de responsabilidade civil

Dentre os institutos e figuras que guardam afinidade com a cláusula de não indenizar é de merecida análise a figura do seguro de responsabilidade civil. Já em uma primeira constatação, pode-se dizer que a semelhança manifestada entre as duas figuras está no fato de que ambas servem como um alívio ao dever de indenizar do devedor, que não terá que arcar totalmente com as consequências patrimoniais do inadimplemento. Na cláusula de não indenizar, esse alívio se dá justamente à custa do credor, que receberá menos em valores indenizatórios do que o dano efetivamente por ele experimentado. No caso do seguro de responsabilidade civil, o alívio se dá a custa de um terceiro, o segurador, contratado justamente para esse fim, e remunerado para tanto mediante o pagamento de prêmio. Nesse caso, não há prejuízo para o credor, porquanto o seguro representa uma "garantia de indenização"[564].

Em termos mais técnicos, é possível dizer que para ambos os institutos o inadimplemento é uma figura central para irradiação de efeitos jurídicos, embora esses efeitos sejam distintos para cada um deles. Como já foi dito no decorrer deste trabalho, a cláusula de não indenizar incide seus efeitos a partir do momento do inadimplemento, justamente para mutilar total ou parcialmente a consequência jurídica de pagamento das perdas e danos. O seguro de responsabilidade civil, por sua vez, está expressamente disciplinado no art. 787 do Código Civil como uma das modalidades de seguro de dano, destacando-se por ser aquele tipo de seguro que garante o pagamento das perdas e danos decorrentes do inadimplemento. É importante ressaltar que, embora o inadimplemento seja um momento relevante para análise da figura do seguro de responsabilidade civil, ele, no entanto, não é condição de eficácia do contrato, uma vez que desde seu aperfeiçoamento o pagamento do prêmio já é devido pelo segurado. Essa conclusão é decorrente da circunstância de o contrato de seguro ser um contrato de garantia, conforme lições de Fábio

---

[563] FERNANDES, Wanderley. Op. cit., p. 102.
[564] DIAS, José de Aguiar. *Da responsabilidade civil*. 11. ed. Rio de Janeiro: Renovar, 2006, p. 1123.

246

Konder Comparato já citadas neste trabalho, cuja prestação do segurado é identificada pelo dever de prestar segurança[565]. Em outros termos, "o objeto de um negócio de seguro é sempre um interesse, submetido ao risco"[566]. Ainda para o autor, vale lembrar, a análise da obrigação de garantia pode ser feita em comparação com as obrigações de meio e de resultado, apontando-se para a característica de que tais obrigação se diferenciam no modo como são adimplidas as respectivas prestações[567].

Pode-se ainda dizer, com Luciano de Camargo Penteado e Fábio Vieira Figueiredo[568], que as obrigações de garantia, como são as do seguro de responsabilidade civil, operam no nível secundário das relações jurídicas. Isso porque a relação jurídica obrigacional poderia ser estruturada em dois níveis em composição ordenada. O primeiro referente ao crédito e débito, e o segundo referente à garantia e responsabilidade. As obrigações de garantia, assim, seriam aquelas em que "o foco da obrigação se retira do comportamento direto e imediato que se exige ao devedor, para se deslocarem ao nível secundário, exigindo do devedor um comportamento de assegurar um interesse do credor". Sobre o contrato de seguro, especificamente, asseveram:

> Na verdade, hoje, na era do risco, há garantias autônomas, como é o caso daquela orientada à primeira solicitação, existente no campo dos contratos bancários. A essência da obrigação de garantia é assegurar o credor contra riscos. Tal é o caso da obrigação decorrente do contrato de seguro, que assegura contra riscos orientados a perda de bens ou pessoas, obrigação ordinariamente decorrente da fiança, que garante contra o risco do inadimplemento[569].

Ao contratar um segurador para prestar o aludido dever de segurança, o eventual devedor de uma obrigação decorrente do inadimplemento está a transferir aquele determinado risco para um terceiro, eliminando assim a álea

---

[565] COMPARATO, Fábio Konder. *O seguro de crédito*, cit., p. 136.

[566] COMPARATO, Fábio Konder. *O seguro de crédito*, cit., p. 136.

[567] COMPARATO, Fábio Konder. *Obrigações de meios, de resultado e de garantia*, cit., 1978.

[568] PENTEADO, Luciano de Camargo; FIGUEIREDO, Fábio Vieira. Outras modalidades de obrigações, cit., p. 225-226.

[569] Idem, ibidem.

AS CLÁUSULAS DE NÃO INDENIZAR NO DIREITO BRASILEIRO

de indeterminação do custo econômico de tal evento[570]. Ana Prata ressalta que a atividade empresarial do segurador se caracteriza pela assunção profissional de risco[571], e indica que estruturalmente o seguro tem a aptidão de pulverizar os riscos em uma massa de segurados. Em última análise, o risco contratual de uma parte seria transferido a uma massa de contratantes, sob a administração de uma seguradora que calcula a probabilidade de concretização de tais riscos no cálculo atuarial que serve de base para o arbitramento do prêmio contratado. Trata-se do fenômeno da distribuição social dos riscos, que, no contrato de seguro, encontra uma forma jurídica para refletir a tendência de coletivização e socialização da responsabilidade[572].

A estrutura jurídica da cláusula de não indenizar se manifesta de modo diferente, já que supõe para sua celebração somente as duas partes contratantes, e a divisão de risco entre elas tão somente.

Do ponto de vista funcional[573], como acima aludido, a diferença entre elas é relevante, sobretudo da perspectiva do credor, que verá sua posição jurídica[574] ser agravada ou diminuir conforme o caso. Realmente, para o devedor, tanto a cláusula de não indenizar quanto o seguro de responsabilidade civil têm a aptidão de afastar o encargo indenizatório – sempre conforme o limite da cláusula ou da apólice. Contudo, para o credor, o seguro se apresenta como um verdadeiro reforço do vínculo contratual entabulado com a outra parte, enquanto a cláusula terá efeito justamente inverso, pois o privará do recebimento da indenização.

Entre a cláusula de não indenizar e o seguro de responsabilidade civil é possível ainda destacar a complementaridade entre os dois institutos, inclusive do ponto de vista histórico, como faz Pinto Monteiro. Ao analisar a evolução histórica recente, sobretudo as sofisticações das relações sociais trazidas pela industrialização, o autor indica que esse avanço repercutiu na ciência jurídica, e em especial na teoria da responsabilidade civil, a oportunidade

---

[570] PRATA, Ana. *Cláusulas de exclusão e limitação da responsabilidade contratual*, cit., p. 15.
[571] Idem, ibidem, p. 171.
[572] GODOY, Cláudio Luiz Bueno de. *A responsabilidade civil pelo risco da atividade*: uma cláusula geral no Código Civil de 2002. São Paulo: Saraiva, 2009, p. 37.
[573] Também conforme observações de PRATA, Ana. *Cláusulas de exclusão e limitação da responsabilidade contratual*, cit.
[574] Também nesse sentido PERES, Fábio Henrique. Op. cit., p. 75.

para o temperamento do clássico princípio da culpa, dando espaço para o surgimento de teorias da responsabilidade calcadas no risco, o que "viria a desempenhar um papel relevante no processo de crescente socialização da responsabilidade"[575]. Dentro desse cenário, surge o contrato de seguro, que confere novas características à responsabilidade. Não é mais o lesante que suporta individualmente o peso econômico do pagamento da indenização, mas uma coletividade, personalizada na figura da companhia de seguro. A perspectiva ganha extraordinários relevos ao levarmos em conta que os contratantes de seguro embutem no preço final das mercadorias que são consumidas o preço pago a título de prêmios, de modo que é possível verificar, no fim das contas, aquilo que Carbonnier[576] denominou "socialização da responsabilidade".

A associação histórica entre ambos os institutos encontra-se justamente na aludida finalidade comum de desonerar o lesante das consequências jurídicas da responsabilidade. A admissão da figura do seguro com esse propósito contribuiu para a derrubada de "certo tipo de argumentos de ordem moral que se vinham opondo à validade da cláusula de exclusão"[577], nomeadamente que seria "imoral livrar-se das consequências de culpas próprias"[578]. Muito embora o fundamento e o resultado das figuras sejam efetivamente diferentes, o seguro contribuiu para que se retirasse o véu da imoralidade que cobria a aceitação da figura da cláusula de não indenizar. Outro argumento que equipara os dois institutos é o fato de que ambos representam um modo de "comprar a irresponsabilidade"[579]. No contrato de seguro, deve o segurado pagar o prêmio à companhia seguradora para que essa assuma a obrigação de garantia, enquanto no caso da cláusula de não indenizar, o eventual credor normalmente recebe em contrapartida uma diminuição do preço do produto

---

[575] MONTEIRO, António Pinto. Op. cit., p. 60.
[576] CARBONNIER, Jean. *Droit civil*: les obligations. 10. ed. Paris, 1979, v. 4, p. 327. Apud MONTEIRO, António Pinto. Op. cit., p. 60.
[577] Idem, ibidem, p. 134.
[578] Cf. ROBINO, P. *Les conventions d´irresponsabilité dans la jurisprudence contemporaine.* RTDC, 1951, p. 32-33; JONDI, Al. *Le juge et les clauses exonératoires et limitatives de la responsabilité contractuelle.* Tese de doutoramento apresentada na Universidade de Direito, de Economia e de Ciências Sociais de Paris, 1979, p. 49 e s., e 91 e s.; DURAND, Paul. *Des conventions d´irresponsabilité.* Paris, 1931, p. 51. Apud MONTEIRO, António Pinto. Op. cit., p. 60.
[579] Idem, ibidem.

AS CLÁUSULAS DE NÃO INDENIZAR NO DIREITO BRASILEIRO

adquirido, ou então outra vantagem do ponto de vista negocial, embora, como visto, esse não seja um dos requisitos de validade em nosso ordenamento jurídico.

É possível dizer que o termo usado por Pinto Monteiro, referente à "compra da irresponsabilidade", de fato possui um impacto negativo na busca de simpatizantes à validade da cláusula de não indenizar. Deste modo, como observa ainda Aguiar Dias, não é incomum que surja também o contra-argumento de que a utilização do expediente jurídico permitido pelas duas figuras seria um incentivo à negligência do contratante, que não faria demais esforços para evitar o inadimplemento. São figuras que, por assim dizer, repercutiriam negativamente na causalidade entre contratação e cumprimento da prestação por aquele se obrigou. "Fomentam ambos a negligência do responsável, ao desenvolver a atividade coberta por quaisquer das formas de isenção, por saber, antecipadamente, quais as consequências do seu procedimento e já as haver satisfeito"[580], segundo o autor. Entretanto, mesmo apontando o prejuízo para o fundamento geral da responsabilidade civil, calcado em uma ideia de prevenção, diz-se que tais institutos atendem ao mesmo princípio, que também é destinado à reparação do dano[581].

Ao comentar esse delicado equilíbrio entre as funções preventivas e reparatórias da responsabilidade civil, e a influência do seguro de responsabilidade civil e cláusula de não indenizar nesse balanço, Letícia Marquez de Avelar se posiciona pela inexistência de prejuízos relevantes para o credor, uma vez que a segurança de que haja ao menos um mínimo de indenização se mostraria adequada para equalizar o equilíbrio entre as relações. Diz a autora:

> De fato, não se acredita que os mecanismos utilizados pelos devedores para minimizar o risco de pesadas indenizações sejam de todo prejudiciais aos credores. Ao revés, entende-se que o seguro de responsabilidade civil e a cláusula limitativa do dever de indenizar propiciam reparação ao credor, que, sem esses recursos, poderia ter dificuldade em obter a indenização devida. É verdade que, por meio desses mecanismos (em especial da cláusula limitativa do dever de indenizar),

---

[580] DIAS, José de Aguiar. *Cláusula de não indenizar*, cit., p. 26.
[581] DIAS, José de Aguiar. *Cláusula de não indenizar*, cit., p. 26.

250

a reparação nem sempre será integral. No entanto, entre o risco de nada receber – que existe, por exemplo, quando impossível a prova da culpa do devedor ou, ainda, nos casos em que o magistrado arbitra valor muito elevado a título de indenização sem observar os critérios da moderação e da razoabilidade – e a possibilidade de receber parcialmente, o credor certamente preferirá essa última. Raciocínio similar vale para a cláusula de não indenizar: nos casos em que ela é convencionada, o credor nada receberá. Todavia, isso permitirá que o devedor disponha de recursos para garantir outras indenizações que sejam por ele devidas – o que, em larga escala, representa maior reparação à comunidade de credores[582].

Tendo em vista que alguns autores afirmam peremptoriamente a necessidade de haver uma contraprestação em favor do credor fornecida pelo devedor para que a cláusula de limitação de responsabilidade seja válida[583], na comparação com o seguro de responsabilidade civil diz-se que ambos os institutos representam uma transferência onerosa de riscos. A diferença seria que, no caso da cláusula de não indenizar, essa transferência seria operada entre credor e devedor, em contrapartida de uma eventual vantagem, enquanto no caso do seguro o ônus é assumido pela companhia seguradora.

De todo modo, é possível indicar a existência de uma espécie de paralelismo[584]entre as duas figuras e suas finalidades, no sentido de que ambas têm por intento comum o de aliviar o lesante das consequências da responsabilidade, ainda que não haja identidade entre elas. Conforme Wanderley Fernandes, entre a cláusula penal – acima já tratada– e a cláusula de não indenizar, é possível verificar pontos de intersecção, que efetivamente não existem em relação ao seguro de responsabilidade civil. Pode-se dizer que eles "são institutos complementares e que podem combinar-se na alocação de riscos entre as partes"[585].

Feitas essas considerações sobre as similitudes entre as figuras, cabe ainda ressaltar alguns pontos de divergência entre elas. Vale reafirmar que elas

---

[582] AVELAR, Letícia Marquez de. Op. cit., p. 64.
[583] Cf. PERES, Fábio Henrique. Op. cit., p. 74 e 78.
[584] AMIGO, Manuel Garcia. Op. cit., p. 108.
[585] FERNANDES, Wanderley. Op. cit., p. 103.

realmente diferem em relação ao seu conteúdo. De um lado, temos um contrato autônomo, firmado com um terceiro (a companhia segurada), em que são estabelecidos os deveres e direitos recíprocos, com destaque para a obrigação de garantir, acima tratada, que fica a cargo da seguradora. A cláusula de não indenizar, por seu turno, tem justamente o conteúdo de limitar o dever de indenizar no caso de inadimplemento do credor[586]. Diante de tal diferença, pode-se afirmar que a celebração de contrato de seguro não tem por fim impedir a incidência dos efeitos da responsabilidade civil.

A permanência da responsabilidade civil no caso do contrato de seguro é devidamente lembrada por Fábio Henrique Peres. O autor lembra que é possível que existam casos, sobretudo à luz do princípio da relatividade dos efeitos do contrato, em que o devedor da indenização ficará com a incumbência de pagar, parcial ou totalmente, quando o seguro falhar, de modo que não é possível identificar que, nesse ponto, há equivalência de efeitos com a cláusula de limitação de responsabilidade[587]. São os casos, por exemplo, de insolvência do segurador, ou a recusa justificada em cobrir o sinistro em sua integralidade[588].

O primeiro caso tem sua regra positivada no art. 787, § 4º, do Código Civil, cuja clareza redacional não enseja demais dúvidas sobre a permanência do dever de indenizar no caso de insolvência da seguradora. O segundo caso está previsto no art. 781 do Código Civil, que diz que em hipótese alguma a indenização devida pela seguradora pode ultrapassar o limite da apólice contratada com o segurado, a não ser no caso de mora da companhia. Não sendo caso de exceção, e caso tenha acontecido de o evento danoso ser em montante superior ao contratado, estar-se-á diante da situação em que devedor terá de se responsabilizar pelo que exceder as forças do seguro.

Outro tema que tem chamado a atenção sobre o contrato de seguro e a aplicação do princípio da relatividade dos efeitos do contrato, é a possibilidade de o beneficiário econômico da garantia – no caso, o credor que sofreu um dano com o inadimplemento do devedor – exigir diretamente da seguradora

---

[586] Tal diferença também é percebida na doutrina francesa, conforme MAZEAUD, Henri; MAZEAUD, León; CHABAS, Jean. *Leçons de droit civil*: obligation. 9. ed. Paris: Montchrestien, 1998, v. 1, t. II, p. 758.

[587] PERES, Fábio Henrique. Op. cit., p. 75.

[588] Idem, ibidem.

o recebimento da indenização. O nosso direito positivo, sobre esse tema, apresenta em alguns casos disciplinas específicas a permitir a exigência direta pelo segurado. Temos, assim, o art. 101, II, do Código de Defesa do Consumidor que determina que, na excepcional situação em que o réu de ação de responsabilidade do fornecedor de produtos e serviços for declarado falido, deverá o síndico da massa falida informar se a empresa era acobertada por seguro de responsabilidade que abarcaria tal sinistro. Em caso positivo, a lei faculta ao credor o ajuizamento direto da ação em face da companhia seguradora, que responderá nos limites do valor do seguro contratado[589].

Igualmente, o art. 788 do Código Civil trata dos seguros de responsabilidade legalmente obrigatórios. Nesses casos, também é lícito ao terceiro lesado exigir diretamente da seguradora a indenização. O parágrafo único do dispositivo ainda estabelece que não poderá a seguradora opor a exceção do contrato não cumprido, sem antes chamar o segurado para integrar o contraditório. Aliás, eventual negativa injustificada em pagar diretamente à vítima do dano, segundo entendimento já exarado no Superior Tribunal de Justiça, consiste em ato ilícito que enseja reparação própria e de natureza extracontratual[590].

Em que pese tais situações excepcionais, surge a dúvida se o pagamento poderia ser exigido diretamente pelo terceiro diante da seguradora, nos casos do seguro facultativo. A questão é colocada em debate tanto na doutrina quanto na jurisprudência. É possível indicar que o Superior Tribunal de Justiça tem contribuído grandemente para o desenvolvimento da linha de raciocínio que responde positivamente à questão, mediante uma interpretação da extensão do princípio da função social do contrato[591]. Essa posição jurisprudencial

---

[589] Cf. GRINOVER, Ada Pellegrini et al. *Código Brasileiro de Defesa do Consumidor comentado pelos autores do anteprojeto*, cit., p. 919.

[590] STJ, 4ª T., REsp 631.198-RJ, rel. Min. Luis Felipe Salomão, j. 2-10-2008, v.u.

[591] Cf. PERES, Fábio Henrique. Op. cit., p. 76. O autor, juntamente com Cláudio de Godoy (*A responsabilidade civil pelo risco da atividade*: uma cláusula geral no Código Civil de 2002, cit., p. 138), indica os seguintes julgados sobre o tema, que decidiram afirmativamente para a possibilidade de exigência do seguro facultativo diretamente pelo lesado em face da seguradora: STJ, 3ª T., REsp 444.761/BA, rel. Min. Nancy Andrighi, j. 11-5-2004, v.u., *DJ*, 31-5-2004, p. 300; STJ, 3ª T., REsp 228.840/RS, rel. Min. Ari Pargendler, rel. p/ acórdão Min. Carlos Alberto Menezes Direito, j. 26-6-2000, v.m., *DJ*, 4-9-2000, p. 150; STJ 4ª T., REsp 294.057, rel. Min. Ruy Rosado de Aguiar, j. 28-6-2001, v.u., *DJ*, 12-11-2001, p. 155; STJ, 4ª T., REsp 401.718/PR, rel. Min. Sálvio de Figueiredo Teixeira, j. 3-9-2002, v.m., *DJ*, 24-3-2003, p. 228.

ganha ecos também na doutrina. Entendem alguns, como Gustavo Tepedino, Heloísa Barbosa e Maria Celina Bodin de Morais que, muito embora o seguro facultativo se apresente na modalidade de reembolso, a prestação da obrigação de garantia se consubstanciaria no pagamento ao segurado, após ter sido pago ao ente lesado, mas isso não seria suficiente para impedir a exigência direta pelo terceiro em alguns casos. Isso porque o princípio da função social do contrato teria a amplitude e carga normativa para afastar tal regra, porquanto, em última análise, o seguro seria estabelecido em benefício de um terceiro. Eis a análise dos mencionados autores:

> A jurisprudência do STJ tem entendido tratar-se de um seguro em benefício de terceiro, de tal sorte que a vítima estaria legitimada a pleitear diretamente ao segurador o pagamento da indenização, observadas as restrições constantes na apólice respectiva e, em qualquer hipótese, assegurada ao segurador a faculdade de opor ao terceiro todas as exceções de que disporia relativamente ao segurado. Não obstante o clausulado das apólices de seguro de responsabilidade civil normalmente preceitue tratar-se de um seguro de reembolso – isto é, o segurado paga e depois se reembolsa junto ao segurador –, o entendimento que propugna a legitimidade do terceiro em face do segurador é o que se afigura francamente majoritário na jurisprudência do STJ, sendo, ainda, o que melhor se coaduna com a função social do contrato[592].

De nosso ponto de vista, acreditamos que seja necessário observar o problema com cautela, antes de decidir, de acordo com um critério científico, se o princípio da função social do contrato efetivamente teria a amplitude necessária para romper de tal modo a estrutura da obrigação de garantir, ínsita ao seguro. O motivo de nossa preocupação está relacionado ao fato de que, estruturalmente, o contrato de seguro de responsabilidade facultativo, como o próprio nome indica, é um contrato celebrado entre segurado e seguradora, calcado fundamentalmente no interesse daquele primeiro em não suportar

---

[592] TEPEDINO, Gustavo; BARBOZA, Heloísa Helena; MORAES, Maria Celina Bodin de. Op. cit., p. 595.

PARTE IV

– total ou parcialmente – o peso econômico de eventuais indenizações. Ele se contrapõe ao contrato de seguro obrigatório, na medida em que sua celebração é imposta por lei. No seguro facultativo, tais partes podem convencionar com razoável liberdade os contornos jurídicos de como as obrigações recíprocas serão adimplidas por cada uma delas, e dentro disso encontra-se o modo como a indenização será paga, o que, muito comumente, se pactua com a modalidade de reembolso, e não de pagamento direto ao terceiro que sofreu o dano. Realmente, o ente lesado figura como terceiro na relação obrigacional no seguro de responsabilidade civil facultativo, sendo que, na prestação de reembolso, só indiretamente ele é afetado pela existência de um contrato entre segurado e companhia seguradora.

Não se pode negar, como foi visto acima, que uma das finalidades econômicas do contrato de seguro é fornecer uma garantia maior em favor do credor em receber a eventual indenização devida. Esse efeito econômico é um reflexo da preocupação do segurador, conforme ensinamento já relatado de Ana Prata[593], de retirar a álea da indeterminação econômica que eventual indenização representaria para o ente lesante. No entanto, esse efeito é somente uma decorrência da estrutura jurídica do contrato de seguro por modalidade de reembolso, que, em verdade, se apresenta como uma relação jurídica entre segurado e seguradora, e não uma relação jurídica entre terceiro e seguradora. Poder-se-ia dizer que tal terceiro é o beneficiário somente do ponto de vista econômico, uma vez que vê o crédito criado em função do inadimplemento ser "garantido", mas não se pode dizer que ele é beneficiário da prestação, quando o seguro for de reembolso. Analisando juridicamente a figura, é possível notar que somente entre segurador e segurado é que existe o vínculo jurídico em que o primeiro pode exigir a prestação (dever de garantir) do segundo.

Posicionando-se nesse sentido, vemos as considerações de Cláudio Godoy, que ressalta que o seguro de responsabilidade civil facultativa, na modalidade de reembolso, não tem como conteúdo obrigacional uma estipulação em favor da vítima, além do desconhecimento da vítima do dano das disposições contratuais celebradas entre segurado e companhia seguradora:

---

[593] PRATA, Ana. *Cláusulas de exclusão e limitação da responsabilidade contratual*, cit., p. 15.

O seguro facultativo de responsabilidade não é uma estipulação que se faz em favor da vítima, por isso que, em tese, não lhe sendo dado postular diretamente o benefício, como ocorre no seguro universalizado e social que é o seguro obrigatório. O seguro de responsabilidade é um seguro de reembolso, que pressupõe, antes, o pagamento pelo segurado ou o reconhecimento, em ação que lhe seja movida, de sua responsabilidade pelo evento danoso que vitimou o terceiro. Até de modo a que, nessa demanda, oferte o segurado a defesa que tiver, acima de tudo de seu conhecimento, e não da ciência do segurador. E, mais, de sorte a que não se submeta o terceiro à discussão de disposições contratuais as quais inclusive desconhece[594].

A interpretação da função social do contrato nesse caso, conforme sustentado em alguns julgados do Superior Tribunal de Justiça, teria a força normativa de dar pretensão a quem, em princípio, não a teria. No caso, quem não tinha essa pretensão era o terceiro a ser indenizado, encarado como o "beneficiário econômico" da avença contratual celebrada entre segurado e companhia seguradora, uma vez que somente entre eles haveria vínculo jurídico.

De volta à análise das situações em que o seguro celebrado, por algum motivo, não opera efeitos, ou a indenização devida é maior ao quanto estabelecido na apólice, foi visto que a responsabilidade civil entre credor e devedor permanece intacta, na medida de tal limite. Diante disso, resistem intactas ainda todas as consequências jurídicas decorrentes da situação de inadimplemento, ou mora do devedor, conforme o caso. Do mesmo modo que a cláusula penal, caso falte o seguro de responsabilidade civil, poderá o credor mover medidas na busca da execução específica do contrato – se for o caso –, exceção do contrato não cumprido, cláusulas resolutivas expressas ou tácitas ou retenção[595].

Por fim, ainda sobre o tema do seguro de responsabilidade civil, é possível indicar que no mundo negocial existem figuras muito parecidas com os seguros, ou que eles envolvam, e que também, em última análise, giram em

---

[594] GODOY, Cláudio Luiz Bueno de. *Função social do contrato*, cit., p. 138.
[595] Medidas essas lembradas por PERES, Fábio Henrique. Op. cit., p. 77.

PARTE IV

torno da limitação do dever de indenizar a cargo do devedor. Ana Prata[596] nos indica institutos como as *insurance clauses*, típicas dos contratos de transporte marítimo, segundo as quais o devedor se exonera da responsabilidade em relação a todos os riscos que possam ser cobertos pelo seguro contratado pelo eventual credor. A figura tem o importante atributo de dar uma ideia de lógica e equilíbrio contratual facilmente assimilável, já que um eventual dano causado não gerará prejuízo ao credor, uma vez que o evento é coberto pelo seguro. Diante disso, a autora, embora não negue que tal argumento possa ter o caráter de ser "externo ao problema jurídico da admissibilidade", admite que ele tem a função argumentativa de "enfraquecer substancialmente a objeção da desproteção do direito do credor que as cláusulas exoneratórias consubstanciam"[597].

Tem-se também, nesse ponto, a denominada cláusula de seguro de responsabilidade a cargo do credor, que tem como objeto determinar que o credor da obrigação contrate ele mesmo um seguro de responsabilidade para o caso de inadimplemento do devedor. A situação apresenta duplo efeito: além de retirar a responsabilidade do devedor por eventual dano, faz com que o credor suporte o custo econômico de contratação do seguro[598].

Outra figura extremamente próxima ao seguro é a chamada convenção de garantia (ou pacto análogo ao seguro), também lembrada por Ana Prata[599]. Nessa modalidade de avença, que é celebrada como acessória ao contrato principal, fica acordado que um terceiro ficará incumbido de responder por eventual dano causado pelo devedor. Do mesmo modo que o seguro, ele tem a estrutura jurídica calcada no chamamento de um terceiro, estranho ao vínculo obrigacional travado entre devedor e credor. A diferença reside no fato da "ausência de exercício profissional" desse terceiro, de modo que não é possível falar no efeito de socialização dos riscos entre as massas de segurado. A autora indica ainda que tal pacto, para ter efeitos perante o credor, deverá ter sido aceito por ele[600].

---

[596] PRATA, Ana. *Cláusulas de exclusão e limitação da responsabilidade contratual*, cit., p. 70-71.
[597] Idem, ibidem, p. 71.
[598] Idem, ibidem, p. 85.
[599] Idem, ibidem, p. 83.
[600] PRATA, Ana. *Cláusulas de exclusão e limitação da responsabilidade contratual*, cit., p. 83.

AS CLÁUSULAS DE NÃO INDENIZAR NO DIREITO BRASILEIRO

Na prática negocial brasileira, destacam-se ainda as figuras das cartas de fiança e as apólices de seguro-garantia[601], que possuem natureza jurídica de fiança, aplicando-se a ela o regramento jurídico dispensado ao instituto. Elas igualmente têm a função de mitigar o risco do credor diante do inadimplemento do devedor, chamando-se um terceiro para fazer frente à indenização, nos limites e condições estabelecidos na carta de fiança ou apólice de seguro garantia. Estruturalmente são bastante equivalentes, com a diferença fundamental de que a carta de fiança é contratada com instituição financeira, enquanto a apólice de seguro-garantia é fornecida por companhia seguradora, conforme padrões e regulamentações exaradas pela SUSEP – Superintendência de Seguros Privados.

O funcionamento de tais contratos pode ser resumido da seguinte forma[602]. O contratante (credor da prestação) pode exigir da contratada (devedora da prestação) a apresentação de uma dessas modalidades de garantia, antevendo os riscos de eventual inadimplemento. A contratada (que será a afiançada ou tomadora) procura a instituição financeira ou a seguradora (denominadas garantidoras), para propor a cobertura de eventuais danos que vierem a ocorrer em desfavor do contratante (beneficiário das garantias). A garantidora, então, fará a análise do risco contratado, o que inclui suficiente investigação sobre as partes contratadas, o conteúdo do contrato celebrado entre elas, e as contragarantias a serem exigidas do futuro afiançado ou tomador. Decidindo-se favoravelmente pela aceitação do risco, a garantidora e a contratada celebram tanto a contratação da garantia quanto da contragarantia em favor da primeira. A garantia, então, é emitida em favor do beneficiário, que poderá executá-la – isto é, apresentá-la à garantidora – caso venha a ocorrer um dos eventos que façam parte da cobertura, ocasião em que receberá a indenização no modo estabelecido no instrumento. A contragarantia – como o nome indica – é o instrumento que opera em favor da garantidora, que poderá exigir do afiançado ou tomador, em direito de regresso, o valor da prestação desembolsada para fazer frente perante o afiançado no caso de inadimplemento.

---

[601] RODRIGUEZ, Caio Farah; VARALLA, Cristina. Notas sobre alocação de riscos e garantias contratuais. In: FERNANDES, Wanderley (Coord.). *Fundamentos e princípios dos contratos empresariais*. São Paulo: Saraiva, 2009, p. 404.
[602] Idem, ibidem, p. 404-408.

PARTE IV

Por terem natureza jurídica de fiança, as figuras se afastam juridicamente do contrato de seguro analisado neste item, bem como da cláusula de não indenizar. Quanto à diferenciação em relação a esta, Wanderley Fernandes ressalta a relevante divergência no efeito prático operado. Tendo em vista que as cartas de fiança e apólices de seguro-garantia demandam a existência de contragarantia fornecida pelo devedor, o efeito econômico do inadimplemento não deixará de ser por ele suportado, ainda que em regresso. Com a cláusula de não indenizar não há tal efeito, porquanto ela representa meio "pelo qual o devedor visa a isentar-se total ou parcialmente do pagamento da indenização"[603].

17.3. Transação

Os autores que tratam da cláusula de limitação do dever de indenizar e a sua comparação com a figura da transação apresentam reações diversas em suas análises, embora, se prestarmos atenção detidamente aos seus argumentos, veremos que as diferenças e semelhanças apontadas não se distanciam diametralmente. O que nos parece ocorrer é que alguns autores, ao verificar determinada semelhança, veem suficientes motivos para proclamar a aproximação entre os dois institutos, enquanto outros, ao repararem as diferenças (também percebidas no mais das vezes por aqueles primeiros que contemplavam as identidades) logo repelem enfaticamente a aproximação.

De fato, se analisarmos as considerações de Aguiar Dias, veremos que o autor identifica uma relação de gênero e espécie, sendo a transação o gênero da qual a cláusula de não indenizar seria uma espécie[604]. Isso porque ambas demandam em sua estrutura a existência de concessões mútuas para prevenirem ou terminarem um litígio, com a diferença de que a transação propriamente dita não teria condições de operar esse efeito de modo preventivo. Diante de tal similitude, fala-se inclusive que a cláusula de limitação de responsabilidade "no fundo, se constitui numa transação sobre riscos", como quer Junqueira de Azevedo[605]. O entendimento de que ambas apresentam em sua construção

---

[603] FERNANDES, Wanderley. Op. cit., p. 106.

[604] DIAS, José de Aguiar. *Cláusula de não indenizar*, cit., p. 30.

[605] AZEVEDO, Antônio Junqueira de. Cláusula cruzada de não indenizar (*cross waiver of liability*), ou cláusula de não indenizar com eficácia para ambos os contratantes. Renúncia

essa necessidade de concessões mútuas, bem como a centralidade de um evento litigioso – cada uma a sua maneira e a seu tempo –, foi suficiente para que tais autores enfatizassem a semelhança.

Entretanto, se existem semelhanças entre elas, entendemos que as duas figuras não são idênticas (ou sequer apresenta relação de gênero-espécie), e estamos com Ana Prata quando ela assevera que existem diferenças funcionais relevantes[606]. A mais notável diferença funcional talvez seja a possibilidade de, no caso de inadimplemento ou mora, a depender do tipo de obrigação avençada, a cláusula de não indenizar ainda permitir à parte credora lançar mão de outros instrumentos autorizados pelo ordenamento jurídico como a execução específica da obrigação ou a resolução do contrato, enquanto a transação tem um efeito mais "apaziguador", porquanto terminará ou irá prevenir um litígio por meio de um novo contrato. Outra diferença apontada reside no aspecto cronológico em que o litígio se manifesta na relação jurídica obrigacional travada entre as partes[607], argumento que foi brevemente ventilado quando tratamos da cláusula penal.

Como dito, a cláusula de não indenizar é uma avença que tem por grande finalidade regulamentar e modificar as naturais[608] consequências jurídicas decorrentes do inadimplemento. Esse inadimplemento pode ser visto como uma possibilidade de litígio, mas o litígio em si – isto é, o inadimplemento nesse caso – não é condição de validade para cláusula de não indenizar, mas sim condição de sua eficácia. Trata-se de um litígio eventual que pode nunca ocorrer, mas que, mesmo não ocorrendo, não justifica fulminar de invalidade eventual vantagem que o credor da obrigação tenha recebido em contrapartida para a aceitação da cláusula.

---

ao direito de indenização. Promessa de fato de terceiro. Estipulação em favor de terceiros, cit., p. 201.

[606] PRATA, Ana. *Cláusulas de exclusão e limitação da responsabilidade contratual*, cit., p. 166.

[607] PRATA, Ana. *Cláusulas de exclusão e limitação da responsabilidade contratual*, cit., p. 164. Na obra e página citadas, a autora ensina: "a sua caracterização [da transação] distintiva relativamente às cláusulas exoneratórias é frequentemente operada pelo acentuar da diversidade de momentos em que cada um dos acordos intervém: a cláusula de irresponsabilidade necessariamente acordada antes da constituição do direito à indenização ou da verificação do dano, a transação obrigatoriamente posterior a essa constituição ou verificação".

[608] Naturais, evidentemente, do ponto de vista normativo. Isto é as consequências jurídicas estabelecidas pelo ordenamento jurídico que incidiriam caso as partes não tivessem se manifestado de outro modo.

PARTE IV

Diversamente ocorre com a transação. Ela se manifesta como um contrato, diferente daquele primeiro sobre o qual se estabeleceu um litígio. Dentre as classificações dos tipos contratuais feitas pelo Código Civil de 2002, a transação é tida como um contrato tipificado por conta de sua causa, e não de seus elementos principais. Essa causa é justamente a vontade das partes em prevenir ou terminar um litígio, mediante concessões mútuas.

Sobre a questão da tipicidade contratual, é comum encontrar na doutrina, tanto nacional[609] quanto internacional[610], a afirmação de que os contratos típicos são aqueles que são reconhecidos por lei como tal e apresentam seus contornos e consequências jurídicas estabelecidas pela norma geral e abstrata. Por outro lado, os contratos atípicos seriam aqueles que, mesmo não disciplinados especificamente em lei, poderiam ser elaborados pelas partes conforme autorização legislativa para que tais partes entabulem novos contratos, isto é, por força do poder jurígeno conferido à manifestação de vontade pelo ordenamento jurídico. Nosso Código Civil, em seu art. 425, autoriza as

---

[609] Pode-se citar como exemplo, entre muitos: WALD, Arnoldo. *Curso de direito civil brasileiro*: obrigações e contratos. 16. ed. São Paulo: Saraiva, 2004, p. 234: "Os contratos típicos ou nominados são aqueles que têm uma estrutura legalmente definida. São regulamentados em seus principais aspectos por textos legais. Ao contrário, os contratos atípicos ou inominados não têm estrutura fixada pela lei e dependem exclusivamente da convenção das partes para assentar os direitos e as obrigações deles decorrentes"; CAMBLER, Everaldo Augusto. *Responsabilidade civil na incorporação imobiliária*. Tese (Doutorado em Direito) – Faculdade de Direito, Pontifícia Universidade Católica de São Paulo, São Paulo, 1997, p. 49: "(...) conceitua-se contrato nominado como aquela avença 'batizada', dotada de denominação própria, reconhecida pelos códigos ou leis esparsas"; PEREIRA, Caio Mário da Silva. *Instituições de direito civil*: Contratos, cit., v. 3, p. 60: "Diz-se que um contrato é típico (ou nominado) quando as suas regras disciplinares são deduzidas de maneira precisa no Códigos ou nas leis."; MONTEIRO, Washington de Barros. *Curso de direito civil*: direito das obrigações 2ª Parte. 35. ed. São Paulo: Saraiva, 2007, p. 32-33: "Nominados são os contratos que têm *nomem juris*, possuem denominação legal e própria, estão previstos e regulados na lei, onde têm um padrão definido. Inominados são os contratos que o legislador não previu de modo expresso, os que gradativamente vão surgindo na vida cotidiana, criados pela fantasia ou pelas necessidades dos interessados".

[610] Enzo Roppo, ao comentar o art. 1.322 do Código Civil italiano, assevera que "esta norma estabelece precisamente que os sujeitos de direito não estão obrigados a revestir as operações económicas que efectuam, apenas com os tipos contratuais previstos e disciplinados expressamente pelo legislador, sendo, ao invés, livres de utilizar para a sua realização, esquemas contratuais não correspondentes aos tipos definidos e qualificados, em sede legislativa (chamados por esta razão contratos atípicos, ou inominados). Por sua vez, estes podem corresponder a uma praxe social largamente difundida e experimentada (tipos sócias), ou podem apresentar características de absoluta novidade e originalidade" (ROPPO, Enzo. Op. cit., p. 134-135).

partes a firmarem contratos atípicos, desde que "observadas as normas gerais fixadas" no próprio *Codex*.

Porém, a simples afirmação de que a tipicidade contratual está condicionada à circunstância de a lei os reconhecer e disciplinar não resolve totalmente o problema. Isso porque a lei pode prever diferentes critérios para a tipificação contratual, ora com enfoque em seus elementos específicos, ora com enfoque em sua causa. Esse é o caso do Código Civil de 2002, e, como dito, em especial com o que ocorre com a figura da transação. Esse fator inclusive abastece de fontes a crítica da verificação dos elementos essenciais do contrato (ou *essentiallia negotti*) como um critério seguro no trabalho hermenêutico de tipificação contratual. Se um contrato de locação, por exemplo, tem como elementos o consenso sobre a transferência temporária da posse de um bem, e o preço a ser cobrado a título de locação, ou seja, com enfoque nas prestações devidas entre os contratantes, com a transação não existe a mesma possibilidade, uma vez que ela é tipificada pela sua causa pressuposta[611]: a existência ou possibilidade de litígio.

Sem entrar em mais detalhes na rica discussão sobre os critérios utilizados para a tipificação contratual, entendemos que a identificação dessa aludida causa pressuposta em um determinado contrato – de modo a tipificá-lo como transação – é relevante para que possamos diferenciá-la da cláusula de não indenizar.

Entende-se que a redação do art. 840 do Código Civil não pode servir de motivo para que o intérprete veja na "prevenção" de litígio algo semelhante ao que ocorre com a cláusula de não indenizar. Só em uma constatação leiga que a cláusula pode ter essa causa pressuposta, a de "prevenir um litígio", mas, em termos técnico-jurídicos, deve-se ter atenção à propriedade em que as palavras são usadas. Realmente, ainda na modalidade de transação preventiva, é necessário para a verificação da figura um mínimo de contestação a direito da outra parte, ou uma fundada previsão de que aquela contestação surgirá. Essa definitivamente não é a situação do risco ordinário de inadimplemento submetido às obrigações.

Diante disso, não se vislumbra a hipótese de uma transação sobre um litígio fora da realidade do processo obrigacional até então, isto é, sem que

---

[611] AZEVEDO, Antônio Junqueira de. *Negócio jurídico – existência, validade e eficácia*, cit.

PARTE IV

haja qualquer contestação de direitos por alguma das partes envolvidas. É importante lembrar que no momento da conclusão do contrato, quando, via de regra, a cláusula de não indenizar é negociada entre as partes, ainda não há qualquer violação de direito, havendo, em verdade, um risco de inadimplemento inerente a qualquer espécie de relação obrigacional diferida no tempo. Justamente por isso, caso houvesse um litígio entre as partes no momento da conclusão do contrato, e com a cláusula se pretendesse dar uma solução ao problema mediante concessões recíprocas, a natureza jurídica da cláusula seria a da transação.

Por esses motivos nos colocamos contrariamente à posição que não enxerga divergências de ordem temporal entre a transação e a cláusula de não indenizar[612]. Entendemos que tal ponto de vista é determinado por uma compreensão equivocada do aludido art. 840 do Código Civil, que faz com que o intérprete dê uma interpretação maior do que deveria à denominada transação preventiva. A existência ou probabilidade de ocorrência de um litígio não deve ser encarada do mesmo modo que uma incerteza sobre o processo obrigacional, que pode ser mitigada pelas partes por meio do firmamento da cláusula de não indenizar, ou do preenchimento dos denominados "contratos incompletos"[613], expedientes utilizados pelas partes na tentativa antever consequências determinadas para situações incertas.

[612] Veja-se, por todos, o argumento de Letícia Marquez Avelar: "Não se acredita acertado, entretanto, o raciocínio de que as figuras distinguir-se-iam pelo aspecto temporal. Ao que parece, também no caso da cláusula de não indenizar, a 'situação jurídica potencialmente geradora do litígio' está previamente posta entre as partes. Justamente porque há incerteza em determinada relação jurídica, da qual poderá advir como consequência o pagamento de indenização de uma parte à outra, é que ambas optam por convencionar a exclusão ou a limitação do dever de indenizar. Observe-se, aliás, que mesmo no caso da responsabilidade civil extracontratual, em que não existe propriamente uma relação jurídica preestabelecida, pode se verificar, muitas vezes, uma situação de incerteza, potencial causadora de litígio; daí ter condições o devedor, nessas hipóteses, de fazer uma previsão quanto aos possíveis danos que decorrerão de sua atividade e de identificar ou indivíduos – ou pelo menos alguns deles – que serão atingidos, de modo a poder precaver, por exemplo, por meio de uma convenção exoneração ou limitativa do dever de indenizar. Portanto, ao que se entende, seja na transação, seja na exclusão ou na limitação convencional do dever de indenizar, há uma incerteza que é eliminada contratualmente mediante concessões recíprocas" (op. cit., p. 78).

[613] Caio Farah Rodriguez e Cristina Varalla, com base em Steven Shavell, comentam a situação da incompletude dos contratos no seguinte sentido: " (...) diz-se contrato incompleto de um instrumento contratual que não prevê explicitamente todas as condições ou eventos possíveis

AS CLÁUSULAS DE NÃO INDENIZAR NO DIREITO BRASILEIRO

A cronologia do surgimento do litígio é sumamente importante para a identificação da natureza jurídica da cláusula, como sustentado por diversos autores[614], aos quais aqui nos filiamos.

Ana Prata, em especial, além de argumentar que as duas figuras manifestam diferenças funcionais, também indica que existem diferenças estruturais relevantes. Essas diferenças estariam no fato de que as transações "operam através do abandono recíproco de posições, de forma marcadamente diversa das cláusulas exoneratórias"[615]. Entretanto, levantam-se vozes na doutrina para rebater essa observação, notadamente aqueles que entendem que a existência de concessões recíprocas deve ser verificada para validade das cláusulas de limitação de responsabilidade, argumentando que, definitivamente, este não é um ponto de divergência entre as duas figuras[616].

Conforme opinião de Fábio Peres[617], com base em Roberto de Ruggiero, a característica em comum entre a transação e a cláusula de não indenizar se manifesta na necessidade de haver concessões mútuas entre as partes. Tal fator representa importante elemento diferenciador entre as figuras e a renúncia.

17.4. Renúncia

A renúncia é um negócio jurídico abdicativo, em que uma parte que figurava em uma relação jurídica abre mão de sua posição ativa, representada na figura do crédito, sem, contudo, receber alguma contraprestação. É válida geralmente para os direitos privados patrimoniais, uma que vez que os direitos da personalidade, por determinação legal, são insuscetíveis de serem renunciados[618]. Emilio Betti a enxerga como uma espécie de negócio jurídico de disposição, cunhando classificação no seguinte sentido:

(contingências) que possam afetar o seu cumprimento, dentro de um universo de condições e eventos relevantes" (RODRIGUEZ, Caio Farah; VARALLA, Cristina. Op. cit., p. 395).

[614] PRATA, Ana. *Cláusulas de exclusão e limitação da responsabilidade contratual*, cit., p. 164; ROSAS, Roberto. Op. cit., p. 11-14; PERES, Fábio Henrique Peres. Op. cit., p. 80-81.

[615] *Cláusulas de exclusão e limitação da responsabilidade contratual*, cit., p. 166.

[616] Ver PERES, Fábio Henrique. Op. cit., p. 80, em nota de rodapé; e AVELAR, Letícia Marquez de. Op. cit., p. 79-80.

[617] PERES, Fábio Henrique. Op. cit., p. 78-79, em nota de rodapé.

[618] Cf. LOTUFO, Renan. *Comentários ao Código Civil*: parte geral, v. 1, p. 319.

O conceito de disposição, em sentido estrito e técnico, compreende qualquer ato jurídico que importe *diminuição do patrimônio* – entendido este como o conjunto das posições jurídicas ativas referidas a um sujeito – isto é, que importe a perda ou limitação ou destinação *mortis causa* de direitos patrimoniais. A disposição pode ser translativa (constitutiva) ou meramente abdicativa: alienação (cessão) ou renúncia (para só mencionar aqui as duas figuras mais salientes). Numa e noutra, a diminuição patrimonial consiste na perda ou limitação de um direito subjetivo por parte do disponente, e a ela é correlativa, pelo menos normalmente, a vantagem de outro sujeito. (...) Na renúncia, pelo contrário, a vantagem alheia tem caráter apenas ocasional, e o direito, ou a expectativa, de quem dele se demite, extingue-se em proveito daqueles cujo interesse estava, relativamente ao dele, numa posição subordinada ou comprimida, da qual eles ficam assim libertados ou desvinculados[619] (grifos no original).

O tema da renúncia foi objeto de valoroso estudo de José Paulo Cavalcanti, que o enfrentou também diante de uma posição doutrinária que começava a admitir a figura da renúncia onerosa. No entanto, o autor entende que a contraprestação em nosso ordenamento jurídico não é compatível com o instituto, o que o levou a asseverar que:

A contraprestação é conceitualmente incompatível com a renúncia, que é um negócio pelo qual o agente apenas se demite de seu direito, com o fim da demissão exclusivamente pela demissão, que lhe é a causa em sentido técnico[620].

No ponto em que interessa à nossa análise, temos que enxergar o inadimplemento como um ato jurídico que importa a criação de uma relação jurídica consistente, sobretudo, no dever de indenizar. Estruturalmente, a obrigação comporta o direito subjetivo do credor em exigir do devedor um

---

[619] BETTI, Emílio. *Teoria geral do negócio jurídico.* Trad. Servanda Editora. Campinas: Editora Servanda, 2008, p. 419-420.

[620] CAVALCANTI, José Paulo. *Da renúncia no direito civil.* Rio de Janeiro: Forense, 1958, p. 41.

AS CLÁUSULAS DE NÃO INDENIZAR NO DIREITO BRASILEIRO

comportamento, o que, por uma mudança de perspectiva, significa o direito de o devedor se comportar de uma determinada maneira. Com a responsabilidade civil, temos uma situação de débito e crédito[621]. A renúncia consiste em um ato do credor que, por sua vontade, elimina a relação, a ponto de extinguir a possibilidade que ele teria em exigir o crédito perante o devedor, e tão somente, sem a criação de uma nova vinculação jurídica. A criação de uma nova relação jurídica, em que ele se colocasse em um papel ativo, consubstanciaria o caráter de contraprestação, não admitido nesse instituto, conforme dito acima.

A relação de crédito criada pela responsabilidade civil é, em regra, suscetível de renúncia por seu titular. Daí por que se pode concluir que a renúncia não sofre as mesmas restrições dispensadas à validade da cláusula de não indenizar[622]. Para demonstrar esse argumento, é possível dar o exemplo de uma obrigação dolosamente descumprida pelo devedor. Uma cláusula de não indenizar não poderia ter como conteúdo fixar a limitação do dever de indenizar causada por dolo do devedor, uma vez que a disposição contrariaria um dos elementos de sua validade, conforme visto anteriormente. Com a declaração de nulidade da cláusula, o devedor ficaria, afinal, plenamente responsável pelas consequências de seu inadimplemento. Porém, caso esse credor quisesse renunciar ao seu direito de crédito, posteriormente ao inadimplemento, não haveria restrições no ordenamento jurídico, em regra, que viessem a obstar o ato de disposição.

Do mesmo modo, justamente por verificarmos que a renúncia e a cláusula de não indenizar são essencialmente diferentes no que se refere à abdicação de uma posição jurídica sem contraprestação, entendemos não ser propriamente correto denominar tal cláusula como uma "renúncia" à indenização[623]. De fato,

---

[621] MIRANDA, Francisco Cavalcanti Pontes de. *Tratado de direito privado*: parte especial. 3. ed., 2. tir. São Paulo: Revista dos Tribunais, 1984, t. LIII, p. 123. Em tal obra e página, o autor ensina que "com o dano e a composição do suporte fático da regra jurídica sobre responsabilidade, que incide na espécie e no caso, nasce o direito à indenização, *direito de crédito*. Tal direito, de ordinário, é transmissível, renunciável e dispensável. Mesmo se o fato ilícito absoluto atingiu a pessoa, física ou psiquicamente, o direito, que resulta, é patrimonial".

[622] Cf. PRATA, Ana. *Cláusulas de exclusão e limitação da responsabilidade contratual*, cit., p. 165.

[623] HIRONAKA, Giselda Fernandes Maria Novaes. Responsabilidade civil: circunstâncias naturalmente, legalmente e convencionalmente escusativas do dever de indenizar o dano. In: DINIZ, Maria Helena (Coord.) *Atualidades jurídicas*. São Paulo: Saraiva, 1999, p. 155-156. A autora diz que a bilateralidade da cláusula de não indenizar é um elemento necessário "exatamente porque sua fixação implica renúncia daquele que a aceita, isto é, daquele que

PARTE IV

caso se entenda que um dos seus requisitos de validade é o oferecimento de uma vantagem por parte do devedor em favor do credor para que se aceite uma mudança dos efeitos futuros do inadimplemento, esse fator seria suficiente para afastar a natureza jurídica de renúncia. Em que pese nossa posição, verifica-se que os autores que falam em renúncia prévia à indenização tocam no assunto para ressaltar que ambas as figuras devem ser analisadas restritamente, tendo em vista a redação do art. 114 do Código Civil. Concorda-se com essa conclusão, embora sem que devamos nos socorrer especificamente da classificação da figura como renúncia para obter idênticas consequências jurídicas.

17.5. Cláusula de arrependimento

É possível também distinguir a cláusula de não indenizar da cláusula de arrependimento, que tem o regramento jurídico expresso em algumas situações elencadas pela legislação. Como exemplo, vemos a cláusula de arrependimento (ou direito de arrependimento previsto por força da lei) em contratos que possam envolver o pagamento de arras (art. 420), contrato preliminar (art. 463), transporte de pessoas (art. 740), transporte de coisas (art. 748), compromisso de compra e venda (art. 1.417) ou contrato de consumo celebrado fora do estabelecimento do fornecedor (art. 49 do Código de Defesa do Consumidor). Se em um primeiro momento seria possível dizer que ambas as situações preveem genericamente que uma das partes na relação obrigacional não sofrerá determinadas consequências da aproximação em uma relação negocial, tal perspectiva nos parece demasiado longínqua para que se possam identificar demais identidades jurídicas entre as situações.

A cláusula de arrependimento, quando estabelecida pelas partes, ou o direito de arrependimento, quando previsto por lei, tem o condão de gerar a possibilidade para uma das partes (ou ambas) de, por sua manifestação de vontade, decidir não mais continuar vinculada à relação jurídica obrigacional que começava a se formar com a outra parte. Temos uma situação de resolução contratual que não é isenta de determinadas consequências especialmente

---

poderá vir a sofrer o dano sem o correspondente ressarcimento. E, sabe-se, a renúncia há de ser expressa, pois que não se a presume, jamais".

disciplinadas pela lei. Tais consequências são previstas de acordo com uma ideia de equilíbrio contratual previsto pelo legislador, de modo que a cláusula contratual ou direito de arrependimento não sejam instrumentos de abuso da posição obrigacional. Se nas arras penitenciais o direito de arrependimento manifestado faz com que as arras sejam devidas a título de indenização, sem direito à indenização suplementar, no transporte de pessoas, por exemplo, o passageiro, após desistir da viagem, uma vez embarcado, só irá receber a indenização pelo trecho não usado se provar que outro passageiro ocupou-lhe o lugar. Se desistir do contrato antes do embarque, a restituição só será devida se a comunicação do passageiro tiver ocorrido a tempo de o transportador renegociar sua passagem. Vemos nessa segunda situação uma tentativa legislativa de equilibrar o perigo de enriquecimento sem causa por parte do transportador, no caso de outro passageiro embarcar e pagar uma nova passagem no trecho que estava reservado ao primeiro, e evitar com que o arrependimento do passageiro cause um prejuízo descabido ao transportador, que para organizar a viagem conta com a remuneração de seus passageiros.

Como regra, o direito de arrependimento confere a uma das partes a faculdade de unilateralmente se desvincular da relação jurídica. A cláusula de não indenizar não tem esse mesmo caráter de faculdade, uma vez que ela não se coloca como um direito da parte em extinguir a obrigação. Como dissemos em vários momentos desse trabalho, a cláusula só gera efeitos no caso de inadimplemento contratual, fulminando a consequência jurídica que permite com que uma das partes cobre da outra o valor (ou parte dele) devido a título de indenização. No direito de arrependimento não há que se falar em inadimplemento, porquanto o vínculo jurídico obrigacional deixou de existir. Uma vez exercido o direito de arrependimento, a relação jurídica obrigacional é inteira desfeita, não se cogitando, por exemplo, da possibilidade de a parte credora exigir o cumprimento específico da prestação. Veja-se que é exatamente isso o que ocorre em um compromisso de compra e venda de imóvel. Caso seja pactuado o direito de arrependimento, a parte credora da prestação futura de contratar não poderá exigir a formalização do contrato, sendo somente devidas as parcelas que eventualmente tenham sido pagas, efeito natural da resolução do contrato. Por outro lado, caso esse direito não tenha sido pactuado em cláusula, a parte devedora não poderá por sua própria vontade se desvincular do contrato, que, tendo sido cumprido pelo credor (quando este adimpliu o pagamento das parcelas), poderá exigir a outorga da escritura definitiva.

17.6. Limitação do conteúdo obrigacional

Outro ponto que merece a devida atenção para o estudo da cláusula de não indenizar é a sua diferenciação da limitação do conteúdo obrigacional. Dessa forma, seria o caso de se indagar se, em um determinado caso, a negativa de o devedor em indenizar o seu credor no caso de inadimplemento se deu por conta dos efeitos da cláusula, ou porque aquela determinada prestação nunca fez parte do conteúdo obrigacional, sendo, portanto, inexigível, bem como os efeitos decorrentes do seu inadimplemento, que, a rigor, não existiu.

Dentro do poder jurígeno conferido pelo ordenamento à manifestação de vontade das partes, está incluída a possibilidade de fixar o conteúdo obrigacional. Nesse ponto tomam corpo as discussões sobre os limites da autonomia privada[624], e os contornos da liberdade contratual e liberdade de contratar[625]. O sistema normativo não confere simplesmente às partes o poder de manifestar o direito de contratar – o que poderia ser resumido a uma simples concordância ou discordância em entabular uma relação contratual –, mas também o poder de estabelecer o conteúdo da relação obrigacional, isto, é delinear as prestações devidas que formarão o conjunto da relação. Quando falamos em limitação da relação obrigacional, estamos falando justamente na possibilidade de as partes criarem relações jurídicas de acordo com o conteúdo desejado por elas, de acordo e nos limites autorizados pela norma geral e abstrata.

---

[624] Tratamos da transição da "autonomia da vontade" para a "autonomia privada" acima, quando abordamos a cláusula de limitação do dever de indenizar sob a ótica da teoria do negócio jurídico.

[625] WALD, Arnoldo. Op. cit., p. 190. O autor, afirma que a autonomia da vontade "se apresenta sob duas formas distintas, na lição dos dogmatistas modernos, podendo revestir o aspecto de liberdade de contratar e da liberdade contratual. 'Liberdade de contratar' é a faculdade de realizar ou não determinado contrato, enquanto a 'liberdade contratual' é a possibilidade de estabelecer o conteúdo do contrato. A primeira se refere à possibilidade de realizar ou não um negócio, enquanto a segunda importa na fixação das modalidades de sua realização".

AS CLÁUSULAS DE NÃO INDENIZAR NO DIREITO BRASILEIRO

Conforme ensinamentos de Antônio Junqueira de Azevedo[626], o objeto do negócio jurídico é identificado como um dos elementos constitutivos, juntamente com as circunstâncias negociais e a sua forma. O objeto, como elemento que diz respeito a todo o seu conteúdo, ainda pode ser subdividido em outros elementos, que se colocam na ordem decrescente de abstração, a saber: elementos categoriais inderrogáveis, elementos categoriais derrogáveis e elementos particulares.

Conforme dito sumariamente acima, quando tratamos da diferenciação existente entre a transação e a cláusula de não indenizar, vimos que os elementos do negócio jurídico são fatores relevantes para estabelecer a tipicidade e, por consequência, o caminho hermenêutico a ser traçado para a interpretação contratual. No caso das relações contratuais, identificar os elementos de uma específica relação contratual estabelecida é relevante para que o intérprete possa executar o processo hermenêutico denominado tipificação, consistente em identificar os elementos do contrato com os parâmetros estabelecidos em lei, na tentativa de lhe fixar o regramento jurídico. Aqui surge novamente, em matéria contratual, a relevante questão da tipicidade ou atipicidade.

Conforme dito acima, o Código Civil de 2002 contém dispositivo que fornece os contornos gerais dos contratos atípicos, facultando às partes o poder de criar contatos não tipificados em lei, obedecidos os princípios gerais. Nota-se que, na persecução de seus interesses obrigacionais, as partes não dispõem somente dos específicos tipos determinados em lei, mas também podem lançar mão de outros contratuais, que não os expressamente reconhecidos como tipos.

É importante, neste ponto, fazer uma breve distinção entre o binômio formado pelos contratos típicos/atípicos e o binômio formado pelos contratos nominados/inominados, uma vez que eles não podem ser encarados como meros sinônimos[627], embora não seja incomum encontrar autores que os tra-

---

[626] AZEVEDO, Antônio Junqueira de. *Negócio jurídico. Existência, validade e eficácia*. 4. ed. São Paulo: Saraiva, 2002, p. 136.

[627] O tema da diferenciação dos contratos típicos/atípicos e contratos nominados/inominados fora também tratado em ensaio de nossa autoria: BANDEIRA, Luiz Octávio Villela de Viana. Locação em *shopping center* –questões sobre a tipificação contratual e regramento jurídico. *Revista Brasileira e Direito Civil Constitucional e Relações de Consumo*, São Paulo: Editora Fiuza, v. 13, p. 217-285, jan./mar. 2012.

tam como tal[628]. Podemos inclusive afirmar que a escolha de nomenclatura adotada pelo Código Civil de 2002, que prestigiou o binômio típico/atípico, não foi meramente aleatória, ou fruto de uma simples opção, mas, ao contrário, é decorrência de uma longa maturação sobre o regime de tipicidade contratual, que pode ser traçada desde o direito romano.

No direito romano, notadamente formalista do ponto de vista contratual – em que pese não ter apresentado uma formulação de teoria geral dos contratos – somente eram reconhecidos aqueles contratos tidos como nominados, ou seja, reconhecidos expressamente. Somente eles teriam força executória e poderiam ser cobrados mediante uma ação intentada contra o devedor. Os que não tivessem tais características, por seu turno, não teriam força executiva mediante ação própria. Sobre o assunto, Everaldo Cambler assim assevera:

> Podemos dizer que os conceitos de contrato inominado e atípico são distintos. A ideia de designar por denominação própria os contratos é romana. Na falta de uma teoria geral dos contratos, os romanos conheciam certas figuras contratuais com estrutura e características e nome próprio, v.g., "emptio-venditio", "locatio-conductio", "mutuum", commodatum". Só os contratos nominados eram dotados de "actiones", ou seja, obrigatoriedade. Daí o surgimento da categoria dos contratos nominados em contraposição as inominados. Atualmente, nominados ou não, todos os contratos produzem efeitos, gerando obrigações que podem ser exigidas pelas partes contratantes[629].

---

[628] TARTUCE, Flávio. *Manual de direito civil*. São Paulo: Método, 2011, p. 479: "Alguns doutrinadores apontam que a expressão *contratos atípicos* seria sinônima de *contratos nominados*. Entretanto, apesar de respeitar esse posicionamento, entendemos ser mais pertinente utilizar a expressão que consta da lei, qual seja, a do art. 425 do CC. Na verdade, existem sim diferenças entre os conceitos expostos como sinônimos. As expressões *contratos nominados* e *inominados* devem ser utilizadas quando o nome da figura negocial constar ou não em lei. Por outra via, os termos *contratos típicos* e *atípicos* servem para apontar se o contrato tem ou não um tratamento contratual mínimo. Ilustrando, o art. 1º, parágrafo único, da Lei de Locações (Lei 8.245/1991) ao prever as hipóteses de sua não aplicação, faz menção ao *contrato de garagem ou estacionamento* (...). Pois bem, percebe-se que o contrato de garagem ou estacionamento é nominado, pois o seu nome consta em lei. Entretanto, como não há previsão legal mínima, trata-se de um contrato atípico. Concluindo, o contrato em questão é nominado e atípico".
[629] CAMBLER, Everaldo Augusto. Op. cit., p. 49.

AS CLÁUSULAS DE NÃO INDENIZAR NO DIREITO BRASILEIRO

Ao contrário dos contratos nominados, os contratos inominados não poderiam ser exigidos mediante *actiones*, sendo que o credor, para exigir o cumprimento da prestação obrigacional, deveria lançar mão de outros instrumentos processuais, diante da verificação de situações específicas, que não se mantiveram características uniformes ao longo do tempo.[630]. Na realidade jurídica romana, a caracterização de um contrato como inominado dependia da ausência de identificação da figura como singular (como categoria abstrata de *contractum*), além do fato de que não haveria obrigação propriamente dita antes de a parte devedora efetivamente adimplir a prestação advinda de tal pacto. Isso nos permite dizer que, de um modo geral, não era totalmente desconhecida a distinção entre o nominalismo contratual e o regime da tipicidade, embora seja possível identificar uma certa confusão ao analisarmos a questão pelo prisma que enxergamos o direito contratual contemporâneo.

O contrato inominado, para o direito romano, era denominado "pacto nu", uma vez que ele não teria força, por si só, de gerar o vínculo obrigacional mediante a simples manifestação de vontade das partes. Somente a partir do momento em que uma das partes realizasse a prestação entabulada conforme o prometido é que surgia em favor dela o direito de exigir da outra parte a contraprestação devida[631]. Na verdade, os ditos contratos inominados até poderiam ser identificados por um nome, tal como ocorria com a permuta (*permutatio*)[632], que não possuía o *status* de *contractum* a lhe dar força obrigatória, mas que sempre apresentou essa denominação jurídica. O que efetivamente podia ser identificado como característica do contrato inominado era o regime jurídico que o disciplinava, e não precisamente a inexistência de um nome próprio. José Carlos Moreira Alves destaca que o fato de o regime contratual contemporâneo conceder força obrigatória a qualquer contrato

---

[630] Cf. ALVES, José Carlos Moreira. Op. cit., p. 542 e 543.

[631] ALVES, José Carlos Moreira. Op. cit., p. 541: "Contratos inominados é a denominação que já os comentadores bizantinos davam a convenção sobre duas prestações correlativas, a qual não é obrigatória por si mesmo, mas, apenas, a partir do momento em que uma das partes efetua sua prestação. Se, por exemplo, Caio e Tício acordam na troca do escravo Pânfilo pelo escravo Stico, que, respectivamente, lhes pertencem, antes que um deles realize sua prestação – a entrega de seu escravo ao outro – a convenção é um simples pacto nu, não gerando, portanto, obrigações; no instante, porém, em que um deles efetua a prestação, nasce, para o outro, a obrigação de realizar a contraprestação".

[632] ALVES, José Carlos Moreira. Op. cit., p. 541.

PARTE IV

celebrado entre as partes, independentemente de sua tipificação legal, constitui uma categoria geral:

> O mesmo não ocorre no direito romano, onde a noção de contrato (*contractus*) é mais restrita: a) primeiro, porque em toda a evolução do direito romano, só se enquadram entre os contratos os acordos de vontade que se destinam a criar relações jurídicas obrigacionais (e não, como no direito moderno, a criar, regular ou extinguir relações jurídicas em geral); e b) segundo, porque, em Roma, nem todo acordo de vontade lícito gera obrigações: contrato (*contractus*) e pacto (*pactum, conuentio*) eram acordos de vontade, mas, ao passo que aquele produzia obrigações, este, em regra, não. Portanto, o direito romano somente conheceu os contratos obrigatórios que geram obrigações e não acolheu – pelo menos até o tempo de Justiniano – o princípio, existente no direito moderno, de que todo acordo de vontade lícito, ainda que não se amolde a um dos tipos de contrato descritos na lei, pode produzir relações jurídicas obrigacionais[633].

A característica notável na teoria contratual contemporânea é o abandono da técnica formalista do direito romano, o que, em nosso direito positivo vigente, pode ser plenamente percebido pela previsão do Código Civil em autorizar a celebração de contratos atípicos, que terão o condão de gerar o vínculo obrigacional entre as partes, bem como as faculdades inerentes à exigência da prestação da contraparte. O problema que se nos apresenta, entretanto, não está mais restrito à aptidão de um contrato gerar obrigações, mas sim estabelecer qual será exatamente o regramento jurídico a disciplinar um determinado contrato entre as partes, ante a possibilidade que elas têm de se valer de contratos típicos, atípicos, ou até os denominados atípicos mistos, que consistem, *grosso modo*, em adições de prestações a um determinado contrato típico que, em princípio, lhe seriam estranhas.

Conforme dissemos brevemente acima, o fenômeno da tipicidade é entendido pela doutrina de acordo com o reconhecimento legislativo de um determinado tipo contratual, e o regula em seus pontos principais, de modo

---

[633] ALVES, José Carlos Moreira. Op. cit., p. 470 e 471.

AS CLÁUSULAS DE NÃO INDENIZAR NO DIREITO BRASILEIRO

a disciplinar os efeitos jurídicos que incidirão sobre as condutas das partes contratantes. Diante disso, e com a observação feita sobre a dificuldade gerada pelos diversos critérios utilizados para a tipificação, o fator central da tipificação está na regulamentação em norma abstrata dos principais aspectos do contrato. Definitivamente a análise da tipicidade contratual tem o condão de afastar a utilização do binômio nominado/inominado na técnica jurídica. Como critério científico, não basta para o jurista identificar se o contrato possui *nomem iuris* ou não, mas saber se aquela determinada relação contratual encontra-se disciplinada na norma geral. Como a própria palavra indica, a qualificação de "nominado" é relativa àquilo que tem um nome pelo qual se possa designar. Todavia, o fato de um contrato "ter um nome" socialmente identificável não faz necessariamente com que ele seja tipificado, em termos técnico-jurídicos. Nesse ponto é necessário distinguir a comunicação jurídica das demais comunicações sociais (e nisso inclui o sistema econômico), de modo que se possam identificar com clareza os respectivos âmbitos de abrangência. Isso porque muitas vezes um determinado contrato tem um nome social, isto é, sua identificação nominal é objeto de um consenso social razoavelmente estabelecido sobre o seu funcionalmente, mas, mesmo assim, ainda não é tipificado por lei. Os exemplos são muitos. Podemos citar o contrato de *factoring*, o *leasing*, contrato de cartão de crédito e a locação em *shopping center*[634]. Na experiência do processo legislativo é muito comum verificar a situação em que um contrato, antes de ser tipificado em lei, acabe passando por um processo de "tipificação social" (que aqui identificamos somente como nominados). Somente após se atentar para a relevância social daquela determinada configuração social é que o legislador decide legislar sobre sua regulamentação, de modo deduzi-lo no sistema normativo para tipificá-lo.

Esta breve incursão no tema da tipicidade e atipicidade contratual serviu para demonstrar um dos aspectos de como o ordenamento jurídico vigente regula a possibilidade de as partes criarem obrigações pela manifestação de vontade, bem como a razoável liberdade em se fixar o conteúdo dessas relações jurídicas. Conforme visto, o ordenamento jurídico nacional autoriza as partes

---

[634] A locação em *shopping center* é um tema em especial que chama grande atenção da doutrina sobre a dificuldade em se qualificar um contrato como típico, atípico, ou atípico misto. Por todos ver: BARCELLOS, Rodrigo. *O contrato de shopping center e os contratos atípicos interempresariais*. São Paulo: Atlas, 2010.

PARTE IV

a entabularem relações contratuais cujo objeto reflita seus desejos e interesses na fixação do conteúdo da prestação – seja por contratos típicos, atípicos ou atípicos mistos. Alguns autores, como Wanderley Fernandes, destacam o ponto de contato entre direito e economia, diante da circunstância de ser o contrato a forma jurídica pela qual os agentes econômicos encontram para desenhar as operações econômicas no sentido de "compatibilizar seus interesses e alocar riscos entre si"[635]. Tal percepção é particularmente influenciada pelas lições de Enzo Roppo, que também vê o contrato como uma construção da ciência jurídica, mas que, para sua compreensão, demanda que se tenha em conta a realidade econômico-social que lhe serve de pano de fundo[636]. Sobre a possibilidade de as partes entabularem relações fora dos tipos contratuais expressamente previstos em lei, o autor brasileiro ainda afirma no seguinte sentido:

> Definir, portanto, o objeto do contrato é projetar ou modelar uma operação econômica em todo seu conteúdo e isso pode se dar tanto dentro de um tipo contratual, definido a partir da verificação da presença de determinados índices que o qualificam, ou mediante uma operação econômica fora do modelo preestabelecido pela lei[637].

De volta ao tema central desse item, e no sentido de esclarecer a diferença entre limitação do conteúdo obrigacional e a cláusula de limitação do

---

[635] FERNANDES, Wanderley. Op. cit., p. 86.
[636] ROPPO, Enzo. Op. cit., p. 7-8: "Contrato é um conceito jurídico: uma construção da ciência jurídica elaborada (além do mais) com o fim de dotar a linguagem jurídica de um termo capaz de resumir, designando-os de forma sintética, uma série de princípios e regras de direito, uma disciplina jurídica complexa. Mas como acontece com todos os conceitos jurídicos, também o conceito de contrato não pode ser entendido a fundo, na sua essência íntima, se nos limitarmos a considerá-lo numa dimensão exclusivamente jurídica – como se tal constituísse uma realidade autônoma, dotada de autônoma existência nos textos legais e nos livros de direito. (...). Daí que, para conhecer verdadeiramente o conceito do qual nos ocupamos, se torne necessário tomar em atenta consideração a realidade econômica-social que lhe subjaz e da qual ele representa a tradução científico-jurídica: todas aquelas situações, aquelas relações, aqueles interesses reais que estão em jogo, onde quer que se fale de 'contrato' (o qual, nesta sequência, já se nos não afigura identificável com um conceito pura e exclusivamente jurídico)".
[637] FERNANDES, Wanderley. Op. cit., p. 86.

dever de indenizar, indica-se o elucidativo exemplo que o autor nos fornece, baseado em um contrato de compra e venda[638]. Os contratantes, dentro da autorização legislativa de moldarem o conteúdo do contrato, podem ainda avençar que além da compra e venda o devedor deverá proceder à instalação do equipamento comprado, além de determinar algumas especificações ou exclusões de partes de equipamento que atendam de modo mais adequado aos seus interesses. O caso da exclusão dessas partes do equipamento do conteúdo da relação obrigacional entre as partes – o que o autor chama de "escopo do contrato" – não se confunde com a ausência de responsabilidade pelo fornecimento de tais objetos, pelo simples fato de que tal prestação nunca fez parte do conteúdo da obrigação formada.

É possível ver, pelo menos do ponto de vista teórico, a diferença entre as duas figuras, sobretudo tendo em vista, conforme denominações de Garcia Amigo, que a delimitação do conteúdo da obrigação está inserida na própria fisiologia da obrigação, ao passo que a cláusula de não indenizar diz respeito ao seu momento patológico[639]. Isso significa dizer que, no caso de limitação do conteúdo da obrigação, o vínculo jurídico que deveria existir para que o credor pudesse exigir do devedor certo comportamento, nunca chegou a existir. Conforme ensinamentos de Nelson Nery Jr. e Rosa Maria de Andrade Nery[640], podemos enxergar a diferença das situações sob o seguinte prisma: na limitação do conteúdo obrigacional sequer existia a dívida, ou débito (*Schuld*), e, por via de consequência, não seria possível vislumbrar qualquer pretensão do credor em exigir a prestação. Por outro lado, se há a sujeição do devedor, de modo que o credor possa exercer pretensão perante ele, mas a amplitude das consequências jurídicas do inadimplemento foi tolhida pela celebração de uma cláusula, temos o caso em que a sujeição do patrimônio do devedor

---

[638] Idem, ibidem.

[639] AMIGO, Manuel Garcia. Op. cit., p. 96.

[640] NERY JUNIOR, Nelson; ANDRADE NERY, Rosa Maria de. *Código Civil comentado.* 7. ed., cit., p. 435. "*Obligatio e debitum.* O vínculo obrigacional, a relação jurídica obrigacional, opera, em dois aspectos distintos, econômico e mora, da seguinte maneira: como correspectivo da dívida, ou débito (*Schuld*), existe o crédito; por causa do crédito, na maioria dos casos, surge para o credor a pretensão de exigir a prestação (a dívida); à pretensão do credor corresponde a sujeição do devedor, a que se denomina *obrigação*; consequentemente, a sujeição do devedor compromete-lhe o patrimônio, a que se chama *responsabilidade* (*Haftung*), este o instituto próprio para viabilizar até a mesmo a realização coativa da prestação".

PARTE IV

foi limitada, isto é, uma faceta de sua responsabilidade foi excluída (*Haftung*). Para explicar a situação, Ana Prata ensina com valorosa síntese: "Ora, uma vez eliminada a obrigação, a sua não execução não é o incumprimento e, não o sendo, não constitui o devedor em responsabilidade"[641].

No mesmo sentido, vemos as considerações de António Pinto Monteiro, que enxerga diferença entre as duas situações, uma vez que uma diz respeito a um meio de prevenir as consequências jurídicas advindas da responsabilidade (cláusula de limitação de responsabilidade), enquanto outra diz respeito à possibilidade de as partes formularem o conteúdo das obrigações. É relevante apontar o modo como o autor português ressalta o poder de as partes, em ambos os casos, poderem afastar as consequências jurídicas naturais que decorreriam de determinada situação, desde que cumpridos os devidos requisitos de validade:

> Uma primeira distinção que se impõe é entre as cláusulas limitativas ou de exclusão de responsabilidade e as cláusulas que afastam do contrato obrigações que, sem essa manifestação de vontade, dele fariam parte, por força de preceito legal, ou por constituírem deveres acessórios (adjacentes) da prestação principal ou, e geral, do fim contratual. As primeiras constituem, como vimos, um meio de o devedor se prevenir das consequências desfavoráveis que a situação de não cumprimento ("lato senso") lhe acarretará. Mais precisamente, o devedor pretende furtar-se antecipadamente à responsabilidade que sobre si poderá recair, ou, pelo menos, restringir essa eventual responsabilidade, seja no seu montante, seja nos seus pressupostos. Mas para que o devedor se exonere, graças à cláusula de irresponsabilidade, é necessário que, sem ele, tivesse de indenizar o credor. Ou seja, terá de tratar-se, naturalmente, de um caso de falta de cumprimento de uma obrigação assumida pelo devedor, ou compreendida, no âmbito do contrato, atento o fim contratual perseguido, ou por força de normal legal nesse sentido. Ora, o que pode acontecer, é as partes, ao contratar, afastarem obrigações que, sem tal acordo, fariam parte do contrato, nos termos referidos[642].

[641] PRATA, Ana. *Cláusulas de exclusão e limitação da responsabilidade contratual*, cit., p. 165.
[642] MONTEIRO, António Pinto. Op. cit., p. 116-117.

AS CLÁUSULAS DE NÃO INDENIZAR NO DIREITO BRASILEIRO

A validade da limitação do conteúdo da obrigação é verificada em várias situações. Um dos exemplos mais palpáveis é o caso do contrato de seguro, em que a companhia seguradora somente se compromete a garantir determinados tipos de sinistros, em detrimento de outros[643]. Outro caso, lembrado por Sergio Cavalieri Filho[644], e já mencionado neste trabalho, é a situação em que um banco é contratado como depositário de bens, mas fica estabelecido no contrato que o depositante não poderá fazer uso do cofre para guardar bens de altos valores ou liquidez, como joias, títulos e dinheiro. Nesse caso, ao invés de uma cláusula de não indenizar, tem-se verdadeiramente uma cláusula de limitação do conteúdo da obrigação, porquanto o banco sequer assumiu a prestação de guardar bens daquela qualidade. Desse modo, como não houve obrigação assumida nesse sentido, também não haveria como se cogitar em responsabilidade. Este caso foi apreciado pelo Tribunal de Justiça do Rio de Janeiro, que decidiu conforme esse raciocínio[645].

Entretanto, se o ordenamento jurídico permite que as partes estabeleçam o conteúdo obrigacional, por outro lado o limite para tal liberdade é estabelecido dentro do próprio sistema normativo. Em nosso direito positivo, e especialmente considerando nossa experiência jurisprudencial, são notáveis as limitações que essa liberdade encontra diante dos preceitos estabelecidos no Código de Defesa do Consumidor, a impossibilidade de que a cláusula de limitação do conteúdo obrigacional diga respeito a direitos essenciais do negócio entabulado no caso de contratos por adesão, mesmo nas relações puramente civis (art. 424 do Código Civil).

17.6.1. A experiência dos planos de saúde no tema da delimitação do conteúdo da obrigação – dificuldades na concreção de conceitos indeterminados

Sobre as relações de consumo, o Código de Defesa do Consumidor apresenta disposições que expressamente impedem a formulação de cláusulas contratuais que impossibilitem, exonerem ou atenuem a responsabilidade do fornecedor por vícios de qualquer natureza dos produtos e serviços ou impliquem

---

[643] MONTEIRO, António Pinto. Op. cit., p. 119.
[644] CAVALIERI FILHO, Sérgio. Op. cit., p. 523-524.
[645] TJRJ, Ap. Cível 3.029/95 (2ª C., rel. Des. Sérgio Cavalieri Filho).

PARTE IV

renúncia ou disposição de direitos (art. 51, I), ou que restrinjam direitos ou obrigações fundamentais inerentes à natureza do contrato, de tal modo a ameaçar seu objeto ou equilíbrio contratual (art. 51, §1º, II). Tais dispositivos da lei consumerista, todavia, devem ser analisados com extrema cautela, pois eles não são suficientes para proibir qualquer tipo de restrição do conteúdo da obrigação estabelecida entre consumidor e fornecedor. Essencialmente, no que tange à formulação da fisiologia da obrigação, o que a norma proíbe é uma restrição ao consumidor a direito inerente à natureza do contrato, de modo que, em tese, uma restrição que não encontre essa barreira deve ser considerada válida. Os problemas da identificação desse tênue limite entre o que não é e o que é direito inerente à natureza do contrato são identificados nos debates sobre a cobertura de seguros de planos de saúde.

É possível dizer que o assunto da cobertura de planos de saúde é extremamente rico, e não poderia ser analisado por inteiro nos limites deste trabalho. Portanto, iremos nos restringir aos comentários que guardem íntima pertinência com o nosso estudo, e em especial com a temática deste capítulo.

Os contratos de plano de saúde, do ponto de vista jurídico, atravessam várias áreas do direito, demandando uma óptica multidisciplinar dentro da própria ciência jurídica, uma vez que dizem respeito ao tratamento do direito à saúde na Constituição Federal, são contratos de consumo, via de regra são contratos por adesão, fazem parte de um setor regulado (Lei n. 9.961/2000), enfim, além de possuírem um opulento grau de litigiosidade. Para se ter uma noção do problema enfrentado pelos Tribunais nesse ponto, veja-se o levantamento feito por Daniela Batalha Trettel sobre a abordagem da temática dos contatos de planos de saúde no Superior Tribunal e Justiça. Entre os anos 2000 e 2008, a autora levantou que 89,47% dos casos envolvendo planos de saúde versam especificamente sobre a negativa ou limitação de cobertura de assistência médica por parte das segurados, nos quais 82,1% são dados provimentos judiciais em favor dos fornecedores[646]. A limitação do conteúdo da obrigação, destarte, se manifesta como assunto central das demandas sobre o tema.

---

[646] TRETTEL, Daniela Batalha. *Planos de saúde na Justiça*: o direito à saúde está sendo efetivado? Estudo do posicionamento dos Tribunais Superiores na análise os conflitos entre usuários e operadoras de planos de saúde. Dissertação (Mestrado em Direito) – Faculdade de Direito, Universidade de São Paulo, São Paulo, 2009.

AS CLÁUSULAS DE NÃO INDENIZAR NO DIREITO BRASILEIRO

Dentro da limitação do objeto contratual o debate judicial ocorre em variadas frentes, em uma correspondência às inúmeras formas em que os contratos de plano de saúde podem restringir certas prestações. Merecem destaque a limitação temporal de internação hospitalar, limitação de insumos necessários para a realização de procedimentos, limitação de cobertura de doenças e procedimentos, limitação de insumos para procedimentos e a limitação ao uso da denominada rede credenciada[647].

Este último tipo de limitação do conteúdo obrigacional – limitação ao uso da rede credenciada – é um tipo de restrição de ordem territorial. O contratante somente receberá o tratamento médico nas instituições médicas e por aqueles médicos que estão listadas no contrato, normalmente de acordo com uma região. A abrangência de tal lista varia conforme a remuneração da operadora, sendo que sua maior ou menor extensão representa aquilo que se costuma denominar um "diferencial" entre os contratos. Trettel[648] conclui que esse foi um dos temas em especial que o Superior Tribunal de Justiça se mostrou favorável à validade da limitação em situações ordinárias[649]. A limitação territorial em tais contratos, via de regra, não apresentariam qualquer impedimento de ordem legal, nomeadamente a proibição de exclusão de direito inerente à natureza do negócio. Contudo, a Corte entendeu que a negativa deve ser considerada ilegítima naquelas situações emergenciais em que o usuário teve de utilizar serviços fora da rede credenciada, ante a impossibilidade de deslocamento para atendimento nos locais listados nos contratos. Essa ilegitimidade é fortemente fundamentada em expressa disposição legal a respeito do tema, designadamente o art. 12 da Lei n. 9.656/98.

Embora a pesquisa faça referência somente aos os anos indicados, é importante notar que o Superior Tribunal de Justiça continua a se posicionar nesse mesmo sentido, conforme pode ser visto pelo resultado de julgados mais recentes[650], em que pese a forte tendência da Corte em não conhecer desses casos com fundamento na impossibilidade de revisão de

---

[647] Idem, ibidem.

[648] TRETTEL, Daniela Batalha. Op. cit., p. 119-120.

[649] REsp 402.727/SP, *DJ*, 9-12-2003, rel. Min. Castro Filho; REsp 685.109/MG, *DJ*, 25-9-2006, rel. Min. Nancy Andrighi.

[650] REsp 809.685/MA, *DJ*, 14-12-2010, rel. Min. Aldir Passarinho Jr.; AgRg no REsp 917668 / SC, *DJ*, 1º-9-2009, rel. Min. Vasco Della Giustina (Desembargador Convocado).

PARTE IV

matéria fático-probatória e interpretação de cláusula contratual (STJ, Súmulas n. 5 e 7)[651].

Diante disso, é possível identificar um típico caso – respeitada a exceção legal acima indicada – em que o conteúdo da obrigação pode ser limitado contratualmente, mesmo em contratos por adesão ou contratos que digam respeito a relações de consumo. Entretanto, conforme adiantamos acima, não é qualquer tipo de restrição que será considerada válida em nosso ordenamento jurídico. É o caso de a limitação dizer respeito a direito inerente à natureza do contrato, e, novamente, os contratos de plano de saúde – e sua experiência no Poder Judiciário – nos fornecem exemplos elucidativos sobre a questão.

Segundo entendimento do Superior Tribunal de Justiça, alguns tipos de limitação do conteúdo da obrigação nos contratos de plano de saúde atingem diretamente a natureza do negócio, de modo a ensejar a declaração de nulidade. Entre tais circunstâncias destacam-se as seguintes: limite temporal de internação hospitalar, limitação de cobertura a doenças e procedimentos e limitação de insumos necessários para a realização do procedimento[652]. A primeira delas – limite temporal de internação – inclusive foi objeto de súmula do Superior Tribunal de Justiça (STJ, Súmula n. 302). É possível apontar julgados da Corte que reafirmam a abusividade da limitação de doenças e procedimentos cobertos[653] e limitação de insumos necessários para a realização do procedimento[654]. No entanto, é sempre importante apontar que a jurisprudência do STJ não pode ser classificada propriamente como pacífica nesses pontos, uma vez que é possível notar oscilação do entendimento e divergências verificadas em julgamentos não unânimes[655]. O que é possível, contudo, é identificar somente uma tendência jurisprudencial.

Conforme versamos anteriormente, entendemos que as locuções "direito ou obrigações fundamentais inerentes à natureza do contrato" (art. 51, §1º,

---

[651] AgRg no AREsp 318143/SP, *DJE*, 28-6-2013, rel. Min. Luis Felipe Salomão; AgRg no REsp 1160202/RS, *DJ*, 19-6-2012, rel. Min. Sidnei Beneti; AgRg no AREsp 41286/RS, *DJ*, 6-3-2012, rel. Min. Francisco Galvão.

[652] Novamente, segundo TRETTEL, Daniela Batalha. Op. cit.

[653] AgRg no AgRg no Ag 1168692/SP, *DJ*, 4-5-2011, rel. Min. Sidnei Beneti.

[654] REsp 735750/SP, *DJ*, 14-2-2012, rel. Min. Raul Araújo.

[655] REsp 1053810 / SP, *DJ*, 17-12-2009, rel. Min. Nancy Andrighi.

II, do Código de Defesa do Consumidor), ou "direito resultante da natureza do negócio" (art. 424 do Código Civil) se apresentam, dentro da ciência jurídica, como uma espécie de conceito indeterminado, cujo alcance e sentido deverá ser obtido por meio de um processo de concreção. Sobre o tema, António Menezes Cordeiro identifica as seguintes características do conceito indeterminado:

> Tal característica ocorre sempre que um conceito não permita comunicações claras quanto ao seu conteúdo, por polissemia, vaguidade, ambiguidade, porosidade ou esvaziamento: polissemia quando tenha vários sentidos, vaguidade quando permita uma informação de extensão larga e compreensão escassa, ambiguidade quando possa reportar-se a mais de um dos elementos integrados na proposição onde o conceito se insira, porosidade quando ocorre uma evolução semântica com todo um percurso onde o sentido do tema se deva encontrar e esvaziamento quando falte qualquer sentido útil[656].

Porém, continua o autor português para ressaltar a necessidade de os conceitos indeterminados passarem pelo que chamamos acima de processo de concreção, bem como o fato de que eles não devem ser submetidos necessariamente a valorações arbitrárias:

> A decisão amparada a nível de conceito indeterminado exige uma ponderação prévia das possibilidades várias que a sua comunicação permite; tais possibilidades são ordenadas, seleccionando-se uma que será apresentada como justificação da saída encontrada. Pode, assim, afirmar-se que os conceitos indeterminados se tornam juridicamente atuantes mediante a sua complementação com valorações; obtém-se, desse modo, a regra do caso (...). Carecidos de valoração, os conceitos indeterminados não são, necessariamente, de utilização arbitrária: existe toda uma série de indícios que inculcam as variáveis a ponderar e o seu peso relativo, quando das operações de preenchimento. Pode falar-se, deste modo, em graus de indeterminação, consoante a

---

[656] CORDEIRO, António Manuel da Rocha e Menezes. *Da boa fé no direito civil*, cit., p. 1176-1177.

PARTE IV

impressividade de elementos dados ao intérprete para realizar a concretização, em função da realidade conceitual que se depare[657].

Pode-se dizer que os conceitos indeterminados, dentro de um nexo de
imputação, apresentam as características acima mencionadas acerca de seu
fator determinante, e não na consequência jurídica determinada. Isto é, as
consequências jurídicas previstas para o caso não possuem o mesmo grau de
indeterminação que os fatores que deverão ser levados em conta pelo cientista
ao decidir pela incidência ou não da norma. No caso dos dispositivos acima
mencionados, sabe-se claramente a consequência jurídica: nulidade da avença
no contrato de consumo, ou no contrato de adesão, ainda que em relações
civis, respectivamente. A dificuldade reside justamente em se saber quando
estamos diante de um direito inerente ou resultante da natureza do contrato
ou negócio, e não propriamente em se identificar qual é a sanção prevista pelo
ordenamento jurídico. Neste ponto, autores apontam as diferenças entre o
conceito indeterminado e as chamadas cláusulas gerais. Nestas, a indeterminação em alto nível também estaria presente nas consequências da incidência,
e não só nos fatores que a condicionam[658].

Por terem essa característica, é indevido cientificamente tentar traçar exatamente e previamente quais serão as situações contratuais que se encaixarão
no conceito indeterminado, pois essa é uma tarefa a ser levada caso a caso,
nomeadamente pela intervenção da autoridade judiciária chamada a dirimir
eventual conflito. Contudo, com base nas experiências jurisprudenciais, alguns autores tentam traçar para os contratos de plano de saúde alguns tipos
de avenças limitadoras do conteúdo da obrigação que claramente afrontariam
a natureza do negócio[659], identificando, sobretudo, o interesse legítimo do

---

[657] CORDEIRO, António Manuel da Rocha e Menezes. *Da boa fé no direito civil*, cit., p. 1178 e 1180.
[658] MARTINS-COSTA, Judith. *A boa-fé no direito privado*, cit., p. 273-277. Também da mesma
autora, sobre o mesmo tema da diferenciação entre cláusulas gerais e conceitos indeterminados: MARTINS-COSTA, Judith. O direito privado como um sistema em construção: as
cláusulas gerais no Projeto do Código Civil brasileiro. *Revista de Informação Legislativa*, Brasília,
n. 139, p. 5-22, 1998.
[659] Os planos de saúde, destarte, deveriam seguir os seguintes parâmetros: *"a) cobertura de
internações hospitalares e em centro de terapia intensiva, vedada a limitação de prazo, a critério de médico
assistente; b) despesas referentes a honorários médicos, serviços gerais de enfermagem e alimentação; c)
cobertura de exames complementares indispensáveis para o controle da evolução da doença e elucidação*

AS CLÁUSULAS DE NÃO INDENIZAR NO DIREITO BRASILEIRO

segurado em receber um tratamento adequado para que convalesça a contento. Esse seria o norte a se seguir na busca da concreção acerca da natureza de tal contrato[660].

Importante notar que existem julgados do Superior Tribunal de Justiça que entendem que a limitação do conteúdo da obrigação não é vedada tão somente para os contratos individuais, uma vez que já se reconheceu que a cláusula de limitação a doenças no contrato de plano de saúde, também nos planos coletivos, não pode ser declarada válida[661]. O plano coletivo é aquele "assinado entre uma pessoa jurídica e uma operadora de planos de saúde para assistência à saúde da massa de empregados/funcionários, ativos/ inativos, ou de sindicalizados/associados de pessoa jurídica contratante", segundo a Agência Nacional de Saúde Suplementar[662]. Por apresentar essa fisionomia relacional, em que existe uma relação entre duas pessoas jurídicas, e entre uma delas e o beneficiário do plano, existem posições no Superior Tribunal de Justiça pela não caracterização de relação de consumo[663]. No entanto, veja-se o trecho elucidativo da opinião exarada em julgamento na Corte, que, em um primeiro momento, vislumbra a possibilidade de limitação do objeto da prestação (o que se chama de "cláusula excludente de

---

diagnóstica, fornecimento de medicamento, anestésicos, oxigênio, transfusões e sessões de quimioterapia e radioterapia, conforme prescrição do médico assistente, realizados ou ministrados durante o período de internação hospitalar; d) cobertura de taxa de sala de cirurgia, incluindo despesas correlatas, dentro dos limites de abrangência geográfica previstos no contrato e despesas de acompanhante, no caso de pacientes menores de 18 anos" (PFEIFFER, Roberto Augusto Castellanos. Planos de saúde e direito do consumidor. in: MARQUES, Cláudia Lima. *Saúde e responsabilidade 2.* São Paulo: Revista dos Tribunais, 2008, p. 32).

[660] *"Os arts. 18, § 6º, III, e 20, § 2º, do Código de Defesa do Consumidor estabelecem a necessidade de adequação dos produtos e serviços à expectativa legítima do consumidor. É evidente que, ao contratar um plano de assistência privada à saúde, o consumidor tem a legítima expectativa de que, caso fique doente, a empresa contratada arque com os custos necessários ao restabelecimento de sua saúde. As cláusulas restritivas atentam contra a expectativa legítima do consumidor de integral assistência para o restabelecimento da saúde"* (PFEIFFER, Roberto Augusto Castellanos. Planos de saúde e direito do consumidor, cit., p. 37).

[661] REsp 550501/SP, *DJ*, 24-4-2007, rel. Hélio Quaglia Barbosa.

[662] ANS. *Caderno de Informação da Saúde Suplementar*: beneficiários, operadoras e planos. Rio de Janeiro: dez./2008. Disponível em: <www.ans.gov.br>. Acesso em: 18 jan. 2009, p. 7. Apud TRETTEL, Daniela Batalha. Op. cit.

[663] REsp 1102848/SP, rel. Min. Nancy Andrighi, rel. p/ Acórdão Min. Massami Uyeda, *DJ*, 3-8-2010.

PARTE IV

cobertura" no voto do relator), mas decide que tal avença estaria subordinada às barreiras legais da legislação consumerista e aos dispositivos que regem os contratos por adesão:

> (...) No mérito, porém, procede a irresignação; não porque inadmissível, em linha de princípio, imposição de cláusula excludente de cobertura, mas sim, pela indisfarçável abusividade da cláusula de que se cuida, porquanto reputada desconforme com o sistema de proteção ao consumidor, uma vez inserida em contrato de adesão. A reprovação genérica às cláusulas excludentes, em contratos de plano de saúde, ou de seguro-saúde, não ostenta tal fastígio, a ponto de merecerem elas, invariavelmente, a pecha de abusivas, toda vez que assim disponham, porque, afinal, a própria legislação atual, reguladora de tais modalidades de assistência privada à saúde, contempla exclusões admitidas (art. 10, da Lei n. 9.656/98). Na espécie, porém, destaca-se a circunstância de a contratação ter sido feita por pessoa jurídica à qual a recorrente está vinculada, não deixando esse aspecto de figurar no corpo da sentença de primeiro grau, o que acentua o caráter de hipossuficiência do particular, claramente detectável em tais avenças. Com efeito, neste panorama, a cláusula arguida, que exclui, dentre outras, a cobertura securitária de doenças infectocontagiosas de notificação compulsória, tal como a AIDS, sonega ao leigo, decerto, o conhecimento suficiente, a propósito do alcance da exclusão, máxime quando o beneficiário não contratou diretamente com a prestadora do serviço, não tendo qualquer condição de intervir na estipulação do ajuste[664].

Ainda que os dispositivos do Código de Defesa do Consumidor e o regramento do contrato de adesão no Código Civil se apresentem como importantes parâmetros para o controle da validade da limitação do conteúdo da obrigação, ainda assim é possível dizer que por razões lógicas, sobretudo fundadas nos imperativos da vedação do comportamento contraditório e do equilíbrio contratual, especialmente aplicável no direito das obrigações, determinadas limitações não poderão ser convencionadas pelas partes. Por

---

[664] REsp 550501/SP, *DJ*, 24-4-2007, rel. Hélio Quaglia Barbosa.

AS CLÁUSULAS DE NÃO INDENIZAR NO DIREITO BRASILEIRO

essas razões, vemos que Aguiar Dias, mesmo antes do advento do Código de Defesa do Consumidor ou do Código Civil de 2002, já arguía que "há possibilidade de estipular o afastamento de obrigações contratuais, certas e determinadas, desde que não sejam essenciais ao contrato"[665]. Ademais, com o apoio em Henry e León Mazeud[666], indicava que em um contrato de compra e venda, como exemplo, é possível convencionar o pagamento de certas despesas geradas em relação com o negócio, mas não a dispensa de entrega da coisa vendida.

De acordo com o raciocínio traçado acima, vimos que, pelo menos do ponto de vista dogmático-jurídico, a cláusula de limitação do conteúdo da obrigação possui feição diversa da cláusula de não indenizar, uma vez que se diferenciam quanto à estrutura e os limites de validade encontrados dentro do direito positivo. Essa diferenciação é apontada com firmeza por alguns autores. "Equivaler a cláusula contratual limitativa ou excludente do dever de indenizar à cláusula limitativa do objeto do contrato significa ignorar as características e as funções próprias de cada uma das distintas figuras jurídicas"[667], assevera Fábio Henrique Peres, para depois arrematar "tal posição, portanto, [deve] ser inteiramente refutada"[668].

Por outro lado, ainda que se concorde com a afirmação do ponto de vista dogmático, a identidade de efeitos práticos que as duas cláusulas podem apresentar faz com que outros autores coloquem em dúvida a total dissociação das duas figuras. Ana Prata ressalta justamente a diferença entre teoria e prática, ao indicar alguns casos em que o limite entre duas figuras fica sem demarcações seguras em algumas situações[669]. Pela prática contratual, observa-se que nem sempre a redação dos instrumentos contratuais emprega as palavras mais adequadas para delinear precisamente as obrigações entre as partes, o que pode suscitar dúvidas sobre se a intenção das partes era limitar os efeitos da responsabilidade ou o conteúdo da obrigação. Se a cláusula usar termos precisos indicando os deveres que não são de incumbência do devedor, será o

---

[665] DIAS, José de Aguiar. *Cláusula de não indenizar*, cit., p. 67, em nota de rodapé.

[666] MAZEAUD, Henri; MAZEAUD, Léon. *Traité de la responsabilité civile*. Paris, 1993, t. 3, n. 2521, p. 686. Apud DIAS, José de Aguiar. *Cláusula de não indenizar*, cit., p. 68, em nota de rodapé.

[667] PERES, Fábio Henrique. Op. cit., p. 189.

[668] Idem, ibidem.

[669] PRATA, Ana. *Cláusulas de exclusão e limitação da responsabilidade contratual*, cit., p. 143.

caso de se entender pela limitação do conteúdo obrigacional. Entretanto, se a cláusula trouxer redação a indicar que um determinado tipo de diligência não poderá ser exigido da parte devedora, a autora portuguesa indica que haverá uma situação com potência de suscitação de dúvida, porquanto ela poderá ser interpretada como cláusula de limitação das consequências da responsabilidade – justamente por não responder pela falta de diligência –, ou então como cláusula de limitação do conteúdo da prestação – por ser possível entender que essa conduta de diligência não está incluída na prestação devida[670]. A mesma dúvida sobre qual o regramento jurídico aplicável poderia surgir nas convenções que transformam obrigações de resultado em obrigações de meio[671].

António Pinto Monteiro também é partidário da posição que vê dificuldades na diferenciação, tendo em vista os efeitos práticos que podem ser produzidos[672]. Obtempera o autor que a distinção pode se apresentar como "teoricamente fácil", mas pode se revelar até mesmo "ilusória". Atenta o autor que essa dificuldade, do ponto de vista prático, poderia servir de pretexto para que um dos contratantes escapasse das fronteiras demarcadas pelo ordenamento jurídico para a validade das cláusulas de limitação das consequências da responsabilidade, isto é, em "fraude à lei". Ademais, a delimitação do conteúdo da obrigação tem a característica de poder ser mais perversa do ponto de vista do credor, que ficará totalmente inviabilizado para utilizar qualquer medida para a persecução de seu crédito posto que, em tese, este não existirá[673].

De nosso ponto de vista, não existe um real contraponto entre as duas posições, embora o modo como cada autor coloque o tema possa gerar tal impressão. Afinal, do ponto de vista puramente dogmático, conforme tentamos demonstrar acima, as duas situações são distintas em tese, uma vez que apresentam condicionantes diferentes e consequências jurídicas distintas. Caracterizam-se por estruturas e funções que, embora se manifestem no – por vezes complexo – caminho entre a obrigação e a responsabilidade, podem ser diferenciadas. Contudo, ambas as situações realmente podem culminar no mesmo efeito prático, a depender da fisiologia da obrigação avençada entre as

---

[670] Idem, ibidem.
[671] Idem, ibidem, p. 144 e s.
[672] MONTEIRO, António Pinto. Op. cit., p. 120.
[673] Idem, ibidem, p. 121.

AS CLÁUSULAS DE NÃO INDENIZAR NO DIREITO BRASILEIRO

partes. Parece-nos que os autores portugueses estão a discutir o assunto sob outro enfoque, igualmente válido, a respeito da dificuldade em interpretar disposições contratuais, quer pela redação no instrumento que não reflete com a acuidade necessária a vontade das partes, quer pela manifestação de vontade voltada a evitar ilegalmente as consequências jurídicas que incidiriam sobre a figura da limitação do dever de indenizar.

CONCLUSÕES

Como parte final, as conclusões alcançadas ao longo deste trabalho são apresentadas abaixo de forma sintética:

1. A responsabilidade civil apresenta tratamento polissêmico dentro do direito positivo vigente. Várias consequências jurídicas advêm da circunstância de alguém ser considerado responsável conforme o ordenamento jurídico, de modo que a responsabilidade civil não pode ser reduzida ao mero surgimento do dever de indenizar. Tal percepção é especialmente importante no campo da responsabilidade civil contratual, porquanto o inadimplemento – que torna alguém "responsável" – pode acarretar consequências jurídicas múltiplas e além do mero surgimento do dever reparatório, tais como a possibilidade de se pleitear a execução específica da obrigação, resolução do contrato, oposições de exceções e invocação de cláusula resolutória.
2. A cláusula de não indenizar, portanto, é uma avença tendente a interferir somente em uma das consequências jurídicas da responsabilidade civil – qual seja, o surgimento do dever de indenizar – o que torna tecnicamente inadequado o entendimento de que ela é uma cláusula que evita a responsabilidade civil como um todo.
3. A responsabilidade civil deve ser enxergada normativamente como um termo que indica um nexo de imputação de consequências jurídicas a uma determinada pessoa diante de situações condicionantes estabelecidas pelo ordenamento jurídico. Dessa forma, cabe ao intérprete

elaborar a tarefa de descortinar todas as significações do termo responsabilidade e como ele concentra em si diferentes modalidades de nexos de imputações. Enxergar a responsabilidade civil como uma técnica de apresentação – no sentido cunhado por Alf Ross – ajuda a compreender como o direito positivo usa a linguagem para ordenar um conjunto de consequentes e consequências em uma só palavra.

4. As perspectivas que se tornam possíveis a partir da chamada teoria dualista das obrigações representam a sofisticação técnica para a compreensão de como múltiplos nexos de imputação permeiam todo o processo obrigacional.

5. A análise da culpa na responsabilidade civil também merece uma análise dogmática que leve em conta qual o seu papel para se estabelecer o nexo de imputação jurídico. Todavia, tendo em vista o seu tratamento dentro do sistema positivo vigente, a culpa pode ser enxergada, ao mesmo tempo, como um termo que encarta tanto uma técnica de apresentação quanto um fato condicionante. Ela é uma técnica de apresentação na medida em que não apresenta conteúdo semântico próprio, de modo que o investigador deverá identificar quais são as condições juridicamente relevantes para se admitir que alguém incorreu em culpa. Ela também é um fato condicionante, pois a sua percepção servirá de premissa para a aplicação de outra consequência jurídica, notadamente concluir ser a pessoa responsável ou não.

6. Os contornos normativos do conceito de culpa são pouco conclusivos dentro da literatura juscivilista. A dualidade de critérios (não cumprimento de um dever *versus* erro de conduta) se confunde em uma tautologia. Não há diferença, do ponto de vista lógico-jurídico, em dizer que alguém não cumpriu determinado dever, ou que determinada pessoa cometeu um erro de conduta. A metodologia mais indicada para tratar do tema deve levar em conta as múltiplas manifestações de culpa dentro do direito positivo vigente, de modo a se identificar quais seriam os deveres existentes em uma específica relação, o que impede a conceituação uniforme da culpa. A noção de culpa compreende uma análise individual de conduta.

7. Segundo o ordenamento jurídico vigente, sobretudo pela incidência do princípio da boa-fé objetiva, a relação obrigacional não pode ser

CONCLUSÕES

resumida ao cumprimento de uma única prestação, em um sentido atomista. Entre credor e devedor existem inúmeros deveres que não se esgotam simplesmente em um comportamento único. Entretanto, a existência de múltiplos deveres decorrentes da complexidade da relação obrigacional não deve afetar o modo de análise especificamente jurídica, qual seja, de que tais deveres representam a ligação entre uma circunstância condicionante e uma consequência condicionada.

8. Não se pode atribuir ao positivismo a lenta evolução da boa-fé objetiva no século XX dentro da cultura jurídica brasileira. O verdadeiro obstáculo encontra-se no tratamento hegemônico dado à manifestação da vontade na vigência do Código Civil de 1916 como fonte de deveres.

9. Do ponto de vista da influência de normas constitucionais no direito privado, é possível notar que a experiência jurídica brasileira teve de se submeter a um período em que a legislação civil – tida por como defasada – enfrentou constantes pressões para a compatibilização com a nova ordem constitucional, o que normalmente levanta constantes dificuldades por parte dos aplicadores do direito. Contudo, mesmo com a confecção de uma codificação civil posterior – e, em tese, compatível desde o início de sua vigência com as normas constitucionais – não elimina a possibilidade de constantes verificações de validade jurídica de suas normas, tanto em abstrato quanto na sua aplicação. A utilização de cláusulas gerais na nova codificação civil impulsiona a necessidade de revisão constante acerca do modo de aplicação e concreção dos termos normativos.

10. As codificações mais recentes – e o Código Civil de 2002 encontra-se em nessa categoria – apresentam menos uma pretensão de completude sobre os temas de direito civil e mais uma pretensão ordenatória da matéria. Tal característica encontra-se mais compatível com um cenário de múltiplas fontes normativas em diferentes camadas legislativas que tratam das matérias de direito privado. A codificação apresenta grande importância ao consubstanciar o instrumental normativo a permitir a integração sistemática da legislação, fornecendo-lhe unidade.

11. Muito embora o direito privado contemporâneo tenha que lidar com uma miríade de fontes normativas que apresentam diferentes graus hierárquicos e múltiplas cargas semânticas, a aplicação de construções

conceituais não pode ceder lugar à atividade interpretativa desvincula-da de parâmetros controláveis. A observância de regras hermenêuticas e integrativas controláveis se mostra relevante para a manutenção da segurança jurídica no âmbito contratual.

12. A cláusula de não indenizar está inserida no contexto de autorização normativa para que as partes possam convencionar as consequências jurídicas da violação de deveres, designadamente, mas não exclusi-vamente, o inadimplemento. Ela possui o aspecto social de conferir segurança aos contratantes no que se refere aos efeitos patrimoniais do inadimplemento, uma vez que ela incidirá para limitar – total ou parcialmente – o montante devido a título de indenização à parte credora. A regra convencional incide para que não incida a regra geral prevista na legislação.

13. As cláusulas de não indenizar diferem das causas de não incidência de responsabilidade do ponto de vista de seu fundamento imediato, embora possam alcançar resultados práticos semelhantes em deter-minadas circunstâncias. Tais cláusulas são disposições criadas pela manifestação da vontade das partes nos limites permitidos pelo or-denamento jurídico e são tendentes a evitar o surgimento do dever de indenizar (ou seja, uma das consequências da responsabilidade civil, mas não a única). As causas de não incidência, por seu turno, estão expressamente dispostas na legislação e incidem justamente para que não incidam as normas que determinam a responsabilidade civil, com todas as suas consequências jurídicas.

14. A cláusula de não indenizar normalmente está em posição de aces-soriedade em relação a outro negócio jurídico. Todavia, a admissão da cláusula no âmbito das relações extracontratuais indica que nem sempre ela será considerada cláusula acessória, e sim o pacto princi-pal. Quando estiver em posição acessória, é necessário indicar que, em princípio, a invalidade da cláusula não importará a invalidade do negócio principal. No entanto, dada a importância da cláusula em determinadas situações contratuais, sobretudo no que diz respeito ao equilíbrio das prestações entabuladas, é possível concluir que a invalidade da cláusula poderá ensejar também a invalidade do negócio principal, ou a necessidade de revisão judicial de seus termos.

CONCLUSÕES

15. A percepção de que a cláusula de não indenizar visa a impedir o surgimento de somente uma das consequências da responsabilidade civil (o dever de indenizar) autoriza a conclusão de que ela se afasta do conceito de obrigação natural. A obrigação natural é aquela cujo inadimplemento não faz surgir a pretensão de se exigir seu adimplemento. Muito embora a cláusula de não indenizar afaste o surgimento do dever de indenizar, a sua incidência mantém intacta a possibilidade de utilização de outros instrumentos jurídicos para garantir o interesse creditício. Destacam-se, conforme o caso, a execução específica do contrato (com possibilidade de imposição de *astreintes*), a oposição de exceção do contrato não cumprido, oposição do direito de retenção e invocação de cláusula resolutória. Outra diferença reside no fato de que a obrigação natural espontaneamente adimplida não admite o direito de se pleitear a repetição do indébito, ao passo que o pagamento de indenização indevida por conta da existência da cláusula de não indenizar confere tal direito ao devedor.

16. Tendo em vista que a cláusula de não indenizar não impede a utilização de outros instrumentos para a garantia da posição jurídica do credor, as interpretações que enxergam nela a negação do vínculo obrigacional merecem ser rechaçadas.

17. A manutenção do direito à resolução da obrigação se mostra relevante nos contratos bilaterais em que uma das partes já tenha cumprido sua prestação. Por mais que a parte devedora esteja beneficiada pela cláusula de não indenizar, ela ainda assim ficará sujeita a restituir a quantia que eventualmente já tenha sido paga pela parte credora. Isso porque a pretensão restitutória diante da ocorrência da resolução é diferente da pretensão indenizatória advinda do inadimplemento. O primeiro está ligado à principiologia jurídica que proíbe o enriquecimento sem causa, enquanto o segundo está ligado ao vetor que indica que os danos sofridos devem ser reparados.

18. Algumas avenças são apontadas como cláusulas de agravamento de responsabilidade, em contraposição às "cláusulas de limitação de responsabilidade". Os exemplos mais comuns são aqueles em que as partes assumem riscos decorrentes de caso fortuito ou força maior; mudam a natureza de uma obrigação de meio para uma obrigação

de resultado (quando for possível); alterem de prazos decadenciais ou prescricionais (também quando houver a devida autorização do ordenamento jurídico); e confeccionem cláusula penal. Contudo, o que tais convenções apresentam em comum, em última análise, é a possibilidade de se agravar a posição jurídica do devedor, compondo uma fisiologia obrigacional que seja voltada a dar mais instrumentos ao credor para a satisfação de seu interesse, quer ainda no momento da existência da obrigação primária, quer no momento posterior ao inadimplemento, com a responsabilidade civil. Não é possível estabelecer um regramento jurídico de validade único aplicável a todas essas situações, mas é necessário indicar que todas elas estarão sujeitas ao controle de abusividade geralmente aplicável aos negócios jurídicos.

19. A cláusula de não indenizar não encontra regulamentação precisa no Código Civil de 2002, mas, por meio da teoria do negócio jurídico, sua validade, em princípio, é admitida. Os contornos de validade da avença deverão levar em conta, sobretudo, dispositivos esparsos no próprio Código Civil, no Código de Defesa do Consumidor e em legislações especiais.

20. O respeito à ordem pública e aos bons costumes é requisito de validade comum a todo e qualquer negócio jurídico. Tais regras se caracterizam por apresentarem termos indeterminados que demandarão concreção conforme o caso, na medida autorizada pelo sistema normativo. De modo que a análise possa ser especificamente útil ao tema, é necessário identificar em quais circunstâncias esses requisitos se manifestam de modo mais comum dentro do âmbito das cláusulas de não indenizar. Doutrina e jurisprudência se inclinam a reconhecer a invalidade das cláusulas de não indenizar que tem por objeto danos à integridade psicofísica das pessoas naturais, o que inclui os danos morais daí advindos. Todavia, quando o dano moral atingir pessoa jurídica, entende-se que, por si só, a cláusula de não indenizar não seria contrária à ordem pública, tendo em vista que o fundamento principiológico de proteção a esse interesse seria diferente daquele que protege os direitos da personalidade da pessoa natural.

21. A experiência legislativa brasileira trata da cláusula de não indenizar nos contratos de transporte de forma recorrente, sendo este o exemplo

mais comum de como a legislação versa sobre tema por meio de normas expressas, embora sem prover uma regulamentação extensiva. A experiência jurisprudencial levou o Supremo Tribunal Federal a editar súmula sobre o tema (Súmula 161) no ano de 1963, cristalizando o entendimento de que a cláusula de não indenizar seria inoperante nos contratos de transporte. A evolução jurisprudencial, porém, passou a entender que tal súmula não proibia as cláusulas que somente viessem a limitar o montante da indenização, desde que a indenização não fosse irrisória. Esse entendimento é mantido mesmo após a vigência do Código Civil de 2002.

22. Alguns diplomas legais versam especificamente sobre transporte aéreo (Código Brasileiro de Aeronáutica e Convenção de Montreal), indicando que a limitação do dever de indenizar seria passível de convenção, desde que obedecidos os limites impostos nos referidos instrumentos normativos. No entanto, a jurisprudência pátria entende que a limitação da indenização nos transportes aéreos não seria possível em nosso ordenamento jurídico, tendo em vista a vigência das normas tendentes a proteger os consumidores.

23. A análise dos regramentos pontuais da cláusula de não indenizar no Código de Defesa do Consumidor, bem como da disciplina dos contratos por adesão no Código Civil, permite a identificação de uma gradação de proteção. Normativamente, a proteção se manifesta por meio de vedações *per se* à cláusula, passando por uma necessidade de concreção ao caso em análise, até a liberdade maior, controlada geralmente pela vedação à abusividade. Eis a escala: i) vedação absoluta à cláusula de não indenizar quando o consumidor seja pessoa jurídica; ii) presunção de validade da cláusula de não indenizar quando o consumidor seja pessoa jurídica, desde que as circunstâncias a justifiquem; iii) nos contratos por adesão fora do âmbito das relações de consumo não há vedação *per se*, mas, levando-se em conta as características do negócio, pode ser possível que a avença represente exclusão de direito decorrente da natureza do negócio; e iv) as cláusulas livremente negociadas pelas partes, em que há a proteção contra a abusividade, além da necessária observação dos demais requisitos de validade do negócio jurídico (comuns a todas as outras camadas).

24. O oferecimento de vantagens econômicas ao credor como contrapartida à aceitação da cláusula de não indenizar pode ser enxergado como um importante elemento interpretativo do equilíbrio contratual. Todavia, a necessidade de que se ofereça tal vantagem ao credor não pode ser vista como um necessário requisito de validade à cláusula de não indenizar, já que a normatividade do princípio do equilíbrio contratual não autoriza a conclusão de que existem vedações *per se* à cláusula. Há casos em que a própria contratação já apresenta a contraprestação a indicar a existência de equilíbrio contratual entre as partes, nomeadamente naquelas situações em que a parte devedora só poderá executar determinado objeto caso os riscos sejam mitigados por meio da confecção de uma cláusula de não indenizar. O princípio do equilíbrio econômico entre as prestações, decorrente da justiça negocial, não pode ser traduzido necessariamente em imposições específicas de validade para a cláusula de não indenizar.

25. Doutrina e jurisprudência são praticamente unânimes em reconhecer que o devedor não poderá se beneficiar da cláusula de não indenizar quando dolosamente inadimplir a prestação. Entretanto, a análise do dolo deve levar em conta o momento em que se manifesta. Caso se manifeste na formação do contrato (ou seja, impõe-se a cláusula de não indenizar mediante dolo), estar-se-á diante de uma situação que exige o juízo da anulabilidade. Caso se manifeste na execução do contrato, o negócio jurídico que preveja a exclusão ou limitação do dever de indenizar será considerado ineficaz. Por outro lado, caso a cláusula de não indenizar se refira expressamente à hipótese de o devedor não responder por seu comportamento doloso, estar-se-á diante de um caso de nulidade, tendo em vista a frontal colisão com o princípio da boa-fé objetiva.

26. A equiparação do regime jurídico da culpa grave ao dolo é tema tormentoso. Discute-se se a sistemática civil vigente autoriza a gradação de culpa e se a diferença "ontológica" entre elas estaria a impedir a equiparação. Todavia, entende-se que embora representem fatores condicionantes distintos (sobretudo pelo elemento intencional presente no dolo), o ordenamento jurídico vigente autoriza que o intérprete impute as mesmas consequências jurídicas (ou seja, o mesmo regime

CONCLUSÕES

jurídico) quando se estiver diante de uma cláusula de não indenizar. Tendo em vista o vetor principiológico que privilegia a boa-fé e veda o abuso de direito, os inadimplementos decorrentes de culpa grave do devedor poderão ser vistos como suficientes a impedir a incidência da cláusula de não indenizar no caso concreto.

27. As cláusulas de não indenizar que tenham como objeto as obrigações essenciais do contrato não podem ser vistas como a negação do vínculo obrigacional. Isso porque, como visto mais de uma vez, elas não têm como efeito a anulação de todos os instrumentos jurídicos postos à disposição do credor para a tutela de sua posição creditícia. Porém, a depender da fisionomia da relação obrigacional entabulada, existem casos em que a indenização por inadimplemento da obrigação principal será o único instrumento posto à disposição do credor, de modo que a cláusula de não indenizar deverá ser considerada inválida.

28. A cláusula de não indenizar pode ter como objeto danos decorrentes das relações extracontratuais havidas entre as partes, desde que a aproximação prévia entre elas as permita antever os riscos e danos que poderão ser reciprocamente experimentados.

29. As cláusulas de não indenizar podem ser utilizadas para evitar o surgimento do dever de reparar os danos experimentados nas relações pré-contratuais. Ainda que os deveres em tal fase surjam em decorrência princípio da boa-fé objetiva, a inadmissibilidade *per se* parece não ser a interpretação que esteja de melhor acordo com o ordenamento jurídico vigente, de modo que o critério deverá ser a possibilidade de as partes anteverem expressamente quais são os deveres que surgirão na fase pré-contratual, alocando os riscos por meio da cláusula de não indenizar. Evidentemente, os demais requisitos de validade devem ser observados.

30. O não cumprimento de deveres laterais – situação também designada como violação positiva do contrato – enseja o surgimento de deveres reparatórios, que poderão ser objeto da cláusula de não indenizar. O regime jurídico aplicável nesse caso não será diferente daquele cabível nas hipóteses de responsabilidade extracontratual.

31. As cláusulas de não indenizar podem apresentar variadas modalidades. A mais comum delas é a limitação do montante indenizatório. Tal tipo

de cláusula pode ser formatada ao se estabelecer um teto indenizatório ou então o estabelecimento de uma porcentagem (ou outra fórmula matemática) a ser aplicável ao montante dos danos apurados. A estipulação de um teto poderá conduzir à ineficácia da cláusula caso o valor dos danos experimentados pelo credor não o ultrapasse. A estipulação de um percentual será sempre eficaz, condicionada à apuração dos danos ocorridos. A cláusula limitativa, somada à estipulação em favor de terceiro, poderá representar um importante instrumento de alocação de riscos entre contratantes que estejam a executar projetos vultosos, em uma situação em que as respectivas prestações apresentem elevado grau de dependência funcional.

32. As cláusulas de limitação e cláusula de exclusão do dever de indenizar podem apresentar diferentes regramentos jurídicos dentro de nosso sistema e conforme algumas interpretações jurisprudenciais, de modo que nem todos os casos poderão ser enxergados somente como uma diferença de grau entre elas.

33. As partes poderão convencionar que somente determinados tipos de danos serão indenizados na circunstância do inadimplemento. Na mesma linha, podem elas decidir que a ocorrência de determinados tipos de danos não darão ensejo à pretensão reparatória. Todavia, por questões de ordem pública, danos relacionados à integridade psicofísica da pessoa humana não poderão ser objeto de convenção. Quanto maior for o grau de complexidade negocial entre as partes, maior será o ônus a ser suportado pelos contratantes (e seus advogados) na tentativa de antever quais poderão ser os danos advindos da relação quando da confecção da cláusula de não indenizar, caso queira se dar a ela a maior eficácia possível. A cláusula, ao ser avaliada pelos órgãos judiciais ou cortes arbitrais, estará sujeita à interpretação restrita, de modo que eventuais ambiguidades ou obscuridades em sua redação deverão ser evitadas.

34. Embora parte da doutrina entenda que a equiparação de determinados eventos a caso fortuito ou força maior seja uma modalidade de cláusula de não indenizar, a posição jurídica de tal avença parece ser mais bem compreendida como uma concreção negocial de um termo vago previsto na legislação. Não é possível às partes estabelecer que

CONCLUSÕES

uma circunstância que esteja dentro da esfera de controle do devedor possa ser equiparada a caso fortuito ou força maior. Tais casos, no entanto, são admissíveis, mas como típicas cláusulas de não indenizar (que podem ter como objeto o comportamento culposo do devedor ou inadimplementos a ele imputável).

35. As partes podem estabelecer que somente determinados bens serão utilizados para a satisfação da indenização no caso de inadimplemento (limitação positiva) ou estabelecer que todo o patrimônio, com a exceção de alguns bens, será utilizado para fazer frente à demanda indenizatória (limitação negativa).

36. A possibilidade de limitação temporal, por meio de redução dos prazos de decadência ou prescrição, indicada por autores estrangeiros como uma modalidade de cláusula de não indenizar, parece ter pouca relevância dentro do ordenamento jurídico brasileiro. O Código Civil veda expressamente a possibilidade de mudança convencional dos prazos de prescrição. Os prazos decadenciais não são aplicáveis ao caso, já que a responsabilidade civil está ligada à pretensão de receber a indenização – embora a ela não se resuma – e não a um exercício de um direito.

37. O debate sobre a possibilidade de a cláusula de não indenizar versar sobre ato de terceiro merece ser realocado em suas premissas, sobretudo no que refere à busca de sua referência legal em nosso ordenamento jurídico. Muitos autores enxergam nos arts. 932, III, e 933 do Código Civil o fundamento legal para que o devedor responda por atos de terceiros a eles subordinados (empregados, serviçais e prepostos). Contudo, esses dispositivos versam sobre responsabilidade extracontratual, sendo que, quando a cláusula versar sobre o inadimplemento contratual, o fundamento jurídico encontra-se dentro da sistemática obrigacional, notadamente acerca do modo pelo qual o devedor cumpre ou deixa de cumprir as prestações por ele convencionadas. Dessa forma, o adimplemento do empregado é adimplemento de seu empregador, sendo que do ponto de vista da relação jurídica obrigacional, o cumprimento se deu por ato próprio do devedor, não sendo pertinente fazer a distinção entre devedor e terceiro. Nas atividades empresariais não há diferença entre o ato de terceiro convocado a exercer a atividade ou ato da própria empresa. Os requisitos de validade para a admissão

da cláusula de não indenizar serão os mesmos para os atos próprios do devedor, porquanto, efetivamente, é o próprio devedor que cumpre ou deixa de cumprir. Todavia, a ingerência do credor na escolha do terceiro que venha a auxiliar o devedor no cumprimento de sua prestação pode permitir a diferenciação entre seus atos e os daquele terceiro. Nos casos em que há efetiva autonomia entre eles é possível que o devedor transfira para o credor o risco do inadimplemento do terceiro que não foi por ele livremente escolhido.

38. Na comparação entre cláusula penal e cláusula de não indenizar, é possível indicar que ambas se colocam logicamente e cronologicamente anteriores ao evento que gera o dever de indenizar, no caso, o inadimplemento. Porém, elas divergem em importantes pontos em seus respectivos aspectos funcionais. A cláusula de não indenizar tem como função dar um grau de segurança ao devedor quanto à sua exposição ao risco em uma relação contratual. A cláusula penal, por outro lado, apresenta tríplice função: reforço da obrigação, pré-avaliação dos danos e pena. A cláusula penal milita em favor do credor, enquanto a cláusula de não indenizar milita em favor do devedor. Ainda, a cláusula penal compensatória prescinde da apuração do montante indenizatório para que tenha efeitos, enquanto algumas modalidades de cláusula de não indenizar (as limitativas) demandarão que se apure o valor dos danos experimentados. Contudo, as duas figuras podem ter o mesmo efeito naqueles casos em que a cláusula penal alternativa é estipulada pelas partes e escolhida pelo credor, mas representa valor menor do que seria o dano devidamente liquidado, sem que também haja a possibilidade de o credor exigir a indenização suplementar.

39. Tanto a cláusula de não indenizar quanto o seguro de responsabilidade civil servem de instrumentos para aliviar o peso econômico que o dever de indenizar representa para o devedor no caso de seu inadimplemento. Todavia, na cláusula de não indenizar, o alívio se dá à custa do credor, enquanto no seguro, o alívio se dá à custa de um terceiro, o segurador. Do ponto de vista da estrutura jurídica da responsabilidade civil, é possível afirmar que o seguro de responsabilidade não tem como escopo eliminar a incidência de uma de suas consequências jurídicas (o surgimento do dever de indenizar), sendo que o devedor

CONCLUSÕES

deverá responder caso a seguradora falte em seu compromisso ou os danos sejam excedentes ao quanto fixado na apólice.

40. Entre transação e cláusula de não indenizar existem diferenças relevantes, de modo que não é possível enxergar identidade entre as figuras ou relação de gênero-espécie. Do ponto de vista funcional, a cláusula de não indenizar ainda permite ao credor lançar mão de outros instrumentos jurídicos tendentes a proteger a sua posição creditícia, enquanto a transação terá como função terminar ou prevenir em um grau definitivo um litígio, por meio de um contrato. A existência do litígio – no caso, aquele decorrente do inadimplemento do devedor – é requisito de eficácia da cláusula de não indenizar, e não de validade. Por outro lado, a transação é um contrato que é tipificado por sua causa (e não por seus elementos), e essa se manifesta justamente na existência de tal litígio.

41. A cláusula de não indenizar não pode ser propriamente designada como uma "renúncia" à indenização, já que as figuras apresentam naturezas jurídicas distintas. A renúncia é negócio jurídico abdicativo de uma posição jurídica sem qualquer contraprestação, enquanto a cláusula de não indenizar é negócio jurídico inserido em um contexto que deve levar o equilíbrio econômico entre as partes. A semelhança entre as figuras encontra-se no campo interpretativo, sendo que ambas ensejaram interpretação restritiva.

42. Como regra, o direito de arrependimento confere a uma das partes a faculdade de, unilateralmente, desvincular-se da relação jurídica. Ou seja, não há inadimplemento. O mesmo não ocorre com a cláusula de não indenizar, que tem como efeito a modificação de uma das consequências da responsabilidade civil no caso de inadimplemento.

43. A delimitação do conteúdo da obrigação tem como fundamento a liberdade conferida às partes pelo ordenamento jurídico de se estabelecer a fisionomia da relação havida entre elas, ou seja, quais os direitos e deveres fazem parte do liame jurídico, e quais não fazem. Por outro lado, a cláusula de não indenizar se refere ao momento "patológico" do vínculo jurídico obrigacional em que há o inadimplemento da prestação. Na delimitação do conteúdo obrigacional a dívida sequer chegou a existir juridicamente. Entretanto, o próprio ordenamento jurídico

estabelece determinados limites para que as partes possam exercer seu direito de limitar o conteúdo obrigacional. É o caso da impossibilidade de se opor renúncia ou disposição de direitos ao consumidor, vedação encontrada no bojo do Código de Defesa do Consumidor, e da impossibilidade de se limitar direitos essenciais do negócio, conforme o regramento dos contratos por adesão disposto no Código Civil. No entanto, tendo em vista que os diplomas legais utilizam conceitos indeterminados, cabe à jurisprudência fornecer a concreção necessária dentro das disputas contratuais, fenômeno que pode ser verificado com clareza nos litígios que envolvem os planos de saúde.

REFERÊNCIAS BIBLIOGRÁFICAS

ADRIANO, Germana Carlotta. *Clausole di esonero e di limitazione della responsabilità civile*. Roma: Aracne, 2009.

AGUIAR JÚNIOR, Ruy Rosado de Aguiar. *Extinção dos contratos por incumprimento do devedor*. 2. ed. Rio de Janeiro: AIDE, 2004.

ALTERINI, Atilio Aníbal. *La limitación cuantitativa de la responsabilidade civil*. Buenos Aires: Abeledo-Perrot, 1997.

ALVES, José Carlos Moreira. *Direito romano*. 14. ed. Rio de Janeiro: Forense, 2010.

ALVIM, Agostinho. *Da inexecução das obrigações e suas consequências*. 4. ed. São Paulo: Saraiva, 1972.

ALVIM NETTO, José Manuel de Arruda. *Comentários ao Código Civil Brasileiro*, volume XI, tomo I: livro introdutório ao direito das coisas e ao direito civil. Coord. José Manuel de Arruda AlvimNetto, Thereza Alvim e Alexandre Laizo Clápis. Rio de Janeiro: Forense, 2009.

AMARAL JÚNIOR, Alberto do. O Código de Defesa do Consumidor e as cláusulas de limitação de responsabilidade nos contratos de transporte aéreo nacional e internacional. *Revista dos Tribunais*, São Paulo, n. 759, p. 67-58, 1999.

AMIGO, Manuel Garcia. *Clausulas limitativas de la responsabilidad contractual*. Madrid: Ed. Tecnos, 1965.

ARAI, Rubens Hideo. Cláusula penal. In: LOTUFO, Renan; NANNI, Giovanni Ettore (Coord.). *Obrigações*. São Paulo: Atlas, 2011.

ASSIS, Araken de. *Manual da execução*. 11. ed. São Paulo: Revista dos Tribunais, 2007.

_____. *Resolução do contrato por inadimplemento*. 4. ed. São Paulo: Revista dos Tribunais, 2004.

AVELAR, Letícia Marquez de. *A cláusula de não indenizar*: uma releitura do instituto à luz do atual Código Civil brasileiro. Dissertação (Mestrado em Direito) – Faculdade de Direito, Universidade de São Paulo, São Paulo, 2011.

AZEVEDO, Álvaro Villaça. *Teoria geral das obrigações*: responsabilidade civil. São Paulo: Atlas, 2004, p. 276.

AZEVEDO, Antônio Junqueira de. Nulidade da cláusula limitativa de responsabilidade em caso de culpa grave. Caso de equiparação entre dolo e culpa grave. Configuração de culpa grave em caso de responsabilidade profissional. In: *Novos estudos e pareceres de direito privado*. São Paulo: Saraiva, 2009.

_____. Cláusula cruzada de não indenizar (*cross waiver of liability*), ou cláusula de não indenizar com eficácia para ambos os contratantes. Renúncia ao direito de indenização. Promessa de fato de terceiro. Estipulação em favor de terceiros. In: *Estudos e pareceres de direito privado*. São Paulo: Saraiva, 2004.

_____. Os princípios do atual direito contratual e a desregulamentação do mercado. Direito de exclusividade nas relações contratuais de fornecimento. Função social do contrato e responsabilidade aquiliana do terceiro que contribui para inadimplemento contratual. In: *Estudos e pareceres de direito privado*. São Paulo: Saraiva, 2004.

_____. *Negócio jurídico – existência, validade e eficácia*. 4. ed. São Paulo: Saraiva, 2003.

BANDEIRA, Evandro Ferreira de Viana. As cláusulas de não indenizar. *Revista de Jurisprudência do Tribunal de Justiça de Mato Grosso do Sul*, Campo Grande: AMAMSUL, v. 47, p. 13-30, maio/jun. 1988.

BANDEIRA, Guilherme Villela de Viana. *Quem é o vilão? Um breve estudo sobre o possível culpado por nossa boa-fé objetiva incipiente*. Inédito.

BANDEIRA, Luiz Octávio Villela de Viana. Culpa na responsabilidade contratual? A análise da culpa dentro de um nexo de imputação. *Revista Brasileira de Direito Civil Constitucional e Relações de Consumo*, São Paulo, v. 4, n. 14, abr./jun. 2012.

_____. Locação em *shopping center* – questões sobre a tipificação contratual e regramento jurídico. *Revista Brasileira e Direito Civil Constitucional e Relações de Consumo*, São Paulo: Editora Fiuza, v. 13, jan./mar. 2012.

BARCELLOS, Rodrigo. *O contrato de shopping center e os contratos atípicos interempresariais*. São Paulo: Atlas, 2010.

BARRETO, Wanderlei de Paula. O princípio da boa-fé da experiência alemã. *Revista Autônoma de Direito Privado*, Curitiba: Juruá, n. 2, jan./mar. 2007.

BDINE JÚNIOR, Hamid Charaf. *Responsabilidade civil por danos decorrentes do transporte*. In: SILVA, Regina Beatriz Tavares da (Coord.). *Reponsabilidade civil e sua repercussão nos tribunais*. 2. ed. São Paulo : [s. n.], 2009.

BEAUDONNAT, Emile. *Des clauses de non-responsabilité et e l'assure dês fautes*. Paris: Librairie de Jurisprudence Ancienne et Moderne, 1927.

BENACCHIO, Marcelo. Inadimplemento das obrigações. In: LOTUFO, Renan; NANNI, Giovanni Ettore (Coord.). *Obrigações*. São Paulo: Atlas, 2011.

_____. *Responsabilidade civil contratual*. São Paulo: Saraiva, 2011.

_____. *Direito subjetivo – Situação jurídica – Relação jurídica*. In: LOTUFO, Renan; NANNI, Giovanni Ettore (Coord.). *Teoria geral do direito civil*. São Paulo: Atlas, 2008.

BENJAMIN, Antônio Herman; MARQUES, Cláudia Lima; BESSA, Leonardo Roscoe. *Manual de Direito do Consumidor*. 4. ed. São Paulo: Revista dos Tribunais, 2012.

BESSONE, Darcy. *Do contrato – Teoria geral*. São Paulo: Saraiva, 1997.

BETTI, Emilio. *Teoria geral das obrigações*. Trad. Francisco José Galvão Bruno. Campinas: Bookseller, 2006.

_____. *Teoria geral do negócio jurídico*. Trad. Servanda Editora. Campinas: Servanda, 2008.

REFERÊNCIAS BIBLIOGRÁFICAS

BEVILÁQUA, Clóvis. *Direito das obrigações.* São Paulo: Ed. Officina Dois Mundos, 1896.

BIANCA, Cesare Massimo. *Diritto civile*: la responsabilità. Milano: Giuffrè, 1997.

BOBBIO, Norberto. *Direito e estado no pensamento de Emanuel Kant.* Brasília: Editora UnB, 1984.

_____. *O positivismo jurídico*: lições de filosofia do direito. Trad. Márcio Pugliese. São Paulo: Ícone, 1999.

BOULOS, Daniel M. *Abuso do direito no novo Código Civil.* São Paulo: Método, 2006.

BULGARELLI, Waldirio. *Questões contratuais no Código de Defesa do Consumidor.* São Paulo: Atlas, 1993.

CALIXTO, Marcelo Junqueira. *A culpa na responsabilidade civil*: estrutura e função. Rio de Janeiro: Renovar, 2008.

CAMBLER, Everaldo Augusto. *Responsabilidade civil na incorporação imobiliária.* Tese (Doutorado em Direito) – Faculdade de Direito, Pontifícia Universidade Católica de São Paulo, São Paulo, 1997.

CANARIS, Claus-Wilhem; GRIGOLEIT, Hans Christoph. Interpretation of Contracts. In: HARTKAMP, Arthur S. et al (ed.). *Towards a European Civil Code.* The Nederlands: Kluwer Law International, 2011.

CANOTILHO, José Joaquim Gomes. *O problema da responsabilidade do Estado por actos ilícitos.* Coimbra: Almedina, 1974.

CASTRONOVO, Carlo. *La nuova responsabilità civile.* 2. ed. Milano: Giuffrè, 1997.

_____. Liability between contract and tort. In: WILHELMSSON, Thomas (Coord.). *Perspectives of critical law.* Aldershot: Dartmouth, 1993.

CAVALCANTI, José Paulo. *Da renúncia no direito civil.* Rio de Janeiro: Forense, 1958.

CAVALIERI FILHO, Sérgio. *Programa de responsabilidade civil.* 8. ed. São Paulo: Atlas, 2009.

CERQUEIRA, Gustavo Vieira da Costa. As garantias e a exclusão da responsabilidade no novo direito brasileiro da compra e venda. In: *Direito contratual entre liberdade e proteção dos interesses e outros artigos alemães-lusitanos.* Coimbra: Almedina, 2008.

CHIRONI, Gianpietro. *La colpa nel diritto civile odierno*: colpa contrattuale. Torino: Fratelli Bocca, 1925.

COCO, Elvira Martinez. Las clausulas generales exonerativas o limitativas de responsabilidad. *Revista de Direito Civil, Imobiliário, Agrário e Empresarial,* São Paulo: Revista dos Tribunais, v. 70, p. 80-100, out./dez. 1994.

COLLINS, Hugh. *Regulating contracts.* Oxford: Oxford University Press, 1999.

COMPARATO, Fábio Konder. *Obrigações de meios, de resultado e de garantia. Ensaios e pareceres de direito empresarial.* Rio de Janeiro: Forense, 1978.

_____. *O seguro de crédito.* São Paulo: Revista dos Tribunais, 1969.

_____. *Essai d'analyse dualiste de l'obligation en droit privé.* Paris: Dalloz, 1964.

CORDEIRO, António Manuel da Rocha e Menezes. *Da boa fé no direito civil.* Coimbra: Almedina, 2011.

_____. Violação positiva do contrato. In: CORDEIRO, António Manuel da Rocha e Menezes. *Estudos de direito civil.* Coimbra: Almedina, 1991. v. I.

_____. *Direito das obrigações.* Tomo II. Lisboa: Associação Acadêmica da Faculdade de Direito de Lisboa, 1980. t. II.

COSTA, Mário Júlio de Almeida. *Direito das obrigações.* 6. ed. Coimbra: Almedina, 1994.

COUTANT-LAPALUS, Chistelle. *Le principe de la réparation intégrale en droit privé*. Aix--Marseille: Presses Universitaires, 2002.

COUTO E SILVA. Clóvis do. *A obrigação como processo*. Rio de Janeiro : FGV, 2007.

_____. Direito civil brasileiro em perspectiva histórica e visão de futuro. *Revista da AJURIS*, Porto Alegre, ano 14, n. 40, p. 128-149, 1987.

DANTAS, San Tiago. *Programa de direito civil*: parte geral. Rio de Janeiro: Ed. Rio, 1997. v. 1.

DE CUPIS, Adriano. *El daño*: teoría general de la responsabilidad civil. Trad. Ángel Martínez Sarrión. Barcelona: Bosch, 1975.

DIAS, José de Aguiar. *Da responsabilidade civil*. 11. ed. Rio de Janeiro: Renovar, 2006.

_____. *Cláusula de não indenizar*. 3. ed. Rio de Janeiro: Forense, 1976.

DINIZ, Maria Helena. *Lei de Introdução ao Código Civil brasileiro interpretada*. São Paulo: Saraiva, 1994.

_____. *Curso de direito civil brasileiro*: teoria das obrigações contratuais e extracontratuais. 21. ed. São Paulo: Saraiva, 2005. v. 3.

_____. *Dicionário jurídico*. São Paulo: Saraiva, 1998. v. 2.

DODDI, Cristina. *Cláusula de restricción de responsabilidade contratual*. Buenos Aires: Lexis Nexis, 2005.

DONNINI, Rogério. *Prevenção dos danos e a extensão do princípio* neminem laedere. In: DONNINI, Rogério; NERY, Rosa Maria de Andrade (Coord.). *Responsabilidade civil*: estudos em homenagem ao professor Rui Geraldo Camargo Viana. São Paulo: Revista dos Tribunais, 2009.

FARIA, Jorge Leite Areias Ribeiro de. *Direito das obrigações*. Coimbra: Almedina, 1987. v. 1.

FERNANDES, Wanderley. *Cláusulas de exoneração e limitação de responsabilidade*. Tese (Doutorado em Direito) – Faculdade de Direito, Universidade de São Paulo, São Paulo, 2011.

FERRARA, Luigi Cariota. *Il negozio giuridico nel diritto privato italiano*. Napoli: Edizione Scientifiche Italiane, 2011.;

FERRAZ JR., Tercio Sampaio. *Função social da dogmática jurídica*. São Paulo: Max Limonad, 1998.

_____. *Introdução ao estudo do direito*: técnica, decisão, dominação. São Paulo: Atlas, 2003.

FERRIANI, Carlos Alberto. Noções gerais de direito e de direito privado. In: LOTUFO, Renan; NANNI, Giovanni Ettore (Coord.). *Teoria geral do direito civil*. São Paulo: Atlas, 2008.

FLOREZ-VÁLDEZ, Joaquín Arce y. *Los principios generales del derecho y su formulación constitucional*. Madrid: Civitas, 1990.

FRADA, Manoel Antônio Carneiro. *Contratos e deveres de proteção*. Coimbra: Editora da Faculdade de Coimbra, 1994.

FRANÇA, Rubens Limongi. *Teoria e prática da cláusula penal*. São Paulo: Saraiva, 1988.

GAINO, Itamar. Invalidade do negócio jurídico. In: LOTUFO, Renan; NANNI, Giovanni Ettore (Coord.). *Teoria geral do direito civil*. São Paulo: Atlas, 2008.

GALHANONE, Álvaro Luiz Damásio. A cláusula de não indenizar. *Revista dos Tribunais*, São Paulo: Revista dos Tribunais, v. 565, nov. 1982.

GHESTIN, Jacques (Org.). *Les clauses limitatives ou exonératoires de responsabilité en Europe*. Paris: LGDJ, 1990.

REFERÊNCIAS BIBLIOGRÁFICAS

GIMÉNEZ, Gema Diez-Picazo. *La mora y la responsabilidad contractual*. Madrid: Ed. Civitas, 1996.

GIORGIANNI, Michele. *O direito privado e as suas atuais fronteiras*. Revista dos Tribunais, São Paulo, Revista dos Tribunais, v. 747, p. 55, jan. 1998.

_____. Tramonto della codificazione. La morte del codice ottocentesco. *Rivista di Diritto Civile*, v. 1, 1980.

GODOY, Cláudio Luiz Bueno de. *A responsabilidade civil pelo risco da atividade*: uma cláusula geral no Código Civil de 2002. São Paulo: Saraiva, 2009.

_____. *Função social do contrato*. 3. ed. São Paulo: Saraiva, 2009.

GOMES, Orlando. *Raízes históricas e sociológicas do Código Civil brasileiro*. São Paulo: Martins Fontes, 2006.

_____. *Obrigações*. 16. ed. Rio de Janeiro: Forense, 2004.

_____. *Transformações gerais do direito das obrigações*. 2. ed. São Paulo: Revista dos Tribunais, 1980.

GONÇALVES, Carlos Roberto. *Responsabilidade civil*. 11. ed. São Paulo: Saraiva, 2009.

GRINOVER, Ada Pellegrini et al. Código Brasileiro de Defesa do Consumidor comentado pelos autores do anteprojeto. 9. ed. Rio de Janeiro: Forense Universitária, 2007.

HIRONAKA, Giselda Fernandes Maria Novaes. Responsabilidade civil: circunstâncias naturalmente, legalmente e convencionalmente escusativas do dever de indenizar o dano. In: DINIZ, Maria Helena (Coord.) *Atualidades jurídicas*. São Paulo: Saraiva, 1999.

HIRONAKA, Giselda Fernandes Maria Novaes; TARTUCE, Flávio. *O princípio da autonomia privada e o direito contratual brasileiro*. In: HIRONAKA, Giselda Fernandes Maria Novaes; TARTUCE, Flávio (Coord.). *Direito contratual*: temas atuais. São Paulo: Método, 2007.

IRTI, Natalino. *L'età della* decodificazione. Milano: Giuffrè, 1999.

JHERING, Rudolf von. *Culpa in contrahendo ou indenização em contratos nulos ou não chegados à perfeição*. Trad. e nota introdutória de Paulo Mota Pinto. Coimbra: Almedina, 2008.

KELSEN, Hans. *Jurisdição constitucional*. Trad. Maria Ermantina de Almeida Prado Galvão. In: *Jurisdição constitucional*. São Paulo: Martins Fontes, 2007.

_____. *Teoria pura do direito*. Trad. João Baptista Machado. 6. ed. São Paulo: Martins Fontes, 2003.

_____. *O que é Justiça?* Trad. Luis Carlos Borges. São Paulo: Martins Fontes, 2001.

LARENZ, Karl. *Derecho de obligaciones*. Trad. Jaime Santos Briz. Madrid: Revista de Derecho Privado, 1958. v. 1.

_____. *Derecho justo*: fundamentos de etica juridica. Trad. Luis Diéz-Picazo. Madrid: Ed. Civitas, 1985.

LATA, Natália Álvares. *Cláusulas restritivas de responsabilidade civil*. Granada: Editorial Comares, 1998.

LAUDANNA Raquel de Moraes. *A cláusula de não indenizar e seus limites de validade*. Dissertação (Mestrado em Direito) – Faculdade de Direito, Pontifícia Universidade Católica de São Paulo, São Paulo, 2013.

LAUTENSCHLEGER JR., Nilson. Limitação da responsabilidade na prática contratual brasileira: permite-se no Brasil a racionalização dos riscos do negócio empresarial. *Revista de Direito Mercantil*, São Paulo: Malheiros, n. 125, p. 7-11, abr./jun. 2002.

LEAL, Antônio Luís da Câmara. *Da prescrição e da decadência*. 3. ed. Rio de Janeiro: Forense, 1978.

LEITE, Fernando Rudge. Da cláusula de não responsabilidade no transporte ferroviário de mercadorias. *Revista dos Tribunais*, São Paulo: Revista dos Tribunais, v. 166, mar. 1947.

LIMA, Alvino. *Culpa e risco*. São Paulo: Revista dos Tribunais, 1960.

LÔBO, Paulo Luiz Netto. Danos morais e direitos da personalidade. *Revista Trimestral de Direito Civil*, n. 6, abr./jun. 2001.

LOPES, Miguel Maria de Serpa. *Curso de direito civil*: obrigações em geral. 3. ed. Rio de Janeiro: Freitas Bastos, 1961.

LOTUFO, Renan. Evolução histórica do direito das obrigações. In: LOTUFO, Renan; NANNI, Giovanni Ettore (Coord.). *Obrigações*. São Paulo: Atlas, 2011.

_____. *Comentários ao Código Civil*: parte geral (arts. 1º ao 232). São Paulo: Saraiva, 2003.

_____. *Comentários ao Código Civil*: obrigações. Parte geral (arts. 233 a 420). São Paulo: Saraiva, 2003. v. 2.

_____. *Curso avançado de direito civil*: parte geral. 2. ed. São Paulo: Revista dos Tribunais, 2003. v. 1.

_____. *Da oportunidade da codificação civil e a constituição*. In: SARLET, Ingo Wolfgang (Org.). *O novo Código Civil e a Constituição*. Porto Alegre: Livraria do Advogado, 2003.

LOUREIRO, Francisco Eduardo. Ato ilícito. In: LOTUFO, Renan; NANNI, Giovanni Ettore (Coord.). *Teoria geral do direito civil*. São Paulo: Atlas, 2008.

LUHMANN, Niklas. *Legitimação pelo procedimento*. Trad. Maria da Conceição Côrte Real. Brasília: Ed. UnB, 1980.

LUMIA, Giuseppe. *Elementos de teoria e ideologia do direito*. Trad. Denise Agostinetti. São Paulo: Martins Fontes, 2003;

_____. *Lineamenti di teoria e ideologia del diritto*. Trad. com adaptações e modificações por Alcides Tomasetti Jr. 3. ed. Milano: Giuffrè, 1981.

LYNG, Stephen. Edgework – A social psychological analysis of voluntary risk taking. In: ANDERSON, Tammy L. (Org.) *Understanding Deviance – Connecting classical and contemporary perspectives*. New York: Taylor & Francis, 2014.

MAJO, Adolfo di. *La responsabilità contratuale*. Torino: Giappichelli, 1997.

MARINANGELO, Rafael. *A violação positiva do contrato e o inadimplemento dos deveres laterais impostos pela boa-fé*. Dissertação (Mestrado em Direito) – Faculdade de Direito, Pontifícia Universidade Católica de São Paulo, São Paulo, 2005.

MARINO, Francisco Paulo de Crescenzo. Perdas e danos. In: LOTUFO, Renan; NANNI, Giovanni Ettore (Coord.). *Obrigações*. São Paulo: Atlas, 2011.

_____. Responsabilidade contratual. Efeitos. In: LOTUFO, Renan; NANNI, Giovanni Ettore (Coord.). *Teoria geral dos contratos*. São Paulo: Atlas, 2011.

MARQUES, Cláudia Lima. *Contratos no Código de Defesa do Consumidor*. 4. ed. São Paulo: Revista dos Tribunais, 2002.

MARQUES, Cláudia Lima (Org.). *Diálogo das fontes*. São Paulo: Revista dos Tribunais, 2012.

MARTINS-COSTA, Judith. Normas de interpretação dos contratos: a perspectiva do direito civil brasileiro. In: CONGRESSO INTERNACIONAL DE DIREITO PRIVADO DO INSTITUTO DE DIREITO PRIVADO, 1, 2014, São Paulo.

REFERÊNCIAS BIBLIOGRÁFICAS

_____. Um aspecto da obrigação de indenizar: notas para uma sistematização dos deveres pré-negociais de proteção do direito civil brasileiro. In: *A evolução do direito no século XXI*: estudos em homenagem ao Prof. Arnoldo Wald. Coimbra: Almedina, 2007.

_____. Os direitos fundamentais e a opção culturalista do novo Código Civil. In: SARLET, Ingo Wolfgang (Org). *Constituição, direitos fundamentais e direito privado*. Porto Alegre: Livraria do Advogado, 2006.

_____. *Comentários ao novo Código Civil*: do inadimplemento das obrigações. Volume V, Tomo II (arts. 389-420). Coord. Sálvio de Figueiredo Teixeira. Rio de Janeiro: Forense, 2003. v. V, t. II (arts. 389-420).

_____. O adimplemento e o inadimplemento das obrigações no novo Código Civil e o seu sentido ético e solidarista. In: *O novo Código Civil*: estudos em homenagem ao Professor Miguel Reale. São Paulo: LTr, 2003.

_____. A *boa-fé no direito privado (sistema e tópica no processo obrigacional)*. São Paulo: Revista dos Tribunais, 1999.

_____. O direito privado como um sistema em construção: as cláusulas gerais no Projeto do Código Civil Brasileiro. *Revista de Informação Legislativa*, Brasília, n. 139, 1998.

MARTINS-COSTA, Judith; BRANCO, Gerson Luiz Carlos. *Diretrizes teóricas do novo Código Civil*. São Paulo: Saraiva, 2002.

MAZEAUD, Henri; MAZEAUD, León; CHABAS, Jean. *Leçons de droit civil*: obligation. 9. ed. Paris: Montchrestien, 1998. v. 1, t. II.

MEDICUS, Dieter. *Tratado de las relaciones obligacionales*. Barcelona: Bosch, 1995. v. 1.

MELO, Diogo L. Machado de. Princípios do direito contratual: autonomia privada, relatividade, força obrigatória, consensualismo. In: LOTUFO, Renan; NANNI, Giovanni Ettore (Coord.). *Teoria geral dos contratos*. São Paulo: Atlas, 2011.

_____. *Interpretação da culpa extracontratual*. Tese (Doutorado em Direito) – Faculdade de Direito, Pontifícia Universidade Católica de São Paulo, São Paulo, 2011.

_____. *Cláusulas contratuais gerais, cláusulas abusivas e o Código Civil de 2002*. Dissertação (Mestrado em Direito) – Faculdade de Direito, Pontifícia Universidade Católica de São Paulo, São Paulo, 2006.

MENICHINO, Cristina. *Responsabilità oggetiva e clausole di esonero e di limitazione della responsabilità contrattuale*. Milano: CUEM, 2006.

MICHELON JR., Cláudio. Direito restituitório: enriquecimento sem causa, pagamento indevido, gestão de negócios. In: *Coleção Biblioteca de direito civil*: estudos em homenagem ao professor Miguel Reale. São Paulo: Revista dos Tribunais, 2007.

MIRANDA, Francisco Cavalcanti Pontes de. *Tratado de direito privado*: parte especial. 3. ed. 2. tir. São Paulo: Revista dos Tribunais, 1984. t. LIII.

_____. *Tratado de direito privado*: parte especial. 3. ed. Rio de Janeiro: Borsoi, 1971. t. XXVI.

_____. *Tratado de direito privado*: parte especial. Rio de Janeiro: Borsoi, 1958. t. XXIII.

MONTEIRO, António Pinto. *Cláusulas limitativas e de exclusão de responsabilidade civil*. Coimbra: Almedina, 1985.

MONTEIRO, Washington de Barros. *Curso de direito civil*: direito das obrigações, 2ª Parte. 35. ed. São Paulo: Saraiva, 2007.

MORAES, Maria Celina Bodin de. *Danos à pessoa humana*: uma releitura civil-constitucional dos danos morais. Rio de Janeiro: Renovar, 2007.

AS CLÁUSULAS DE NÃO INDENIZAR NO DIREITO BRASILEIRO

NALIN, Paulo. Princípios do direito contratual: função social, boa-fé objetiva, equilíbrio, justiça contratual, equidade. In: LOTUFO, Renan; NANNI, Giovanni Ettore (Coord.). *Teoria geral dos contratos*. São Paulo: Atlas, 2011;

NANNI, Giovanni Ettore. *Enriquecimento sem causa*. 3. ed. São Paulo: Saraiva, 2012.

_____. Mora. In: LOTUFO, Renan; NANNI, Giovanni Ettore (Coord.). *Obrigações*. São Paulo: Atlas, 2011.

_____. O dever de cooperação nas relações obrigacionais à luz do princípio da solidariedade. In: NANNI, Giovanni Ettore (Coord.). *Temas relevantes do direito civil contemporâneo*: reflexos sobre os 5 anos do Código Civil. Estudos em homenagem ao Professor Renan Lotufo. São Paulo: Atlas, 2008.

_____. *A evolução do direito civil obrigacional: a concepção do direito civil constitucional e a transição da autonomia da vontade para a autonomia privada*. In: LOTUFO, Renan (Coord.). *Cadernos de direito civil constitucional. Caderno 2*. Curitiba: Juruá, 2001.

NEGREIROS, Teresa. *Fundamentos para uma interpretação constitucional do princípio da boa-fé*. Rio de Janeiro: Renovar, 1998.

NERY, Rosa Maria Barreto Borrielo de Andrade. *Introdução ao pensamento jurídico e à teoria geral do direito privado*. São Paulo: Revista dos Tribunais, 2008.

_____. *Vínculo obrigacional*: relação jurídica de razão (técnica e ciência de proporção). Tese (Livre-docência em Direito) – Faculdade de Direito, Pontifícia Universidade Católica de São Paulo, São Paulo, 2004.

NERY JUNIOR, Nelson; NERY, Rosa Maria Andrade de. *Código Civil comentado*. 7. ed. São Paulo: Revista dos Tribunais, 2009.

_____. *Código de Processo Civil comentado*. 10. ed. São Paulo: Revista dos Tribunais, 2007.

_____. *Código Civil comentado*. 3. ed. São Paulo: Revista dos Tribunais, 2003.

NONET, Philippe; SELZNICK, Philip. *Direito e sociedade*: a transição ao sistema jurídico responsivo. Trad. Vera Pereira. Rio de Janeiro: Revan, 2010.

NORONHA, Fernando. *Direito das obrigações*: fundamentos do direito das obrigações: introdução à responsabilidade civil. São Paulo: Saraiva, 2003. v. 1.

NUNES, Rizzatto. *Comentários ao Código de Defesa do Consumidor*. 5. ed. São Paulo: Saraiva, 2010.

OLIVEIRA, Cláudia Vieira. Cláusula de não indenizar. *Revista de Direito Civil, Imobiliário, Agrário e Empresarial*, São Paulo: Saraiva, v. 58, 2004.

OLIVEIRA, Nuno Manuel Pinto. *Cláusulas acessórias ao contrato*: cláusula de exclusão e limitação do dever de indemnizar e cláusulas penais. 2. ed. Coimbra: Almedina, 2005.

PENTEADO, Luciano de Camargo. Cláusulas típicas do negócio jurídico: condição, termo e encargo. In: LOTUFO, Renan; NANNI, Giovanni Ettore (Coord.). *Teoria geral do direito civil*. São Paulo: Atlas, 2008.

PENTEADO, Luciano de Camargo; FIGUEIREDO, Fábio Vieira. Outras modalidades de obrigações. In: LOTUFO, Renan; NANNI, Giovanni Ettore (Coord.). *Obrigações*. São Paulo: Atlas, 2011.

PEREIRA, Caio Mário da Silva. *Instituições de direito civil*: teoria geral das obrigações. 21. ed. Rio de Janeiro: Forense, 2007. v. 2.

_____. *Instituições de direito civil*: contratos. 12. ed. Rio de Janeiro: Forense, 2006. v. 3.

REFERÊNCIAS BIBLIOGRÁFICAS

_____. *Responsabilidade civil de acordo com a Constituição de 1988*. Rio de Janeiro: Forense, 1989.

PERES, Fábio Henrique. *Cláusulas contratuais excludentes e limitativas do dever de indenizar*. São Paulo: Quartier Latin, 2009.

PERLINGIERI, Pietro. *Perfis do direito civil*: introdução ao direito civil constitucional. Trad. Maria Cristina de Cicco. 2. ed. Rio de Janeiro: Renovar, 2002.

_____. *Perfis do direito civil*: introdução ao direito civil constitucional. Trad. Maria Cristina de Cicco. Rio de Janeiro: Renovar, 1997.

_____. *Il diritto civile nella legalità constitucionale*. 3. ed. Napoli: Edizioni Scientifiche Italiane, 1994.

PFEIFFER, Roberto Augusto Castellanos. Planos de saúde e direito do consumidor. In: MARQUES, Cláudia Lima. *Saúde e responsabilidade 2*. São Paulo: Revista dos Tribunais, 2008.

PINTO, Carlos Alberto da Mota. *Teoria geral do direito civil*. 4. ed. por António Pinto Monteiro e Paulo Mota Pinto. Coimbra: Coimbra Editora, 2005.

_____. *Cessão da posição contratual*. Coimbra: Almedina, 2003.

PONZANELLI, Giulio. *Le clausole di esonero dalla responsiblità civile, studio di diritto comparato*. Milano: Giuffrè, 1984.

PRATA, Ana. *A tutela constitucional da autonomia privada*. Coimbra: Almedina, 1982.

_____. *Cláusulas de exclusão e limitação da responsabilidade contratual*. Coimbra: Almedina, 1985.

QUEIROZ, Odete Novais Carneiro. *Da responsabilidade por vícios do produto ou serviço*: Código de Defesa do Consumidor, Lei 8.8.078, de 11.09.1990. São Paulo: Revista dos Tribunais, 1998.

ROCHA, Silvio Luis Ferreira da. *A oferta no Código de Defesa do Consumidor*. 2. ed. Belo Horizonte: Fórum, 2010.

_____. *Direito civil 1*: parte geral. São Paulo: Malheiros, 2010.

_____. Da prescrição e da decadência – arts. 189 a 211. In: LOTUFO, Renan; NANNI, Giovanni Ettore (Coord.). *Teoria geral do direito civil*. São Paulo: Atlas, 2008.

_____. *Função social da propriedade pública*. São Paulo: Malheiros, 2005.

_____. *Terceiro setor*. São Paulo: Malheiros, 2003.

RODRIGUES, Silvio. *Direito civil*: responsabilidade civil. 20. ed. São Paulo: Saraiva, 2007.

RODRIGUES JUNIOR, Otavio Luiz. Estatuto epistemológico do direito civil contemporâneo na tradição do *civil law* em face do neoconstitucionalismo e dos princípios. *O Direito*, Lisboa, v. 143, p. 43-66, 2011.

_____. Autonomia da vontade, autonomia privada e autodeterminação – notas sobre a evolução de um conceito na Modernidade e na Pós-Modernidade. *Revista de Informação Legislativa*, Brasília, v. 41, n. 163, p. 113-130, jul./set. 2004.

RODRIGUEZ, Adela Serra. *Cláusulas abusivas en la contratación*: en especial, las cláusulas limitativas de responsabilidad. Pamplona: Aranzadi Editorial, 1996.

RODRIGUEZ, Caio Farah; VARALLA, Cristina. Notas sobre alocação de riscos e garantias contratuais. In: FERNANDES, Wanderley (Coord.). *Fundamentos e princípios dos contratos empresariais*. São Paulo: Saraiva, 2009.

AS CLÁUSULAS DE NÃO INDENIZAR NO DIREITO BRASILEIRO

RODRIGUEZ, José Rodrigo. *A fuga do direito*: um estudo sobre o direito contemporâneo. São Paulo: Saraiva, 2009.

ROPPO, Enzo. *O contrato*. Trad. Ana Coimbra e M. Januário C. Gomes. Coimbra: Almedina, 1988.

ROSAS, Roberto. Validade das cláusulas de não responsabilidade ou limitativas de responsabilidade. *Revista dos Tribunais*, São Paulo, n. 179, p. 11-14, 1975.

ROSENVALD, Nelson. Comentários ao artigo 424 do Código Civil. In: PELUSO, Cezar (Coord.). *Código Civil comentado*: doutrina e jurisprudência. 3. ed. Barueri: Manole, 2009.

ROSS, Alf. *Direito e justiça*. Trad: BINI, Edson. São Paulo: Edipro, 2006.

_____. *Tû-tû*. Trad. Edson Bini. São Paulo: Quartier Latin, 2004;

_____. *On guilt, responsibility and punishment*. Los Angeles: University of California Press, 1975.

SALLES, Venício Antônio de Paula. Função social da propriedade. In: GUERRA, Alexandre; BENACCHIO, Marcelo (Coord.). *Direito imobiliário brasileiro*: novas fronteiras na legalidade constitucional. São Paulo: Quartier Latin, 2011.

SANSEVERINO, Paulo de Tarso Vieira. *Princípio da reparação integral*: indenização no Código Civil. São Paulo: Saraiva, 2010.

SAVATIER, René. *Traité de la responsabilité en droit français*. 2. ed. Paris: Librairie Generale de Droit, 1951.

SCAVONE JUNIOR, Luiz Antonio. Causas e cláusulas de exclusão da responsabilidade civil. *Revista de Direito Privado*, São Paulo: Revista dos Tribunais, v. 8, p. 53-119, out./ dez. 2002. SILVA, Jorge Cesa Ferreira da. Inadimplemento das obrigações. In: REALE, Miguel; MARTINS-COSTA, Judith (Coord.) *Coleção Biblioteca de direito civil*: estudos em homenagem ao professor Miguel Reale, São Paulo: Revista dos Tribunais, 2007. v. 7.

_____. *A boa-fé e a violação positiva do contrato*. São Paulo: Renovar, 2002.

SILVA, Vivien Lys Porto Ferreira da. *Adimplemento substancial*. Dissertação de Mestrado. Orientador Prof. Giovanni Ettore Nanni. Pontifícia Universidade Católica de São Paulo, 2006.

STEINER, Renata Carlos. *Complexidade intraobrigacional e descumprimento de obrigação*: da violação positiva do contrato. Dissertação (Mestrado em Direito) – Faculdade de Direito, Universidade Federal do Paraná, Curitiba, 2009.

TABACH, Guilherme Botta. *Cláusula de não indenizar*. Inédito.

TARTUCE, Flávio. *Manual de direito civil*. São Paulo: Método, 2011.

TEPEDINO, Gustavo. Notas sobre a cláusula penal compensatória. *Revista Trimestral de Direito Civil*, Rio de Janeiro: Padma, v. 23, jul./set. 2005.

TEPEDINO, Gustavo; BARBOZA, Heloísa Helena; MORAES, Maria Celina Bodin de. *Código Civil interpretado conforme a Constituição*. Rio de Janeiro: Renovar, 2006. v.2.

TIMM, Luciano Benetti. Descodificação, constitucionalização e reprivatização no direito privado: o Código Civil ainda é útil? *Revista de Direito Privado*, São Paulo: Revista dos Tribunais, v. 27, 2006.

TRETTEL, Daniela Batalha. *Planos de saúde na Justiça*: o direito à saúde está sendo efetivado? Estudo do posicionamento dos Tribunais Superiores na análise os conflitos entre usuários e operadoras de planos de saúde. Dissertação (Mestrado em Direito) – Faculdade de Direito, Universidade de São Paulo, São Paulo, 2009.

REFERÊNCIAS BIBLIOGRÁFICAS

TUNC, André. *A distinção entre obrigações de resultado e obrigações de diligência*. Revista dos Tribunais, São Paulo: Revista dos Tribunais, n. 778, ago. 2000.

VARELA, João de Matos. *Das obrigações em geral*. 9. ed. Coimbra: Almedina, 1998. v. 1.

VENOSA, Sílvio. *Direito Ccvil*: responsabilidade civil. 7. ed. São Paulo: Atlas, 2007.

VIANNA, Ragner Limongeli. *Excludentes da obrigação de reparação de danos*. Dissertação (Mestrado em Direito) – Faculdade de Direito, Pontifícia Universidade Católica de São Paulo, São Paulo, 2001.

VINEY, Geneviève. Introcution à laresponsabilité. In: GHESTIN, Jacques (Dir.). *Traité de droit civil*. 3. ed. Paris: Librairie Generale de Droit, 2008.

WALD, Arnoldo. *Curso de direito civil brasileiro*: obrigações e contratos. 16. ed. São Paulo: Saraiva, 2004.

WAMBIER, Luiz Rodrigues; ALMEIDA, Flávio Renato Correia de. TALAMINI, Eduardo. *Curso avançado de processo civil*: execução. 10. ed. São Paulo: Revista dos Tribunais, 2007.

WEBER, Max. *Economia e Sociedade: Fundamentos da Sociologia Compreensiva*. Trad. Regis Barbosa e Karen Elsabe Barbosa. Brasília: Ed. UnB, 2009.

ZANETTI, Cristiano de Sousa. Observações à dissertação de mestrado: cláusula de não indenizar – uma análise sobre o nexo de imputação e a fragmentação das consequências da r. civil. DEFESA PÚBLICA DA DISSERTAÇÃO DE MESTRADO EM DIREITO DE LUIZ OCTÁVIO VILLELA DE VIANA BANDEIRA NA PONTIFÍCIA UNIVER-SIDADE CATÓLICA DE SÃO PAULO, 2014, São Paulo.

_____. O dilema dos contratos incompletos. In: CONGRESSO INTERNACIONAL DE DIREITO PRIVADO DO INSTITUTO DE DIREITO PRIVADO, 1, 2014, São Paulo.

_____. *A conservação dos contratos nulos por defeito de forma*. São Paulo: Quartier Latin, 2013.

_____. *Direito contratual contemporâneo*. São Paulo: Método, 2008.

_____. *Responsabilidade pela ruptura das negociações*. São Paulo: Editora Juarez de Oliveira, 2005.

ÍNDICE

Agradecimentos. 7

Prefácio. 9

Sumário. 13

Introdução 17

Parte I 23

Parte II 113

Parte III. 211

Parte IV. 233

Conclusões. 289

Referências Bibliográficas. 303